U0450360

中南大学2018年文科一流学科建设经费资助出版

教育部人文社科青年项目
（项目编号：10YJC810034）

中南大学哲学社会科学学术成果文库

帝制中国的女主与政治
——关于女性统治的合法性探析

米莉 著

中国社会科学出版社

图书在版编目（CIP）数据

帝制中国的女主与政治：关于女性统治的合法性探析/米莉著.
—北京：中国社会科学出版社，2019.6
（中南大学哲学社会科学学术成果文库）
ISBN 978-7-5203-4325-1

Ⅰ.①帝… Ⅱ.①米… Ⅲ.①女性—政治家—人物研究—中国—古代 Ⅳ.①K827=2

中国版本图书馆 CIP 数据核字（2019）第 075069 号

出版人	赵剑英
责任编辑	郭晓鸿
特约编辑	张金涛
责任校对	石春梅
责任印制	戴宽

出 版	中国社会科学出版社
社 址	北京鼓楼西大街甲 158 号
邮 编	100720
网 址	http://www.csspw.cn
发行部	010-84083685
门市部	010-84029450
经 销	新华书店及其他书店
印 刷	北京明恒达印务有限公司
装 订	廊坊市广阳区广增装订厂
版 次	2019 年 6 月第 1 版
印 次	2019 年 6 月第 1 次印刷
开 本	710×1000 1/16
印 张	19.5
插 页	2
字 数	276 千字
定 价	86.00 元

凡购买中国社会科学出版社图书，如有质量问题请与本社营销中心联系调换
电话：010-84083683
版权所有 侵权必究

《中南大学哲学社会科学学术成果文库》和《中南大学哲学社会科学博士论文精品丛书》出版说明

在新世纪，中南大学哲学社会科学坚持"基础为本，应用为先，重视交叉，突出特色"的精优发展理念，涌现了一批又一批优秀学术成果和优秀人才。为进一步促进学校哲学社会科学一流学科的建设，充分发挥哲学社会科学优秀学术成果和优秀人才的示范带动作用，校哲学社会科学繁荣发展领导小组决定自 2017 年开始，设立《中南大学哲学社会科学学术成果文库》和《中南大学哲学社会科学博士论文精品丛书》，每年评审一次。入选成果经个人申报、二级学院推荐、校学术委员会同行专家严格评审，一定程度上体现了当前学校哲学社会科学学者的学术能力和学术水平。"散是满天星，聚是一团火"，统一组织出版的目的在于进一步提升中南大学哲学社会科学的学术影响及学术声誉。

中南大学科学研究部
2017 年 9 月

谨以此书献给

我的先生黄勇军博士和女儿子牧、儿子子铉

致　　谢

本书是在我的博士论文基础上修改而成的。

首先，我要由衷感谢我的博士生导师林存光教授和师母奚国丽女士。林师不仅曾以开阔的学术视野首先发现了这一选题的学术价值所在，而且还以宽厚的人文情怀持续指导我将对这一问题的研究坚持了下来。他的因材施教、善于发掘的优点和不断鼓励后进的儒者气概，更是深深影响了我，这是我在攻读博士学位过程中的极大幸运。三年的从学生涯虽短，但他的言传身教，无疑将会使我受益终生。奚国丽女士对我无私的关心，则使得远离故乡的我不断地感受到家一般的温暖。

其次，我要特别感谢伦敦大学亚非学院（SOAS）的 Bernhard Fuehrer 教授和郑美娟女士。Fuehrer 教授的提携后进之心和无私帮助，使我两度获得了在亚非学院进行学术交流访问的极其珍贵的机会（2007，2014），并为我的访学提供了一切学术上的指导和生活上的便利。作为我访学期间的导师和之后多年的朋友，他曾以一位智者的形象对我论文的最初写作计划提出了严肃、真诚而卓有成效的批评，促使我不断地反思我的基本立场和主要论点并进行调试，最终得以以现在的面貌呈现于世。而他那独立的精神、自由的意志、敏锐的视角、深刻的洞察力和宽容的胸怀，更是值得我不断仿效和学习的目标所在。郑美娟女士作为亚非学院图书馆的高级管理人员和一位真正意义上的大姐，曾为我在查找资料以及在伦敦的日常生活提供了所有的便利。同时，他们还慷慨地向我提供了"爵士田图书馆"的私人藏书以及所有相关的中英文资料，从而为我的论文增色不少。

感谢中国政法大学的张桂琳、杨阳、丛日云、常保国、胡舒宝等诸位教授对我论文的鼓励和建议。尤其要感谢张永理教授十分慷慨地向我提供了他所收集的女性主义资料库的所有文献，使我获得了一批非常重要的资料。

感谢天津师范大学杜芳琴教授对我的帮助。作为大陆学界社会性别研究领域当之无愧的前辈。我博士论文的外审老师她曾向我提出了许多中肯的建议，并一直鼓励我尽快将文稿整理出版。她成为我的忘年之交。

感谢中南大学的彭忠益、刘迪、左高山、李斌、潘泽泉、董海军、车文辉、姜国俊、张卫良、陈文联、万琼华等诸位教授和同事对我长期以来的支持和鼓励。

感谢 Derek Hird 博士、李涛博士、战蓓蓓博士、刘志刚博士的珍贵友谊以及与我的讨论和交流。

感谢安乐哲教授（Roger T. Ames）在伦敦大学亚非学院一次学术研讨会上与我的讨论，厘清了我的几个困惑。

感谢台湾大学历史系衣若兰教授与我的讨论，她特别提醒我关注一部社会性别史研究成果，使我能够及时的补充最新学术信息。

特别感谢许多学术大家的前期研究成果带给我的启发和灵感，尽管素未谋面，但每每看到他（她）们的名字，我就感觉像见到了老朋友一样亲切。他（她）们是：R. W. L. Guisso，高彦颐、伊佩霞、刘静贞、刘咏聪，等等。

感谢家人长期以来对我毫无保留的爱和信任。父母的智慧与宽容、公婆的勤劳与善良，为我营造了最为珍贵的家庭氛围。而母亲身上所具备的那种传统女性强烈的"无我"精神，更是时时激发我写作灵感的重要来源。兄弟姐妹们对我不断的支持和信任，以及妹妹在借书还书等各种琐碎事务方面所提供的帮助，也为我减轻了不少负担。

感谢女儿子牧、儿子子铉相继出现在我的生命里。他们在给我带来无数不便和麻烦的同时，也赋予了我数不清的欢乐。是他们让我开始用不一样的眼光来看待世界，也使我从更加切己的立场出发，来理解帝制中国这些最为杰出的女性。

没有言语可以表达我对我的先生黄勇军博士的感激之情。在十年的同窗生涯和恋爱岁月中，他曾以一位良兄的身份陪伴我进入学术的殿堂，并以一位益友的角色不断鼓励我坚持学术上的独立见解。他清敏的心灵和宽厚的胸怀，是我在求学道路和恋爱生涯中一路走来的全部依赖。尤其在共同撰写博士论文那段最为艰难的日子里，他无边的爱与鼓励，成为我最终能够完成写作的所有动力和支撑所在。而在婚后这十年的岁月中，他那永不枯竭的想象力和从不妥协的奋斗脚步，更使我的世界一直充满了攀登的乐趣和无穷的色彩。因此，我所取得的任何一点微不足道的成就，都应当与他分享。

这本著作凝聚了上述所有已经提及姓名以及许多尚未提及姓名的人的关注和心血。而本书的一切错误与挂一漏万之处，无疑都应由作者一人承担。

目 录

导论 ··· 1
  第一节　选题意义 ··· 1
  第二节　近现代以来学界的基本研究状况 ····················· 4
  第三节　问题意识 ··· 13
  第四节　研究视角 ··· 18
  第五节　创新之处 ··· 21

第一章　性别角色的设定及影响女性参与外在事务的文化基础 ········ 25
  第一节　"阴阳"之别与"内外"分野：
         两性地位与职责的理想化设定 ····················· 26
  第二节　"活泼的弹性"：实践中的女性地位
         及其参与外在事务的文化基础 ····················· 36
  第三节　"他者"的归宿：女性的自我认同 ···················· 51
  第四节　"女教"的兴盛：性别角色的自我强化 ················ 63
  第五节　小结 ··· 73

第二章　帝制中国的政治安排及其对于女主统治合法性的影响 …… 76
第一节　"女祸论"：意识形态的制约与排挤机制的建立 …… 76
第二节　政治安排的基本特征：女主统治合法性产生的客观条件 …… 90
第三节　小结 …… 106

第三章　值得警惕的政治助手——皇后 …… 108
第一节　权力的获得与基础："助手"资格的确认与"内"的跨越 …… 108
第二节　合法性的特征及其挑战：权力的分化与意识形态的制约 …… 127
第三节　小结 …… 146

第四章　皇权的守护者——皇太后 …… 149
第一节　权力的获得及其方式："皇权守护者"的身份认定 …… 150
第二节　合法性的性质："国家元首"还是"行政首长"？ …… 166
第三节　合法性的特征及其制约："过渡性"的强调与"皇权守护者"的义务辨析 …… 180
第四节　小结 …… 198

第五章　彻底的"僭越"——女皇帝 …… 202
第一节　合法性的基础：个人权威的确立与保障 …… 203
第二节　合法性的强化：意识形态的借用与重塑 …… 216
第三节　合法性的终结：性别角色的转换与回归 …… 234
第四节　小结 …… 252

第六章　结语 …………………………………………… 256

参考书目 ………………………………………………… 267
后记 ……………………………………………………… 296

导　　论

女主,帝制中国最高阶层家庭的主要女性成员,她们的作为和身影已远远超越了家庭和宫闱的范围,而对整个帝国的政治体系、文化传统和性别秩序产生了广泛而深远的影响。只有将她们看作一个个具有某种相对独立意义和主动性的政治主体,并像普通阶层的"妻子"和"母亲"一样,对自己的女性职责、人生意义和最终归宿有着强烈的自我认同,而并非仅仅是凭借容貌和姿色依附在帝王身上的不仅无能、并且危险的"寄生群体",了解她们在整个帝制中国历史中所扮演的角色、她们对于帝国的政治体系和文化传统所具有的意义,才能够得到更为真实与明晰的认识。

第一节　选题意义

尽管在漫长的帝制时代,① 父权父系制的长期稳定存在和占据主导地位,② 使得以儒家传统为主导的主流文化和官方意识形态强烈坚持应该将女性排除在政治领域之外,然而,与此相反的政治现实却是两千年帝制史中女性

---

① 对于中国历史的分期,本书采用了日本学者滋贺秀三的定义:"中国在其漫长的历史中,从全局来说经历了前后两次社会体制的根本性变革。以这两次变革作为分期点,全部中国史至少也应当首先分为三个时代……春秋以前的古远的时代可以称作上代,民国以后作为近代,而对处于中间的长时代,在还没有其他适当的词语的情况下,我想可以命名为帝制时代。"[日]滋贺秀三:《中国家族法原理》,张建国、李力译,法律出版社2003年版,第1—2页。

② 如杨联陞所言:"整个中国从公元前二二一年至公元一九一二年的历史,主要是一个父权(patriarchal)和父系(patrilineal)的社会,这已是一个普通的常识。"Lien‐sheng Yang: "Female Rulers in Imperial China", *Harvard Journal of Asiatic Studies*, Vol. 23. (1960‐1961), p. 48。

统治的不绝如缕。女主作为最高阶层家庭中重要的女性成员，一直与整个帝国的政治体系、政治格局和政治运行有着无法割舍的紧密联系。不仅最高政治权力的分配和交接通常与她们有着直接的关系，她们甚至还曾在实际上获得了在特殊情况之下代替君主统治整个帝国的政治权力，从而在男性占据绝对主导地位的政治领域中留下了女性的印记。正如杜芳琴已经观察到的那样："在'女祸论''女不干政'传统根深蒂固的中国封建社会，在牢不可破的父系宗族的政治权力圈内，存在着不容忽视的现象：（一）封建社会竟以女主政治相始终；（二）二千多年，竟有约四分之一的时代由女主统治或男女主共同执政，即便是绝对的男主统治，权力的交接与分配也常与母后、妃妾有关。""母后参与政治者约计五十人之多，执政约五百年之久；后妃约一八人，预政一十五年上下……二、三百年封建社会中女主统治或女主参与统治约六百年。"① 而这一客观现实，正如赵凤喈所言，显然"决不可以偶然之事实目之"②。

然而，相比较于学术界对皇帝、官僚集团等男性政治主体之发达繁荣的研究状况而言，女主不仅并未获得与其政治地位和历史作用相匹配的研究境遇，甚至还长期处于尚未充分展开的基本状态，并不得不在事实上承受着主流文化界对于她们这一群体的不断"漠视与歪曲"③。究其原因，则可以主要归结于以下几个方面。

首先，相比较于对帝国最高统治者——皇帝的关注和重视而言，历代史官往往将对女主进行记录看作对皇帝本人的历史事迹与生命历程的一个补充和完善，而并不是值得特别予以关注和记载的对象。因此，对于她们进行研究，将会在客观上面临着史料不够充分的基本困难。其次，由于帝制时代的

---

① 杜芳琴：《中国历代女主与女主政治论略》，鲍家麟主编《中国妇女史论集·四辑》，稻乡出版社 1995 年版，第 35—37 页。
② 赵凤喈：《中国妇女在法律上之地位（附补篇）》，稻乡出版社 1993 年版，第 111—112 页。
③ "女主政治是中国封建社会特有的……普遍存在的（二、三百年封建社会中女主统治或女主参与统治约六百年）而又受到漠视与歪曲（历史上很少提及或被视为'女祸'，至今也很少被注意）的政治历史现象。"杜芳琴：《中国历代女主与女主政治论略》，鲍家麟主编《中国妇女史论集·四辑》，稻乡出版社 1995 年版，第 35—37 页。

导 论

主流话语体系一贯坚持女性没有参与政治的合法权利，因此，这些介入了政治领域的女主们的种种作为，往往会被看作是对正常政治秩序的破坏，历代史官对于她们的历史记载，自然也就难以避免地带上了强烈的性别偏见，甚至有时还包括刻意为之的史实曲解与历史建构。对于现代的学者而言，如何厘清包含在史料中的偏见，从而对她们形成一个更为客观、中肯的认识，无疑将会是一项十分艰巨的工作。而且，那些受到马克思主义阶级分析理论影响的学者往往倾向于认为，女主同皇帝一样都属于"压迫阶级"，其统治与男性君主毫无区别，因此，她们应当属于被批判和打倒的主要对象。在这种历史观的影响之下，对于她们的研究自然就被置于次要地位。与此同时，由于女性长期被主流话语体系认为是次属于男性而存在的性别，这就使得女性往往被认为是与主流文化传统没有太大关联的边缘群体，许多学者仍顽固地以为对她们进行研究对于理解中国的情况并无多少紧密相关性，女主作为女性群体中的一个组成部分，也就随之处于学术研究的边缘状态。

在上述几种原因的交叉影响之下，迄今为止，除极少数的成果对于这一问题有所关注和涉及之外，如何对女主政治这一重要的历史现象进行一个整体性的、宏观上的分析和解释，仍处于学术研究的边缘领域。尤其是如何将这一群体视为一个个具有相对独立意义和主动性的"政治主体"，并从政治学的方法入手，对她们与整个帝国的政治体系、政治运行以及政治文化传统之间的关系进行一个较为深入和系统的分析研究，无疑仍然是学术研究的相对空白之处。

吊诡的是，与学术界的研究不足状况形成鲜明对比的，则是近年来关于这一群体的普通读物和影视作品的大量涌现，① 并明显出现了历史研究成果趋

---

① 相关的著作如门岿《中国后妃的生死歌哭》，科学出版社1989年版；安作璋主编《后妃传》，河南人民出版社1990年版；赵剑敏《皇冠与凤冠——中国后妃》，上海古籍出版社1995年版；顾久幸《后妃干政：宫闱难禁权利梦》，文津出版社1996年版；冷鹏飞《古代帝王后宫探究》，岳麓书社1997年版；门岿《专制变奏曲：从吕后到慈禧》，济南出版社2002年版；向斯《宫禁后妃生活实录》，盲文出版社2003年版；周锡山《临朝太后：从吕太后到慈禧》，上海画报出版社2004年版；田玉川《后宫政治——中国历代皇权社会权力规则的另类阐释》，中国文联出版社2005年版；任士英《后妃当国》，中华书局2006年版；柏杨《皇后之死——历史上命运最难看的三十九位皇后》，人民文学出版社2006年版；蓝黛《帝后风云录·皇后卷》，文化艺术出版社2006年版；等等。

向于市井化、肤浅化、快餐化的虚假繁荣景象。而贯穿于绝大部分这类著作之中的猎奇性的眼光和简单化的处理方式，在将女主从不为人知的幕后推向众人瞩目的台前的同时，也在某种程度上潜移默化地加深了主流社会对于这一群体的性别偏见，并更加有助于将她们塑造成为一个个贪婪、恶毒、冷酷、残暴和令人生厌的"龙夫人（dragon lady）"①的刻板形象。

毫无疑问，严肃研究成果的相对匮乏和面向普通大众的通俗作品的普遍滥觞，这两种情况的并存和交织，不仅无益于对女主政治这一长期存在的历史事件和文化现象做出相对客观中肯的认识评价，而且还从思维意识和观念形态上进一步否定了帝制中国这些最为杰出的女性政治家们参与政治的合法性和正当性。更为重要的是，对她们这种不乏偏颇的认识和评价，同时还在深刻地塑造和影响着当下女性参与政治事务时的基本文化氛围和外部政治环境。从这个意义上说，从政治学的基本理论和研究方法入手，对这一问题进行一个较为深入和系统的学理分析，则显得极为重要了。

第二节 近现代以来学界的基本研究状况

尽管在世界各个文明体系之内，女性均作为占据总人口一半的庞大群体而存在，但对这一群体的社会地位、思维方式、价值取向、情感特征等问题的关注，却从来没有像男性那样获得过与之比例相称、相对平等的重视，这在很大程度上是与她们在社会文明系统中所处的地位密不可分的。绝大多数父系父权制文明体的主流观念普遍认为，女性只不过是劣于男性而存在的"第二性"，②并不在社会的各个层面占据主体地位，因此，对她们进行研究往往显得没有多少必要。而在儒家传统占据主导文化地位的帝制中国，这种

---

① Priscilla Ching Chung: "Palace Women in The Northern Sung, 960–1126", Leiden: E. J. Brill, 1981, p. 86.
② [法] 西蒙娜·德·波伏娃：《第二性》，陶铁柱译，中国书籍出版社2004年版。

观念的影响力是如此深远，以至于女性从整体上成为一个"沉默失语的群体"①，女性的缺席成为贯穿主流研究领域的一个重要特征。而女性作为父权父系传统下长久以来的"被忘却的人"②，中国历史中长期存在的对其在实际社会生活中角色和影响力进行记载和研究的"'不存在'现象，恰恰折射出传统社会千百年间实际的'社会存在'状况"③。

19世纪末20世纪初以来，伴随着帝制中国的全面解体，受到"救亡与启蒙"之历史责任感驱使的知识分子逐渐认为，父系父权体制这一"旧传统"是导致中国这一曾经辉煌的世界帝国在近现代以来处于积弱积贫地位的重要原因，而女性长期以来所处的"卑下"社会地位，就是这一"旧传统"最为卑劣的产物之一，"五四父权压迫模式"④成了这一时期研究女性问题的主导认识模式。在这种认识模式的影响下，"受父权压迫的女性，成了旧中国落后的一个缩影，成了当时遭受屈辱的根源。受压迫的封建女性形象，被赋予了如此强烈的民族主义情绪，以至最终变成了一种无可置疑的历史形象"⑤。而在当时的知识界看来，要想彻底改变中国在近现代以来所处的被动地位，就应该在清算"旧传统"的基础上重新起步，同时引进新的思想与新的知识，拓展女性的视野，更化并提高她们的意识，以便使处于"救亡"与"启蒙"这一关键时期的女性也能同男性一样，为中国这一古老文明的重新崛起贡献力量。在这种特殊的政治形势和历史任务的驱使之下，传统女性的历史地位和生存状况逐渐进入了学术界研究的基本视野，并呈现出日益繁荣的景象。然而，这种带有强烈政治目的的研究，大多并未立足于女性自身的立场，也并不真正关心她们的历史境遇和身在其中的真实感受，相反，服务于当时特定时代任务的基本学术出发点，使得女性这一长期不受关注的群体最终以

---

① 杜芳琴、王政主编：《中国历史中的妇女与性别》，天津人民出版社2004年版，第169页。
② 陈东原：《中国妇女生活史》，商务印书馆1937年版，自序，第2页。
③ 杜芳琴、王政主编：《中国历史中的妇女与性别》，天津人民出版社2004年版，第259页。
④ 李志生：《唐人理想女性观念——以容貌、品德、智慧为切入点》，邓小南、荣新江主编《唐研究》第十一卷，北京大学出版社2005年版，第159页。
⑤ [美]高彦姬：《闺塾师：明末清初江南的才女文化》，江苏人民出版社2005年版，绪论，第2页。

"嵌入"的方式"被带进历史记载：她们嵌入了塑造她们的故事的人的历史，嵌入了他们的权力争斗之中"①，在日益喧嚣和繁荣的表象之下，则蕴含着女性主体性缺失的基本文化土壤。

与此同时，与对普通女性的研究日益兴盛的状况形成鲜明对比的，则是对女主这一特殊阶层女性进行整体性研究的淡漠和不足。除了武则天本人作为中国历史上唯一一位女皇帝而被一些学者认为是有助于激发女性自我奋斗意识的"女权运动者"，从而引发了较多研究成果的出现之外②，她们在整体上依旧被认为是与普通女性相隔绝的一个独特群体而受到了普遍的忽略。大致只有在赵凤喈出版于1927年的《中国妇女在法律上之地位》中，曾将"皇太后摄政"列为帝制时代女子的"公民权"，并对其产生的基本条件进行了极为简略地讨论③；而陈东原出版于1937年的《中国妇女生活史》，也对后妃作为皇帝的"玩物"所拥有的"悲惨生活"进行了较为概括的描述④。由于对她们的研究不能更好地服务于增长女性见识、提高女性地位的现实政治目的，这一群体在整体上消隐于中国学术界研究的视野之外。

同时期的西方学者对于这一群体进行研究的内容也较为单一，通常或者是对中国史籍中的后妃传记进行译介，或者是对个别女主进行单独的个人传记式的研究，并主要集中于吕后、武则天、杨贵妃、慈禧等极少数几位女性身上⑤，

---

① [美] 贺萧：《危险的愉悦：20世纪上海的娼妓问题与现代性》，韩敏中、盛宁译，江苏人民出版社2005年版，第12页。
② 这一时期出现的有关武则天的研究著作主要有：《我国女权运动者——武曌》，《伟大的革命政治家武则天》《武则天新论》等十几篇旨在呼吁妇女解放的文章。与之相关的文学著作也大量产生，而当时的史学家对武则天的态度也非常不一致，但都表现出了对于武则天的极大关注。具体的争论焦点可参见王双怀《本世纪以来的武则天研究》，《史学月刊》1997年第3期。
③ 赵凤喈：《中国妇女在法律上之地位（附补篇）》，稻乡出版社1993年版，第111—114页。
④ 陈东原：《中国妇女生活史》，商务印书馆1937年版，第88—91、211—215页。
⑤ 这类著作如：Nancy Lee Swann："Biography of the Empress Teng：A Translation from the Annals of the Later Han Dynasty"，*Journal of the American Oriental Society*，Vol. 51，No. 2.（Jun.，1931），pp. 138-159；Reginald F. Johnston："New Light on the Chinese Empress-Dowager"，*Bulletin of the School of Oriental Studies*，University of London，Vol. 9，No. 1.（1937），pp. 27-31；Chauncey S. Goodrich："Two Charters in the Life of an Empress of the Later Han"，*Harvard Journal of Asiatic Studies*，Vol. 26.（1966），pp. 187-210；Howard S. Levy："The Career of Yang Kui-fei"，*Leiden E. J. Brill：T'oung Pao*，通报，*Vol. XLV*（1957）；Howard S. Levy："Wu Hui-fei 武惠妃，A Favored Consort of T'ang Hsuan-Tsung 唐玄宗"，*Leiden E. J. Brill：T'oung Pao*，通报 *Vol. XLVI*（1958）；C. P. Fitzgerald："The Empress Wu"，*London：Cresset Press*，1956；Lin Yutang："Lady Wu：A True Story"，London：Heinemann，1957. 等等。

从而开始向西方世界逐渐展示这样一个长期以来处于隐秘地位的独特女性群体的生活状况。而杨联陞发表于1960年的英文论文"Female Rulers in Imperial China"（《中国历史上的女主》），则成为这一时期相对而言较为少见的从宏观层面对摄政太后的职责、权限及其批评予以讨论的精彩论文。①

20世纪七八十年代以来，在中国妇女研究新高峰的带动之下②，女主作为一个独特的女性群体开始逐渐进入知识界关注的视野。其中，有相当大一部分学者坚持认为女主专权总是导致王朝由盛转衰，女主政治和外戚专权是历史上"最黑暗的时代"，把"封建专制社会的腐朽性、阴谋性、残酷性暴露得淋漓尽致"③，并进一步强调由于女性自身所具有的"自私、嫉妒、贪婪"等性格的缺陷，使得掌握了权势的女主往往"生出害人、祸国的后果，甚至对国家的灭亡产生直接的催化作用"④。而出于为这些女性"正名"的目的，更多的学者则强调必须要放弃从性别和道德立场出发去评价女主的旧有做法，而应该从她们参与政治的实际历史作用和功能角度入手，实事求是地评价其具体的政绩。在这种反对声中，一个引人注目的例子便是不光强调女主统治的积极作用不能被抹杀，而且坚持认为女性的统治要远远优于男性的统治，如侯立朝就在《中国皇后史》和《十大太后临朝》的序言中声称，中国临朝的太后无一做得不好，反倒男性是"最末流"的皇帝。⑤ 然而，正如刘詠聰

---

① Lien-sheng Yang: "Female Rulers in Imperial China", *Harvard Journal of Asiatic Studies*, Vol. 23. (1960–1961), pp. 155–169.
② "妇女研究在中国的发展历程有两个高峰：一个是20世纪二十年代，另一个是八十年代（李小江，1989：3）。和西方的妇女研究的发展背景不同，妇女研究在中国的出现并非妇女运动的结果，而是在社会变迁的影响下应运而生的。二十年代妇女解放运动的目的是要改造社会，最先着手研究妇女问题的是男性……至于八十年代妇女研究在中国的再现却是改革开放下社会变化引致妇女问题浮面而引起关注的结果（Rosen，1987）。"参见叶汉明《社会史与中国妇女研究》，香港中文大学、香港亚太研究所1992年版，第24页。关于中国古代妇女史研究的发展历程，笔者也曾著文进行论述，具体内容可参见米莉《中国古代妇女史研究的范式转移与问题意识》，《北京行政学院学报》2007年第5期，第105—108页。
③ 孟楚：《中国封建时代的女祸与外戚之祸》，张治哲：《论外戚政治》，转引自刘詠聰《魏晋以还史家对后妃主政之负面评价》，载于鲍家麟主编《中国妇女史论集》第三集，稻乡出版社1993年版，第35页。
④ 杨东甫、卢斯非：《后妃之祸》，广西民族出版社1995年版，第19—20页。
⑤ 刘詠聰：《女性与历史——中国传统观念新探》，香港教育图书公司1993年版，第8页。

所言，这种迫切想要为女主"正名"的做法显然走向了另一个极端："历史不应该是某一个阶级或某一性别（无论男女）的专利品。史学贵乎求真，而不贵乎矫枉过正，基于同情心而予弱者以过高之评价。侯氏理论的最大弱点，在于破坏'祸水史观'有余，而建设'真实信史'不足。"①尽管如此，这一坚持对女主的评价必须建立在对她们在实际历史进程中所起到的效用做出客观评价的基础上才能成立的观念，对于厘清长期以来基于性别偏见而反对女性参与政治的一般观念具有非常重要的作用，并已成为目前研究女主政治问题上的基本学术立场。

在总体上为女主"正名"的目的和立场的指引下，这一时期对于女主这一特殊女性群体的研究，主要包括了以下几种类型：

第一，最为多见的是针对个别女主所进行的个人传记式的研究。学者往往从她们的人生发展历程入手，或者着重考查在当时具体的社会背景和历史环境中这些女性之所以能够参与政治的主、客观条件；或者致力于研究其在历史中的实际作为，从而力求站在一个较为公正的立场上来对其一生做出评价。主要涉及的人物大多为吕后②、北魏冯太后和胡灵太后③、武则天④、辽萧太后⑤、慈禧⑥等

---

① 刘咏聪：《女性与历史——中国传统观念新探》，香港教育图书公司1993年版，第8页。
② 相关的论文如陈志《论西汉初期皇嗣之争》，《福建论坛（人文社会科学版）》2002年第4期；张丽《从吕后的性格特征看其临朝称制》，《黑龙江教育学院学报》2003年第22卷第4期；胡捷《汉初吕后的"女人交易"》，《湘潭师范学院学报（社会科学版）》2003年第25卷第5期；胡一华《吕雉"叛国篡权"辨》，《丽水师专学报（社会科学版）》1991年第1期；孙佰玲《女性生命悲剧的形象展示——〈史记·吕太后本纪〉新解读》，《汕头大学学报（人文社会科学版）》2004年第5期；等等。
③ 宋其蕤：《北魏女主论》，中国社会科学出版社2006年版。
④ 在这其中，武则天作为中国历史上唯一的女皇帝，仍然占据了最多的研究比例。但是，如何对这位唯一的女皇帝做出最终定位，学界显然并没有达成一致意见。相关的重要成果如黄永年《评郭沫若同志的武则天研究》，《陕西师范大学学报（哲学社会科学版）》1980年第3期；黄永年《武则天真相》，《中国典籍与文化》1994年第3期；雷家骥《狐媚偏能惑主——武则天的精神与心理分析》，联鸣文化有限公司1981年版；[日]原百代《武则天》，中国友谊出版公司1985年版；等等。
⑤ 李丹林、李景屏：《萧太后评传》，四川大学出版社2000年版。
⑥ 相关的论文集如刘北汜编《实说慈禧》，紫禁城出版社2004年版；左书谔：《慈禧太后》，吉林文史出版社2004年版；朱学勤主编：《慈禧太后》，远方出版社2005年版；[美]德龄《慈禧后宫实录》，学林出版社2002年版；[美]德龄公主《紫禁城的黄昏——德龄公主回忆录》，中央编译局出版社2004年版；[美]斯特林·西格雷夫（Sterling Seagrave）《龙夫人：慈禧故事》，中央编译局出版社2005年版；等等。

导 论

学界相对而言较为熟悉的人物。然而，这种个人传记式研究著作的相对涌现，并不能减弱对于女主统治问题进行整体性研究和分析的重要性。正如日本学者小岛毅在评价日本学界对于中国"皇权"的研究状况时所指出的一样："关于各个皇帝的人物研究非常盛行。这种研究很容易给人一种皇帝研究的错觉，使人误认为'关于皇帝已经研究得够多了'。但我个人认为，例如'唐太宗论'和'唐代皇帝制度研究'是两码事。"① 换言之，虽然关于女主个人传记式的成果相对较多，但关于女主政治及其统治合法性的研究成果尚未作为研究的重要领域和组成部分而逐渐凸显其地位。而刘静贞的《从皇后干政到太后摄政——北宋真仁之际女主政治权力试探》，则成为建立在扎实的史学基础上对北宋真宗刘皇后的政治权力的获得、保持以及丧失的内在文化、制度原因进行分析的非常重要的学术文章②。

第二，从总体上评价某个朝代的女主整体或某个女主对于当时政治的现实影响力与实际作用的文章也占据了一个主要部分。③ 这类研究成果通常将关

---

① [日]小岛毅：《中国的皇权——〈礼教和政治〉导论》，[日]沟口雄三、小岛毅主编《中国的思维世界》，江苏人民出版社2006年版，第348页。
② 刘静贞：《从皇后干政到太后摄政——北宋真仁之际女主政治权力试探》，载于鲍家麟主编：《中国妇女史论集续集》，稻乡出版社1991年版。
③ 类似的论文如诸葛忆兵《论宋代后妃与朝政》，《南京师大学报（社会科学版）》1998年第4期；朱子彦《略论中国封建社会的后妃干政》，《上海大学学报（社科版）》1994年第1期；沈宏《东汉"干政"皇后作用初探》，《首都师范大学学报（社会科学版）》1996年第1期；张淑芳《论唐代后妃与朝政的关系》，《西南民族学院学报（哲学社会科学版）》2000年第4期；卞直甫《汉代后妃的历史作用》，《历史教学》1990年第10期；林延清《明朝后妃在皇位继承中的作用》，《求是学刊》2006年第4期；胡兴东《辽代后妃与辽代政治》，《北方文物》2003年第2期；秦翠华《长孙皇后对"贞观"政风的影响》，《北方论丛》1997年第5期；张邦炜《两宋妇女的历史贡献》，《社会科学研究》1997年第6期；陈恩虎《中国封建社会皇帝后妃问题初探》，《安徽大学学报（哲学社会科学版）》1996年第3期；刘筱红《后妃与政治》，《江汉论坛》1995年第6期；王鑫义《女政治家：东汉和帝皇后邓绥》，《安徽史学》1995年第2期；靳华《两宋之际孟后垂帘听政与民族矛盾》，《求是学刊》1997年第3期；卫广来《论西汉的宫闱政治》，《文史哲》1995年第1期；黄清敏《东汉中后期女主执政现象试探》，《广西社会科学》2005年第11期；赵克生《明代后妃与国家礼制兴革》，《东北师大学报（哲学社会科学版）》2007年第5期；贾保倩《从向太后垂帘论北宋女主在党争中的政治角色》，硕士学位论文，浙江大学，2009年；刘广丰《宋代后妃与帝位传承》，《武汉大学学报（人文科学版）》2009年第4期；王对萍《论金代女性的政治作为》，《内蒙古农业大学学报》2011年第1期；陈开颖《性别、信仰、权力——北魏女主政治与佛教》，博士学位论文，郑州大学，2012年；尤婵婵《北宋中后期太后与新旧党争》，硕士学位论文，首都师范大学，2013年4月；李建华《论唐代"女主"现象的终结》，《南京社会科学》2013年第8期；崔靖《明代后妃研究》，博士学位论文，南开大学，2014年；等等。

注的焦点集中于对其参与政治的基本条件、与政期间的具体措施以及实际影响力进行分析，从而在此基础上总结出其历史效用的"进步"与"落后"，以便对女主参与政治的正当性做出一个整体性的评价。

第三，从后宫制度入手对女主进行研究的论著也开始出现。在许多学者看来，"后宫生活从来就是古代政治生活的一个缩影，尤其是朝廷中枢政治运作的内容，几乎每一项都能直接或间接地在后宫生活的层面中反映出来。因此，后宫从来就是皇权运作须臾不离的重要内容"①。从这个意义上说，对女主的研究在很大程度上也就成了对皇权进行研究的一个必要补充。基于这一基本认识，一些学者在对传统的政治制度进行研究时往往也包含了对女主的分析，并着重考察其在政治领域所产生的实际影响力②。但是，绝大部分的研究著作并未将女主视为一个相对独立的"政治主体"来进行详细论述，而是往往将其依附于对"外戚专权"的分析之中。另外一些学者有感于长期以来对后宫制度本身进行学术研究的缺乏，开始致力于通过专门的著作来系统分析后宫制度的产生、发展和嬗变的规律。③ 从整体上将后宫看作帝国政治体系内部一个相对独立的"子系统"，并集中考察其生成方式、运作模式、等级关系、管理机构、礼仪制度、后妃生活状况等等，并对女主参与政治的条件、特点和历史功过进行总体上的分析和评价，则成为这类著作的显著特点，这在很大程度上弥补了学界在政治制度领域对于后宫和后妃进行研究的不足。

---

① 任士英：《后妃当国》，中华书局2006年版，前言，第1—2页。
② 相关的著作如徐连达、朱子彦《中国皇帝制度》，广东教育出版社1996年版；朱诚如主编《中国皇帝制度》，武汉出版社1997年版；白钢主编《中国政治制度通史》，人民出版社1996年版；杨阳主编《中国政治制度史纲要》，中国政法大学出版社2001年版；韦庆远主编《中国政治制度史》，人民大学出版社1989年版；左言东主编《中国政治制度史》，浙江古籍出版社1989年版；等等。
③ 相关著作如吴以宁、顾吉辰《中国后妃制度研究（唐宋卷）》，华东理工大学出版社1995年版；朱子彦《后宫制度研究》，华东师范大学出版社1998年版；朱子彦《皇权的异化——垂帘听政》，山东教育出版社2001年版；张宏《金代后宫制度研究》，博士学位论文，吉林大学，2010年；等等。

与此同时，与后宫制度相关的一些学术论文也开始出现①，但其篇幅及论证的力度也相对有限。

第四种研究成果往往注重从某一历史时期具体的时代特征、社会背景、政治制度设计等方面入手，对女主之所以能够参与政治的条件、女主与外戚之间的关系、执政的特点和实际历史影响力予以分析②。这类论文大多认为女主参与政治是皇帝制度不可避免的产物，其最终的归宿也往往不能跳出男性政治的窠臼。而杜芳琴的《中国历代女主政治略论》③和张星久的《母权与帝制中国的后妃政治》④，则成为从政治文化的角度入手对女主政治的产生、特点和变迁进行总体性讨论的非常重要的论文。

---

① 相关的论文则主要有朱子彦《垂帘听政制度述论》，《学术月刊》1998年第2期；朱子彦《宋代垂帘听政制度初探》，《学术月刊》2001年第8期；毛佩琦《中国后妃制度述论》，《中国人民大学学报》1990年第6期；董四礼《金朝后妃制度初探》，《黑龙江档案》2006年第2期；万静《论古代帝王后妃制度的确立》，《成都大学学报（社科版）》2004年第1期；程彩霞《明代后妃制度的政治文化解读》，《山东社会科学》2006年第12期；郭佳《汉代后宫制度研究》，硕士学位论文，吉林大学，2004年；徐斌《明代后妃制度初探》，硕士学位论文，天津师范大学，2008年；王婷婷《汉代后妃宫官制度》，硕士学位论文，南京师范大学，2013年；荆雪倩《北宋宫闱制度研究》，硕士学位论文，山东大学，2016年；等等。

② 相关著作如段塔丽《北魏至隋唐时期女性参政现象透视》，《江海学刊》2002年第5期；段塔丽《北魏至隋唐时期女性参政的地域分布及其特征》，《中国历史地理论丛》2001年第16卷第1辑；毛汉光《唐代后半期后妃之分析》，《国立台湾大学文史哲学报》，1989年第37期；杨光华《宋代后妃、外戚预政的特点》，《西南师范大学学报（哲学社会科学版）》1994年第3期；祝建平《仁宗朝刘太后专权与宋代后妃干政》，《史林》1997年第2期；张明华《论北宋女性政治的蜕变》，《河南大学学报（社会科学版）》2005年第1期；季晓燕《论宋代后妃的文化品格》，《江西社会科学》1996年第10期；李文才《魏晋南北朝时期妇女社会地位研究——以上层社会妇女为中心考察》，《社会科学战线》2000年第5期；康清莲《从边缘到中心——论两汉皇室女性的地位及外戚专政》，《西南民族大学学报（人文社科版）》2004年第12期；孔毅《北魏外戚述论》，《西南师范大学学报（哲学社会科学版）》1994年第4期；秦学颀《东汉前期的皇权与外戚》，《西南师范大学学报（哲学社会科学版）》1995年第1期；蔡一平《汉宋女主的比较》，《中国典籍与文化》1994年第3期；肖建新《宋代临朝听政新论》，《社会科学战线》2003年第4期；庄小芳《东汉临朝太后初探》，硕士学位论文，厦门大学，2006年；林红《汉代母权研究》，《中华女子学院学报》2007年第2期；张鹏：《后唐伶宦、后妃干政研究》，硕士学位论文，西北大学，2014年；余海涛《后武周时代女性政治研究》，硕士学位论文，西南大学，2014年；崔苏《唐宋干政后妃比较》，硕士学位论文，南京师范大学，2012年；等等。

③ 杜芳琴：《中国历代女主与女主政治论略》，鲍家麟主编《中国妇女史论集·四辑》，稻乡出版社1995年版。

④ 张星久：《母权与帝制中国的后妃制度》，《武汉大学学报（社会科学版）》2003年第1期。

同时期的英文著作基本上仍然以个人传记式的研究方法为主，其共同的关注点在于试图揭示在儒学占据主导地位的父权父系制中，女主参与政治事务时必须要承担的性别歧视和巨大压力，以及其具体的施政措施与所取得的政治成就①。另外的一些著作还包括对北宋宫廷妇女的组织系统、所拥有的权力以及在政治领域的作为进行研究的著作②；对明代皇后的甄选、地位、权利界定以及皇后制度的建立和运作进行探讨的论文③；对北魏皇后的政治权力的初步探讨④；等等。其中，非常值得重视的则是 R. W. L. Guisso 的博士论文"Wu Tse–T'ien And The Politics Of Legitimation In T'ang China"（《武则天与唐朝政治的合法性》）。在这篇极为优秀的博士论文中，Guisso 运用历史学的视角和个人传记式的写作方法，从合法性角度入手对武则天之所以能够登上皇位的原因、政权的基本特征、所面临的外界挑战以及所取得的杰出政治成就等问题进行了非常深入的分析，并挑战了学界的一些固有观念，在西方学术界引起了强烈反响。尽管一些批评者认为除了一些极为大胆的观点（boldest ideas）之外，这篇论文的不足之处还在于缺乏一个持续不变的论述焦点（sustained focus），并且有时会将自己的立场置于相互矛盾（contradictory）的境地之中，但他们仍然不得不承认，这一作品毫无疑问是许多年来研究武则

---

　　① 类似的著作如 Dora Shu–Fang Dien "Empress Wu Zetian in Fiction and in History: Female Defiance in Confucian China", *Nova Science Publishers*, Inc. 2003；Wen–Hui Tsai Women in Traditional Chinese Politics: The Lives and Careers of Empresses Lü, Wu, and Tz'u–His，辜瑞蘭主編：《汉学研究》，汉学研究中心，1991 年第 2 期；Sue Fawn Chung The Much Maligned Empress Dowager: A Revisionist Study of the Empress Dowager Tz'u–His (1835–1908)，*Modern Asian Studies*, Vol. 13, No. 2. (1979), pp. 177–196；Robert Joe Cutter The Death of Empress Zhen: Fiction and Historiography in Early Medieval China, *Journal of the American Oriental Society*, Vol. 112, No. 4. (Oct.–Dec., 1992), pp. 577–583. 等等。
　　② Priscilla Ching Chung: "Palace Women in The Northern Sung, 960–1126", Leiden: E. J. Brill, 1981.
　　③ Hsieh Bao Hua: "Empress' Grove: Ritual and Life in the Ming Palace"，中央研究院近代史研究所编《近代中国妇女史研究》，2003 年 12 月。
　　④ Jennifer Holmgren: "Women and Political Power in the Traditional T'o–Pa Elite: A Preliminary Study of the Biographies of Empresses in the Wei–Shu", *Monumenta Serica*, *Journal of Oriental Studies*, Vol. XXXV, 1981–1983.

天的权威和典范之作，并且必将令所有的读者"获益匪浅"①。

综观这一时期以来对于女主的研究状况，除吕后、武则天、慈禧等极少数人物受到了较为充分的关注之外，从整体上而言这一群体仍然处于知识界的主流视野之外。学术界的研究成果主要以短篇论文为主，并大多停留在对传统观念的批驳、基础性的介绍、个人传记式的研究等几个固定的层面。从政治学的视角入手对这一长期存在的历史事件和文化现象予以全面解读的学术专著寥若晨星，而将其放置在一个宏观的政治体系、文化传统和性别体系的框架之内，并进行深入、系统分析的研究著作，则更是付之阙如。相比较同时期其他领域所呈现出的繁荣景象而言，这种状况不仅体现出学术界对于女主政治在理解帝制中国的政治文化、政治体系与政治运行中所具有的关联度和重要性的认识不足，同样也反映出女性作为与男性相对而存在的一个群体，在主流文化领域和官方话语体系中实际所处的次要地位。

第三节 问题意识

目前，在对男性占据绝对主导地位的政治领域内女主统治的具体方式进行研究时，大多数学者倾向于认为，既然主流文化传统坚持强调女性是政治领域内潜在的"毁灭者"和"邪恶力量"，将会为政治带来颠覆性的灾难，因此，她们对于政治事务的参与，在客观上只能以"非正式的""不直接的"和"隐藏的"特定方式进行："由于女性被禁止获得公开的权力，而且她们获取权力的努力被认为是一种'危险的分裂性'（dangerously disruptive）力量，所以她们必须以一种非正式的（informal）、不直接的（indirect）或者隐藏

---

① 上述对于 Guisso 的博士论文的评论可参见 Howard J. Wechsler "Wu Tse-T'ien And The Politics Of Legitimation In T'ang China. By R. W. L. Guisso；E. G. Pulleyblank", The Journal of Asian Studies, Vol. 38, No. 4. (Aug., 1979), pp. 747 – 749; Robert M. Somers "Wu Tse-T'ien And The Politics Of Legitimation In T'ang China. By R. W. L. Guisso", Journal of the American Oriental Society, Vol, 103, No. 2. (Apr. – Jun., 1983), p. 466。

（concealed）的方式通过对男性施加影响而获得权力。"① 但就历史的现实而言，在帝制中国两千年的实际政治运行中，"非正式的""不直接的"和"隐藏的"方式并非女主参与政治的唯一形态，在许多情况下，她们还以"正式的""直接的"和"幕前的"姿态进入了帝制中国的政治体系，并获得了整个国家对于她们统治权力不同程度的接受和认可。在这期间，除了武则天曾以一位"女皇帝"的身份直接统治整个国家达十五年之久以外，尚有若干其他女主以直接的统治身份在事实上居于最高的政治权位。而且，一个基本的历史事实就是，在这些女性的直接统治之下，整个国家的政治体系得以持续平稳地运行，而并未出现任何整体上的停滞。官僚集团尽管产生了不同程度的反对声音，但他们确实是在一位"女性"的统治下工作。这些事实的存在，无疑将会引发如下疑问：在主流文化传统和官方话语体系之中，女性不是被坚持认为是政治领域的"祸水"吗？官僚集团为什么要服从于一位女性的权威呢？她们之所以能够享有代替男性君主进行统治之政治权力的文化基础在哪里呢？她们的统治为什么会被整个国家的政治体系所接受？隐藏在上述种种矛盾现象之下的内在制度和文化根源又是什么呢？

如上这些矛盾现象的存在无不在向我们昭示，虽然主流文化传统和官方意识形态对于女主统治都持有强烈的反对态度，但毫无疑问的是，这种统治形式在事实上具有着极为明显的"合法性"。迄今为止，尽管已有许多学者从不同方面对女主参与政治的历史条件、具体作为、实际影响力等问题进行了论述，但对于贯穿女性统治现实的这一问题，尚缺乏一个从政治学视角入手的较为系统的整体性解释。除了 R. W. L. Guisso、刘静贞、杜芳琴等极少数几

---

① 正如有学者指出的那样，在政治领域，女性往往被认为过于"情绪化（emotional）、喜怒无常（temperamental）和缺乏理性（irrational），所以不能做出合乎逻辑的决定。中国人将政治视为是非常'重要'的或国家大事，由此，制度上的歧视反对女性参与政治决策"。Wen-hui Tsai: "Women in Traditional Chinese Politics: The Lives and Careers of Empresses Lü, Wu, and Tz'u-Hsi"，辜瑞蘭主编《汉学研究》第9卷第2期，汉学研究中心1991年版，第186页。另有学者将后妃对于政治的干预权力称为"非正式权力"，在他看来："后妃干政有两种基本形式，一是后妃亲自执掌朝政，二是后妃通过任用外戚间接干预朝政。无论哪种形式，实际上都是女性非正式权力的一种转化，一种特殊的表现形态。"参见崔锐《秦汉时期的女性观》，三秦出版社2005年版，第104页。

位学者之外①,"合法性"问题在女主统治上的重要性一直没有得到足够的重视,而对这一问题的探讨,将构成本书的主要问题意识。

本书所要研究的第一个问题,是女主统治"合法性"的获得。所谓"合法性",在一般意义上是指被统治者对于政治权力行为主体所享有的"统治权利的承认"②。在合法性理论看来,任何一个政权或统治形式,必定要具备一定的合法性基础才能够得以成立和长期延续,正如韦伯所言:"在日常生活中,习俗,除此之外,物质的即目的合乎理性的利益,主宰着统治者和行政管理班子的关系以及其他的关系。然而,习俗或利害关系,如同结合的纯粹情绪的动机或纯粹价值合乎理性的动机一样,不可能构成一个统治的可靠的基础。除了这些因素外,一般还要加上另一个因素:对合法性的信仰。"③ 换言之,合法性是一个政治体系赖以延续的必要因素,同时也是政治权力行为主体能够持续享有政治权力和政治权威的基本保障,"没有对系统合法性的一些适度的信奉,任何系统都不能延续,至少不能延续很久"④。因此,从经验

---

① 事实上只有极为少量的研究成果注意到了"合法性"问题在研究女主政治中的重要性。除了 R. W. L. Guisso 的 "Wu Tse - T'ien And The Politics Of Legitimation In T'ang China"之外,其他几篇曾经提到"合法性"问题的论文则如刘静贞:《从皇后干政到太后摄政——北宋真仁之际女主政治权力试探》,鲍家麟主编《中国妇女史论集续集》,稻乡出版社1991年版;杜芳琴:《中国历代女主与女主政治论略》,鲍家麟主编《中国妇女史论集·四辑》,稻乡出版社1995年版;张星久:《母权与帝制中国的后妃制度》,《武汉大学学报》2003年第56卷第1期;钟哲辉:《武则天皇权及其合法性——兼论女性公共行政的魅力》,《长安大学学报(社会科学版)》2004年第6卷第1期等等。如前所述,R. W. L. Guisso 曾以"合法性"的问题贯穿其对于武则天的研究始终,但本书与 Guisso 的不同之处主要体现在以下四个方面:1. 本书是从政治学的研究方法入手对女主统治的合法性进行分析,而有别于他的历史学的研究路径;2. 本书将研究的范围和视域从单独的个人拓展到了整个女主群体,并力图发现隐藏在不同的统治形式下,女主之所以能够参与政治事务的共同合法性基础及其特点;3. 本书将通过对三种不同形态下的女主合法性的研究和比较,来进一步反观整个帝制时代的政治文化传统及其对于女性统治的看法;4. 本书将从女性的视角入手,特别分析女主对于父系父权体制下女性所应当扮演的角色和最终的人生归宿的自我认识和接受,在她们的基本价值取向、最终权力归属等方面所起到的实际影响力所在。

② 合法性理论自产生以来,围绕着这一问题就出现了各种思想流派,其观点也并不完全相同,甚至某个学科内部也有重大分歧。尽管如此,但在诸多分歧之中却"仍存在着共同之处:合法性这一观念首先并且特别地涉及统治权利。合法性即是对统治权利的承认"。[法]让-马克·夸克(Jean - Marc Coicaud):《合法性与政治》,佟心平、王远飞译,中央编译出版社2002年版,第12页。

③ [德]马克斯·韦伯:《经济与社会》(上卷),林荣远译,商务印书馆1998年版,第238—239页。

④ [美]戴维·伊斯顿:《政治生活的系统分析》,王浦劬译,华夏出版社1999年版,第336页。

的角度而言，任何成功、稳定的统治，无论其以何种方式出现，本身都必然具有某种"合法性"，否则便没有存在的可能性①。从这个意义上说，女主政治在帝制中国长期存在的历史现实，以及这一统治形式的公开化、正式化和制度化，无疑在客观上表明这种以女性身份来进行统治的方式，在事实上拥有着某种意义上的合法性②。因此，本书将要探讨的女主统治"合法性"的第一个层面就是：既然女性被主流文化传统和官方意识形态广泛排除在正当参与政治的领域之外，那么，女主将要凭借什么资源才能获得公开的政治权力，甚至成为实际上的统治者？使其在事实上获得了整个帝国对于她的"统治权利的承认"的内在文化基础和制度因素是什么？

本书将要关注的第二个问题，则是女主统治合法性的内在特征。虽然合法性在实质上是被统治者对于统治者所享有的"统治权利的承认"，但对于被统治者而言，这种"承认"之所以能够产生和保持的必要条件还在于，统治者必须具备能够获得他们认可和接受的"正当性"和"适当性"。正如有学者所指出的那样："重要的是这一事实：在特定的情况下，个别对合法性的要求达到明显的程度，按照这一要求行动的类型被认为是'正当的'，这一事实更加确定了要求拥有权威者的地位。"③合法性本身"是一种特性，这种特性不是来自正式的法律或法令，而是来自由有关规范所判定的、'下属'据以（或多或少）给予积极支持的社会认可（或认可的可能性）和'适当性'"④。换而言之，合法性的产生和保存并非永久性的和无条件的，统治者还必须使他的行为满足被统治者对于"正当性"和"适当性"的要求，这二者将在事

---

① 近年来围绕着"合法性"这一概念进一步产生了应该将其视为一个"经验理论"还是"规范理论"的讨论。但在韦伯那里，这一概念显然是从经验的角度来进行阐述的。关于合法性理论的二元取向的探讨，可参见胡伟《在经验与规范之间：合法性理论的二元取向及意义》，《学术月刊》1999年第12期；胡伟《合法性问题研究：政治学研究的新视角》，《政治学研究》1996年第1期。

② 本文对于"合法性"这一概念的使用，也是在经验主义的立场上进行的，即探讨"女主政治"这种在实际上被承认的统治形式之所以产生、运行和消亡的原因及内容。

③ 胡伟：《在经验与规范之间：合法性理论的二元取向及意义》，《学术月刊》1999年第12期。

④ ［英］戴维·米勒、韦农·波格丹诺编：《布莱克维尔政治学百科全书》，中国政法大学出版社1992年版，第410页。

实上构成他获得、享有和保存这种权力所不得不承担的"义务"所在①。那么，本书将要探讨的是，在以儒家传统为官方意识形态的帝制中国之内，基于主流文化价值对于两性在地位、职责上有着明显不同的要求和角色期待，那么，对于一位已经获得某种统治权力的女性统治者而言，为了更好地保存其统治的合法性，她必须要同时具备的"正当性"和"适当性"是什么呢？她必须要承担的"义务"又是什么呢？相比较于男性君主所拥有的天然合法性而言，女主统治合法性的性质和特征又是什么呢？在多大程度上它将与男性君主的合法性一致，或是有什么不同呢？

本书将要分析的第三个问题，则是女主统治合法性的边界所在，也即女主政治权力的"有效性"。在中国整个帝制时代，与女主统治的不绝如缕和统治方式的公开化、正式化相伴随的另一个客观事实则是：虽然这些女性以不同的方式获得了最高的政治权力，甚至还出现了一位"女皇帝"，但却始终没有发展出"女性政治"和"平权政治"的形态来，男性占据绝对主导地位的政治体系仍在延续，公共领域内的性别结构也并未出现根本性的变革。如许多学者所言："以男子为中心的皇统是无法动摇的，女主不可能长久地成为封建王朝最高统治者。"② "就史论史，女主临朝，绝不是女权的代表，而是皇权的另一种表现形式。"③ "'女主'不等于'女权'，相反，女主是男主的仆从，女主政治不过是整个男权政治系统操作运转遇到故障时的缓冲器和调节器。"④ 女主政治从根本上说并不是社会的"主流"，而只不过是男性政治的"变奏曲"⑤ 而已。那么，本书所要关注的则是，为什么这些女主曾在极大程

---

① 正如《布莱克维尔政治学百科全书》所称："一种统治的合法性，是在对于何为适当或正确具有共识的范围内，以一种义务观为基础的。"[英] 戴维·米勒、韦农·波格丹诺编：《布莱克维尔政治学百科全书》，中国政法大学出版社1992年版，第410页。

② 朱子彦：《后宫制度研究》，华东师范大学出版社1998年版，第381页。

③ 刘咏聪：《魏晋以还史家对后妃主政治负面评价》，鲍家麟主编《中国妇女史论集·第三辑》，稻乡出版社1993年版，第36页。

④ 杜芳琴：《中国历代女主与女主政治论略》，鲍家麟主编《中国妇女史论集·四辑》，稻乡出版社1995年版，第56页。

⑤ 门岿：《专制变奏曲：从吕后到慈禧》，济南出版社2002年版，第13页。

度上获得了代替男性君主治理整个帝国的政治权力和统治合法性，而且有些还被认为是明显优于男性的统治，但其最终的归宿却无一例外地是向男性政治的回归？她们统治合法性的最终边界在哪里呢？在什么意义和程度上它将难以向外拓展，而不得不回归至另一种形态（男性君主政治）呢？作为一个"女性"，女主本人对于主流文化传统关于女性的角色定位、职能分工、人生价值、最终归宿的主动认同和接受，又将对她的政治态度、价值取向和最终的权力归属产生什么样的影响呢？

需要指出的是，合法性的这三个层面并非截然分离的，相反，它们相互交织、彼此作用，共同影响着女主政治的产生、性质、特征以及最终的结局。而本书对于帝制中国女主统治的合法性的分析，将主要围绕这三个问题予以展开。

第四节 研究视角

在对女主进行研究时，许多学者倾向于认为，她们属于"中国妇女队伍中的特权阶层"①，其生活环境是与普通女性截然不同的最高政治权力体系的中心，在这一场所里，充斥着日常生活的"尔虞我诈""勾心斗角"的政治交易与政治斗争，将使得她们很快抛弃主流文化传统和性别体系赋予她们的女性气质和女性特征，从而彻底地转变为另外一种形象："这些后妃一旦投身到宫廷政治生活的场景当中，就好似个个身不由己了。曾经是温良贤淑的闺中少女突然之间变得刚猛果敢、铁血无情，原本就暴戾妒狠者更是变本加厉。"② 而在这种环境的冲击和塑造之下，她们甚至还逐渐异化成为一个个完全失去了性别特征的"权力机器"。③ 受这种观念的普遍影响，许多学者在对

---

① 门岿：《中国后妃的生死歌哭》，科学出版社1989年版，第6页。
② 任士英：《后妃当国》，中华书局2006年版，前言，第2页。
③ "女主们尽管是女性，一旦登上权力宝座，在男性皇权专制制度下，她们代表的决不是性别群体，而是男性皇权、男性政治集团。她们往往被搅拌在男性政治权力斗争的绞肉机中……异化为失去性别的权力机器。"杜芳琴、王政主编：《中国历史中的妇女与性别》，天津人民出版社2004年版，第247—248页。

女主进行研究时,关于她们对父权父系制中一个"妻子""母亲"所应当履行的职责、人生价值、最终归宿的自我认识,将对她们的基本价值取向、对待权力的态度和最终的权力归属产生多大程度的影响,则在很大程度上被刻意或下意识地淡化和忽略①。但是,这种做法不仅无助于真实、客观地理解女主政治的本质特征所在,而且还在事实上进一步加强了主流文化传统对于这些获得了政治权力的女性群体的刻板化印象,并再次固化了"女性不应参与政治"的主流观点。

基于同样的理由,专门研究中国古代社会性别史的学者往往倾向于将普通女性群体确定为主要的研究对象②,在这种主流研究范式的影响之下,与政治格局、政治生活密切相关的女主群体,则被潜在地认为是与理解帝制时代女性整体的历史并无太大关联,从而被普遍地排除在研究的主要视域之外。③

---

① 尽管与此同时这些学者往往也承认,当这一女性群体在进入了被广泛视作"男性专利"的政治领域之中时,显然不得不在客观上承担主流文化传统和官方意识形态基于其生理性别而对她们施加的强烈排斥与反对。

② 如有学者就指出:"社会性别史研究所关注的论题,比传统史学有明显的下移趋势,即主要关注处于社会中下层的女性和社会群体。"(杜芳琴、王政主编:《中国历史中的妇女与性别》,天津人民出版社2004年版,第259页。)而在新社会史的影响下,"(20世纪)70年代的妇女史学者一反以往妇女史研究中注重著名杰出妇女的偏向,开始将研究对象转向处于社会底层的普通无名妇女。"(叶汉明:《社会史与中国妇女研究》,香港中文大学、香港亚太研究所1992年版,第4页。)毫无疑问,这种只重视普通阶层女性而忽略了对其他女性群体的关照的做法,难免也有"失诸偏狭"之嫌,正如叶汉明所指出的一样:"妇女群是个复杂的群体,有寂寂无名的,也有精英分子;有受压迫者,也有剥削阶级的成员。所以,光写女界名人的历史,或以妇女贡献为主题的所谓'贡献史'(或因其目的在补救男性中心历史的不足而被称为'补偿史'),虽有严重偏失,但单以社会下层的妇女为研究对象也同样失诸偏狭片面。"(同上书,第19页。)

③ 因为在她们看来,普通阶层的女性群体在自身的性别角色定位、具体职责的履行等问题上更加受到主流文化传统的影响,对她们进行研究,将有助于更加真实、深入和全面地理解父权父系体制之下的文化传统、性别秩序以及社会生活实际等各个领域的整体面貌。而不断激励这些学者将她们确立为主要研究对象的理由则在于,他们坚信这一做法将不仅仅带动人们对女性的历史做出一个全新的认识,而且这一做法还将最终"挑动我们重新审视我们对历史和历史进程的理解"。([美]伊沛霞:《内闱——宋代的婚姻和妇女生活》,胡志宏译,江苏人民出版社2004年版,第239页。)更为重要的是,这一做法还将有助于消除贯穿于漫长历史之中的广泛而深刻的性别偏见,从而重建一个与只有男性"在场"而缺乏女性身影的迥然相异的过去:"支配许多妇女史学家(包括研究者和作者)的信念是她们的业绩'改变'了历史自身的性质,那就是,妇女史在某种意义上是一种英雄主义类型,因为它重建了一个不同的过去,并且通过使历史专业的分析实践少一些性别主义和偏见,发挥了一种更加另类的作用。"(同上书,序言,第3页。)并在最终极的意义上"靠我们自己找回失落了的自信"。杜芳琴:《我的妇女研究历程》,李小江等著《身临"奇"境——性别、学问、人生》,江苏人民出版社2000年版,第190页。

而正是这种将女主与普通女性在很大程度上进行区分隔离的观念和做法，使得那些进入了男性占据绝对优势地位的政治领域的女主们，更加被概念化为一个个缺乏女性气质和女性特征的冷酷、无情、残暴的权力"攫取者"和"施行者"，从而进一步演化成为公共领域的政治主体——男性所应当予以不断警惕和严密防范的主要对象。

如上两种观点的存在，在客观上使得"男性的视角"成为长期以来学术界研究女主政治时的主流视角。但是，正如现代政治科学的研究已经表明的一样，女性自身所拥有的那种与男性不同的生活方式和经历，将在很大程度上影响到她们的政治观点、政治取向以及在政治领域的实际作为①。换言之，从男性而并非女性自身的视角入手来对女主政治进行解读，并在此基础上形成对于女性统治的看法，在很大程度上只不过是男性经验和男性价值观在女性身上的再度普及和复制，在概念化了女性的同时，也导致了对于女主政治的一再"误读"②和"异化"。③ 在这种不断地误读与异化中，不仅这一贯穿帝制中国两千年历史始终的政治事件和文化现象难以得到真实、客观的解释，而且，长期存在于主流文化传统之内的性别偏见也被进一步固化，政治领域内部两性之间的对立关系也由此得到持续地再生产和再强化，从而使得女性在进入男性占据绝对优势地位的政治领域之时，不得不承受更为严峻的挑战。

从这个意义上说，从"女性的视角"入手，而不是在传统的男性经验和

---

① [英]戴维·米勒、韦农·波格丹诺编：《布莱克维尔政治学百科全书》，中国政法大学出版社1992年版，第288页。

② "过去很多文学的、历史上的文本是对女性的一种误读，甚至是一种以男性为中心以男性的感情对于女性的行为规范和性别角色的规范，实际上也就将女性概念化了。"骆晓戈主编：《女性学》，湖南大学出版社2004年版，第197页。

③ 正如有学者所言："无论史家能否察觉自己的女性主义观点（或史观），她（他）们总是可以从事历史书写，其规模有时候甚至相当宏伟。只是，如果这些历史叙事无法'贴近'女性的生命智慧或生活经验，那么，所谓的'春秋秉笔'，恐怕就很容易流于'被异化'之讥了。"洪万生：《性别与历史——一个女性主义的观点》，潘慧玲主编《性别议题导论》，高等教育文化事业有限公司2003年版，第48页。

男性价值观下理解女主政治,将成为贯穿本书的基本研究视角。只有在贴近女性自身情感特征、价值诉求的女性视角的关照之下,女主作为一位"妻子""母亲"所拥有的生命体验与本体认识,才不至于被一再地抽空和剥离;只有明白了她们对于自己在父系父权体制之下,作为一个"女性"所应当承担的职责、人生价值、最终归宿的自我认识和主动接受,才能理解女主政治与男性政治的本质区别所在,并最终解释为什么即便这些女主曾在不同程度上掌握了最高的政治权力,最后却毫无例外地选择了向男性政治的靠拢和回归,而始终都没有发展出独立的女性政治和平权政治的形态来。

换而言之,当我们立足于女主自身的性别立场和基本价值诉求,重新从她们的角度开始思考她们在参与政治事务时所必须要面对和处理的各种问题的时候,她们在历史中的形象,显然就将完全不同了。

第五节　创新之处

本书的创新之处主要体现在以下几个方面:

第一,从选题的意义上而言,"女主政治"作为贯穿帝制中国两千年历史始终的一个重要的政治事件和文化现象,对于理解整个帝制时代的政治理念、政治文化传统以及政治运行的基本规则都具有着不容置疑的意义。但是,如何对这一重要问题进行整体、系统和深入的解释,迄今为止尚处于学术研究的边缘地带。而本书将是对这一问题的尝试性解读,并试图对这一研究现状做出基本的补充。

第二,从方法论的角度而言,本书将主要采用政治学的基本理论和研究方法,结合社会性别理论,将"女主"视为具有某种相对独立性和主动性的"政治主体",并将其放置在整个帝国的政治体系和文化传统的宏观背景之下,来系统考察当她们以生理上的"女性"身份和事实上的"政治主体"角色而出现在男性占据绝对优势地位的政治领域之后,将会为整个帝制中国的政治体系、主流文化传统和社会性别格局产生什么样的作用、带来什么样的影响，从而有别于传统的从历史学的方法入手而对这一群体展开的个人传记式的研究路径。

第三，从问题意识而言，本书将论述的重点主要集中在非常重要的、但却尚未引起学术界普遍关注的"统治合法性"问题之上，并以此为线索，详细展开对女主基于不同的身份和角色（皇后、皇太后、女皇帝）所能够获得政治权力和统治合法性的原因、合法性的性质和特征、合法性的限制和最终归宿、必须要经受的制约和挑战等问题进行相对深入、系统的分析，从而为更好地理解这一问题奠定较为扎实的学术基础。

第四，从研究的视角而言，本书将摒弃传统的"男性视角"，从"女性的视角"入手，通过对女性自身所具有的与男性不同的价值诉求、生存意义和人生归宿的分析，来系统解释"女主"对自己在父系父权体制下作为一个"妻子""母亲"所应当扮演的角色、履行的职责以及最终人生归宿的自我认同，将为她们的政治态度、政治心理、现实的政治作为以及最后的权力归属带来什么样的深刻影响，从而挑战那些将"女主"等同于男性君主，甚至是失去性别特征的残暴、冷酷、无情的"权力机器"的固有观念。

第五，从主要观点而言，本书强调皇后、皇太后对政治的参与，并非通常意义上所理解的那样，是对男性君主最高政治权力的"攫取""分割""颠覆"和"破坏"，相反，她们所具备的"妻子""母亲"身份，使得她们在获得了政治权力，并试图持续保持自己的影响力的同时，往往更加致力于维护自己的丈夫、儿子的根本利益，并最终维护了这一父系家族体系的不断繁荣和顺利延续。即便武则天曾以一位"女皇帝"的仪态登上了帝位，但对于自己的女性角色和人生归宿的自我认同，也使得她最终选择了对"皇帝"身份的放弃和向父权父系体系的彻底回归。从这个意义上说，女主虽然作为整个帝制中国最为杰出的政治家们而在中国的历史中留下了女性的印记，但她们最终没有颠覆父系父权体系的稳定性，而是更加强化了它的生命力。

最后，在结束对于本书的问题意识、研究视角和创新之处的阐释之前，对本书将要研究的主要对象做出一个更为清晰和明确的界定，则是极为必要的。杜芳琴曾将女主及其参与政治的主要方式划分为如下几种类型①：

女主身份	参与方式	
	直接参与（前台）	间接参与（幕后）
太后（含乳母、保姆）	临朝称制 临朝听政（辅、摄、擅政） 女皇称朕	干政 预政
皇后	擅权专政 听政代政	预政　干政 贤后　谏政
妃妾、公主		干政

到目前为止，学术界对于这一群体的关注基本涵盖了上述几种类型。而本书将把研究的主要对象进一步限定在那些通过"直接的""正式的"方式进入政治领域的女主身上，因为只有在这种情况之下，她们才作为一个公开的、相对独立的"政治主体"而与整个中国的政治体系发生正式接触；也只有在这种情况之下，对于她们的统治合法性问题的探讨才能够得以成立。

需要进一步指出的是，虽然在辽、元、清等少数民族所确立的政权中也有明显的女主统治形式出现，但由于它们的政权往往受儒家文化传统的影响较小，② 他们对于与女主之所以能够参与政治密切相关的最高政治权力主体——"皇帝"的概念也与汉族有很大区别③，女主的政治权力通常还与该

---

① 杜芳琴：《中国历代女主与女主政治略论》，鲍家麟主编《中国妇女史论集·四集》，稻乡出版社1995年版，第36—37页。

② 如艾森斯塔得就指出："在中国的分裂时期，特别是在外族王朝——元朝和清朝——统治时期，外族统治者的基本政治取向，并没有受到儒家意识形态的重大影响。"[美] S. N. 艾森斯塔得：《帝国的政治体系》，阎步克译，贵州出版社1992年版，第237页。

③ 如日本学者小岛毅曾经指出，"皇帝"作为一个政治象征符号从本质上而言是汉文化的产物，少数民族所确立的政权对于皇帝的概念与汉族实际上有着很大的差别。（[日] 小岛毅：《中国的皇权——〈礼教和政治〉导论》，[日] 沟口雄三、小岛毅主编《中国的思维世界》，江苏人民出版社2006年版，第344页。）毫无疑问，在这些政权中的女主们所能获得的政治资源，也将与儒文化影响下的汉族政权中女主所面临的政治环境有很大的区别。

民族特定的文化传统、婚姻形态有着直接的关系①，因此，为了便于更加集中深入地进行分析，本书将研究的主要对象进一步限定在受儒家文化影响较大的汉族政权之中，而将对于少数民族政权中女主统治的合法性问题留待未来的探讨分析空间。

---

① 如杨联陞就曾指出，虽然维特佛格（Wittfogel）和冯家昇曾对辽朝皇后所享有的崇高地位进行仔细的探讨，但由于其他朝代没有像辽族耶律氏和萧氏的互婚，因此辽的例子在中国历史中并不典型。[美]杨联陞：《中国历史上的女主》，鲍家麟主编《中国妇女史论集》，稻乡出版社1979年版，第65页。

第一章　性别角色的设定及影响女性参与外在事务的文化基础

从客观上而言，女主由于与皇帝的特殊关系而成为整个帝国最高精英阶层中的一分子，并以与君主齐体之"海内小君"①的独特身份获得了极高的社会地位。毫无疑问，处于社会顶端这一特殊女性群体与普通阶层的女性之间有着极为明显的身份、阶层、地位的差异，以至于她们并不应当被视为两个完全相同的社会群体，但是，在帝制中国这样一个父系父权制的主流文化传统与社会环境之中，对她们作为相对于"男性"而定义的"女性"的共有地位而言，从属和服务于"男性"的共同立场，则使得她们之间的这种阶级、身份的差异性，在性别的一致性面前退居第二位②。正如叶汉明所指出的那样："妇女作为一个相对于男性的社群别，其首要特点在于性别，而非阶级、种族或少数分子（minority）……任何关于阶级、等级或种族的理论均不足以全面涵盖复杂的妇女问题。"③ 只有在与男性相对应与比照的过程中，女性才被赋予最终的角色定位和性别区分，也只有在这一前提之下，她们才获得了对于自己的女性身份与人生职责的主体认同。从这个意义上说，在作为与"男性"相对而存在的这样一个基本立场上，女性群体所接受的性别意识形态

---

① （宋）范晔、（晋）司马彪：《后汉书·第十卷·"皇后纪"》，岳麓书院1997年版，第162页。
② 如高彦颐就在分析正妻、名妓和歌女之间的关系时曾指出了她们之间由于相同性别而产生的一致性："'女性'就在分析上构成了一个与阶层或身份不同的社会门类，尽管在现实中它们是相互交错的。"［美］高彦颐：《闺塾师：明末清初江南的才女文化》，江苏人民出版社2005年版，第271—272页。
③ 叶汉明：《社会史与中国妇女研究》，香港中文大学、香港亚太研究所1992年版，第20页。

教育、主流性别制度框架对于她们的约束，以及她们在这一框架中所形成的自我认同，不但没有很大的不同，反而呈现出了一种跨越阶级、地域与年龄的惊人的一致性。

因此，"女主"这一特殊的女性群体虽然处于整个帝制中国政治体系的最顶端，但与普通社会阶层的女性一样，她们所接受的性别角色定位、基本职责划分，也同样深深植根于以儒家传统为主导的主流文化与意识形态对于女性的设定之中。正是通过对这一文化传统所规定的女性角色与职责分工的忠实而有策略的履行，她们才获得了参与外在政治事务的特殊机缘，并由此赢得了整个帝制中国对于她们的统治合法性的最终承认。而且，如同普通的女性一样，这些获得了最高政治权力的女主们对于自己作为一个女性所应当承担的职责的自我接受，对于自己的女性身份的内在认同，也在事实上影响着她们在现实政治生活中的具体作为与最终的权力走向，并由此而使得她们的统治合法性，具有了一种与男性君主不同的含义。

那么，以儒家学说为主导的主流文化传统关于两性之间的地位、职责的基本设定是什么？为什么这一传统能够获得女性的衷心接受，并由此保证了它在中国整个帝制历史中长期稳定的存在？在现实的生活中，女性应当如何作为，才能跨越这一传统对于自己的职责设定与空间限制，从而获得参与外在事务的机缘？女性自身又是如何看待这一主流文化体系对于自己的限制？对于这一文化主流传统的自我认同和接受，将在什么意义上影响到她的最终作为？对于这些问题的考察，将构成研究女主统治合法性的理论基点。

第一节 "阴阳"之别与"内外"分野：
两性地位与职责的理想化设定

在研究两千年帝制时代性别制度之所以形成的文化传统时，由儒家学说的奠基人孔子通过对于周代典籍《诗经》《尚书》《礼记》《周易》和《春

第一章　性别角色的设定及影响女性参与外在事务的文化基础

秋》的整理而形成的"五经",被普遍认为是广泛塑造并深刻影响了这一时期以至后世关于两性关系、职责、地位和角色划分的最为重要的"典范性（canonical）"文献①。在许多学者看来,这些经典对于两性关系的阐释,构成了"华夏族性别制度和思想观念的元叙述和元论说,不仅成为当时主流指导思想和遵循原则,或者论争的对立面,而且也成为两千年来各个朝代统治者、思想家、道德家们再阐释的思想根源,以至影响到今天的性别观念和行为"②。而在这其中,"阴阳"学说及其经过进一步阐发后所形成的基本观念,则成为主流文化传统与意识形态对于两性之间的地位、职责进行设定和规范的理论基础与文化底蕴。

一、从"阴阳和合"到"阳尊阴卑"

阴阳学说在产生之初,是作为对于宇宙和自然秩序的原初理解而出现的,并被初步用于推测人事对于自然秩序的影响③,但此时这一观念在客观上尚未与具体的性别相联系在一起,阴、阳两个元素之间更多地体现为一种对等、平行的关系,所强调的是阴阳合和,对后世影响深远的"阳尊阴卑"的含义尚未产生④。

而直到《易经》的注疏文本这里,阴阳两个元素才开始逐渐与男、女对应了起来,"阳"被等同于男性,而"阴"的特质则被认为是属于女性所专有⑤。

---

① Richard W. Guisso: "Thunder Over the Lake: The Five Classics and the Reception of Woman in Early China", *Women In China: Current Directions in Historical Scholarship*, edited by Richard W. Guisso and Stanley Johannesen, 1981, NY: Philo Press, pp. 48.

② 杜芳琴、王政主编:《中国历史中的妇女与性别》,天津人民出版社2004年版,第166页。

③ 如王梦鸥所言:"阴阳五行的观念,始于春秋战国。春秋时代已有用阴阳二事推测人事的记载,最早者恐怕系周幽王二年（西元前780年）的地震,有人解释为'阳失其所而镇阴也。阳失而在阴,川源必塞,渊塞国必亡'"。王梦鸥:《阴阳五行家与星历及占筮》,转引自鲍家麟《阴阳学说与妇女地位》,《汉学研究》1987年第5卷第2期,第501页。

④ 鲍家麟:《阴阳学说与妇女地位》,《汉学研究》1987年第5卷第2期,第502页。

⑤ 罗莎丽等人的研究成果提醒读者,必须注意到《周易》（即《易经》的主体文本）与之后的注疏文本《易经》之间存在着明显的差别。在普遍认定为产生于西周时期的文本《周易》中,不仅阴阳和男女之间的普遍关联并不存在,甚至连"阴阳"这一词汇本身也是不存在的。而将阴阳与男女类比,则是在《易经》的附加注释（很可能形成于秦朝或西汉时期）中才开始出现的,而对于阴阳五行宇宙论中"阳尊阴卑"理念的推崇,是西汉儒生在政治策略上的必要之举。参见［美］罗莎莉《儒学与女性》,丁佳伟、曹秀娟译,江苏人民出版社2015年版,第64—79页。

具体体现在家庭结构中的两性关系上,则是丈夫、父亲成为"阳"的代表,而妻子、母亲则成为"阴"的化身。即如其所言:"乾道成男,坤道成女。"(《周易·系辞上》)"乾坤,其《易》之门矣。乾,阳物也;坤,阴物也。阴阳合德而刚柔有体,以体天地之撰,以通神明之德。"(《周易·系辞下》)"乾,天也,故称乎父;坤,阴也,故称乎母。"(《易传·说卦》)"天尊地卑,乾坤定矣。卑高以陈,贵贱位矣。"(《周易·系辞上》)而在这一理论的进一步发展过程中,"阴阳"的概念还进一步衍生出了许多互生互动的概念的变体,如"日月、明暗、上下、左右、冷热、进退、往来、春秋、山水、动静、生死、兴衰等等,无处不有阴阳,亦几乎无物不有阴阳"①。在很大程度上,这些互生互动的概念也被赋予了性别的意义,一般而言,积极的、主动的角色被认为是男性特质的体现,而消极的、被动的角色则与女性特质联系在一起。②

之后,在历代学者对阴阳观念的进一步解释与阐发中,二者间的地位开始变得不平等,具备了明显的高低尊卑的层级秩序。特别是到了董仲舒之时,"尊阳抑阴""阳为阴纲"的观念开始出现③。与此同时,他还在此基础上进一步推演出了一整套系统的"男尊女卑"观念,并由此形成了汉代社会"儒家正统妇女观的基础"④。而建立在这种对应关系上的两性地位,也开始日益成形和固化,并逐渐导致了日后主导官方意识形态与社会性别体系的"男尊

---

① 张祥龙:《"性别"在中西哲学中的地位及其思想后果》,《江苏社会科学》2002 年第 6 期;龚鹏程:《中国传统文化十五讲》,北京大学出版社 2006 年版,第 56 页。

② 事实上这种将相互对立的一对概念与两性联系起来的做法在许多文明体中都非常普遍,如美国学者梅里所言:"作为男人的意义和作为女人的意义之间存在着巨大的差异。这种两性对立结构经常被人与其他的二分对立结构联系在一起,如肉体/精神、公共/私人、自然/文化、明亮/黑暗、上/下、外/内、阴/阳、右/左、太阳/月亮……这种二元对立结构跟与之相联系的其他二分结构一样通常被看作一种等级结构,男性与其他各组织中较有力较积极的因素(公共,文化,明亮,右,太阳等等)相联系,而女性则与较羸弱及较消极的因素(私人,自然,黑暗,左,月亮等等)相联系。"[美]梅里·E·威斯纳-汉克斯:《历史中的性别》,何开松译,东方出版社 2003 年版,第 16 页。

③ 贺璋瑢:《两性关系本乎阴阳——先秦儒家、道家经典中的性别意识研究》,巴蜀书社 2006 年版,第 217 页。

④ 刘淑丽:《汉代儒家正统妇女观的演变》,《社会科学辑刊》2003 年第 6 期。

第一章　性别角色的设定及影响女性参与外在事务的文化基础

女卑"格局的出现①。

出于维系基本政治秩序的原初目的与内在需要，董仲舒为"天道"及其在人世间的体现设定了一整套社会符号等级秩序与基本原则。在他看来，天道乃是阳尊阴卑、阳贵阴贱，人世则是男尊女卑："君臣、父子、夫妇之义，皆取诸阴阳之道。君为阳，臣为阴；父为阳，子为阴；夫为阳，妻为阴。阴道无所独行。其始也，不得专起；其终也，不得分功，有所兼之意。……妻兼功于夫，阴兼功于阳，地兼功于天。"（《春秋繁露·基义》）与此同时，他还在植根于"天人合一"的视野②与理论基础上为这一学说赋予了一种神性的色彩，强调这二者间的等级秩序并非来自于人为的创制，而是根源于天道的指引，是天道秩序在人间的反映，即："阳为夫而生之，阴为妇而助之。王道之三纲，可求于天"（《春秋繁露·基义》）。在董仲舒对阴阳观念的解释与阐发中，女性被设定为一个并不具有任何"独立性"的性别，只有在对男性的辅助与依赖中，她才能体现出存在的价值与意义。

继董仲舒之后，学者们对于阴阳观念下的两性地位、角色进行了继续阐发，在此基础之上，"阳尊阴卑""男尊女卑"的观念得到了进一步巩固和发展，并逐渐形成了二者间"支配—从属"关系与鲜明的等级秩序。如在刘向看来："阳者，阴之长也。其在鸟则雄为阳，雌为阴。其在兽则牡为阳而牝为阴。其在民则夫为阳而妇为阴……故阳贵而阴贱，阳尊而阴卑，天之道也。"③ 而班固则进一步系统化了对于女性角色的要求，并由此形成了主流意识形态关于两性地位的基本设定，即对后世影响深远的"三纲"说和"三

---

① 如刘咏聪就曾指出："'阴阳'的观念在汉代已明显有尊卑之分，不复'一阴一阳之谓道'般相辅相成，而'天尊地卑，乾坤定矣''丈夫虽贱皆为阳，妇人虽贵皆为阴'等论调，也已成为男尊女卑之理论根据。"刘咏聪：《汉代之妇人灾异论》，辜瑞兰主编《汉学研究》1991年第9卷第2期，第97—98页。

② 如杜维明所指出的："尽管五伦的基层结构提示了对于社会伦理的强烈关怀，但是，支撑在儒家道德教育中的这些关系之说服力的心理文化根源，却植根于一种'天人合一'的视野。"杜维明：《东亚价值与多元现代性》，中国社会科学出版社2001年版，第179—180页。

③ （汉）刘向：《说苑》，《丛书集成初编》，第三册，第十八卷，"辨物"，商务印书馆，中华民国二十六年初版，第178页。

从"说:"三纲者何谓也?谓君臣、父子、夫妇也。……故《含文嘉》曰:'君为臣纲,父为子纲,夫为妻纲'。"(《白虎通·三纲六纪》)"妇人无爵何?阴卑无外事,是以有三从之义。未嫁从父,既嫁从夫,夫死从子。故夫尊于朝,妻荣于室,随夫之行,故礼郊特牲。曰:妇人无爵,坐以夫之齿。礼曰:生无爵,死无谥。"(《白虎通·爵》)

毫无疑问,"三纲"和"三从"学说的出现与普及,反映了当时的儒生对于建立一个稳定社会秩序的内在需求与不懈努力,即如杜维明所言:"显然,汉代的意识形态家们和法家一样,他们所主要关注的是:作为一种象征控制的机制,三纲对于社会稳定这一基本目标的功能性效用。"① 而由此所建立的两性关系的这种象征性控制机制,也被近现代以来的大多数学者认为是导致女性处于附属地位的最初文化根源。如有学者就指出,到班固的《白虎通》时,夫权居于更加绝对的地位,从此之后,女性的权力则被彻底地剥夺了②。而后世儒生对于这一学说的继续推崇和发展,更是从意识形态上将两性的地位和角色进一步理论化与完善化,如司马光所言:"夫,天也;妻,地也。夫,日也;妻,月也。夫,阳也;妻,阴也。天尊而处上;地卑而处下。日无盈亏;月有圆缺。阳唱而生物;阴和而成物。"(《家范》)而在"程朱学派"的奠基人之一程颐看来,对这种两性秩序的坚持和实践,不仅已经超越了家庭的范围,同时还具有着"正位"的政治功用与现实价值:"阳上阴下,得尊卑之正。男女各得其正,亦得位也。"③ 对于强调一个好的社会必然是和谐协调而又等级鲜明的儒家学说而言,显然,渗透于"三纲"和"三从"原则之内的等级制原则和两性之间的支配—从属关系,所坚持的并非个人在其中的价值和意义,而是一个稳定的社会秩序对于整个宇宙秩序与人间秩序的重要性所在④。从这

---

① 杜维明:《东亚价值与多元现代性》,中国社会科学出版社2001年版,第180页。
② 刘淑丽:《汉代儒家正统妇女观的演变》,《社会科学辑刊》2003年第6期。
③ (宋)程颢、程颐:《二程集》,第三卷,"周易程氏传",中华书局1981年版,第972页。
④ 如杜维明就指出:三纲学说的"基本关怀不是双极关系中个体的幸福,而是社会稳定的特定模式,后者正来自于那种等级森严的行为准则"。杜维明:《东亚价值与多元现代性》,中国社会科学出版社2001年版,第181页。

第一章　性别角色的设定及影响女性参与外在事务的文化基础

个意义上说，女性作为与男性相对的一个群体，其地位也就在理论形式与文化意义上被明确地设定在男性之下了①。

概言之，经过历代学人对于经典的不断解释和阐发，最初"阴阳对等"的观念逐渐演化成为对其中一个元素——"阳"的提升与重视，"阳"被认为是更为主动、积极的因素，"阴"则被视为是被动、消极的代表，因此，阴阳之间的关系必然是"阳"居于统治的地位，"阴"则被置于次要、辅助的地位。而将这两种元素置于夫妻关系相互对等的家庭模式里，妻子的地位和存在的意义，也就被置于丈夫之下了。"这就构成了一种与自然和社会人事一致的性别等级和价值、气质的完整论述：就等级和社会属性而言，高（尊）卑、贵贱、动静、刚柔、健顺等早已先天地赋予了男女夫妇——正面的积极的属性（动、刚、健等）和优越的位置（高[尊]、贵等）归属于男人，而将比较具有负面的或消极被动的属性（静、柔、顺等）和不利的位置（卑、贱等）派给了妇女；连带而及的还有主从、外内、强弱等一系列的男女双重标准（男外女内、男主女从、男强女弱等）。这就是一种以'别'为范畴的性别等级和位置的二元划分，质言之就是'乾坤定位'和'阴阳定性'。"②毫无疑问，这一结局的出现，从客观上来说是为了服务于父系社会的顺利延续之目的，正如林丽珊所指出的一样："乾坤阴阳的观念在最初并不是那么具体的成为支配人伦的哲理，唯自周朝以降，'宗法精神'的形成，规定于制度，笔之于诗书，久而久之深入人心，乃成为中国社会盘根错节、难以撼动的潜在势力……这种建立在宗法精神上的社会，实际是一个以父系之家族系统为主的社会，家族内统于一尊，由父而子，子而孙，子子孙孙，一系相承，期于不绝。男子固负有传宗之使命，其地位之重要乃逐渐衍生出重男轻女的观念，并在易理中寻得男尊女卑的理论基础，而进一步加以演绎发挥……所

---

①　郑培凯：《晚明袁中道的妇女观》，"中央研究院"近代史研究所编《近代中国妇女史研究》，"中央研究院"近代史研究所1993年版，第213页。

②　杜芳琴、王政主编：《中国历史中的妇女与性别》，天津人民出版社2004年版，第159页。

以女人的安守本分、温柔顺从,乃是成全父系正统的必然要求,它借助于阳刚阴柔的原理而逐渐成为理所当然的规范。"①

二、从"内外分野"到"正位伦常"

在将"阴""阳"概念分别赋予了女性与男性并逐渐推衍出"男尊女卑"的官方模式之后,这一学说还进一步阐发出两性在现实的生活空间与具体的职事划分中的"内—外"分野。

一方面,这种"内—外"分野首要地表现为两性在身体和生活空间上的隔离。如《礼记》所言:"男不言内,女不言外,非祭非丧,不相授器。其相授,则女受以篚,其无篚,则皆坐奠之而后取之。外内不共井,不共湢浴,不通寝席,不通乞假,男女不通衣裳。内言不出,外言不入,男子入内,不啸不指,夜行以烛,无烛则止。女子出门,必拥蔽其面,夜行以烛,无烛则止。道路,男子由右,女子由左。"② "男女不杂坐,不同椸枷,不同巾节,不亲授。叔嫂不通问,诸母不漱裳。外言不入于梱,内言不出于梱。女子许嫁,非有大故,不入其门。姑姊妹女子,已嫁而返,兄弟弗与同席而坐,弗与同器而食。"③ 而后世的儒生还对《礼记》中的这两段话进行了类似的阐发,如司马光就在其《书仪·居家杂仪》中写道:"凡为宫室,必辨内外。深宫固门,内外不共井,不共浴堂,不共厕。男子外事,女治内事。男子昼无故不出私室,妇人无故不窥中门。有故出中门,必拥蔽其面(如盖头、面帽

---

① 林丽珊:《女性主义与两性关系》,五南图书出版股份有限公司2006年版,第21—22页。又如有的学者所言:"性别关系的核心意义产生于宗法结构,宗法决定了社会符号秩序,这种秩序主要由父系家庭的裔嗣层次、乱伦禁忌、男女配偶制、伯仲关系、堂表关系构成。这种秩序的象征功能实际上是在他或她出世前即为每个人在宗族内划定的一个位置、分派的一个角色。"参见[美]马克梦《吝啬鬼、泼妇、一夫多妻者——十八世纪中国小说中的性与男女关系》,王维东、杨彩霞译,人民文学出版社2001年版,第5页。

② (清)蒋廷锡等:《古今图书集成明伦汇编·家范典》第五十三卷,《女子部总论·礼记·内则》,中华书局影印,第325册,第18页。

③ (清)蒋廷锡等:《古今图书集成明伦汇编·闺媛典》第一卷,《闺媛总部汇考·礼记·曲礼》,中华书局影印,第395册,第1页。

第一章 性别角色的设定及影响女性参与外在事务的文化基础

之类)。男子夜行以烛,男仆非有缮修及有大故(大故谓水火盗贼之类),亦必以袖遮其面。女仆无故不出中门(盖小婢亦然),有故出中门,亦必拥蔽其面。铃下苍头但主通内外之言,传至内外之物,毋得辄升堂室,入庖厨。"

在这些儒家学者看来,"性"的需求乃是人的天性所在,正所谓:"食色,性也。"(《孟子·告子章句上》)因此,两性身体上的接触将不可避免地在彼此之间产生性的吸引,如果不对之加以防范的话,就有可能会导致败坏门风和社会道德的严重恶果①。而且,女性的贞洁不仅关乎女性自身,同样也关乎男性尊严的保存、家庭名声的形成与社会道德的完善,因此,严守两性界限和防范不当性接触则成为包括女性自身在内的整个社会不得不格外关注的普遍主题②。从这一立场出发,对于两性之间进行身体与空间上的有效隔离,无疑就具有未雨绸缪的典型意义。如长乐刘氏对于《礼记》中这两段话的解释就是:"家人内政,不严以防之于细微之初,不刚以正之于未然之始,则其悔吝不可迁矣。易曰:闲有家志未变也,男女之志既为情邪之所变,闲禁虽严,求其无咎,而咎可无哉?故夫妇未七十,虽同藏未有可嫌也。圣人制礼必尔者,以无嫌止有嫌也,用有情之难,正无情之易也。而况于男女未有室家哉?女子许嫁,缨所以系属其心,以著诚于夫氏,起其孝义也。既许嫁,则有姆教之处于阃内之别室,男子非有疾忧之故,不入其门也。"陈注则明确提出采用这种隔离措施的目的就在于"远私亵之嫌"③。而在宋儒司马光看来,将两性分别限制在"内""外"不同空间的做法,显然也可以有效地防止两性之

---

① 关于中国人与西方人在对待性的态度上的差异,李银河曾经指出:"在西方,与性有关的论证常常围绕着正确与错误、正常与反常、善行与罪恶而展开;在中国,与性的地位有关的却是重大与渺小、崇高与羞耻、上流与下流的问题。"李银河:《中国女性的情感与性》,中国友谊出版公司2002年版,第317页。

② 而学界的研究已经表明,贞节观念并不仅仅是国家和文化精英通过激励和惩罚强加给普通人身上的东西,事实上女性与男性对于内在道德完善上的污点以及外在名声的普遍的共同的关注,也显示出了她们自身对于这一问题的看重和主动配合。Susan Brownell and Jeffrey N. Wasserstrom: "Chinese Femininities / Chinese Masculinities: A Reader", University of California Press, Berkebey, Los Angeles, London, 2002, pp. 45 – 50.

③ (清)蒋廷锡等:《古今图书集成明伦汇编·家范典》第五十三卷,《女子部总论·礼记·曲礼》,中华书局影印,第325册,第18页,陈注。

间由于"无规章的性接触（unregulated sexuality）"所导致的一系列恶果的出现①。

另一方面，"内—外"分野则更主要地表现为两性在基本职责与社会分工上的相互区分，从而使得二者都可以为父系家族的兴盛和繁衍做出重大贡献。具体而言，就是女性应当将自己的生活和工作区域限定在家庭的内部，主要从事家务劳动和家庭管理，而不是像男性一样关注和立足于外部的世界。即如《诗经·小雅·斯干篇》所言："乃生女子，载寝之地，载衣之裼，载弄之瓦。无非无仪，唯酒食是议，无父母诒罹。"按照朱熹对之的注解，则是："裼，褓也。瓦，纺塼也。仪，善罹忧也。寝之于地，卑之也。衣之以褓，即其用而无加也。弄之以瓦，习其所有事也。有非，非妇人也。有善，非妇人也。盖女子以顺为正，无非，足矣。有善则亦非其吉祥可愿之事也。唯酒食是议，而无遗父母之忧，则可矣。易曰：无攸，遂在中馈贞吉尔。孟子之母亦曰：妇人之礼，精五：饭、幂、酒浆、养舅姑、缝衣裳而已矣。故有闺门之修而无境外之志，此之谓也。"②后世的儒生则往往用一句极为简单的话来对此进行区分，即如司马光所言："男治外事，女治内事。"（《书仪·居家杂仪》）通过这种"内—外"职事的划分，主流文化传统在理论上所强调的则是，煮饭、祭祀、赡养公婆和从事蚕织这些"内事"是女性的主要职责与义务所在，而男性则应当将自己的主要精力集中在主"外事"、谋生计、治农桑等外在事务之中。

在以儒家为主导的主流文化传统看来，两性身体、空间和职事上的"内—外"分野，正体现着这一文化传统对于"伦常"和"正位"的要求，即如《易经·家人卦》所言，"女正位乎内，男正位乎外，天地之大义也"。

---

① Patricia Buckley Ebrey: "Women and the Family in Chinese History", *London and New York*: Routledge, 2003, p. 25. 白馥兰也在其书中分析了袁采对于这一问题的相同看法。参见［美］白馥兰《技术与性别——晚清帝制中国的权力经纬》，江湄、邓京力译，江苏人民出版社2006年版，第109页。

② （清）蒋廷锡等：《古今图书集成明伦汇编·家范典》第五十三卷，《女子部总论·诗经·小雅·斯干篇》，中华书局影印，第325册，第18页，朱注。

第一章　性别角色的设定及影响女性参与外在事务的文化基础

按照范祖禹的解释，则是"家人之道，以内为主。女正则家正矣，故其利在女之正……男子居外，女子居内；男不言内，女不言外。男女之正莫大于此。此天地之义，阴阳之分也"①。换言之，两性之间在身体、空间上的隔离与职责上的分工，既是天地阴阳在人事上的具体反映，也在事实上体现着天地之大义，不仅有助于个人价值的实现，同样也有助于父系家族的繁衍和顺利延存。而这种"正位"的结果，不仅仅有益于家庭内部的稳定，从更高的意义上来说，还有助于推而及之于"国"，并以其典型的象征意义而将最终推动实现天下的"大定"。即如程颐所言："正男女之位于内外，为家人之道；明于内而巽于外，处家之道也。夫人有诸身者则能施于家，行于家者则能施于国，至于天下治。治天下之道，盖治家之道也，推而行之于外也。"② 因此，内—外的区分"不仅仅代表着两性关系之间的恰当礼仪，它更是文明开化的表现。或者说，'内'与'外'不但体现在性别构造或礼仪化的过程中，更体现在由野蛮到文明的演进中。"③

综上所述，经过历代学者对"阴阳"观念以及"内外"分野的不断阐发之后，男女两性所应当获得的地位和承担的职责，从理论的建构上得到了十分明确的设定。而且，两性对于"阴阳"秩序的接受、对于"内外"职责的恪守，也已超越了单纯的家庭事务的范围，具有了更为深远的政治含义与文化价值。然而，需要进一步追问的是，"阴阳观念"与"内外分野"，是否也内在地蕴涵着一种与其表面含义并不完全相同的文化基础呢？主流文化传统建立在"阴阳"之别与"内外"分野基础上对于两性职责与地位的理论化设计，是否就是女性在现实社会生活中的真实处境的写照呢？作为女性，女主又要怎样才能在这一对自己并不十分有利的文化传统中，获得参与外在事务的基本机缘呢？

---

① （宋）范祖禹：《范太史集》，《四库全书珍本初集·集部三·别集类二》，第八册第二十三卷，"奏议·进'家人卦'解义劄子"，商务印书馆1998年版，第3—4页。
② （宋）程颐、郑汝谐：《伊川易传·易翼传》，《钦定四库全书·经部》，"离下·巽上·家人"。上海古籍出版社1989年版，第141页。
③ ［美］罗莎莉：《儒学与女性》，丁佳伟、曹秀娟译，江苏人民出版社2015年版，第81页。

第二节 "活泼的弹性"：实践中的女性地位及其参与外在事务的文化基础

帝制时代建立在阴阳观念基础上所形成的"男尊女卑"和"内外分离"的基本秩序，成为了"五四"以来学界对于以儒家为主流的传统文化在性别关系上批判的最激烈的主要源头。正如 Lisa Paphals 所指出的："对传统中国妇女的广泛的受压迫地位的假设来源于两个主要原因：①父系家长制的家庭系统，在这里，女性被置于从属地位，限制在内闱；她们没有财产所有权和继承权上的合法权利；②占统治地位的儒家意识形态进一步支持了女性作为女儿、妻子和母亲在一个严格的等级制的社会秩序中的较低位置；③阴—阳宇宙信仰系统尽管认为这两个因素相互补充、互相需要，但仍将女性置于二元中较弱的'阴'的位置。而这一系统已被用于证明女性在家庭和社会中对男性顺从的正当性。"① 这种批判结果继而认定：传统的女性处于绝对的附属、被动、卑下的地位，遭受着宗法社会下父权制之"畸形道德"② 的最为深刻的"戕害"，几千年来毫无独立人格可言。③ "五四父权压迫模式"成为

---

① Dora Shu-Fang Dien: "Empress Wu Zetian in Fiction and in History: Female Defiance in Confucian China", New York: Nova Science Publishers, Inc, p. 75.
② 鲁迅：《我之节烈观》，《鲁迅批孔反儒文集》，人民文学出版社1974年版，第11页。
③ 如陈东原就在其对女性地位的判定起到了极为深远影响的《中国妇女生活史》一书中指出："宗法社会中有一个最特殊而最不平等的观念，便是妇人非'子'。子是滋生长养之意，是男子的专称，是能够传宗接代的。妇人不过伏于人罢了；夫人不过扶人罢了；人就是第三者，是他人，所以妇人是扶于他人的；夫人是扶助他人的，自己没有独立性。虽然'女子'也称作子，但其用意和男子之'子'不同。大戴礼记说：'女者，如也；子者，孳也；女子，如男子之教而长其义理者也；故谓之妇人。'由于这种观念，所以女子无人格，只能依男子而成人格，所谓'卑阴不得自专，就阳而成之。'（《白虎通·嫁娶篇》）女子一生的最高标准，便是嫁人了。故妇人无名，系男子之姓以为名；妇人无谥，因夫之爵以为谥；在社会上的地位如此。未嫁从父，既嫁从夫，夫死从子：在家庭的地位如此。欲使其就束缚、不反抗，又制成种种风俗、道德、教条、信仰以压抑、训练之。由于这种结果，使女子能力益弱，地位益卑，于是人们更外玩视女子。虽女子自身，亦只合自轻自贱。因果相看女子遂堕入十八层地狱而不可自拔。男尊女卑的观念，遂铁桶一般的铸就了。"（陈东原：《中国妇女生活史》，商务印书馆1937年版，第2—3页。）类似的观点在很长时期内占据了学界的主流，而现在也仍然可以看到关于女性处于社会最底层地位、最受压迫的相关说法，如："'三纲五常''三从四德'从根本上说，就是以牺牲妇女的社会地位和独立人格为前提，把妇女压制在男子之下，束缚在家庭之中，置于社会的最底层，达到维护和巩固以男权为中心的封建宗法等级制度。这属于中国传统文化中的消极的落后的部分。"（郑必俊：《关于中国古代妇女立世精神的几点思考》，《中国典籍与文化》1994年第3期。）

很长时期以来学界对女性地位进行研究时最主要的分析模式和基本立场。

然而，如同现代的许多学者所反思的那样，这一分析模式与其说是对历史事实的真实反映，毋宁说其产生本身就是一种政治和意识形态的建构。正如高彦姬所言："我认为，受害的'封建'女性形象之所以根深蒂固，在某种程度上是出自一种分析上的混淆，即错误地将标准的规定视为经历过的事实，这种混淆的出现是因为缺乏某种历史性的考察，即从女性自身的视角来考察其所处的世界。我不赞同'五四'公式并不全因其不'真实'，而是'五四'对传统的批判本身就是一种政治和意识形态建构，与其说是'传统社会'的本质，它更多地告诉我们的是关于20世纪中国现代化的想象蓝图。尽管此真理不无纤毫道理，但受害女性形象势不可当的流行，不仅模糊了男、女关系间的动力，也模糊了作为整体的中国社会的运转动力。"① 因此，如何在脱离"五四父权压迫模式"影响的基础上来重新理解"阴阳"观念在两性地位设定中的作用，如何重新审视"内—外"分野模式在两性生存空间、意义和职责限制中的弹性空间存在，继而发掘其中可能隐含的积极意义和正面价值，对于重新反思女性所处的真实地位及其在历史场景中所扮演的真实角色，并由此进一步分析出女性如何在遵守这一文化规定的基础上获得参与外部事务的机会与合法性资源，则显得格外重要了。

一、"阴阳相济"基础上的"尊卑之别"

首先，从理论上而言，"阴阳"观念虽然在两性之间塑造了一种基本的等级秩序，但这一理论仍然内在地蕴含着二者共融共生、不可分割的关系，因

---

① [美]高彦姬：《闺塾师：明末清初江南的才女文化》，江苏人民出版社2005年版，绪论，第4页。而 Matthew H. Sommer 也在其对于清代社会底层婚姻形式及其状态的卓越分析中也指出，"受害者模式"并无法解释帝国末期底层社会普遍存在的一妻多夫和卖妻现象，通过将女性等同于受害者，也就暗示男性为施害者，这种旧有的分析模式往往将性别因素之重要性凌驾于其他原因之上，尤其忽略了女性出于保全家庭的实用主义态度所采用的主动性和婚姻系统内部的充权，反而使得对于人类关系的完整理解之目标更加晦暗不明。参见 Matthew H. Sommer：Polyandry and Wife–selling in Qing Dynasty China：Survival Strategies and Judicial Interventions. Oakland, CA：University of California Press, 2015, pp. 3–4, pp. 71–84。

此，它并未将女性彻底地置于男性的地位之下，更没有将女性完全排除在男性的生存领域之外。

就方法论而言，坚持认为帝制中国的女性处于"卑下""被动""受压迫"地位的学者在对这一原因进行分析时，实际上沿用的是植根于西方文化传统下的性别"二元对立模式"。如在深受第一波、第二波女性主义思潮影响的学者看来，西方文化传统对于女性歧视的原因，无疑应当归结为这一文化传统所固有的"二元论"[①]思维模式中"自然—文化"的对立所导致的两性职责与社会地位的截然两分。[②]在这种思维模式的影响下，许多西方政治思想家持续建构起来的关于两性关系的观点，"其固有的内在特征就是，通过这个二元对立的一极（女性）来紧密地确认男性，同样通过另一极（男性）来紧密地确认女性"[③]。表现在具体的做法上，则是"将男性的政治理论严格地认同于理性、秩序、文化和公共生活，而女性则与自然、情感、欲望和私人生活密切相关"[④]。而正是通过将女性与更不理性、更低级的代表着"自然"的"私人领域"相连，以及与更高级的代表了"文化"的"公共领域"的截然分开，最终使得女性被长期地排除在政治和文化领域之外，变为男性附属的存在[⑤]。从这个意义上说，西方政治文化传统下所形成的对于女性的歧视，可以被恰当地称为"二元论性别歧视观"[⑥]。而且，许多学者还坚持认为，这种

---

① 关于近代西方政治文化传统中特有的"二元主义"特征，及其如何从基督教二元政治观之中脱胎而来之过程的详细论述，可参见丛日云《在上帝与凯撒之间——基督教二元政治观与近代自由主义》，生活·读书·新知三联书店2003年版。

② 关于这种二元对立所造成的两性气质、角色以及地位的划分方式，可参见李银河《女性主义》，山东人民出版社2005年版，第120—130页。

③ [加]巴巴拉·阿内尔：《政治学与女性主义》，郭夏娟译，东方出版社2005年版，第7页。

④ 同上书，第9页。

⑤ 基于这种认识，产生于20世纪60年代左右的激进的女权主义者甚至进一步提出，女性应当采取激烈的斗争方式来颠覆男性的主导地位，从而成为未来新的主宰者。即如其所言："父权制，或男性统治——而非资本主义——才是妇女受压迫的根源；妇女应当认识到她们是一个屈从的阶级或等级，并与其他妇女联合起来，把主要精力投入与她们的压迫者——男人——的斗争中去；男性和女性本质上是有差别的，他们拥有不同的风格和文化，而女性的风格必须成为任何未来社会的基础。"（[美]约瑟芬·多诺万：《女权主义的知识分子传统》，赵育春译，江苏人民出版社2003年版，第197页。）但也有很多学者指出，现代性已经在彻底瓦解父权制的基础上导致了"男性的终结"，"男人们已经失去了他们对女人的大量权力。"（[英]约翰·麦克因斯：《男性的终结》，黄菡、周丽华译，江苏人民出版社2002年版，第2页。）

⑥ [美]安乐哲：《和而不同：比较哲学与中西会通》，北京大学出版社2002年版，第164页。

第一章 性别角色的设定及影响女性参与外在事务的文化基础

两性关系上的二元对立,正是解释所有文明体中两性不平等关系之根源的一个"普遍性的框架"①。

受这种二元对立模式的深刻影响,在研究帝制中国的性别关系时,很多学者自然而然地认为,与西方传统中"自然"与"文化"的对立一样,正是由于"阴""阳"两个元素的对立以及被分别赋予了不同性别,才促成了中国"不平等"的性别体系的形成,并进一步导致了帝制中国的女性处于"卑下""附属""受压迫"的地位。但这种观点的缺陷在于过度放大了传统中国语境下"自然"与"文化"之间的分离和对立,不仅没有看到二者间的相互融通,而且也没有看到"阴"所具有的主动意义。事实上,"阴""阳"决不是相互隔绝、独立存在的,相反,不仅男女本身往往兼具"阴""阳"的双重特质,② 而且,阴阳

---

① "'家庭的'与'公共的'对抗提供了一种结构性框架基础,这对于我们从人类生活的心理、文化、社会与经济角度确认并探索男性和女性的地位是必要的……尽管这种对抗在不同的社会和意识形态体系中或者更加突出,或者更不明显,但它的确提供了某种普遍性框架,以便将两性活动理论化。"(转引自[加]巴巴拉·阿内尔《政治学与女性主义》,郭夏娟译,东方出版社2005年版,第60页。)而 Sherry Ortner 对于所有主流文明体中女性处于从属地位的原因的解释就是:"在普遍化的结构和生存条件下,每一种文化都赋予女性以更低的价值,其共同原因何在?我要特别论证的观点是,女人被等同于……每一种文化所贬损的东西……现在,似乎只有一种东西符合这种等同,那就是最具普遍意义的'自然'。每一种文化,或者说一般意义上的'文化',都参与创建并维护这些有意义的形式形成的制度……据此,人类超越既定的自然存在,使之从属于人的目的,把它们控制在特定的利益范围内。" Sherry Ortner 的这一观点虽然具有非常深远的影响力,但同时也由于把西方思想中这种文化与自然的二元性观念运用于每一种文化,而忽视了不同社会的特定的文化因素而受到了批评。如 Linda Nicholson 所言:"我们需要思考性别与女性价值贬损的历史。女性主义理论家一直倾向于运用因果分析模式分析女性价值贬损的缘由。把根源问题变成因果问题,这种倾向促使人们研究某种跨文化的事实,这产生了一种人为的跨文化现象。但是,由于女性价值的贬损不仅仅源于某一种事实,而是由于诸多特殊文化现象相互关联的影响,所以,我们也应该放弃对某一种跨文化原因的追究。"(同上书,第115、61页。)

② 如有学者指出,中国传统这种阴阳互补的概念,使得男性在主要被定义为"阳"而女性主要被定义为"阴"的同时,"男女既可以是阴阳的一种也可以是两者皆有……在某种意义上说,阴阳理论将整个宇宙浓缩在男女网络之中。"(参见[澳]雷金庆、李木兰《文武之道——中国文化中的男性建构》,宋耕译,阎纯德主编《汉学研究》(第七集),中华书局2002年版,第236页。)而且,进一步而言,阴阳二元互补体系在中国的社会关系中均有体现,而并非为男女两性所独占。正如罗莎莉所指出的那样,"'阳尊阴卑'适用于所有具有层级的社会关系。在这里,优者和劣者并不各自表现为男性气质和女性气质。无论男性或女性都可以凭借自身的社会角色和人际关系中的地位同时皆具'阳'或'阴'的特质,'君为阳,臣为阴;父为阳,子为阴;夫为阳,妻为阴'……与其说阴阳存在固有的性别特质不如说阴阳二元仅仅是层级体系中的一种占位器,同时它也是一种表现为亲子、君臣、夫妻、德刑和春秋等关系的互补二元。"([美]罗莎莉:《儒学与女性》,丁佳伟、曹秀娟译,江苏人民出版社2015年版,第76页。)

关系的存在和维持还必须建立在二者互融互生的基础之上,这样才有其终极意义和实现的可能性。"支持阴阳思想的假设在于所有的事物都相互联系也相互依靠,哪一部分都不能独自生长,都在持续的互动中被其他部分塑造、并反作用于其他。"① 宇宙是这二者间的浑然统一体,整个社会体系的和谐也有赖于这二者间的融汇贯通。从这个意义上说,建立在"阴阳"观念基础上的帝制时代的两性关系,从最终极的意义上而言也是互相需要、互相融通,而决非互相对立、排斥和否定的。正如 Guisso 所言:"在那种有机的整体化的宇宙里,男性与女性难解难分地联结在一起,每一个都有高贵的值得尊敬的角色,每一个都被期待能与对方在合作和和谐的气氛中互相影响。"② 只有在这种彼此融通、相互补充的过程中,两性的价值和意义,才能得以最终的实现与完善。

从这一立场出发,帝制时代建立在阴阳学说基础上所形成的"男尊女卑"的两性关系模式,也被安乐哲称之为是由"关联模式潜在的'雌雄同体(polyandrogyny)'"特性所导致的"关联性性别歧视",从而与西方"二元论性别歧视观"形成了截然的区别③。在这种"关联性性别歧视观"的影响之下,男、女两性不可能被彻底地分离,女性也不可能被完全排除在男性生

---

① [美]伊佩霞:《内闱——宋代的婚姻和妇女生活》,胡志宏译,江苏人民出版社2004年版,第23页。如龚鹏程也指出:"从爻卦象的基本结构,以及'阴/阳''乾/坤'这些对称词的基本话语方式和含义上讲,阴阳、乾坤在最终极的意义上是相互需要、相互促成的。"(龚鹏程:《中国传统文化十五讲》,北京大学出版社2006年版,第61页。)又如李银河也曾指出,阴阳观念的"底蕴是阴阳调和,阴阳互补"。(李银河:《女性权力的崛起》,文化艺术出版社2003年版,第258页。)

② Richard W. Guisso: "Thunder Over the Lake: The Five Classics and the Reception of Woman in Early China", *Women In China: Current Directions in Historical Scholarship*, edited by Richard W. Guisso and Stanley Johannesen, 1981, NY: Philo Press, p.59. 又如李银河所言,阴阳观念的"一个副产品是,阴阳价值相等,不可以轻言孰重孰轻"。(李银河:《性的问题·福柯与性》,文化艺术出版社2003年版,第25页。)

③ 因为"儒、道美学视那些被西方传统所谓男性化(masculine)和女性化(feminine)的所有特点为建立在人性连续统一体之上的相互依存的范式,而不以性别(gender)为参照。由此,这些特性确定了所有可能的个人与情景差异的范围。尽管在历史上,性别角色有着清楚的划分,例如'织'与'耕',而且,只有男性才享有实现个人完善的文化条件,但我们仍会看到关联模式潜在的'雌雄同体(polyandrogyny)'的特性。这种模式并不导致排他性,即人性的完善优先于男性和女性的区别。在中国古代传统中,无论儒家还是道家,个人实现都是通过修养这种方式表述的,即培养人所具有的全部特性使之在必要时能够及时恰当地表现出来。在这一文化中心(heart - and - mind)使得情感与理性并存且不可分离。阴阳两性的关系也是如此"。[美]安乐哲:《和而不同:比较哲学与中西会通》,北京大学出版社2002年版,第169—170页。

第一章　性别角色的设定及影响女性参与外在事务的文化基础

活的领域之外。也正是由于这二者间的不可分割与相互混融的特征，才使得"中国古代的性别哲理思想不但并非注定了要鼓吹男尊女卑，反倒是注定了会反对一阳独大，'十日并出'（《淮南子·本经训》）的"①。

因此，从理论和文化建构方面而言，帝制时代建立在阴阳观念基础之上的性别秩序与性别关系，并未将女性置于彻底卑下、服从的地位，也不像西方社会建立在二元对立传统下的两性关系一样，断然排除了二者间相互妥协、沟通的可能性。②换而言之，帝制时代的两性地位与关系，"就总的等级秩序而言，是男尊女卑；但这种尊卑之别是建立在阴阳相济相合的思想基础与社会结构之上的。所以这种尊卑在相当程度上是角色的不同，是风俗礼教使然，而不是暴力压迫式的。只是在接受了西方近现代的观念与现实……的现代人眼中，这种尊卑才有了强烈的压迫性和不公正性。就三千年历史的总体而言，中国古代妇女大多并未感到性别的压迫，夫妇关系并非主奴关系，而的确带有'夫兼于妻，妻兼于夫'的'阴阳互根'的特点"③。而这种建立在阴阳相济、阴阳互根基础之上的两性关系，则使得在实际的社会生活中，二者难解难分地联系在一起，女性不可能被限制在与男性彻底隔离的公共领域之外。同样，对于女主而言，也很难被完全排除在男性君主的主要活动领域之外。

二、父系家族体系延续目标下的"差异互补"

男女两性之间在理论上的等级差异与高低之别，还由于主流文化传统对于父权家族体系之延续的重视和强调而在现实的社会生活中得到了极大的软

---

① 张祥龙：《中国古人的性别意识是哲学的、涉及男女之爱的和干预历史的吗？——答陈家琪先生》，《浙江学刊》2003年第4期。

② 如安乐哲还曾进一步指出，相比较于中国传统中的性别歧视而言，西方传统中这种植根于二元对立模式基础上的性别歧视，其解决的方法只有经过彻底的哲学革命才有可能达到："不幸的是，以渗透传统的二元论为基础的性别歧视牢固地扎根在我们西方的文化土壤中，要想从根本上实质性地解决这一问题，没有激进的哲学革命，是不可能做到的。在社会、政治、宗教事业仍然继续提倡二元论思维方式的情况下，真正意义上的无性别歧视社会不可能出现。"[美]安乐哲：《和而不同：比较哲学与中西会通》，北京大学出版社2002年版，第168页。

③ 张祥龙：《中国古人的性别意识是哲学的、涉及男女之爱的和干预历史的吗？——答陈家琪先生》，《浙江学刊》2003年第4期。

化和消解，并由此赋予了女性作为男性的"补充"而参与外部事务的可能性。

如前所述，一方面，为了一个更高的宇宙秩序以及合乎"礼"制的政治秩序的实现①，建立在阴阳理论基础上的两性关系，其间自然存有角色分工和基本等级制的区别。正如 Guisso 所指出的一样："女性的位置不是被任何超自然力量或神的命令所决定，而是由儒家对于秩序和和谐是更高的价值，并且只有在等级制中它们才能保存的信念所决定的。"② 换言之，两性之间建立在宇宙论基础上的"阴阳"之别和"内外"分野，既是服务于"礼"之基本秩序的一个必要的设定，也是为这一基本设定所提供的一个"合理的辩护"③。但与此同时需要意识到的则是，对于以儒学为主流文化传统的社会而言，家族的稳定和繁荣不仅是中国传统的"文化基线"④ 和"最看重的价值"⑤，甚至还具有一种"宗教上的意义"⑥。在这一文化基线和最高价值的基本设定之下，父系家族体系的保存与传承、祖宗血缘脉络的繁衍与延续，无疑成了远远高于个人价值的客观存在和终极目标⑦。从这个意义上说，两性之间的角色差异和等级划分虽然重要，但却并非是家族最为看重的内容，也并非是毫无

---

① 作为儒家学说为主流的文化传统所推崇的最高秩序，"礼"的秩序所代表的不仅是天道在人世间的反映，而且也是人能够脱离自己的生理意义，成为道德意义上的真正的人所必须要遵循的法则与秩序。如梁治平就指出："礼义的概念难以界定，它包罗万象，无所不在，既可以是个人生活的基本信仰，又可以是治理家、国的根本纲领；它是对他人做出道德判断和法律裁判的最后依据，也是渗透到所有制度中的一贯精神。"梁治平：《寻求自然秩序中的和谐》，中国政法大学出版社 2002 年版，第 234 页。又如有学者指出："儒家学说的根本原则，就是一个好的社会必须是一个和谐协调而又等级分明的社会，而其实则是纲纪、礼治的维持与稳定。"陈宝良：《明代的自我与社会：以自传文为例》，朱诚如、王天有主编《明清论丛》（第六辑），紫禁城出版社 2005 年版，第 152 页。

② Richard W. Guisso: "Thunder Over the Lake: The Five Classics and the Reception of Woman in Early China", *Women In China: Current Directions in Historical Scholarship*, edited by Richard W. Guisso and Stanley Johannesen, 1981, NY: Philo Press, p. 48.

③ "大概古代人们所以需要宇宙观之故，乃是目的在于确定社会秩序。换言之，即对于社会秩序作一个'合理的辩护'（rational justification）。"张东荪：《张东荪文集》，上海远东出版社 1995 年版，第 23 页。

④ 殷海光：《近代中国文化的基线》，张斌峰主编《殷海光文集》（第三卷），湖北人民出版社 2001 年版，第 73、78—79 页。

⑤ 李银河：《生育与村落文化·一爷之孙》，文化艺术出版社 2003 年版，第 135 页。

⑥ 郑家栋：《断裂中的传统》，中国社会科学出版社 2001 年版，第 24 页。

⑦ 黄光国：《儒家思想与东亚现代化》，巨流图书公司 1988 年版，第 286 页。

变通可言的硬性规定。相应地,尽管从理论上说两性之间应当保持一个"阳尊阴卑""男尊女卑"的基本等级制度,但当现实生活中男性的能力不足以维系家庭繁荣与延续这一根本目标时,由女性来代替其完成这一任务的主动做法,则不但不会被看作对男性特权的僭越举动,反而还将获得主流意识形态的肯定和赞美。正如袁采所言:"妇人不预外事者,盖谓夫与子既贤,外事自不必预。若夫与子不肖,掩蔽妇人之耳目,何所不至?……妇人有以其夫蠢懦,而能自理家务计算钱穀出入不能欺者,有夫不肖,而能与其子同理家务不至破当家产者,有夫死子幼,而能教养其子敦睦内外姻亲料理家务至于兴隆者:皆贤妇人也!"①

因此,儒家学说对于维护父系家族体系之保存与延续的重视和强调,使得男女两性之间的地位更多体现为一种差异互补,而非高低之分。最终,儒家这种建立在两性之间既要保持和谐互补、又要体现等级秩序基础上的宇宙观,反映在真实的社会生活中,则具体化为如下一种现实的存在:从理论上而言,女性应当将自己的领域限制在"内"的范围之中,但当家庭内部缺乏一个有能力的男性领导来完成外在事务时,女性也会被指望主动出来主持局面。也正是从这一基本立场出发,儒家传统对于两性之间等级地位的强调才被赋予了更多的弹性空间,不仅女性在其中享受着实现自我价值的满足感与成就感,而且这一性别制度也在漫长的帝制时代作为一个"很有生命力的性别文化哲学体系"②而保持着长久的连续性与稳定性。换言之,正是这种建立在家族保存与繁衍之目标基础上的现实主义和实用主义的基本立场,为女性跨越内的界限参与外部事务提供了积极的可能性。同样,对于帝国最高阶层的女性——"女主"而言,也将由此获得参与政治事务的潜在合法性资源。

三、"内外交接"中的行动空间

现实社会生活中"内—外"事务的相互交织与不可分割,在客观上赋予

---

① (宋)袁采:《世范·睦亲》,岳麓书院2003年版,第21页。
② 林雯娟:《性别政治的历史追踪》,《重庆社会科学》2007年第7期。

了女性突破"内"的界限、参与外在事务的基本前提与可能性,而出于维持"礼"的秩序需要所产生的两性生活与职责的"内—外"分野理论,在事实上无疑只是一种"理想规范"而已。①

如前所述,两性生活空间和职责分工上的"内—外"分野,被受到"五四父权压迫模式"影响的学者普遍认为是导致传统女性处于被隔绝地位、缺乏独立人格和独立地位的另一重"戕害"。在他们看来,正是由于被限制在与外部世界相隔绝的内闱,并将自己一生的主要精力限制在家务劳动之中,才使得女性彻底成为男性的附庸。如有学者就认为:"总之,古代的妻子应甘于卑微,服从礼教。她们没有独立的人格尊严,是从属于丈夫的'家属'。名曰'同尊卑'的妻子,实则是'丈夫用来照管家务的一种物件','除生育子女之外,不过是婢女的一个头领而已。'"② 然而,这种看法在实际上混淆了理论的设计与真实的历史场景之间的巨大差距。

一方面,"内—外"的界限更多体现为一种理论上的约束和模糊性存在,即如有的学者所指出的那样,"在族规家法制约下的男女两性分工中,男性被赋予争取功名、光宗耀祖和外出挣钱、养家糊口的责任是因,女性被要求恪守妇道、传宗接代和相夫教子、管理家务就是果。家族对女性的角色期待,正是家族对男性角色期待的结果……在古代社会,这种男主外女主内的性别分工是强制和压抑的,但也是互补与和谐的。因为在家族里,内与外不仅不是截然分开的,而且是被视为同样重要的"③。另一方面,目前学术界对于真实的历史场景中女性日常生活的诸多研究已经证明,事实上,女性群体并未被局限于家庭生活的内部,而是也有诸多跨越"内"的界限、参与外事的举措,而且她们这种参与外事的举动,往往还由于在客观上促进了家族的繁荣

---

① [美] 高彦颐:《闺塾师:明代的才女文化》,李志生译,江苏人民出版社2005年版,绪论,第13页。

② 邢丽凤、刘彩霞、唐名辉:《天理与人欲——传统儒家文化视野中的女性婚姻生活》,武汉大学出版社2005年版,第61页。

③ 杜芳琴、王政主编:《中国历史中的妇女与性别》,天津人民出版社2004年版,第348页。

第一章 性别角色的设定及影响女性参与外在事务的文化基础

与延续而获得了社会的普遍接受和认可。① 如邓小南在对于宋代士人家族中女性作为的研究成果就已指出,由于男性将主要的精力集中在治学、入仕和经商等事务之上,因此,事实上宋代苏州士人家族中的女性有很大一部分人都在管理家族的产业,并成为家族事务正常运转和提高家族声望所倚重的对象,而并非只是男性的附属品②。而那些"经科考进身的新兴官僚群或许未必皆出身孤寒,但其中确有部分崛起于无俑仆给役的庶民之家。在他们一心向学、尚未发迹之前,他们的母亲或妻子为了支持家庭经济,往往必须周旋于闺外"③,其实也是相当容易想见的事实。而伊佩霞、高彦颐和白馥兰等人也已在其颇富影响力的关于帝制时代中国女性所拥有的实际生活场景和活动空间的研究著作中令人信服地证明,即便是在被普遍认为是妇女地位最低、最受压迫的宋、明和清三代,这种将女性严格限制在"内"的空间、从而剥夺其参与外事的机会与可能性的观念,在实际上也并没有被真正严格地执行过。女性并没有处于彻底被动的悲惨地位,恰恰相反,她们的生活充满了活力,并明显享有某种意义上的社会权利与自由④。换言之,这些对于女性真实历史

---

① 尤其值得关注的是,这一群体对于外部的经济生活、法律诉讼以及宗教生活等各类活动的参与程度之深、范围之广,实际上远远超越了五四史观影响下的人们所能想象出的场景。具体的研究成果可参见邓小南《六至八世纪的吐鲁番妇女——特别是她们在门户之外的活动》,载于《敦煌吐鲁番文献研究》第5辑,北京大学出版社1999年版;李春棠《坊墙倒塌以后》,湖南出版社1993年版;郑必俊《两宋官绅家族妇女——千篇宋代墓志铭研究》,《国学研究》第8辑,北京大学出版社1999年版;伊永文:《宋代市民生活》,中国社会出版社1999年版;段塔丽《"从子"说与中国古代寡母的权力和地位——以唐代家庭寡母生活为例》,载于《妇女研究论丛》2001年第6期,总第43期;张邦炜《两宋妇女的历史贡献》,载于《社会科学研究》1997年第6期;管红《秦汉女性家庭地位管窥》,载于《湖南师范大学社会科学学报》,1996年第3期;等等。

② 邓小南:《宋代士人家族中的妇女——以苏州为例》,《国学研究》第5辑,北京大学出版社1998年版。

③ 刘静贞:《女无外事?——墓志碑铭中所见之北宋士大夫社会秩序理念》,王金玲、林维红主编《性别视角:文化与社会》,社会科学文献出版社2009年版,第75页。

④ 具体的论述可以参见[美]伊佩霞《内闱——宋代的婚姻和妇女生活》,胡志宏译,江苏人民出版社2004年版;[美]高彦颐《闺塾师:明代的才女文化》,李志生译,江苏人民出版社2005年版;[美]白馥兰《技术与性别——晚清帝制中国的权力经纬》,江湄、邓京力译,江苏人民出版社2006年版。而柏文莉对于宋代墓志铭的研究中,也发现了不少由寡母独自支撑家庭、赚取财富,培养儿子取得仕途成功的案例。参见[美]柏文莉《权力关系:宋代中国的家族、地位与国家》,刘云军译,江苏人民出版社2015年版。

生活场景进行考察所得出的结论,无不在向我们昭示:在现实的社会生活中,"内—外"的界限并非绝对清晰和完全隔离,相反,二者历来密切联系,并存在着广泛的相互交叉覆盖的边缘地带。对于女性而言,"这一边缘地带的实际意义在于,它没有固定不变的界域;作为'内'与'外'两侧的衔接面,它并非纯粹意义上的'内'或'外',而亦可谓亦内亦外……这种互相连接、互相定位,甚至互相转化的模糊性,才是蕴含'内外之际'真谛之所在"①。

因此,尽管在对生活空间和具体职责进行划分时,两性被分别归入了"内"与"外"的不同空间,以至于"男—女"和"内—外"的二元性被描述为一种绝对和固定的统一体,但在实际的社会生活场景中,这些界限也并非如此地整齐划一,"即使规范的公式也未将理想女性视作一种静态和与世隔绝的存在……内/外是一个关联着的范畴"②。而从根本上而言,建立在理论的相对模糊性与现实生活的内在需要之双重基础上所形成的这种关联性本身,已经深刻蕴含了二者间相互交接的可能性,并且往往随着现实的需要而在两者之间不断做出新的界限调整。正如罗莎莉所言,"作为性别区分和礼仪得体标识的内外理念是一种中心与外围、根本与衍生之间的动态交互作用。依赖于社会、政治环境下的独特构造,内外之间的界限不断移动并且不时做出新的调整。内外之间的多层含义无法被类似于家与国或私与公等二元模式的静态所涵盖"③。也正是这种基于现实生活需要而产生的充满创造力和圆融性的界限调整,赋予了女性参与外在事务的空间与可能性。

然而,必须要指出的是,女性对于这种"内外之际"的把握,以及在这一基础上所进行的外事参与,并非随意可以实现,还必须建立在对整体的性别秩序予以服从、并对家庭繁衍做出现实贡献的基础之上,才有可能得到最

---

① 杜芳琴、王政主编:《中国历史中的妇女与性别》,天津人民出版社2004年版,第273页。
② [美] 高彦颐:《闺塾师:明代的才女文化》,李志生译,江苏人民出版社2005年版,第154—155页。
③ [美] 罗莎莉:《儒学与女性》,丁佳伟、曹秀娟译,江苏人民出版社2015年版,第81页。

第一章　性别角色的设定及影响女性参与外在事务的文化基础

终的认可和接受。"'内''外'之间界域的认定，并非完全取决于由门户构成的空间位置；女性跨越内外的活动能否被认可，归根结底决定于亲亲尊尊的礼制规范，决定于当时需要维护的整体秩序格局。"① 就如同"阴"的作用是在于辅助"阳"一样，女性的作用也在于对男性进行辅助，从而使得二者在此基础上共同实现父系家族的兴盛和血脉之繁衍。从这个意义上说，只有当对父系家族体系的稳定秩序和顺利传承并不构成某种现实的威胁，或者是作为对男性缺席时的一个重要"补充"的时候，女性跨越"内"的界限、参与外在事务的作为才有可能得以实现，并最终获得主流文化传统对于她的最终承认和尊重。换而言之，只有在服从于男性独占的"官方权力"的前提之下，女性才能够最终获得有限度的、但却真实存在的"支配的权力"②，并最终达致"既不失控又不失文雅"的完美状态③。也正是这一内在的文化要求，使得这些不甘平庸的女性在参与外在事务时，她所具有的能动性，并不体现为对两性不平等的社会性别制度的外在抵抗，而是巧妙地体现为她在服从这一系统的过程中所发展出来的那种不为外界体知的高超技巧④，正如著名的人类学家 Margery Wolf 所观察到的一样，在这一系统中，这些女性不得不"学会了主要依靠自己，但同时表现得依靠父亲、丈夫和儿子"⑤。

---

①　杜芳琴、王政主编：《中国历史中的妇女与性别》，天津人民出版社2004年版，第288页。
②　[美] 高彦姬：《闺塾师：明末清初江南的才女文化》，江苏人民出版社2005年版，绪论，第11—12页。
③　"在中国社会，生活仅在男人们中开展，正如这个社会是按照男人统治的基础来组织的一样，这一习惯一直延续至今……尽管男性统治的传统占优势，但偶尔也会沦为女性统治……知识界的社会生活可以说是既不失控又不失文雅的。传统的规则非常明确地控制和指导它。不拘泥于形式地为每一种情形提供正确的方向。"[德] 卫理贤：《中国心灵》，王宇洁、罗敏、朱晋平译，国际文化出版公司2005年版，第298页。
④　[美] 费侠莉：《明清时期的性别、医学与身体——中国研究中女性主义历史写作的历程》，姜进译，朱政惠主编《海外中国学评论》（第1辑），上海古籍出版社2006年版，第16页。
⑤　[美] 伊佩霞：《内闱——宋代的婚姻和妇女生活》，胡志宏译，江苏人民出版社2004年版，第151页。但英国学者玛丽·沃斯通克拉夫特在其被列为女性主义奠基作品的名作中指出，女性隐藏在男性之下行事的这一作为实际上体现了女性自身的弱点所在，在这一过程中，她们不得不"以母亲为榜样，学会一些人类的弱点，准确地说应该称之为行事狡猾、性情温柔、表面遵从，并且小心谨慎地遵守平庸的礼节，这样她们就会得到男人的保护"。参见 [英] 玛丽·沃斯通克拉夫特《女权辩护——关于政治和道德问题的批评》，王瑛译，中央编译出版社2006年版，第11页。

四、"三从"与"孝"的冲突

建立在"阴阳之别"和"内外分野"基础之上的"三从",也被认为是导致帝制时代女性地位低下的重要理论根源之一。然而,作为对于帝国各个阶层内所有女性的一个普遍性的伦理要求,"三从"这一概念本身充满了矛盾,正是这些矛盾的存在本身,为女性获得权力、参与外在事务留出了充分的弹性空间与可能性。

一方面,"三从"概念在客观上要求女性作为一个整体而实现对于男性的依附和从属,但是,由于女性的地位实际上往往由与其相关的男性(父亲、丈夫或儿子)所决定,因此,这种服从本身并不是所有女性对于所有男性的服从,而只是特定阶层内的女性对于特定男性的服从。正如 Priscilla Ching Chung 所言:"因为中国法律赋予女性与其丈夫相同的身份,因此,分社会和经济阶层来考察女性则是非常重要的。Albert O'Hara 建议将中国的女性分为四个阶层:奴隶和劳动阶层的女性,农民和商人之妻;学者和官员之妻;贵族和统治者之妻。在每个阶层之内,女性的责任和特权都是不同的。因此,非常重要的是要意识到,女性对于男性的从属并不意味着所有女性对所有男性的从属,而是在她们自己的阶层中和仅仅是依照个人与家庭的关系之特定女性对于特定男性的从属。"① 从这个意义上说,其父亲、丈夫和儿子处于更高阶层的女性不仅对于普通女性拥有权威,同样,她还能够在分享他们的权威的同时,对于其他社会阶层内的男性拥有权威。因此,女主作为帝国的最高统治者的母亲或妻子,显然也获得了与皇帝相匹配的身份和地位,当她面对整个帝国的子民时,她也将同时分享皇帝的无上权威,并由此而在某种意义上获得整个帝国对于她的权力和地位的服从。

另一方面,"三从"这一概念只是对于两性之间所应该保持的社会秩序的

---

① Priscilla Ching Chung: "Palace Women in The Northern Sung, 960 – 1126", Leiden: E. J. Brill, 1981. pp. 88 – 89.

第一章 性别角色的设定及影响女性参与外在事务的文化基础

一个基本设计,但在"夫死从子"这一重含义上,由于其与儒家所推崇的另一个更高的伦理价值——"孝"的原则相冲突,而在事实上无法实现。在儒家所推崇的五伦秩序之中,"孝"被认为是一切礼制秩序的根源和基础,也是全部道德意识和道德规范的起始,正如徐复观所言:"以儒家为正统的中国文化,其最高的理念是仁,而最有社会生活实践意义的却是孝(包括悌)……若不牢牢记住孝道是中国人的家族、社会、宗教乃至政治生活的根据的这一事实,即终究不能理解中国及中国人的真相。"① 而家族内部对于基本礼制秩序的强调,显然将在客观上使"长幼有序"的地位高于"男女有别"的价值。因此,虽然"三从"看上去将女性的地位明显地置于男性的权威之下,但孝道的原则却在事实上弱化了这一性别等级结构,使得当面对着年龄长幼的等级秩序之时,性别秩序则成了位于其后的次要选择。换而言之,虽然在与父亲的比照中母亲的地位属于"从",但对于儿子而言,主流文化价值体系对于"孝"的更高价值的推崇,则使得母亲在人伦秩序中的地位显然要尊于儿子。尤其当家中的男性家长——父亲去世之后,就更是如此:母亲将在很大程度上代替父亲而成为家庭内部新的家长,同时享受着丈夫的特权。② 正如林语堂在其影响深远的《吾国与吾民》一书中所明确提出的那样:"凡较能熟悉中国人民生活者,则尤能确信所谓压迫妇女乃为西方的一种独断的评判,非产生于了解中国生活者之知识。所谓'被压迫女性'一词,绝不能适用于中国的母亲身份和家庭中至高之首脑。"③

---

① 徐复观:《中国孝道思想的形成、演变及其在历史中的诸问题》,《中国思想史论集》,上海书店 2005 年版,第 131 页。又如殷海光所言:"孝是家族中心主义的灵魂和基本命题。"殷海光:《近代中国文化的基线》,张斌峰主编《殷海光文集》(第三卷),湖北人民出版社 2001 年版,第 79 页。

② 正如罗莎莉(Rosenlee Li - Hsing Lisa)所指出的那样,"性别不平等被定位在复杂的亲属关系网中,它仅仅是长辈与晚辈之间社会不平等的一部分。性别本身并不能决定人们在生活中的地位,性别必须同年龄、生殖、婚姻、阶层等因素相结合才能释放出它的意义。人们层级亲属体系中获得的合法社会地位同样也面临着转化"。[美] 罗莎莉:《儒学与女性》,丁佳伟、曹秀娟译,江苏人民出版社 2015 年版,第 101 页。

③ 林语堂:《吾国与吾民》,陕西师范大学出版社 2006 年版,第 130 页。

最终，"长幼之序"和"男女之别"这两种原则的相互交织，在客观上造成了女性地位的"两重性"，"这种两重性在人们一面鄙夷女性，一面又倡导孝敬母亲等女性长辈的矛盾中表现得淋漓尽致"①。正是由于女性所获得的这种两重性地位，才使得儒家建立在"阳尊阴卑""男尊女卑"基础上所形成的不平等的两性关系，能够在漫长的帝制时代获得女性群体长久的支持和认同。正如 Guisso 所言："无论男女在天性上被认为有什么不同，这两个性别有一点是相同的：它们一起成熟。如果《五经》培育了女性对男性的从属，它们培育更多的是年轻对年长的从属。因此，在儒学受到推崇的中国历史的每一个时期，那些年长的女性因为有与其年龄相称的经验和智慧，就都会受到尊崇、服从和敬重……即便她的儿子是一个皇帝。也许正是这一因素，比其他的更能让中国传统的女性如此长久地接受强加于她身上的这种境遇。"②更为重要的是，"三从"规定本身所具有的内在矛盾与弹性空间，在赋予了女性在家庭内部权威的同时，也为其提供了超越"内—外"界限参与外在事物的可能性。对于女主而言，也将由此而获得参与外在政治事务的潜在合法性资源。

综上所述，"五四父权压迫模式"对于传统社会女性卑下、被动和从属地位的认定，使得以儒学为主流的传统文明成了近现代以来最受批判的根源之一。然而，与这种批判相对应的历史事实，却是长久以来两性之间公开的性别冲突与女性自我反抗的缺乏。正如有的学者所观察到的一样，"在世界的主要文明体中，传统的中国文明因没有产生公开的性别冲突和女性主义者的抗议而引人注目"③。而这一性别体系之所以能够保持其延续性与生命力，其原因就在于它所内在蕴含的"活泼的弹性"和"灵活性"。正如 Rebecca E. Karl 已经指出的

---

① 高士瑜：《唐代妇女》，三秦出版社 1988 年版，第 174 页。
② Richard W. Guisso, Thunder Over the Lake: The Five Classics and the Perception of Women in Early China, *Women in China: Current Directions in History Scholarship*, edited by Richard W. Guisso and Stanley Johannesen, Youngstown: Philo press, 1981, p. 60.
③ 同上。

第一章　性别角色的设定及影响女性参与外在事务的文化基础

一样，学界在关于帝制时代性别体系的长期延续性问题上，"目前已有一个普遍为人接受、关于中国性别体制与社会文化架构的解释模式：两者之间的连接机制始终具有某种'活泼的弹性'（resilient）。这种活泼弹性的概念，企图在肯定整个结构或系统的延续与统一之际，仍保有弹性与变动的空间"①。在这种弹性的空间与范围之内，女性不仅没有完全居于被压迫、从属的地位，相反，她们还在这一体系之内获得了不同的活动空间和尊严，"各种阶层、地区和年龄的女性，都在实践层面享受着生活的乐趣"②。那么，女性为什么要服从这一对她并不十分有利的性别体系与主流文化传统呢？导致女性对这一体系产生自我认同的内在根源是什么？这种自我认同又将如何影响她的实际作为与价值取向呢？

第三节　"他者"的归宿：女性的自我认同

在研究帝制中国的妇女生活时，高彦姬曾提出应该将其视为以下三种变化层面的总和：理想化理念、生活实践、女性视角，并提出应该采用"三重

---

①　Rebecca E. Karl：《中国的历史与性别》，吕妙芬、许惠琦译，"中央研究院"近代史研究所编《近代中国妇女史研究》第九期，"中央研究院"近代史研究所2001年版，第192页。丽贝卡·E. 卡尔也指出："在抵制'历史的僵滞'和'持久的传统'这对孪生观点中，社会性别习俗和社会关系的历史延续性的问题被重新展开讨论，在摈弃以前占统治地位的革命解放范式过程中，这个历史问题促进了对中华帝国历史和中国社会性别研究的新的方法。这产生了一个现在普遍接受的对中国社会性别制度以及总的对社会文化结构的阐释，即互相联结的各种制度曾经是并依然是'有活力的（Resilient）'。这个活力概念允许在总的结构性的或制度性的持续和统一中包含大量具体的灵活性和变化。或者用不同的话来说，活力推出量的变化而不产生质的变革。"［美］丽贝卡·E. 卡尔：《中国历史与社会性别》，王政译，蔡一平、杜芳琴主编：《妇女与社会性别史研究的理论与方法》，湖南大学出版社2016年版，第218页。

②　［美］高彦姬：《闺塾师：明代的才女文化》，李志生译，江苏人民出版社2005年版，绪论，第7页。又如莫理循所指出的那样："中国妇女的境况比任何其他异教徒国家的妇女境况好得多……如果不认为中国妇女的境况，几同被C. W. 马梯斤牧师称为'文明的、有组织的异教徒的'王国里所能希望的那样令人满意的话，就不可能读懂许多传教士和旅行者在中国的复杂经历。中国妇女的一般地位不值得西方妇女去嫉妒。虽然她们不能够享受到西方妇女所能享受到的幸福，但她们也能自得其乐。因为幸福并不总在于绝对的快乐，而是在于我们对它的理解。"［澳］莫理循：《中国风情》，张皓译，国际文化出版公司2005年版，第139页。

动态模式"来取代二元对立的"五四父权压迫模式"。在她看来，尽管这三种要素的影响范围并不固定，三者间的关系也变化多重，但相比较而言"五四父权压迫模式"在很大程度上只是对于理想化准则的一种静态描述，对于上述这三重要素的综合性考察，将无疑更能准确贴切地反映帝制中国女性的真实生活与现实体验。①

在前两节的内容中，本书已经对帝制时代建立在"阴阳"之别与"内外"分野基础上的理想化的两性地位与职责设定进行了分析，并在此基础上指出，正是由于这一理论体系内在的文化特征及其在现实生活实践中所保持的弹性空间的存在，才在客观上为女性摆脱不平等的性别等级地位、参与外在事务带来了某种可能性，并使得中国的社会性别体系得以在漫长的文明演进中长期稳定地存在。至此，本书已完成了对于帝制时代中国女性生活的前两种要素的考察，并力图在此基础上重建女主之所以能够跨越性别的界限、参与外在事务的文化资源与合法性基础所在。然而，从女性的视角入手对于这一性别体系进行分析仍尚未完成。那么，对于本书所要研究的特殊女性群体——女主而言，她们自身对于这一性别体系的文化认同是什么？她们维持这一性别体系的主动性又是如何形成的？为什么她们在获得了权力的同时，却并未致力于从根本上颠覆这一体系，反而维持着对以男性为主导的皇权体系的主动接受和积极维护？对于这些问题的关注和分析，将构成本节的主要内容。

一、"不确定性"的身份特征与"断裂感"的生命历程

在对帝制中国的女性进行考察时，关于这一群体并不具有一种客观上的"同一性"，因之也不应当被看作与男性群体整体相对的一个思想与行动的共同体，目前大致已是学术界的基本共识。如前所述，在儒家经典对于女性地

---

① ［美］高彦姬：《闺塾师：明末清初江南的才女文化》，江苏人民出版社2005年版，绪论，第9页。

第一章　性别角色的设定及影响女性参与外在事务的文化基础

位的设定中,"三从"这一概念本身所蕴含的第一个矛盾,就已经显示出了女性由于不同的身份、地位所引发的巨大差异。① 而有的学者还在研究中进一步指出,即便是对同一个女性而言,在其一生之中也并不存在一个"同一性"的身份和稳定、连贯的情感与文化认同。如白露(Tani Barlow)就曾引用陈宏谋的《教女遗规》中的一句"夫在家为女,出家为妇"论证说,"'女性'一词的发明,为的正是要建构这本来子虚乌有的同一性……在古文的传统语境中,'妇'和'女'属于截然不同的认知范畴,它们既没有同一性,传统中国也因而没有'女性/woman'这一身份属性"②。

父系制的、家长制的和从夫居的家庭系统,使得相比较于拥有连贯生命历程和生命体验的男性而言,女性的一生往往以不确定性和断裂感为基本标志,"脆弱性(fragility),暂时性(impermanence)和含糊性(ambiguity)——这些带有消极含义的词语似乎与女性关联更多而并非与男性相关。在像中国这样的父系的、从夫居的社会中,女性总是比男性更多地与断裂性(discontinuity)联系在一起"③。也正是由于这种断裂性的存在,使得无论是来自外界的客观评价还是自我的主观认同,女性都很少被视为是具有超越意义的独立个体存在,而是以其在父系家族体系中的角色和身份来进行划分和界定。不仅在深远影响性别角色安排和义务设定的儒家经典论述中,女性往往会依据不同的角色身份变化而被塑造为"理想化之生命周期中的女儿、妻子和母亲等角色"④,而且在现实的家庭生活中,主流文化系统对于女性基于

---

① 关于不同身份的女性群体内部围绕着家庭系统和继承制度所产生的等级制度的详细论述,亦可参见[美]白馥兰《技术与性别——晚清帝制中国的权力经纬》,江湄、邓京力译,江苏人民出版社 2006 年版,第 271—286 页。

② [美]白露(Tani Barlow):《女性的理论化:妇女,国家,家庭》,转引自[美]高彦姬《闺塾师:明末清初江南的才女文化》,江苏人民出版社 2005 年版,中文版序,第 1—2 页。

③ Patricia Buckley Ebrey: "Women and the Family in Chinese History", London and New York: Routledge, 2003, p. 21.

④ Richard W. Guisso, Thunder Over the Lake: The Five Classics and the Perception of Women in Early China, *Women in China: Current Directions in History Scholarship*, edited by Richard W. Guisso and Stanley Johannesen, Youngstown: Philo press, 1981, p. 48.

不同身份、角色所引发的职责和义务期待，事实上也往往超过了对于其性别的关注本身。也正是在这一基础上，如伊佩霞所言，"我们已经感到有必要设置一个基本点，这就是……把人们视为一个角色经常超过他们的性别。换句话说，性别差异思想经常以这种或那种方式和社会角色融为一体，女人社会角色的特殊性在于都是家族和婚姻体系派给她们的：女儿、妻子、儿媳、母亲、婆婆、祖母、姨、姑、等等"①。

更进一步而言，对于女性来说，充满不确定性的身份特征与断裂感的生命过程，这二者在理想观念形态和现实生活状况中的并举，从时间、空间、社会角色和文化价值的多重维度上，塑造着她们对于自身包含地位、职责、义务和文化归属等在内的社会性别体系的主观看法和自我认同，从而使得女性的心理特点、价值诉求和文化特征往往与其在家庭与亲属体系中的角色、身份和所处的人生阶段融合起来，并从最终极的意义上决定着她对这一体系的主动迎合与不断发展。也正是基于这一立场，在对帝制中国女主政治的合法性进行分析时，除了应当关注性别本身之外，同时也很有必要将女主像普通阶层的女性一样，放置在家庭的场域内部，对于其在家庭中的角色、身份、生命历程和自我文化认同进行分析，从而达到从全新角度对于女主政治合法性的内涵、特点及其边界的突破性理解。因此，本书对于女主政治合法性的分析，还将建立在对于她们作为"女性"在不同时期内所具有的不同身份、角色进行探讨的基础上逐步展开。

二、"客人"—"他者"—"归宿"的三重蜕变

从总体来看，女性的角色虽会经历多种变化，但无论何种形式的划分，其一生的身份变化模式，大致都将经历从"客人"到"他者"，再到最后回归"自我"的过程。对于"他者"的解释，西方女权主义的奠基人之一波伏

---

① ［美］伊佩霞：《内闱——宋代的婚姻和妇女生活》，胡志宏译，江苏人民出版社2004年版，第38页。

第一章　性别角色的设定及影响女性参与外在事务的文化基础

娃曾如是说:"他者这个范畴同意识一样原始。在最原始的社会,在最古老的神话,都可以发现二元性的表达方式——自我(the self)和他者……他性(Otherness)是人类思维的基本范畴。"在两性的关系中,由于男性掌握了话语霸权,往往自然而然地将女性划分为与自己对立的"他者":"男人并不是根据女人本身去解释女人,而是把女人说成是相对于男人的不能自主的……定义和区分女人的参照物是男人,而定义和区分男人的参照物却不是女人。她是附属的人,是同主要者(the essential)相对立的次要者(the inessential)。他是主体(the Subject),是绝对(the absolute),而她则是他者(the other)。"① 从通常意义来看,关于女性如何被普遍定义为与男性相对的"他者"形象,学界的现有成果已有一定程度的反思,然而在此值得注意到的是,对于帝制中国的女性而言,这种"他者"形象并不会永久地保持下去,相反,随着时间的推移和身份的改变,她将逐渐发现这一形象最终会从她身上剥离,丈夫的父系家族将成为她最终的"归宿",她也终将融入这一家庭内部,成为其牢固的成员和有力的维护者。而女性对于这一点的主动接受和自我认同,则将在极大意义上影响到她在现实生活中的具体作为与最终价值取向。申而论之如下。

一方面,父系制的原则使得一家一姓的香火只能在家族男性成员内部传承,这成为了社会的普遍认识与现实法则,而对于尚未出嫁的女儿——"在室女"而言,则因终究将是外姓之人而在很大程度上被排除在了出生家庭的

---

① [法]西蒙娜·德·波伏娃:《第二性》,陶铁柱译,中国书籍出版社2004年版,作者序,第4—5页。深受这一学说影响的国内一些学者往往将女性的"他者"化看作男权文化的规范化、模式化和系统化的产物,从而排除了女性"他者"现象得以消除的最终可能性:"在男权文化的'父权制'话语中,女性是作为'他者'出现的:'她'是客体,是'物',因而不具备人的品格;'她'也可能是一个社会中的存在物,但从来都是由于男性的需要而被虚构幻化出来的存在物,尤其是在思想意识上。这意味着,男权文化的种种'结构'只是男性话语的文化霸权,其主要特征是对人类生存空间在思想上进行大一统的规范化、模式化和系统化。这样,在这种'自言自语'之中,男性是'唯一':'他'是上帝、造物主,也就是世界的主人。"(蔡新乐、李卫国:《众妙之门——女权主义的生命哲学批判》,河南大学出版社2004年版,第4—5页。)

血统之外。① 因此，对于其出生家庭而言，女儿本身具有一种奇特的身份，她不仅并不对出生家庭的血缘延续负有先天责任，同时也较少承担赡养父母的基本义务，自然也不应当被看作家族内部永久性的主要成员之一；然而她又不可能被看作一个与出生家庭毫无关联的"陌生人"和"局外人"，从这一意义上说，描述她们的一个更为合适的称谓似乎是"客人"，即：有出生上的血亲关系，由于倾注了父母的情感而能受到较好的礼待，但又只是暂时居住于家庭之内的，其最终归宿不能停留在娘家的特殊身份之人。

另一方面，从夫居的生活方式，也在客观上固化了女性在娘家的"客人"身份。一般而言，婚后女性的主要居住场所将从自己的原生家庭转移到夫家，自此之后，以一生基本可以数得清的频率和时日往返于娘家和婆家之间，与娘家的现实交往和关联也在很大程度上低于未嫁之前。而"传统中国女性的一个主要困境，在于年纪轻轻即离开本生家庭，到另一个父系家族去过日子"②。即便现代许多学者的研究成果已经表明，《礼记·曲礼》所强调的"女子许嫁，非有大故，不入其门"的基本规定并未完全严格地予以执行，而

---

① Patricia Buckley Ebrey: "Women and the Family in Chinese History", London and New York: Routledge, 2003, pp. 1-2. 如赵凤喈就通过对继承权的考察证明，作为女儿身份的女性，除了极为少数的情况（如户绝）之外，其在娘家并不具有法律上的宗祧继承权和财产继承权："所谓宗祧继承者，既本宗于宗法而来，乃以上奉祖先之祭祀，下传血统于永远为目的。故继承人不特以直系卑幼之男子为限，且以嫡长子为先位，女子绝无继承权……唐宋元明及清代法律关于财产之继承，只承认嫡庶子男分析家财，除嫁资外，女子未有明文规定……此亦本于女子无宗祧继承权之观念，而遂演成数千年之习惯。"（赵凤喈：《中国妇女在法律上之地位（附补篇）》，稻香出版社1993年版，第11—12页。）又如杨懋春所言："女孩在父母家里没有什么地位。父母和兄弟可能宠爱她，但她不是这个家庭的永久成员，不能给家庭增添财富。她注定要成为另一家的妻子和媳妇，她将为他们干活，为他们养育孩子。"（[美]杨懋春：《一个中国村庄：山东台头》，张雄、沈炜、秦美珠译，江苏人民出版社2001年版，第103页。）而明恩溥则指出："毫无疑问，没有哪个民族比中国人更重视或更成功地维持自身的繁衍。然而，中国人却几乎是唯一一个自谓有古老而发达的文明但却轻视自己出嫁女儿的民族。按照传统习俗，嫁出去的女儿不能供奉自己去世的父母。由于这一原因，人们常说，哪怕再出色的女儿还不能等同于一个蹩脚的儿子。中国人自觉和不自觉地表现出对这种观念的赞同，从而表明了这种观念与中国人品质的某种关联。其根源与其他一些观点的根源是统一的，即纯粹的自私。"（[美]明恩溥：《中国乡村生活》，午晴、唐军译，时事出版社1998年版，第257页。）

② 李贞德：《女人的中国中古史——性别与汉唐之间的礼律研究》，邓小南、王政、游鉴明主编《中国妇女史读本》，北京大学出版社2011年版，第37页。

第一章　性别角色的设定及影响女性参与外在事务的文化基础

是在一定程度上有所变通①，但毋庸置疑的是，已婚女性与娘家之间这种频率相对较低、并且以特定方式才能保持的联系，主要体现为温情的传播和关怀的延伸，亦是情感的依靠与精神的寄托，在以有限的影响力改变外嫁女的现实生活境遇的同时，实际上却很少改变其对于人生归属的认识和判断。一旦出嫁，她就注定已经成为别人家庭的成员，在与出生家庭割裂了血缘联系的同时，也带来了肉体与精神的双重分离。②

从夫居的生活方式和居住空间变化，在导致女性在出生家庭中的"客人"身份基本被固化的同时，也在客观上催生了刚出嫁的女性对于自己的现状与未来的强烈不确定感，继而进一步影响到她对于自身角色定位和未来归属感的主观判定认同。一般而言，传统社会对于家族血缘之保存和延续的无比重视，使得婚姻对于男女两性都具有着极大的重要性，婚姻不仅是两性之间的自然结合，更是承担了"若干社会责任的综合体"③，但必须要意识到的是，婚姻对于两性而言意义却完全不同。"对男人来说，婚姻标志着他作为所在社区完全成员的身份获得，以及支撑和繁衍他的家庭的责任承担……相反，对女人来说，婚姻标志着一个基本的断裂：离开她出生的家庭、自主性的丧失、来自亲朋好友支持的丧失，以及在几乎一无所知的婆家的权威下担当起新的

---

①　如爱伦·朱迪（Ellen Judd）在山东的考察证明，普通社会阶层的母亲与已婚女儿之间存在着互相走访的传统，在某些情况之下，新婚不久的妇女甚至回娘家生头子，而在母系女性亲属之间还可能保持着礼物、刺绣品的互换活动。（转引自［美］白馥兰《技术与性别——晚清帝制中国的权力经纬》，江湄、邓京力译，江苏人民出版社2006年版，第115页。）高彦姬对于明末清初的江南女性诗社的研究也已表明，上流社会中出嫁的女子与其出生家庭的成员之间保持着一定频率的书信往来和诗歌互答。（［美］高彦姬：《闺塾师：明末清初江南的才女文化》，江苏人民出版社2005年版，特别是第五章的内容。）

②　正如《礼记·曾子问》中转引孔子之言："嫁女之家，三夜不息烛，思相离也。"对于女性家庭而言，显然正是由于意识到了女儿的出嫁在事实上标志着女儿与母家身份的彻底割裂，才会有与娶妇的男方家庭由于多了一位成员而感到欢快的这种情感完全不同的"三夜不息烛"之举。

③　何平：《中国传统政治思维探源》，天津人民出版社2003年版，第61页。从这一意义上说，不但未成年小孩子的地位不受重视，即便是已届成年但尚未娶妻的单身汉，也会被认为是一个"轻飘飘的没有落根的人"而被排除在能够承担起家庭与社会责任的成年人范围之外。殷海光：《近代中国文化的基线》，张斌峰主编《殷海光文集》（第三卷），湖北人民出版社2001年版，第78页。

繁重责任和任务的假设。"① 初为人妇的女性往往很快就会体会到自己与娘家关系的隔绝，而且，她不但要作为一个"妻子"与也许婚前素未谋面、故而很有可能毫不熟悉的男性终生生活在一起，同样还要作为一个"媳妇"处于新家长的权威之下，混迹在一大群彼此毫不了解、也许还怀有某种敌意的人中间。

"三日入厨下，洗手作羹汤。未谙翁食性，先遣小姑尝。"② 从妻子的角度而言，带着对于未来的一无所知，而又不得不离开父母庇护开始一种完全迥异的生活，要怎样才有可能赢得陌生且抱有某种怀疑态度的公婆的好感，毫无疑问在事实上将会成为无数初为人妇者们非常焦虑的严肃问题。③ 尤其是在奉行家庭本位的主流伦理价值体系中，婚姻的意义往往被看作社会责任的履行而非两性之间的情爱结合，夫妻关系也被认为是亲子关系的"附属"（subordinate）和"补充（supplementary）"④ 而必须让位于长幼有序的孝道原则，这种文化传统就在降低了两性之间爱情的地位和重要性的同时，进一步加重了新媳妇在丈夫家庭中所体会到的疏离感。

然而，与妻子所体验到的这种疏离感相对的，则是丈夫家族对于她作为一股有可能带来不和谐因素的异己力量的警惕。"婚礼者，将合二姓之好，上以事宗庙而下以继后世也。"（《礼记·婚义》）对于强调家族血缘之传承要远远重于个人价值之实现的父系家庭而言，婚姻的终极目标与最高价值在于如

---

① ［澳］杰华：《都市里的农家女：性别、流动和社会变迁》，吴小英译，江苏人民出版社2006年版，第161页。
② （唐）王建：《新嫁娘》。
③ 尽管在对传统极具审美眼光的辜鸿铭看来，即便新郎新娘在结合之前可能素不相识，但丝毫也不应该怀疑他们之间存在着真挚而且真实的爱情，而从大量的古代诗歌如"洞房昨夜停红烛，待晓堂前拜舅姑。妆罢低声问夫婿，画眉深浅入时无？"中所体现的就是这种现代人所难以理解也很难相信的爱情之证明。（辜鸿铭："The Spirit of the Chinese People"，外语教学与研究出版社1998年版，第74页。）但是，这种传统意义上的两性之间的爱情存在，并不能改变一个刚入门的媳妇在新的父系家庭中所体验到的那种男性从来未曾体验到的疏离感与焦虑感。
④ Katie Curtin："Women in China"，Pathfinder Press，New York and Toronto，1975，p.10. 而李银河也曾指出："在家庭本位的伦理中，亲子关系的重要程度远远超过了夫妻关系。"李银河：《生育与村落文化·一爷之孙》，文化艺术出版社2003年版，第125页。

第一章　性别角色的设定及影响女性参与外在事务的文化基础

何保证父系家族自身血缘的延续，而非两性自由爱情的结晶。因此，"婚姻的真正意义并不是女人与男人之间的契约（contract），而是女人与其丈夫的家庭之间的契约……她不仅对于丈夫有义务，而且对于丈夫的家庭有义务，并通过这个家庭，对社会和国家也负有义务"①。也正是因为如此，主流社会对于一个合格妻子的真正期待，"不是其本身的修养或其掌握行为礼仪（礼数）、礼教（社会礼节）和规矩（传统行为）的能力，而是她通过这些编码化的行为举止全身心地投入到侍奉其夫家的能力。"② 换言之，对于已婚的女性而言，她所要承担的责任和义务就在于对丈夫家族的稳定和繁衍做出贡献，而非带来不和谐的因素和破坏性的影响。但新媳妇的进门无疑在某种意义上引发了一种不安定因素的出现：她的德行能否适应于大家庭生活的需要？她所受的教养是否会为家族的稳定做出贡献？她的作为能不能符合一个合乎典范的"妻子"和"媳妇"的身份？这一切都在客观上构成了父系家族对于她作为新成员的最大质疑，她也将被看作整个家族中的一股值得警惕的"异己"力量而不得不忍受着长期的考验。③

---

① 辜鸿铭："The Spirit of the Chinese People"，外语教学与研究出版社1998年版，第77—78页。而林语堂也曾指出："婚姻在中国不算是个人的事件，而为一个家族整体的事件，一个男人不是娶妻子，而是娶一房媳妇，习惯语中便是如此说法。至若生了儿子，习惯语中多说是'生了孙子'。一个媳妇是以对翁姑所负的义务较之对丈夫所负者为重大。"（林语堂：《吾国与吾民》，陕西师范大学出版社2006年版，第132页。）与此类似，陈东原也提出了如下观点：中国的女子"自来只有媳妇主义，没有贤母良妻主义"。（陈东原：《中国妇女生活史》，商务印书馆1937年版，上海书店1984年复印版，第38页。）
② ［美］汤尼·白露（Barlow, T.）：《中国女性主义思想史中的妇女问题》，沈齐齐译，上海人民出版社2012年版，第73页。
③ 尽管在某些学者看来，传统社会对于女性身体以及怀孕、月经等能力的恐惧和焦虑，使得其往往被认为是宗教上的"不洁"力量和潜在的"威胁"而引发新家庭的禁忌和排斥。（Margery Wolf and Roxane Witke："Women in Chinese Society", Stanford University Press, Stanford, California, 1977, p.202.）但是，我们仍有理由认为，帝制中国对于家庭稳定的强调远远超出了对于这种自然力量的重视，从而使得"德行"成为判定女性家庭地位的更为重要的因素。关于帝制时代人们由于对女性身体、月经、怀孕等等的看法所引发的两性之间性别角色及权力的认识的精彩论述，可参见［美］费侠莉《繁盛之阴：中国医学史中的性（960—1665）》，甄橙主译，江苏人民出版社2006年版。值得一提的是，一个完全可以与上述对于女性的禁忌进行比较的有意思的研究，是由文化人类学家泰勒（Tylor）所提出的，在他看来，居住地原则在很大程度上影响了禁忌的出现，如在女方居住的风俗下，丈夫在妻家是一个外来的侵入者，在男方居住的家族中，妻子也是这样，因此才出现了禁忌。（林惠祥：《文化人类学》，商务印书馆2002年版，第174页。）

与此同时，倍受儒家伦理推崇的大家庭式的生活方式，也在客观上造成了女性在父系家族中的生存困境。从出生的那一刻起，男性就在同一院墙内生活和成长，也是同一祖先的血缘、财产和荣耀的分享者和延续者，因此很多人都乐于相信，他们对于家族的忠心是自然而然并且发自内心的，即便产生了利益纠葛或情感摩擦，都不会从根本上影响到他们对共同家族谱系的认同和家庭内部的和谐。但在大多数人看来，女性则不然。出嫁之后，她们的生活空间变化在割裂了与出生家庭血缘关系的同时，实际上并未赋予其对丈夫的父系家庭的强烈认同感。相反，从夫居的生活方式导致众多毫无血缘和情感关联的女性生活在一起，也就在客观上难以避免她们产生彼此抵牾的利益追求。当矛盾一旦出现时，她们将极有可能出于维护以自己为中心的母系家庭的目标价值取向①，扮演着导致整个父系家庭不和谐因素的重要角色。从这个意义上说，婚姻的缔结和永久居住地的变化，使得女性由在娘家的"客人"身份转变成了相对于丈夫的父系家庭而言的"他者"形象：她既是夫家的"内部"成员之一，但同时又是一个值得警惕的"外人"；她既有可能为家庭的繁衍做出贡献，但又有可能破坏整个家内的和谐；她既是家庭整体中不可或缺的一部分，但又是丈夫父系家族中的"他者"。

然而，生育的完成，尤其是生下儿子，则从根本上提高了妻子在丈夫父系家族中的地位，同时也彻底改变了加诸于她身上的"他者"身份。家族本位伦理的奉行以及对于家族繁衍的重视，使得儿子的出生成为整个家族的盛

---

① 如著名的人类学家 Margery Wolf 便通过考察证明，尽管历史史料很少提供女性的观点，但中国妇女对于家庭的概念与男性不同。男性通常考虑大家庭的利益，上至祖宗，下至后代，因为只有男性可以祭祖先和传宗接代。相反，女性更关注以自己为中心所形成的母系家庭，即由他们夫妇和自己的孩子所组成的小家庭，当母系家庭的利益和丈夫的父系家族利益发生冲突时，妇女更多地为母系家庭效力，即便这样做意味着有悖于儒家伦理所强调的服从父母，即服从公婆。（[美]芮乐伟·韩森：《开放的帝国：1600年前的中国历史》，梁侃、邹劲风译，江苏人民出版社2007年版，第57页。）又如白馥兰所观察到的一样，人们普遍相信"男性的自我认同深深地嵌入父系家族之中，在某种意义上，一个男性的原始身份是公共性的，正如他们对于祖传财产的权利一样。只有通过娶妻，一个男人才获得对于私人空间或私人财产的权力。在中国，妻子对于家族来说是外人，通常被描述为没有真正的忠心，她的自私自利威胁着家庭的和谐。"（[美]白馥兰：《技术与性别——晚清帝制中国的权力经纬》，江湄、邓京力译，江苏人民出版社2006年版，第135页。）

第一章 性别角色的设定及影响女性参与外在事务的文化基础

事,它不仅预示着慎终追远的家族使命从此后继有人,同时也意味着赡养双亲的基本义务解除了空缺的担忧。① 而对于成为母亲的女性而言,儿子的出生不仅证明了她确实拥有着维系丈夫家族血缘传承的生理能力,更为重要的意义还在于,从这一刻起她不再被认为是对家庭具有潜在威胁的"外人"和"他者",而是正式融入了丈夫父系家族的血统之中,并从根本上提高了她在家族中的地位。她本人对于这一点的认识也将随着时间的推移而更加得到确认:当她的儿子逐渐长大成人、娶妻生子,她也由此升级做了婆婆之后,她将与丈夫一样成为本宗新的主人,并作为家族血脉的保存者和象征者而享有至高的地位。②

对于女性而言,相比较于与丈夫之间的脆弱关系而言,生育的完成使得她还获得了与儿子之间牢固的血缘关联,不仅意味着她由此拥有了丈夫父系血统中的一个男性成员的母亲身份,在生前可以得到儿子的尊敬和孝顺,而且也意味着她在死后也能够作为家族的成员而在祖庙里面获得被祭祀的席位,从而找到最终的人生归宿和"来世生活的安全"③。正如有学者所言,"就一个父系的、随夫居(patrilocal)的社会而言,一个女子一出生就是要做'他人家神'。只有经由婚姻,她才能在现世得到身份的认可,确认自己的存在位置,也才能得到宗教上的被祭祀地位……婚姻是儒汉文化中社会寻找与认识

---

① 如杨懋春所言:"中国儒家的创始者既不说人死后一切归于乌有,也不愿意接受有灵魂长存于天堂或地狱的说法。他们创立了第三答案。他们的答案是,人如能在死前留下自己亲生的子女或后代,就是自己生命和祖先生命的延续……于是中国人相信家族是绵延人生命的机构,子孙或后代是照顾人死后在另一个世界所需要的生活用品。因此信念,结婚成家是中国人视为最重要的一件事。留下后代是成家的第一个目的。"杨懋春:《中国的家族主义与国民性格》,刘志琴主编《文化危机与展望》,中国青年出版社1989年版,第343—345页。

② 如杨懋春就曾指出:"儿子的成婚提高了母亲在大家庭中的地位。母亲的地位取决于她的孩子。确实,她是大家庭的妻子和媳妇,但这只在她有了孩子后才有实质意义。孩子在家庭中有正式的亲属地位,母亲通过他们才能获得这种地位……决定一位母亲在家地位的最主要因素是有一个已成婚的儿子。婆婆是中国家庭中最受人尊敬的女性:她的地位不仅因为她对许多妇女的权力,而且因为她对家庭的祖先尽了责,值得尊敬。"[美]杨懋春:《一个中国村庄:山东台头》,张雄、沈炜、秦美珠译,江苏人民出版社2001年版,第105页。

③ Dora Shu-Fang Dien: "Empress Wu Zetian in Fiction and in History: Female Defiance in Confucian China", New York: Nova Science Publishers, Inc, p.70.

自己的必经过渡，它不仅包含了她此生的一切，还包含着她彼岸的归宿"①。而且，主流文化对于死后归宿的看法，也从根本上影响着女性做了母亲之后在父系家庭内部地位的提升，以及附加在她身上的"他者"形象的褪除。迄今为止，不仅对于帝制中国女性婚姻状况的研究已经证明，"结婚"而不是保持终身"未嫁"才是最大范围内的女性的基本生活常态，而且，"冥魂"作为为生前尚未结婚的男女缔结阴间婚姻的重要仪式在真实历史场景中的广泛存在与盛行，也在另一个层面上反映出婚姻观念对于女性人生归宿的重要性，进而有助于帮我们理解女性自身对于婚姻意义和人生价值的看法。如在陈东原的研究中，历史上关于"冥魂"的最早记载形成于魏，到唐代时已经发现较多，并已成为一种约定俗成的风俗，而到宋代之时，则进一步形成了一定的手续和具体的办法，并一直延续到民国。②"冥魂"这一易于被现代人看作"迷信"做法的广泛盛行，却深刻反映出了当时人们心目中婚姻对于人生的意义所在，即：婚姻才是实现人生最终完满的必要程序，也是通往来世的必经之路。而这种极富中华文化特色的生死观和归宿观，在充分证明了婚姻的超越意义的同时，也从一个侧面展示出了父系家庭对于女性人生的终极价值所在。

　　经由娘家中的"客人"、到初为人妇的"他者"、直到生下儿子后成为丈夫父系家族体系中的正式成员，女性在经历了完整的生命轮回与角色转化的同时，最终实现了人性的完善和自我价值的彰显。无论女性在这一过程中曾经经历过多少不确定性与断裂感，只有在婚姻的终极结构中，她才能够最终奠定自己的人生归宿。事实上无数女性已经接受了这一点，并且毫无疑问地相信，家庭永远是自己身份中最为重要的价值属性。从这个意义上说，如何为丈夫父系家庭体系的维持繁衍做出贡献，并在此基础上为自己塑造一个更

---

　　① 洪万生：《性别与历史——一个女性主义的观点》，潘慧玲主编《性别议题导论》，高等教育文化事业有限公司2003年版，第46页。
　　② 陈东原：《中国妇女生活史》，商务印书馆1937年版，上海书店1984年复印版，第159—161页。

加稳定且具有超越意义的最终归宿,则成为帝制中国的女性必须面对的关于人生职责与自我主体认同的不懈追问。认识到这一点,对于那些习惯于运用"五四父权压迫模式"来批判父系父权制,并且不断谴责、哀叹女性自我意识之极度匮乏的现代人而言极为重要,因为只有如此,才能够真正理解为什么帝制中国的女性们不仅毫无怨言地接受了父系父权体系为其所带来的种种限制和不便,而且还主动担当起了维系这一体系运转的基本责任,并成了积极的倡导者与推行者。也只有在这一基础之上,我们才能够真正理解,为什么即便这些女主们曾经在历史上获得过极高的地位与权力,但却最终没有致力于发展出与男性政治相对的女性形态来。

第四节 "女教"的兴盛:性别角色的自我强化

儒家伦常认定,对于两性之间的关系和地位的"正位"要求,从客观上来说已经超越了单纯的血缘、伦理范畴,并具有了政治上的深远意义。而通过上一节的论述我们可以得知,女性通常会被认为是影响家内和谐与否的关键性人物,正所谓"妇者,家之所由盛衰也"[①]。这就使得儒家家庭伦理在坚持女性在婚姻中的角色是其基本身份的同时,也毫无疑问地更加强调家庭中女性(尤其是妻子)的义务和德行要远远重于男性[②]。但这其中的抵牾之处则在于,父系制和从夫居的家庭系统在赋予女性多重身份和角色的同时,也使其具有了一种令人担忧和焦虑的不确定性:从某种意义上来说她是一个"他者",但又是父系家族血缘的延续所不可缺少的角色;她有可能带来家族

[①] (清)蒋廷锡等:《古今图书集成明伦汇编·闺媛典》,第三卷,《闺媛总部·总论二·小学外篇·嘉言》,中华书局影印,第395册,第12页。

[②] 正如美国学者罗斯在20世纪初的中国所看到的那样,对于女性德行的单方面强调往往会导致相当严重的恶果:"压迫人类自然情感仍然是危险的。中国保持内部和谐的自我牺牲和不出风头通常是由妻子来承担的。自我压制的不断努力和残忍的情感压抑代价太大,有无数个年轻妻子轻生。"[美] E. A. 罗斯:《变化中的中国人》,公茂虹、张皓译,时事出版社1998年版,第199页。

内部的不和谐与分裂，但又无法将其彻底地排除在家族之外。基于此，在视"教化"① 为提高人性之根本方法的儒家学者看来，只有付诸有针对性的女性教化，这一难题方能从根本上予以实现，"女教"也便由此应运而生，并以传记体和告诫体这两种主要形式实施着对于女性的规训与自我规训②。

一、从"规训"到"自我规训"

从表面来看，女教的提倡和推行，毫无疑问首先是由占据社会文化主流并拥有经典解释权的男性士人所开展的，如有学者所言："儒家学者们通过对于'正位'的阐发，组接出了一串理想形态下的链条：女正——家道正——天下正。而当付诸实践时，这组链条的作用形式实际上是：正女——正家道——正天下。链条运转的推动者，则首先是以'正心诚意修身齐家治国平天下'为己任的男性士人……在传统社会中，培养贤惠端方女性的努力从不懈怠。"③ 对于这些儒家学者而言，男性教育应当包含道德教育和文化教育两个方面的内容，但由于女性的生活空间与基本职责主要被限制在家庭内部，所以，针对这一群体所开展的理想的女教内容，则应当是有助于提升其道德水平的训诫类书籍，而并非需要花费大量时间和精力才有可能掌握的儒家经典、历史文献和文学作品。④ 正如司马光所言："刺绣华巧，管弦诗歌，皆非女子所宜习也。"（《家范》）在这一认识的基础之上，便是代表着男性价值与父系家庭利益诉求的男性作者们围绕伦理教育和人格塑造所展开的对于女性

---

① 如林存光就曾将儒家传统定义为一种"关于人的道德人格的教化与养成的文明教养观"："如果说儒家传统的根本关怀主要是'学做人'或'如何成为人'的问题的话，那么从根本上讲儒家传统事实上也就是一种对人的教养的传统。"林存光：《孔子与儒家之道重估》，林存光主编《儒家式政治文明及其现代转向》，中国政法大学出版社2006年版，第15页。
② 李国彤：《女子之不朽：明清时期的女教观念》，广西师范大学出版社2014年版，第35页。
③ 杜芳琴、王政主编：《中国历史中的妇女与性别》，天津人民出版社2004年版，第282—283页。
④ 如高士瑜所言："中国古代自先秦以降历来讲究女学，并不一概反对女子读书，但是让女子读书的目的很明确，在于使她们知书而达'礼'，便于学习三从四德等'事人之道'，而不是让她们学习知识、开发智力。"高士瑜：《唐代妇女》，三秦出版社1988年版，第141页。

角色、职责进行设定与要求的各种家范、家训类著作的大量涌现①。

然而需要意识到的是,男性并非是"女教"的主要推动者和实施者,女性自身建立在对于婚姻意义、人生归宿、生存价值的自我认识与自我判断基础之上的那种强烈的认同与感受,使得从更为本质的意义来说,她们才成了专门针对女性群体所设计的大量女性著述及其具体规定的最为积极的完善者和践行者。如果没有她们对这一主题发自内心的主动接受、不断迎合和持续完善,女教的兴盛将从根本上缺乏得以实现的现实基础,也将最终丧失其在历史中长期存在的可能性。换而言之,正是女性群体自身在对女教的自发式的完善践行的过程之中,她们也对自己的性别角色和地位进行着长久的再生产与再强化,不仅完成了从"规训"到"自我规训"的主动转化,更由此推动了社会主流性别体系的持续发展与不断完善。

如就最为常见的传记而言,其"在儒家文化传统里的功能不止是一种纪念的方式,也是一种自我技术。个人不只是按礼节行事,也通过效法历代的典范来修养道德"②。由汉代刘向所开创的对于女性道德楷模进行记载的传记类作品《列女传》,作为对女性进行道德教育与人格塑造的最有影响力的文本之一和基本的"概念典型"③,在其后两千年的帝制史中一直承担着女性道德教化的重要功能,并由此受到后世作者的不断仿效和地方绅贵的不懈传播。④而建立在道德训诫与义理分析基础上的女教著述,特别是由女性基于自身的

---

① 如有学者就指出:"传统家训虽然涉及领域极其广泛,但核心始终围绕治家范子、修身做人展开,实质是伦理教育和人格塑造。"陈廷斌:《中国古代家训论要》,《徐州师范学院学报(哲学社会科学版)》1995年第3期。
② [美]季家珍:《历史宝筏:过去、西方与中国妇女问题》,杨可译,江苏人民出版社2011年版,第13页。
③ 如A.S.库尔(A.S.Cua)就曾指出:"儒家方法论认为,事例本身就含有概念的用法或理解……所谓例子并非是概念的例证或基本原则,而是概念的典型。"[美]艾兰:《世袭与禅让:古代中国的王朝更替传说》,孙心菲、周言译,北京大学出版社2002年版,第12页。
④ 正如史景迁所指出的一样,"这些'贞女节妇'传记的传播是地方绅贵——那些将政府宣称的价值观奉为圭臬的人——寻求用他们的观点来决定女性行为正确与否的一个重要手段。他们的观点总的来说就是要妇女服从丈夫。"[美]史景迁:《王氏之死:大历史背后的小人物命运》,李璧玉译,上海远东出版社2005年版,第81页。

生活体验与文化认同而创作出的女教著作,则由于更能贴近女性自身的生命体验和价值诉求,而成为对于女性的人格塑造影响更为深远的主流作品①。

在这些由女性作者融入了自己的人生体验所撰写、编纂的女教教材中,汉代班昭的《女诫》作为所有女诫文本的开端和肇始者,从根本上影响着后世女性对于自身地位、角色和职责的判定,以至于它被认为是所有的女教文本中最有影响力的一部著作而倍受关注。② 如有的学者就指出:"《女诫》,由女性中的佼佼者亲自捉刀并积极表率,这种作茧自缚和精神自戕比之父权文化的浸淫更能切中生命的痛处,或者说它正是后者寒彻入骨的结晶。事实上,对女性禁锢最深的那些规定往往是女性自己确定的。"③ 而这一文本关于理想女性的定义,一直到 20 世纪初仍然被认为是中国上层妇女所孜孜追求的理想模式④。

继班昭的《女诫》之后,历代女性对于针对自身群体进行道德训诫的文本进行编写和著述的热情逐渐呈现出升温的趋势,并于明清之际达到鼎盛。⑤ 如仅由胡文楷考证出的由女性自己编纂的训诫类(不含传记类)的女教文本,就有晋李婉《女训》、魏冯皇后《劝诫歌》、唐代的宋若华和宋若昭《女论语》、宋若昭《凤楼新诫》、韦氏《女训》和《续曹大家女诫》、杨氏《女

---

① 关于《列女传》与《女诫》在历史中产生影响力的时间和程度问题,有学者做出如下评价:"《女诫》中的绝对以夫为中心的性别论在汉代社会还一时难以为时人所接受。这从而也就使得《女诫》中的影响相比《列女传》要晚一些,也就是说,在汉代,同时作为女教读物,《列女传》的思想要比《女诫》中的思想更为深入人心,而《女诫》思想的深入人心则是在东汉以后,如后世之女教读物《女孝经》《女则要录》《女论语》等皆仿照《女诫》而作即是。"参见翟麦玲《礼教中的女性与生活中的女性——汉代女性研究》,国家图书馆博士论文文库,2005\D44\2,第33页。

② 学界通常认为班昭的《女诫》体现了儒家学说的精髓,但也有学者指出,这一文本更应当被看作班昭从道家(特别是黄老学说)与法家、兵家思想中吸取灵感的产物。具体的论述可参见 Yu-Shih Chen:"The Historical Template Of Pan Chao's Nü Chieh",*T'oung Pao*,通报,*Vol. LXXXII*, 1996, Leiden, E. J. Brill, p. 233. Nancy Lee Swann:"Foremost Woman Scholar of China", The Century Co., New York, London, 1932, p. 143。

③ 邢丽凤、刘彩霞、唐名辉:《天理与人欲——传统儒家文化视野中的女性婚姻生活》,武汉大学出版社 2005 年版,第 164 页。

④ Priscilla Ching Chung:"*Palace Women In The Northern Sung*, 960-1126" *T'oung Pao*,通报,Leiden: E. J. Brill, 1981. p. 83。

⑤ 丁伟忠:《明代的妇女教育》,《中国典籍与文化》1994 年第 3 期。

诫》、刘氏《女仪》、郑氏《女孝经》、明代的方仲贤《闺范》、王太后《女鉴》、王夫人《女范》、朱隆姬《女教经》、吕志坚《家范》、夏云英《女诫衍义》、徐淑英《女诫杂论》、刘氏《古今女鉴》和《女范捷录》、蒋太后《女训》① 等等数十种,数量达上百卷之多。如果考虑到还有更多的著述佚失在历史的长河中无法考证,则足可以看出女教的兴盛程度及其对于女性的影响之大。② 而且,如果再考虑到女性相比较男性而言在受教育程度上的巨大差异,也不得不承认这一类型著述的数量之丰,在事实上也是颇令人吃惊的。

在如上大致列举的女教著作之中,影响力较为广泛的当属唐代宋若华、宋若昭所作的《女论语》、明代仁孝文皇后所作的《内训》和明末清初王相的母亲王节妇所作的《女范捷录》(又称《女范》)。王相还进一步将《女诫》《女论语》《内训》《女范捷录》四书编辑在一起,称之为《女四书》。除了名字上的相似与模仿之外,从内容和主题思想上来看,《女四书》与《四书》这一主要针对男性的儒家经典毫无内在的关联,但这一书籍在社会上的广为流传③,则使得它作为针对女性所开展的道德教育与训诫活动,其影响力足以与《四书》对男性的影响力相比拟。正如有的学者所言:"自周汉、中古至明清,女教的发展成熟及其平民化的过程,也正是华夏性别制度一步步走向成熟、严密并推向民间社会的过程。"④ 正是在女性对自身的角色、地位、职责自发进行的不断训诫和塑造之中,女性的性别角色得到了进一步的定型与强化。

---

① 胡文楷:《历代妇女著作考》,商务印书馆1957年版,第2、6、13、18、19、24、26、67、69、74、79、86、108、109、111、122、157、159页。
② 在高彦姬看来,女教文本的大量产生和流通的动力,不仅仅应当看作道德提升的结果,同时还有可能是出版商出于经济利益的推动和家族出于提高声望而产生的共同结果。具体的论述可参见[美] 高彦姬:《闺塾师:明末清初江南的才女文化》,江苏人民出版社2005年版,第59—60页。但毋庸置疑的是,由女性自己撰写的女教文本的不断风行,在客观上也塑造着女性的性别角色以及她们对于这一角色的自我认同。
③ 袁行霈、严文明、张传玺、楼宇烈主编:《中华文明史》(第四卷),北京大学出版社2006年版,第359页。
④ 杜芳琴、王政主编:《中国历史中的妇女与性别》,天津人民出版社2004年版,第198页。

除了普通阶层的女性之外，本书所要着重研究的特殊女性群体——女主，也成了女性自身开展女教著述的最为重要的支持者，并由于她们的地位和影响力而成为了这类著作作者群中最为重要的组成部分。例如，班昭的《女诫》作为第一部女教著述在整个中华帝国的公开印行，在事实上与邓绥太后的支持有着密不可分的关系①，在此之后还有许多皇后、皇太后亲自主持或参与了女教文本的编纂和著作工程，进一步推动了女教的传播与兴盛。如唐太宗的长孙皇后就亲自编写了《女则要录》，帝制中国唯一的一位"女皇帝"武则天也曾主持了《列女传》一百卷、《孝女传》二十卷、《古今内范》一百卷、《内范要略》十卷等的编纂工作，而到了明代的马皇后和徐皇后时，也分别有《高后内训》与《内训》问世②，并得到了官方力量的大力推行。虽然并不能完全排除她们的这一作为有迎合主流文化传统对于女性的角色期待、从而避免外界对她们的统治权力进行质疑的某种潜在可能性③，但是，如普通阶层的女性一样，握有重权的女主们对于自己的"女性"身份的自我认同，也使得她们在这些著作中无不贯穿了对自己作为一位女性所应当履行的职责与所应当实现的价值的自我认识与不懈努力。而且，她们在帝制中国中所处的独特身份与地位，也使得这一作为在塑造整个中华帝国的女性角色与人格特征上更具影响力。

二、道德意味与伦理旨趣

由各个阶层和时期的女性自己编写的这些女教著述虽然数量颇丰，但贯穿于所有著作之中的不证自明的共同前提则是，女性对自己在父系家族体系

---

① Yu-Shih Chen：" The Historical Template Of Pan Chao's Nü Chieh"，T'oung Pao，通报，Vol. LXXXII，1996，Leiden，E. J. Brill，p. 245.
② 胡文楷：《历代妇女著作考》，商务印书馆1957年版，第22、19、122、109页。
③ 如有的学者指出，班昭《女诫》的公开印行，除了为了教育自己的女儿如何成为一个合格的妻子之外，还有一个政治目的，即为了澄清当时广为流传的关于邓绥太后及其助手班昭正在利用太后摄政的机会追逐权势的流言，从而为邓太后的执政提供挡箭牌，使其免受攻击。具体的论述可参见 Yu-Shih Chen：" The Historical Template Of Pan Chao's Nü Chieh"，T'oung Pao，通报，Vol. LXXXII，1996，Leiden，E. J. Brill，p. 245.

第一章 性别角色的设定及影响女性参与外在事务的文化基础

中所必然要扮演的角色、人生价值和未来归宿的基本判定,以及对这一社会性别体系与父系家族系统的自我认同和主动接受。在对由班昭的《女诫》所确立的基本主题——女子应当从属于丈夫及其所属的父系家庭①——的无条件地接受和模仿中,这些有才华、受教育的女性更加注重的是如何进一步强化女性在父权制体系中的顺从角色,而丝毫不关心设想一个超出她们生活背景的、由女性占据主导地位的"女性王国"②的建立。在这一基本认识的影响之下,这些著作所共同关注的主题都集中在以下两个方面:理想中的女性气质和形象的设定,以及女性在日常生活中应当如何行事才能最终达成这一理想形象的具体方法的传授。③

首先,这些女教著述认为,理想的女性形象应当体现为对"四德"——"妇德""妇言""妇容""妇功"的完美遵守和忠实践行。"四德"最初来自于《礼记·昏义》,是对于女性教养的要求:"教以妇德、妇言、妇容、妇功。"而在经过班昭的进一步阐释之后,这一规定得到了逐渐的完善:"女有四行,一曰妇德,二曰妇言,三曰妇容,四曰妇功。夫云妇德,不必才明绝异也。妇言,不必辩口利辞也。妇容,不必颜色美丽也。妇功,不必工巧过人也。清闲贞静,守节整齐,行己有耻,动静有法,是谓妇德。择词而说,不到恶语,时然后言,不厌于人,是谓妇言。盥洗尘秽,服饰鲜洁,沐浴以

---

① 一般认为,"女子从属于男子及其家庭是《女诫》的主题……班昭对妇女的制约、告诫否定了妇女提出自己主张的机会,也不能对家庭的其他成员提任何问题。"([美] 芮乐伟·韩森:《开放的帝国:1600 年前的中国历史》,梁侃、邹劲风译,江苏人民出版社 2007 年版,第 121 页。)但也有学者指出,班昭的《女诫》原本并不是为普通的女性所写,而是特别针对那些将要嫁入宫廷之内的特定女性群体所著述和阐发的著作。她并不完全认为女性应当无条件地顺从男性,也没有自己的正误判断,但既然宫廷之内是一个真正意义上的"战国状态",因此,反对男性和强者的权力是有勇无谋的和危险的,而顺从男性则是一个更好的"自保"之道。从这个意义上说,《女诫》更应当被看作一个"道—法"传统下的产物。(Yu‑Shih Chen:"The Historical Template Of Pan Chao's Nü Chieh", T'oung Pao, 通报, Vol. LXXXII, 1996, Leiden, E. J. Brill, pp. 246, 256, 257.)

② Jennifer W. Jay:"Imagining Matriarchy:'Kingdoms of Women' in Tang China", Journal of the American Oriental Society, Vol. 116, No. 2.(Apr. ‑Jun.,1996),p. 229。

③ 在 Yu‑Shih Chen 看来,正是对于这两个主题的率先强调,使得班昭的《女诫》在所有的女训文本中获得了一个"独特的(unique)地位"。Yu‑Shih Chen:"The Historical Template Of Pan Chao's Nü Chieh", T'oung Pao, 通报, Vol. LXXXII, 1996, Leiden, E. J. Brill, p. 229.

· 69 ·

时,身不够辱,是谓妇容。专心纺织,不好嬉笑,洁斋酒食,以奉宾客,是谓妇功。"(《女诫·妇行》)即如辜鸿铭所解释的那样,"妇德"并不追求女性具备非凡的才能与智慧,而强调女性应当具有贞洁、宁静、谦恭、整洁、无可指责的行为与完美的举止;"妇言"并不追求女性像男性一样具有雄辩的口才,而强调她应当懂得运用温柔优美的语言而非粗鄙的词汇,而且应该知道什么时候该说什么时候不该说;"妇容"并不追求其面容的漂亮或打扮的明艳,而是要求女性应当时时保持身体的清洁和干净,令人无可指责;"妇功"不是指具有特殊的才能或者技艺,而是强调她应当勤于纺织、准备酒食等家务劳动,当有客人来的时候要准备好所需的一切,而不是浪费时间在闲聊、嬉闹之上①。

而在教导女性应当如何行动才能最终成为理想中的女性形象的具体方法传授中,这些女性作者显然认为,真正需要依靠的是她们日复一日、年复一年发自内心地对这些原则进行不断重复和无数次实践,才有可能最终达到。"此四者,女人之大德而不可乏者也。然为之甚易,唯在存心耳。"(《女诫·妇行》)因此,无论是对于"动必合义,居必中度"(《女范捷录·秉礼篇》)的礼仪之执守,还是在"五更鸡唱,起着衣裳"(《女论语·早起章》)时就开始为家人准备酒食的勤劳工作;无论是应当对于丈夫保持"夫有言语,侧耳详听,夫有恶事,劝诫谆谆……夫若发怒,不可生嗔,退身相让,忍气吞声"(《女论语·事夫章》)的和善态度以保证家庭关系的和谐,还是每日侍奉公婆以"敬顺"达至"专心竭诚,勿敢有怠"(《内训·事舅姑章》),种种具体的教导细节,无不在提醒女性应当在父系家庭系统中保持着"卑下""顺从""勤勉""专注"的品质和心态②,视自己不畏劳苦的勤劳工作和对家庭成员保持谦让美德为必要途径,视促进家庭的稳定繁荣为自己最高的成就和价

---

① 辜鸿铭:"The Spirit of the Chinese People",外语教学与研究出版社1998年版,第68页。
② Patricia Buckley Ebrey:"Women and the Family in Chinese History", London and New York: Routledge, 2003, p. 27.

第一章　性别角色的设定及影响女性参与外在事务的文化基础

值,从而在保证这一系统的良性运转和繁衍的同时,也最终实现自身的意义。

毫无疑问,在女性自身对于理想中的女性形象所应满足的"四德"的提倡和具体实现方式的设计中,她们将人生价值和生命意义严格限定在了丈夫的父系家庭内部,继而也将自身定义成为一个与旨在出世建立功业的男性恰好相反的"向心"的性别。即如高彦姬所指出的一样:"儒家社会秩序视野是男性道德离心性的延伸。一系列秩序化的优先权,为男性描绘了各种行动领域,如《大学》中的著名一章所表达的:物格而后知,知至而后意诚,意诚而后正心,正心而后身修,身修而后家齐,家齐而后国治,国治而后天下平。也就是说,男子要充分承担起维持家庭、地方社会、官府及世界秩序的职责;其个人道德乃是公众利益的基础……女性也应不停地对其道德进行修炼。但她的贡献应止于'齐家'。女性的行动领域被限定在家内和私人间,其生活中的定位是向心的。"① 而上述这些由女性作者自己写就,旨在对女性自身的特质、地位和职责进行阐述、限定和约束的著作,在客观上也清晰地反映出了女性对于自己在父系父权制的家庭系统里所拥有的人生价值、生存意义与最终归宿的自我认识和深刻体验。她一生的意义和价值只能在通过婚姻而形成的家庭系统中得以实现,而她未来的归宿也最终在于这一家庭的祖庙祭祀中为她所保留的地位。因此,如何对这一体系的稳定存在与不断繁衍做出无私的奉献,而并非跳出这一体系的限制来获得现代意义上的女权的彰显或个人才华的证明,则成为帝制中国的女性们所孜孜追求的最高人生价值和终极生命意义。诚如辜鸿铭所言,一个典型的中国传统女性,其一生的价值都在于为别人而活、而不是为自己而活,一个真正的中国妇女并不是没有灵魂,而只是"没有自我(no self)"②。而在这种"没有自我"的普遍心理中所蕴含

---

① [美]高彦姬:《闺塾师:明末清初江南的才女文化》,江苏人民出版社2005年版,第153—154页。
② 辜鸿铭:"The Spirit of the Chinese People",外语教学与研究出版社1998年版,第69页。又如林语堂在评价女性时曾谈到的一样:"女人确然是个人主义者,但不能说她自私;相反,她比男子抱有更大的自我牺牲精神,故能实行利他主义,而度其集体生活。"林语堂:《了解女人之道》,《女性人生》,陕西师范大学出版社2004年版,第163页。

的，则是女性对于丈夫及其家庭的绝对无私的忠诚，以及对于父系父权体制与社会性别制度的最终维护。

综上所述，女教的兴盛，虽然与男性的努力相关，但更是女性主动作为的结果。在女性对于父权父系制中社会性别体系的主动接受与积极迎合中，这类文本从仪轨和典范的角度进一步锻造着女性的气质、角色、地位与自我认知。而且，包括女主在内的各个阶层杰出女性们出于自身对社会性别系统的支持维护而编著的女教文本，也随着帝制时代后期女性识字率的不断提高得到了更为广泛的传播和接受，并取得了日益深远的影响力。最终，在这一由女性引发、针对女性所开展的"自我关注"和"自我教化"①的文化景象中，在母亲对于女儿的告诫里，在婆婆对于媳妇的训导下，在闺塾师对于女性弟子的指引中，在女性主动寻求自身价值的不懈努力中，主流文化传统与社会性别体系得以日益成熟和不断强化②。而且，通过这些著作与教化的提倡与论证，女性对于自身相对男性而言较为低下的地位的主动承认，对她所必须要经受的礼教束缚、生活空间与职责限制的全盘接受，也都从此具有了一种道德上的高尚意味与审美上的至高意趣，社会主流性别体系由此获得了存

---

① 福柯已经指出了人类针对自身所开展的自我关注和自我教化将在客观上强化一整套社会关系，同时还将引发人类对于一种新的认识方式的接受和逐渐确定。如在他看来："自我关注和他人的帮助之间的相互作用被嵌入各种预先存在的关系之中，这种关系都被赋予了一种新的色彩和一种更加巨大的热情。因此，自我关注——或者是对他人应有的自我关心的关注——看来是对各种社会关系的一种强化。""对于'自我的教化'这一说法，我们应该理解成关注自我的原则已经控制了一个相当广泛的范围：必须关注自我的戒条已经成了许多不同学说中流行的一个律令。它还表现为一种态度、一种行为方式，充满了各种生存方式。它在人们反思、阐述、完善和教育的各种步骤、修行和养生法中得到了发展。因此，它成了一种社会实践，引发了个人之间的互动关系，引发了交换和交流，有时甚至是各种机构。最后，它还引发了一种认识方式和一种知识的确定。"参见〔法〕米歇尔·福柯《性经验史（增订版）》，佘碧平译，上海人民出版社2003年版，第390—391、383—384页。

② 高彦颐也指出了这种女教文本的兴盛对于儒家性别体系的维护作用："妇女识字率的提高，并没有减弱儒家道德的控制。实际上，宣扬儒家意识形态的媒介物，从未像现在这样的强有力和具有渗透性……更厉害的是才女们自身对儒家道德的拥护，她们编写诗、歌以教授其他女性忠诚的美德。换言之，女性读者兼作者的兴起，在很大程度上标志着儒家社会性别体系的强化，而不是它的消亡。受教育的女性将其新的文化资源，服务于她的母性和道德守护天职。在博学的母亲和教师的支持和推动下，社会性别体系的基础甚至变得比以前更牢固。"〔美〕高彦颐：《闺塾师：明末清初江南的才女文化》，江苏人民出版社2005年版，第70—71页。

在和延续下去的合理性。

而且依旧需要我们体知到的是，对于身处其中的女性而言，遵守这些约定并非是一种残忍的戕害，反而是一种带有献身快感的富有诱惑力的自我"美"的再创造过程和艰难的"化蝶"之旅，在这一再创造的过程中，她们实现着人生的全部价值与最高意义。在这其中，女性对于丈夫及其家庭的绝对无私的忠诚，成为女性对于自身价值的最终设定和自我灵魂归宿的全面锻造。只有认识到这一点，才能理解为什么在漫长的历史进程中，女性并未挑战对自己并不十分有利的父权父系体系；也只有认识到这一点，才能理解为什么女主们曾经获得过极高的政治权力，但却最终没有致力于颠覆丈夫、儿子们的统治地位，而是主动对其进行着不断的补充和完善。

第五节 小结

从理论上而言，以儒家学说为主导的主流文化传统与意识形态，为女性设定了"男尊女卑"的基本地位与"男外女内"的生活空间，并力图将她们排除在男性的活动领域与外部事务的范围之外。但是，由阴阳观念所衍生出来的"男尊女卑""男外女内"的文化传统，其内在的文化特征决定了它对女性的地位设定与职责划分不可能是决定论式的和普遍化的。一方面，两性间的关系"在现实的层面上，总留有回旋余地和家庭、家族内的阴柔空间……而在思想层面上，则都是以阴阳互补、相济为前提的，因而伏下了重构和重新解释的各种可能"①。另一方面，建立在父系家族体系保存与延续这一实用主义原则基础上的性别文化体系，也在事实上赋予了女性在必要情况下跨越两性生活区域和职责界限、承担原本属于男性专属工作的特殊机会，同时还使她们作为家族的保护者和代言人而获得了社会对于她们的这一作为

---

① 张祥龙：《"性别"在中西哲学中的地位及其思想后果》，《江苏社会科学》2002年第6期。

的认同与支持。换言之,"实用主义原则促生了早期帝制中国的性别弹性（gender flexibility）"①。从这个意义上说,以儒家传统为主导的主流文化在规定两性格局总体上是"男尊女卑""男外女内"的同时,其内在具备的"活泼的弹性"和"灵活性",也在限制女性的同时赋予了她们获得尊严、实现价值、参与外部事务的空间与可能性。对于帝国最高阶层家庭中的女性——女主而言,这种性别制度的内在弹性,正是她获得跨越宫闱界限、参与政治事务的文化基础与内在的合法性来源。

包括女主在内的各个阶层女性群体对于主流文化传统和社会性别体系的自我接受与主动接受,也是使得这一传统长期存在和稳定延续的根本缘由。正是由于她们对于这一传统的自发维护,她们才不断实现着自身的价值与意义,继而对女性的角色和地位进行着自我生产、自我强化与自我规范。

深受"五四父权压迫模式"影响的人们在对帝制中国的女性进行评价时,往往倾向于将其所处的历史境遇归结于女性自身觉悟的低下,指责其往往主动依附于父系家族体系,而不是脱离这一体系的束缚来实现现代意义上的男女平权与性别平等,并因此哀叹为历史中女性自身的局限性所在。与此相似的是,许多学者在研究女主们的政治作为时也往往倾向于认定,正是出于对父权父系体系的被动服从,最终导致她们也产生了与普通女性一样的"依附人格"与"落后性"。然而,从更深远的意义上说,这种指责和哀叹本身就是对女性在帝制传统下所形成的价值取向、人生归宿、情感皈依等最本质原因的基本忽视和普遍误解。不理解这一系统本身所赋予女性的自我认同,不明白女性自身对于这一系统的强烈情感,看不到女性在这一体系运行中所得到的内在满足和外在尊严,既将永远无法从根本上理解传统社会性别体系之所以能够长期运行的内在动力,也永远无法理解建立在一系列女性的个人体知、

---

① Dora Shu-Fang Dien：" Empress Wu Zetian in Fiction and in History：Female Defiance in Confucian China", New York：Nova Science Publishers, Inc, p. 76.

个人融入、个人归属基点之上的历史发展进程。同样，对于研究女主政治的学者而言，如果不建立在对于上述基本立场的再反思与再理解的基础之上，就将永远无法解释，为什么这些女性们虽然在一定程度上获得了最高的政治权力，但最终却都极其一致地选择了向男性政治的逐渐靠拢和最终回归，始终没有致力于建立起一个真正意义上的女性王国或女性社会来。

第二章 帝制中国的政治安排及其对于女主统治合法性的影响

在作为与男性整体相对的女性群体而存在这一基本立场之上，女主如同普通阶层的女性一样，在主流文化传统所内在具备的灵活性与活泼的弹性空间内，获得了参与外部事物的内在机缘与客观可能性。她们对于自己的女性身份、职责与未来归宿的自我认同，也将从潜在意义上影响她们在现实政治生活中的具体作为与最终的权力走向。那么，比起普通阶层的女性群体而言，她们与帝国最高的权力主体——皇帝之间的特殊关系，以及她们在帝国的政治体系中所处的独特地位，又将为她们试图跨越"内"的界限并获得政治权力的作为带来什么样的压力和影响？她们还要在文化与意识形态领域经受什么样的权力制约？帝制中国政治体系安排的若干具体特征，将从哪些方面为她们的政治权力与统治合法性创造便利的客观条件？又将从哪些方面制约她们政治权力的获得与统治的合法性？对于上述问题的考察构成了本章的主要内容。

第一节 "女祸论"：意识形态的制约与排挤机制的建立

如前所述，从理论上而言，女性被普遍认为应该将主要职责和活动区域限制在家庭的内部，而非跨越内—外界限对外在事务进行干预。然而，两性之间建立在阴阳观念基础上的互融互生、不可分割的关系，则使得这一规定

第二章　帝制中国的政治安排及其对于女主统治合法性的影响

在事实上总是难以实现，两性分工与职责上的内—外界限，只不过是一种理想中的形态而已。也正是在这一意义上，儒家性别体系所内在具有的那种"活泼的弹性"与"灵活性"才得到了最为充分地体现。但与此同时仍需强调的是，在儒家传统占据主流意识形态的帝制中国，与这种活泼的弹性和灵活性如影随形的，则是这一文化体系在理论与意识形态上对于两性之间应该保持严格等级秩序的一再坚持，以及对于应该将女性的活动区域严格限制在家庭内部的普遍信念的日益强化。这种矛盾的存在，也就在事实上逐渐催生了男性"官方权力"和女性"支配权力"二元并举的基本局面。只有在理论与实践的不断弥合和消抵之中，男性在父系父权体系中的优势地位和官方权力才能够得以持续地保持和维护，而不至于受到女性在实际社会生活中所拥有的支配权力的根本性消解和影响。

就女主而言，她们与帝国最高权力主体——皇帝之间的特殊关系，以及由此而在政治体系中所处的独特地位，毫无疑问将使她们跨越宫闱界限、参与外在政治事务的实际作为，更加易于受到关注和重视。尤其在主流文化传统和官方意识形态看来，她们的上述作为不仅有可能会使整个帝国的政治体系发生一些微妙且重要的变化，而且也会对男性占据主导地位的社会结构、家庭秩序和文化传统带来明显且深远的影响。基于此，主流文化传统和官方意识形态更加强调应对她们的职责、权限和活动区域进行严格的限制，并尽可能将她们排除在政治这一被广泛认为是男性专利的领域之外。在这一节的内容中，本书将通过对限制女主参与政治的文化与意识形态的分析，来说明这些主题是如何在客观上对女主参与政治的合法性造成强大制约，并形成一种力图将女性排除出政治领域的"排挤机制"的。

一、早期的记载

从文化和意识形态的角度入手对女主参与政治进行约束和限制，主要是由历代知识精英通过对这一群体的生活方式、道德水准以及历史功过进行记载和评判来完成的。事实上,在大一统的帝国形态尚未形成之前,对于宫廷内部这一特殊女性群体的关注就已经开始进入当时知识精英阶层的视野,并在之后一直以固定的形式将这种历史文化传统保存了下来。通过对她们的生活方式和道德水准进行记录、整理和评价,历代知识精英们不断书写着对于这一特殊女性群体的角色规范和道德期盼。道德主义的立场由此构成了对她们进行评价的主要因素和内在特征。

最早对于宫廷女性的生活进行记载评价的成果,主要保存在《诗经》之中,并集中体现为正反两种截然不同的形象。一种是正面典型,如《诗经·国风》的开篇章节《周南》和《召南》所言:"关关雎鸠,在河之洲,窈窕淑女,君子好逑";以及"维鹊有巢,维鸠居之,之子于归,百两御之。维鹊有巢,维鸠方之。之子于归,百两将之。维鹊有巢,维鸠盈之。之子于归,百两成之"。这些章节无疑描述了后世儒生最向往的黄金时代里,文王之妃"幽闲贞静""相与和乐而恭敬"以及"专静纯一"的美德①。又如《齐风·鸡鸣》所记载:"鸡既鸣矣,朝既盈矣。匪鸡则鸣,苍蝇之声。东方明矣,朝既昌矣。匪东方则明,月出之光。虫飞薨薨,甘与子同梦。会且归矣,无庶予子憎。"则生动塑造了一个在清晨劝诫丈夫应该去勤于政事、而不是在床上缠绵的"心存警畏、而不流于逸欲"②的贤良王妃的形象。又所谓"妇无公事,休其蚕织"(《诗经·大雅·瞻卬》),作为一个理想的后妃形象,则应"休其蚕桑织纴之职,而与朝廷之事,其为非宜"③。而另一种与这些贤良王妃完全相反的例子,则可以在《诗经·大雅·瞻卬》等中间找到,即"哲夫成城,哲妇倾城。懿厥哲妇,为枭为鸱。妇有长舌,维厉之阶。乱匪降自天,生自妇人"的"亡国乱后"(周幽王后褒姒)典型。

---

① (宋)朱熹注:《诗经集传》,宋元人注《四书五经》(中册),中国书店1985年版,第1、6页。
② 同上书,第39页。
③ (汉)毛亨、郑玄、(唐)孔颖达:《十三经注疏·毛诗正义》,第十八卷,"诗经·大雅·瞻卬",上海古籍出版社1997年版,第578页。

第二章　帝制中国的政治安排及其对于女主统治合法性的影响

显而易见，《诗经》中对于宫廷女性之行为和德行的记述，其出发点并不在于对历史史实的保存和记录，相反，这些诗作最终都服务于某个特定的文化主题和政治目的。通过对把主要职责限定于家庭内部的贤德王妃形象的褒奖和提倡、对跨越后宫界限参与政事而导致亡国亡城的"哲妇"形象的贬损和批判，这些诗作的最终目标，无不致力将宫廷女性尽可能地排挤出政治领域。正所谓"男子正位乎外，为国家之主，故有知则能立国。妇人以无非无仪为善，无所侍哲，哲则适以覆国而已……盖以其多言而能为祸乱之梯也。若是，则乱岂真自天降……特由此妇人而已"①。而从这一基本立场出发，早期知识界对于这一特殊女性群体的记载，也便自然而然地贯穿了强烈的道德评价基调与人格塑造的色彩特征。通过强调她们对于男性君主积极的劝诫和辅助作用，"道德训诫者渐渐成为女性形象的主导"②，而理想的和最值得批判的后妃形象，也都由此具有了标准的历史文化版本，以便对后世君主和试图参与政治的宫廷女性提供警戒，即如朱熹所言："有国家者，可不戒哉。"③

二、"女祸论"的开端

在《诗经》对于两种不同的后妃形象进行描述和塑造的同时，知识界对于这一特殊女性群体的主要关注点，也开始日益集中于对其与政行为进行坚决的排斥之上，对后世影响深远的"女祸论"观念开始逐渐萌芽。"'女祸'二字，原见《新唐书·玄宗本纪》之论赞……《新五代史·梁家人传叙》又有类似的陈述……值得注意的是，虽然《新唐书》和《新五代史》均成书于

---

①　（宋）朱熹注：《诗经集传》，宋元人注《四书五经》（中册），中国书店1985年版，第150页。
②　正如清代学者章学诚所观察到的那样，在所有的这些诗中，"主角都是贤德的妻子，而不仅仅是贤德的妇女，而诗的主题则是妻子对丈夫的道德影响，并通过自己的丈夫再在更大的程度上影响整个社会"。从这一意义出发，《诗经》也由此成为"指导女人通过诗歌的形式揄扬德行和解说正'道'的一个环节"。[美]曼素恩：《缀珍录——十八世纪及其前后的中国妇女》，定宜庄、颜宜葳译，江苏人民出版社2005年版，第112—113页。
③　（宋）朱熹注：《诗经集传》，宋元人注《四书五经》（中册），中国书店1985年版，第150页。

北宋，但这并不代表'女祸'的观念要到那时才成熟，认为女性有色或用事可以为害的观念，在上古时代萌芽。"①"从《尚书》《诗经》《国语》等文献资料来看，从周代开始，社会主流的意识形态已开始反对女性对政治的介入和对社会公共生活的参与。不仅如此，上述文献资料还反复强调女性对政治的介入会导致的后果，这即是'女祸说'。"②其后，在女祸论的深远影响之下，先秦诸子对于宫廷女性也极其一致地表现出了强烈的政治领域的"厌女（misogynist）倾向"③，尤其是对中国文化有着主要影响力的儒、道、法三家，无不致力于对后妃参与政治事务的行为提出负面评价和强烈反对，并由此形成了贯穿帝制中国始终的主流文化传统与意识形态。

如《论语·泰伯》中的一段话，就明确体现了孔子本人对于女性参与政治事务的排斥与否定："舜有臣五人而天下治。武王曰：'予有乱臣十人。'孔子曰：'才难，不其然乎？唐虞之际，于斯为盛。有妇人焉，九人而已。'"④ 在周武王看来，辅佐自己成就王业的大臣有十位，除了周公旦、召公奭、太公望、毕公、荣公、太颠、闳夭、散宜生和南宫适九位男性之外，还包括了文母太姒⑤，

---

① 刘詠聪：《女性与历史——中国传统观念新探》，香港教育图书公司1993年版，第3页。
② 贺璋瑢：《两性关系本乎阴阳——先秦儒家、道家经典中的性别意识研究》，巴蜀书社2006年版，第58-59页。
③ David Marsh、Gerry Stoker 等：《政治学方法论与途径》，陈义彦、陈景尧等译，韦伯文化国际出版有限公司2007年版，第137页。
④ 近代学者经常举出孔子的另一条名言来证明其对女性的厌恶和反感："惟女子与小人为难养也，近之则不逊，远之则怨。"（《论语·阳货》）考虑到孔子本人的成长经历，这句话似乎不应该简单地理解为是对所有女性的普遍看法和诋毁，但是，由于《论语》惯有的约略的记述方式，孔子提出这一观点的具体背景已经无从考证，于是这句话就承担了构成孔子在"五四"以后"重男轻女"的普遍形象的主要证据。如汤济苍就认为孔子的这一论述是一个"全称肯定"而非单独指某个个人，从而认定其"重男轻女的言动，实在比普通人还要加倍厉害咧！"（汤济苍：《妇女和孔子》，中华全国妇女联合会、妇女运动历史研究室主编《五四时期妇女问题文选》，生活·读书·新知三联书店1981年版，第161页。）但近代以来有人对于这句话提出了完全与此相反的理解，认为这句话实际上反映了孔子"进步的妇女观"："孔子讲的'女子与小人难养'，正是他重视广大妇女同长期为受教育的'小人'一样，工作确实难做一些，目的在于强调社会重视妇女和'小人'的教育工作，以达到社会安定'人和'的目的。'妇女难养'与孔子进步的妇女观是一个整体，既不能割裂开来，更不能对立起来。"（韩隆福：《中国女性历史文化研究》，北图出版社1999年版，第98页。）
⑤ 关于这个妇人的真实身份，一般认为是文母太姒，但也有学者有不同的看法。如在刘侍读看来，"子无臣母之意"，所以这个妇人应该是武王的妻子邑姜，而不是他的母亲太姒。参见（宋）朱熹《新刊四书五经·四书集注》，中国书店1994年版，第97页。

第二章　帝制中国的政治安排及其对于女主统治合法性的影响

而孔子显然认为，既然文母是女性，所以不配列于辅政大臣之列。① 荀子本人更是明确地将参与到政治事务中的"女主"列为"三乱"之首，提出女主与政的必然结果就是导致宫廷大乱，即"女主乱之宫、诈臣乱之朝，贪吏乱之官"(《荀子·强国篇》)。

作为黄老之学的代表作之一，《黄帝四经》也对女性参与政治事务提出了明确的警告，并坚持强调女主与国君争权、参与政事是亡国的征兆，从而致力于将这一特殊女性群体排除在政治领域之外。即如其所言："主两则失其明，男女争威，国有乱兵，此谓亡国。""主两，男女分威，命曰大麋，国中有师。在强国破，在中国亡，在小国威灭。"(《黄帝四经·经法·大分》)

而在法家学说的集大成者韩非那里，这种必须将女性坚决排斥在政治领域之外的观点更是发展到了一种极致。甚至在他看来，后宫的存在本身就是国家潜在的灾难。一方面，君主往往会沉溺于后宫情色而不顾国政，或者将国之大柄委于女主，而非牢牢把握在自己的手中，所导致的必然结果就是亡国，正所谓："耽于女乐，不顾国政，则亡国之祸也。"(《韩非子·十过》)"不顾社稷之利，而听主母之命，女子用国，刑余用事者，可亡也。"(《韩非子·亡征篇》) 另一方面，即便君主想要把国政牢牢把握在自己手中，但由于后妃往往更加关注她本人和自己儿子的政治利益，为了更加长久地保持这种利益，也极有可能凭借自己作为君侧之人的便利条件，对君主的地位和权威带来严重威胁，所谓："且万乘之主，千乘之君，后妃、夫人、适子为太子者，或有欲其君之早死者。何以知其然？夫妻者，非有骨肉之恩也，爱则亲，不爱则疏。语曰：'其母好者其子抱。'然则其位之反也，其母恶者其子释。丈夫年五十而好色未解也，妇人年三十而美色衰也。以衰美之妇人事好色之丈夫，则身死见疏贱，而子疑不为后，此后妃、妇人之所以冀其君之死者也。唯母为后而子为主，则令无不行，禁无不止，男女之乐不减于先君，而擅万

---

① 刘詠聪也认为这段话表明孔子"以为妇人不得与政，不配位列辅臣"。参见刘詠聪《女性与历史——中国传统观念新探》，香港教育图书公司1993年版，第63页。

乘不疑,此鸠毒扼昧,之所以用也。"(《韩非子·备内》)从这个意义上说,对于君主而言,与之"同床共枕"的后妃则成了其不得不首先提防的"八奸"(《韩非子·八奸》)之首,故应当被坚决地排斥在政治领域之外。

这样,在以儒、道、法三家为主的先秦诸子对于女性参与政治将会导致亡国恶果的观念影响之下,进入政治领域的后宫女性被逐渐塑造和固化为"亡国妇人"的刻板形象,"女祸史观"逐渐内化成了贯穿整个帝制时代关于女主政治的主流文化传统与意识形态。

三、史家的推进

进入大一统的帝制时代之后,历代史家对于后宫女性这一特殊群体的记载和研究,与之前相比形成了一个更为连贯的系统,但在其中同样贯穿了强烈的道德主义评价的色彩。自司马迁的《史记》以来,主张史学经世的历代史官不仅将修史看作对帝王功业的记录,同时更视其为向君主提供道德劝诫和行为指导的一条良径,因此,在为皇帝修史的同时,与其生活紧密相连的后宫女性的生平事迹、言行举止也被纳入了文字记录的工作范畴。尤其是历代官修史书中的《后妃列传》,则成为历史上最为集中地记载了这一特殊女性群体的生平经历和主要作为的著述所在,而一些曾在政治生活中扮演过重要角色的后妃作为,还可以在与其相关的《本纪》《外戚传》等中找到一些蛛丝马迹。尽管相比较于男性君主而言,对于这一女性群体的记载毫无疑问仍然是极为阙略的,绝大多数有资格被列入正史记载的后宫女性,一生大多只是被浓缩为何时出生、何时入宫、何时封衔、有无生子、何时死亡等寥寥数句简略话语,只有极少数在当时的政治舞台上有所作为,或对君主产生了较大影响力,或被认为应对亡国负有主要责任的后妃,才会看到稍微详细的记载。然而,无论内容的详略与否,史家在对这一群体进行记录的同时,毫无疑问地会在其中贯穿自己的看法和评价,而他们的记载和评价,则成为后世以来对于后宫女性这一特殊群体进行研究、评价的主要材料来源,同时也对

第二章 帝制中国的政治安排及其对于女主统治合法性的影响

女主形象的文化建构产生了极为深远的影响。

受传统"女祸论"的深刻影响,绝大多数史家对于这一群体的记载,往往贯穿了非常强烈的性别偏见与道德评价的色彩。他们大多认为,王朝的兴亡在很大程度上与后妃的德行及其对政治的参与程度有关,因此,他们视劝诫君主将后妃的作为和影响力严格限制在后宫之内、防止后妃干预政事为自身的主要职责所在,在这种责任感的驱使之下,"女祸论"的传统看法被一直贯穿于史书记载之中,并随着时间的推移得到了进一步的发展,以实现"利用史学作为资政教民的工具"① 性目的。在历代官修史书中就大量记载了类似的观点,如:"三代以来,《春秋》所记,王公国君,与其失世,稀不以女宠。汉兴后妃之家吕、霍、上官,几危国者数矣。"② "夫妇人与政,乱之本矣。"③ "夫阴阳肇分,乾坤定位,君臣之道斯著,夫妇之义存焉。阴阳和则载成万物,家道正则化成天下,由近及远,自家刑国,配天作合,不亦大乎!兴亡是系,不亦重乎!是以先王慎之,正其本而言其防。后之继体,靡非聿修,甘心柔曼之容,罔念幽闲之操。成败攸属,安危斯在。故皇、英降而虞道隆,任、姒归而姬宗盛,妹、妲致夏、殷之衅,褒、赵结周、汉之祸。爰历晋、宋,实繁有途。位皆以荣升,荣非德进,恣行淫僻,莫顾礼仪,为枭为鸱,败不旋踵。"④

在董仲舒"天人感应"学说的影响之下,女祸史观得到了进一步发展,并逐渐形成了将灾异原因归咎于后妃参与政治的具体做法,从形而上的哲学角度强化了力图将女性排挤出政治领域的主流文化观念与官方意识形态。在这一学说的影响之下,自然界所发生的各项灾异,在很大程度上被视为统治者的作为破坏了天道秩序所导致的恶果,尤其是"雌鸡化雄""大水伤稼"

---

① 衣若兰:《女性传记与明清历史转折》,《第十七届明史国际学术研讨会暨纪念明定陵发掘六十周年国际学术研讨会论文集》(下册),2016年8月,第598页。
② (汉)班固:《汉书》,第九十八卷,"元后传",岳麓书院1997年版,第1769页。
③ (晋)陈寿:《三国志》,第二卷,"魏书·文帝纪",黄初三年九月条,中华书局1982年版,第80页。
④ (唐)魏徵、令狐德棻:《隋书》,第三十六卷,"列传第一·后妃",中华书局1973年版,第1105页。

"冬雷""地震""山崩""投蜺""日食"这几种灾难,则更是被确定无疑地等同于由女主参与政治所带来的恶果。如在历代官修史书的《五行志》中就集中记载了这些灾异:"(汉)高后三年夏,汉中、南郡大水,水出流四千余家。四年秋,河南大水,伊、雒流千六百余家,汝水流八百余家。八年夏,汉中、南郡水复出,流六千余家。南阳沔水流万余家。是时,女主独治,诸吕相王。"①"(后汉)安帝永初元年十一月,民讹言相惊,司隶、并、冀州民人流徙。时,邓太后专政。"②"(后汉)和帝永元元年七月,郡国九大水,伤稼……是时,和帝幼,窦太后摄政。"③尽管在史书的记载中,男性君主也会由于处理政务不当而受到天降灾异的惩罚,但相比较于他们而言,女主由于参与政治而遭受到的质疑和谴责则更为明显。如刘詠聪就通过对于《汉书》和《后汉书》中记载的灾异分别归咎于男性与女性的数量分析后,得出结论认为汉代人有明显的罪咎女性的倾向:"除去'无解释'及'其他'两项之外,主要罪责个别男性者有七十三次,主要罪责个别女性者五十八次,同时罪责男、女者有十三次。乍看之下,好像罪责男性之次数更多。但我们必须注意,当时能在政治舞台上担当角色的女性,比较为君为臣的众多男性,仍是寥寥可数的。但就《后汉书·五行志》罪咎之女性来看,也不外几位太后、贵人或阿母,总共才十数人。试问以如此有限之女性人数,尚可以承担相近于男性之罪咎次数,汉人不是有偏于罪咎女性之倾向吗?"④换言之,这种附会自然界的灾异来影射和批判女主参与政治的做法,不仅仅反映了帝制时代人们对于自然或历史的简单理解,更为重要的是,它还在客观上揭露了主流文化传统与意识形态对女主参与政治的极度反对和尽力排斥。而这一点,还

---

① (汉)班固:《汉书》,第二十七卷上,"五行志第七上",岳麓书院1997年版,第612页。
② (宋)范晔、(晋)司马彪:《后汉书》,第九十卷,"志第十三·五行一",岳麓书院1997年版,第1442页。
③ (宋)范晔、(晋)司马彪:《后汉书》,第九十卷,"志第十四·五行三",岳麓书院1997年版,第1453页。
④ 参见刘詠聪《汉代之妇人灾异论》,辜瑞兰主编《汉学研究》,第九卷第二期,汉学研究中心出版1991年版,第97—98页。

第二章 帝制中国的政治安排及其对于女主统治合法性的影响

将随着时代的推移渐趋强化,并成为历代以来反对女主政治的最为重要的理论源泉与文化支撑。

总体而言,在大多数史家看来,那些远离政治领域、将活动区域严格限定在宫闱之内的后妃,由于符合了儒家理想中对于合格的女性形象的设计而理应受到极高的评价,并进而成为后宫女性群体和整个帝国所有女性都应当仿效学习的典范。因此,坚持不对朝政发表意见的皇后往往被誉为是具有"淑范懿行"①的"贤后"和"良佐"②;而那些将自己的脚步跨入政治领域、试图有所作为的后妃则被贬斥为"牝鸡司晨,唯家之索"③,要为亡国乱政承担主要的责任。虽然在这种主流观点之外,仍有极少数的史家能够抛弃性别的偏见,站在相对客观的立场对后妃参与政治的实际效果予以评价,甚至对其所带来的积极后果予以褒扬④,但从总体上而言,这种观点的力量极为微弱,并最终被淹没在广泛流传的女性不得参与政事的主流声音之中。

除史家的记载之外,历代学人在对帝制中国的政治得失进行思索的同时,也往往受到"女祸论"的强烈影响,将其最终归结为女主参与政治事务所致。如被誉为"明末三子"之一的王船山就在其影响深远的《读通鉴论》中强调,汉代之所以灭亡的主要原因之一,就是女主操持国柄、干预朝政:"汉之亡也,母后、外戚、宦竖操立主之权,以持国柄而乱之"。⑤ 在他看来,敢于冒天下之大不韪、称帝改制的武则天不仅是没有任何统治合法性的"伪周武氏",而且她所犯下的"罪行"之重,还足以被称为是"鬼神之所不容,臣民

---

① (宋)欧阳修、宋祁:《新唐书》,第七十六卷,"列传第一·后妃上",中华书局1975年版,第3468页。
② (后晋)刘昫等:《旧唐书》,第五十一卷,"列传第一·后妃上",中华书局1975年版,第2167页。
③ (汉)孔安国、(唐)孔颖达等:《十三经注疏·尚书正义》,第十一卷,"周书·泰誓中第二",上海古籍出版社1997年版,第181页。
④ 如司马迁就盛赞吕后临朝称制的结果是"政不出房户,天下晏然。刑法罕用,罪人是稀。民务稼穑,衣食滋殖"。并将其事迹列入本属帝王特权的"本纪"之中。(汉)司马迁:《史记》,第九卷,"吕太后本纪第九",浙江古籍出版社2005年版,第87页。
⑤ (清)王夫之:《船山遗书》(第五卷),《读通鉴论·卷八》,"桓帝一",北京出版社1999年版,第2923页。

之所共怨，万世闻其腥闻，而无不思按剑以起"。① 受这种观点的影响，清代学者赵翼也在其颇具影响力的《廿二史札记》中提出，唐代的兴亡原因无不在于"女色"，并进一步抽象出了"以女色起者，仍以女色败"②的宿命论观点。

当然，在历代学人的著述中，也不乏对于"女祸"观点的反对，如吕坤就认为导致亡国的原因并不在于后妃本身，而在于沉溺美色不理朝政的君主："古往今来，不但妲己，桀以妹喜亡夏，幽以褒姒亡周，唐高以武曌，明皇以玉环亡唐。浩浩六合之大，林林千百万之众，致令国破身亡，江河涨百姓之血；原野丘三军之骨，何物妖孽，祸烈至此？无它，溺爱者之罪也。"（《嘉言·书经》）李贽也曾指出，拥有政治权力的男性才应该对于亡国败家承担主要的责任，而不应当将之一味归罪于妇人："夫而不贤，则虽不溺志于声色，有国必亡国，有家必败家，有身必丧身。"③ 然而，对于贯穿整个帝制时代的排斥女主参与政治的主流观点而言，这种反对的声音则如同旷野呼告，逐渐淹没在漫长的历史进程中，而附加在这些特殊女性群体身上的刻板印象，则始终没有根本性的改变。

作为对"女祸论"的主动认可与全盘接受，历代君主们也致力于采取积极的防范措施，将女主尽可能地排挤在合法的政治领域之外。如早在汉武帝确立年仅七岁的刘弗陵为太子时，为了防止汉初吕后"女主独居骄蹇，淫乱自恣，莫能禁"的情况在他的身后重演，就已有了"立子杀母"之举，并因此举获得了司马迁"昭然远见，为后世计虑，故非浅陋愚儒之所及"的盛赞。④

---

① （清）王夫之：《船山遗书》（第五卷），《读通鉴论·卷二十一》，"中宗十三"，北京出版社1999年版，第3166、3173页。

② （清）赵翼：《廿二史札记校正》，第十九卷，"唐女祸"，王树民校正，中华书局2005年版，第411页。

③ （明）李贽：《初潭集》，第三卷，"夫妇·俗夫"，中华书局1974年版，第49—50页。

④ （汉）司马迁：《史记》，第五十卷，"外戚世家第十九"，浙江古籍出版社2005年版，第610页。而在北魏时期，"子贵母死"更是作为一项明确的政治制度而确立了下来。关于这项制度之所以能够在拓跋部落中得以形成的内在原因，以及这项制度与汉制之间的关系分析，田余庆在《北魏后宫子贵母死之制的形成和演变》一文中有非常详细和精彩的论述，可参见田余庆《拓跋史探》，生活·读书·新知三联书店2003年版，第9—61页。

而魏文帝在即位之初,还第一次明确颁发了禁止太后参与政治事务的诏令:"夫妇人与政,乱之本也。自今以后,群臣不得奏事太后……以此诏传后世,若有背违,天下共诛之。"① 除此之外,南朝的宋武帝也曾下诏规定:"后世若有幼主,朝事一委宰相,母后不烦临朝。"② 到了明太祖时,则不仅令儒臣编修《女诫》颁行于世,而且还命令工部制作红牌悬挂在后妃起居之处,明确声明:"皇后止治宫中嫔妇事,宫门之外,悉不得预……违者死。"③ 在这些君主的实际作为的影响之下,不仅传统的女祸史观被一再地强化,女主们即便在客观上获得了某种程度的政治权力,也不得不面临着对其统治合法性与正当性的不断质疑和挑战。

四、排挤机制的建立

"女祸论"在整个帝制时代的产生、发展与盛行,成了从文化传统和意识形态领域对女主参与政治进行限制与排斥的极具影响力的手段和方式。在这种意识形态的强烈反对与不断塑造之下,历代后宫女性的历史形象被日益固化为排列在政治体系波谱两端的刻板印象:波谱的一端,是那些远离政治事务、恪守妇德、因而也被盛赞为"淑范懿行"的贤良后妃;④ 波谱的另一端,则是那些介入了政治领域、试图有所作为的女主,必须要为亡国承担起道德和事实上的责任;而介于两者之间的数量更多的后宫女性,则是没有任何个性和特点、仅仅作为帝王"广延子嗣"的工具性存在而最终隐匿在历史的尘迹之中。

最终,建立在性别偏见基础上产生的"女祸论"在整个帝制时代的不断

---

① (晋)陈寿:《三国志》,第二卷,《魏书·文帝纪》,"黄初三年九月条",中华书局1982年版,第80页。
② (梁)沈约:《宋书》,第三卷,《武帝下》,"永初三年条",中华书局1974年版,第59页。
③ (清)夏燮:《明通鉴》,第一卷,《太祖纪一》,"洪武元年三月条","洪武三年五月条",岳麓书院1999年版,第138、183页。
④ (宋)欧阳修、宋祁:《新唐书》,第七十六卷,"列传第一·后妃上",中华书局1975年版,第3468页。

发展和盛行，既折射出了传统伦理思维对于政治领域的深刻影响，也体现出了史评精神不够发达的结果。即如刘詠聪所言："既然前人塑造了一系列的'祸水'典型，既然前史已将妇人与亡国扯上因果关系，后代史家也乐得因循先例，以完成特定的模式。由于他们保守，所以在思想上认同'牝鸡无晨'；由于他们主张'史学经世'，所以在史籍中要有道德教诲的意味，给'祸水'判罪；由于史评发展有限，怀疑精神不足，他们也懒得推翻既定结论。于是，历史成为男性本位，并带有性别歧视的历史，成为描写男性对女性的态度的历史。后妃是没有个性的，不是'窈窕淑女'的童话，便是'妖姬祸国'的谎言，一切复杂的史事变得简单明白。凡是女主专政的局面，就是阴居阳位、朝纲不正、王室中衰。大部分传统史家也不问究竟而视此为理所当然。对于作为首脑的摄政太后，也是以其女性身份来评价，而不是从其行政首长的角色来讨论。自今观之，自是难以接受的历史诠释。"①

另一方面，"女祸论"的发展与盛行，实际上也体现出了帝制时代奉行"女性不应参与政治"观念的知识精英们，在共同构造一个力图将女性彻底排挤出政治领域的"排挤机制"上的不懈努力与所得战果②。正如福柯所言，掌握了话语霸权的人们在构建话语权力体系的过程中，权力体系的形成规律最终催生了"总是能够构建出'他者'的排挤机制。在排挤机制中，内部与外部不存在交流。话语参与者和持反对态度的他者之间不存在共同语言"③。毫无疑问，由于女性从整体上被剥夺了入仕、从政的机会与可能性，她们也就在极大程度上被排除在了历史、传统、文化的书写者、诠释者与传承者的范围之外。而最具儒家正统思想的男性史官们对于"女性不应参与政治"这

---

① 刘詠聪：《女性与历史——中国传统观念新探》，香港教育图书公司1993年版，第7—8页。
② "作为知识、价值和意义的生产与传播者，儒家士大夫在观念生产和传播过程中起着极其重要的作用，他们以男性为中心思考和解读历史，不厌其烦地阐述女祸故事，渲染女色祸国，目的是以此证明性别分工和压迫的合理性，以维持男性对权力的垄断。"张菁：《中国古代女祸史观的源流——从"牝鸡之晨"到"嬖幸倾国"》《社会科学战线》2013年第11期。
③ 转引自［德］哈贝马斯《公共领域的结构转型》，曹卫东、王晓珏、刘北城、宋伟杰译，学林出版社1999年版，1990年版序言，第9页。

第二章　帝制中国的政治安排及其对于女主统治合法性的影响

一理想信念的认同和坚持，则导致他们在对那些获得政治权力的女主进行记载和评价时，不仅不会避免性别的偏见、反而还拥有刻意夸大负面影响和歪曲基本事实的原初动力，继而从根本上否定了她们进行统治的合法性与正当性①。

　　换言之，对于这些掌握了帝制中国话语霸权的男性知识精英而言，对于"女祸论"的信奉与持守，则使得隐藏在其春秋秉笔手法背后的另一潜在主题与本质目的，就是将女性尽可能地"排挤"在公共生活和政治领域之外，从而形成政治领域内女性的"缺席"和"不在场"。他们的这一作为，显然从意识形态与现实政治的双重领域进一步塑造和强化了女性的"他者"形象，并由此影响着公共领域与政治格局内部性别结构的生成和样式②。而这种关于女性不应该跨入政治领域的元叙述和元论说，自此之后便成为仿照圣人制礼作乐的绝大多数儒家学者的基本论述前提。在他们的不懈努力之下，政治被进一步固化为男性的专利，而那些曾经或多或少地获得了政治权力、并参与到政治事务中的女主们，则不得不由此背负上更为沉重的心理枷锁，承担更为强烈的精神痛苦。

---

① 正如 Keith McMahon 所指出的那样，一般而言，女主政治往往政绩颇丰。但从史家记录来看，女主政治的具体功绩和政治贡献在宋代以前大致能得到较为正面的反映，但到宋代以后，出于对女主政治的"反自然"状态及其对男性权力之威胁的恐惧，史官和学者往往倾向于将其刻画为邪恶的形象。参见 Keith McMahon：Women Shall Not Rule：Imperial Wives and Concubines in China from Han to Liao. Lanham：Rowman & Littlefield，2013. 而关于在研究帝制中国女性问题时所面临的材料问题，许多学者都已经注意到这种由男性转述或反映了男性视角的基本材料的局限性。如伊佩霞所指出的一样："我使用的这些或严谨或散漫的文献的缺点是，它们多由其知识结构倾向于否定社会的多层面和变化的男人撰写。当他们将发生在身边的事情诉诸笔端时只能记录其中很小的一部分；更有甚者，写作这种行为对他们来说意味着把秩序强加载对象、议题或有问题的事件上，简单化兼理想化。在中国，他们输入的秩序往往是拒绝变化的。于是关于家庭、婚姻、社会性别和相关论题，他们决定要说的集中在他们认为是最正确的事情上，而他们认为是最正确的是与永恒的模式相符的事情。"参见［美］伊佩霞《内闱——宋代的婚姻和妇女生活》，胡志宏译，江苏人民出版社2004年版，第9页。

② "政治公共领域并不是偶然由男性统治的，性别决定了政治公共领域的结构以及它与私人领域的关系，从这个意义上来说，排挤女性这一行为对政治公共领域具有建设性影响。与排挤没有平等权的男性不同，排挤女性影响了公共领域的结构。"［德］哈贝马斯：《公共领域的结构转型》，曹卫东、王晓珏、刘北城、宋伟杰译，学林出版社1999年版，1990年版序言，第8页。

第二节　政治安排的基本特征：女主统治合法性产生的客观条件

公元前221年秦帝国的建立，标志着西周宗法分封制下贵族分权政治体制的解体，和郡县制基础上"个人打天下"①式的君主专制官僚政治体制的建立，这一转型使得中国的政治制度、社会结构和思想文化等各个方面都发生了根本性的变化，以至于被学界普遍认为是中国历史上一个巨大的变革。如萧公权就指出："秦灭六国为吾国政治史上空前之巨变。政制则由分割之封建而归于统一之郡县，政体则由贵族之分权而改为君主之专制。政治思想与此巨变相应，亦转入一新段落。"②从此之后，中国开始进入君主专制中央集权的帝制时代。毫无疑问，帝制时代的政治体系将"以数千年之君主制度为中心"③，那么，虽然有文化传统与意识形态领域的强力反对，并在此基础上建立了力图将女性排除在政治领域之外的"排挤机制"，从而对女主的统治合法性造成了巨大的挑战，但这一时期围绕着君主制度这一中心所形成的政治安排的若干基本特征，又是如何为女主跨越"内"的界限参与到政治事务中，并获得统治帝国的合法性创造出客观条件与外在可能性呢？对于这一问题的探讨，将首先从对"大一统"之政治理念的盛行与政治体制的基本特征进行分析开始。

---

①　牟宗三：《政道与治道》，学生书局1991年增订新版，第3页。
②　萧公权：《中国政治思想史》（二），辽宁教育出版社1998年版，第241页。而美国学者卜德则进一步将秦帝国的建立称为是"古代中国的真正的革命"。在他看来，秦帝国的建立，其重要的意义在于"它成功地把一套国家官僚机器的制度传给了它的政治继承者……它在质和量的方面都大大地改变了中国的面貌，以至它可以名之为'革命'，虽然这'革命'是从上面推行，而不是从下面推动的。这个成就，而不是由反秦的农民起义造成的政权转移，才是古代中国的真正的革命。的确，它是本世纪以前中国唯一的真正革命。"（[英]崔瑞德、鲁唯一编：《剑桥中国秦汉史》，杨品泉等译，中国社会科学出版社2006年版，第85页。）而在黄仁宇看来，秦帝国的统一以及中国文化和政治体制上"初期的早熟"，无疑奠定了后世几千年里中央集权的传统："如果中国历史和其他各国文化有唯一最重要的歧义，那就是公元前221年秦始皇的统一全国。随着青铜时代的终止，全国立即展开政治的统一，这种政治上初期的早熟，创造了一个惊人的纪录，在此后千百年间树立了一个中央集权的传统。"黄仁宇：《中国大历史》，生活·读书·新知三联书店2004年版，第18页。
③　张君劢：《中国专制君主政制之评议》，弘文馆出版社1986年版，第182页。

第二章　帝制中国的政治安排及其对于女主统治合法性的影响

一、"大一统"与"家天下"的政治理念

早在中央集权的帝制时代形成之前，关于应该将最高的政治权力集中于君主一人之手，而非分散在不同的政治主体手中，就已经是先秦诸子的基本文化共识。① 而无论是"对将逝之旧制度表示留恋而图有以维护或恢复之"的儒墨两家，或者是"承认现状，或有意无意中迎合未来之新趋势而为之张目"的法家，还是"对于一切新旧之制度均感厌恶，而偏重个人之自足与自适"的道家和一切"为我"之思想家，② 对于身处"礼崩乐坏"之时、并有着"强烈的动乱意识"③ 的这些早期的政治哲学家和"务实的政治家"④ 而言，如何从根本上解决社会的混乱失范现象，从而重建一个稳定有序的"天下"秩序，都成为其思考的共同出发点和最终落脚点所在。⑤ 在这其中，尽管不同的学派在如何实现这一理想政治形态的具体方式上分歧颇多，⑥ 但是，

---

① 如"天无二日，民无二王"（《孟子·万章上》）；"君者，国之隆也……隆一而治，二而乱"（《荀子·致士》）；"天子必执一，所以持之也。一则治，两则乱"（《吕氏春秋·执一》）；"多贤不可以多君，无贤不可以无君"（《慎子·佚文》）；"毋驰而弓，一栖两雄。一栖两雄，其斗颜颜。"（《韩非子·扬权》）；"昔之得一者：天得一以清，地得一以宁，神得一以灵，谷得一以盈，万物得一以生，侯王得一以为天下贞"（《老子·三十九章》）；"察天子之所以治天下者，何故之以也？曰：唯以其能一同天下之义，是以天下治"（《墨子·尚同中》）；等等。
② 萧公权：《中国政治思想史》（一），辽宁教育出版社1998年版，第19页。
③ ［美］赫伯特·芬格莱特：《孔子：即凡而圣》，彭国翔、张华译，江苏人民出版社2002年版，第60页。
④ 如费正清就曾指出："从这时（东周）起，中国哲学便将兴趣集中在对社会性和政治性的人的考察之上了。这是一种压倒一切的'人道主义'或曰'社会性的'思路，因为它看重的是社会而非个人……中国早期的哲学家，不管怎样将首先都是务实的政治家。"［美］费正清：《中国：传统与变迁》，张沛等译，世界知识出版社2002年版，第46页。
⑤ 如林存光就指出："可以说胸怀天下的情节寄托了中国政治哲学家们最深切的'大一统'的政治诉求，他们所最关心的核心问题也就是天下统一和'王天下'的问题，这一问题对墨子来说是'一同天下之义'，对孟、荀来说是行仁政、义术而王霸天下，对老子来说是'无事取天下'，对法家来说是'独制于天下而无所制'。"参见林存光：《先秦诸子政治哲学综论——一项基于中西比较视角的审视与分析》，林存光主编《先秦诸子政治哲学研究》，辽海出版社2006年版，第215页。
⑥ 如萧公权就将儒、墨两家归为"人治派"，法家归于"法治派"，并认为这两者皆属于"积极的政治思想"，而道家则属于"消极的政治思想"下的"无治派"。（萧公权：《中国政治思想史》（一），辽宁教育出版社1998年版，第17—24页。）又如林存光将儒、墨两家划分为"政治理想主义者"或"政治人本主义者"，而法、道两家则可以称之为"政治现实主义者"或者"行为控制主义的政治学"。（林存光：《先秦诸子政治哲学综论——一项基于中西比较视角的审视与分析》，林存光主编《先秦诸子政治哲学研究》，辽海出版社2006年版，第199-200页。）

将权力集中于君主一人之手，建立一个以君主为统帅的"一元化专制统治"①权力结构，既是他们"共同的理想"②，同样也是整个社会普遍的政治文化心态和理论共识③。而体现在诸子百家学说中的这一共同的政治理念，也在客观上随着秦代大一统帝国的建立和时间的推移而得到了基本实现与逐渐强化，以至最终成为贯穿帝制时代两千年历史的基本政治现实④。

毫无疑问，就历史现实而言，皇权的最初取得和基本保持往往首先来自于君主对武力的依赖⑤，但在经历了战国时代的分崩离析和治乱离合之后，人们逐渐认识到，大一统的帝国形态不仅将会带来政治的统一，同时也在事实上为实现和平和社会福利提供了必不可少的社会基础。⑥因此，对于帝国"大一统"形态的长久保持，而不是令其处于长期分裂状态的基本期望，最终

---

① [日] 沟口雄三：《中国前近代思想的演变》，索介然、龚颖译，中华书局2005年版，第468页。

② 丛日云：《谈先秦诸子追求"一"的政治心态——兼与古希腊政治思想比较》，《天津师大学报》1992年第1期。

③ 如刘泽华指出："先秦诸子在君主理论上尽管有不少分歧，但在君主独一、至尊、拥有一切、独操权柄和决事独断五个方面，没有大的原则区分。相反，种种论述最后都汇集到这里，所以，越争君主专制就越强化。""先秦诸子的思想无疑是十分丰富的，但在政治思想上，他们的主调是呼唤圣王救世和一统的君主专制主义。"参见刘泽华《中国的王权主义》，上海人民出版社2000年版，第125、137页。

④ 如日本学者小岛毅就曾指出："从公元前221年秦始皇称帝开始，到1911年的辛亥革命结束，在这段时间里，一直由一个称为'皇帝'的君主统治着中国。而秦始皇之所以要废除'王'称号而重新制订'皇帝'称号，只是因为他要宣示以郡县制度为基础的统一帝国的君主和以往的封建制度下的君主有质的区别罢了。在这之后，规定所有帝国臣民必须全部直接服从皇帝的'一君万民'制被颁制出来。'一君万民'制虽然并没有被彻底忠实地执行，时而有例外的制度出现抑或现实的偏离发生，但它作为理念确实表征了中国王朝体制的特征。"[日] 小岛毅：《中国的皇权——〈礼教和政治〉导论》，[日] 沟口雄三、小岛毅主编《中国的思维世界》，江苏人民出版社2006年版，第344页。

⑤ 如余英时所言："君权的取得以至保持主要都仰赖于武力。所谓'马上得天下''一条杆棒打下四百座军州'，总之，君权是从枪杆子里出来的……君权的保持当然也要靠武力，历代的兵制就是最好的说明……所以，除非我们承认有天下者即是'天命所归''职德所在'或'民心所向'，否则我们不能不说，君权的传统中是以'力'为核心的……所以在实际历史过程中，除了用武力'取而代之'之外，没有任何其他资格可以使人配做皇帝（后世所谓'禅让'也都是先打好了武力的基础的）。"（余英时：《"君尊臣卑"下的君权与相权》，《中国思想传统的现代诠释》，江苏人民出版社2004年版，第89—90页。）又如刘泽华所指出的："帝王之权是武力征服的产物，武力凌驾于政治权力之上……就有史可考的王朝而言，除了新莽代汉有其特殊性之外，所有王朝的更替都是通过武力争夺或以武力为后盾来实现的……武力原则是中国古代政治机制的最高原则。这当然不是说事事都要动武，而是说武力矗立在政治的背后。"（刘泽华：《王权至上观念与权力运动大势》，《洗耳斋文稿》，中华书局2003年版，第318—319页。）

⑥ [英] 崔瑞德、鲁唯一编：《剑桥中国秦汉史》，杨品泉等译，中国社会科学出版社2006年版，第28页。

第二章　帝制中国的政治安排及其对于女主统治合法性的影响

成了精英阶层和普通民众最普遍的政治诉求和基本的"理性选择（rational choice）"①，"大一统"由此在实际上成为中国历史上"压倒一切的主题"②。在这一观念的指引下，只有一个统一的帝国才被认为是合法的统治形式，而经常的分裂状态则被认为是一种有悖天道的"反常现象（anomaly）"③。因此，这种对于大一统的政治形态的诉求和期待，也在客观上催生了应当将权力集中于唯一一个统治者之手，而不是分散在不同的权力主体中间的内在要求。而且，一旦君主获得了这一权力之后，就应该努力保证这一权力的顺利执行和传承而并非围绕着这一权力产生争斗，也成为贯穿帝制时代的一个基本的认识与立场④。正是在这种观念形态的影响与实际上的政治实力（武力）相配合的基础之上，皇帝一人专制的政治格局得以形成，并成为影响帝国政治体系、文化心理的一个基本的共识。

---

① Yuri Pines："The One That Pervades The All' In Ancient Chinese Political Thoughts：The Origins Of 'The Great Union' Paradigm", *T'oung Pao*, 通报, *Vol. LXXXVI*, p. 323。

② ［英］崔瑞德、鲁唯一编：《剑桥中国秦汉史》，杨品泉等译，中国社会科学出版社2006年版，第28页。而David Honey也在其研究中进一步指出，只有那些被认为是能够重建大一统的帝国秩序的人，才能够在战乱之中获得其追随者的效忠，从而最终脱颖而出成为最后的统治者。事实上学者对处于分裂时期的地方政权的考察揭示了一个令人吃惊的现象：即便在帝国的分裂时期，这种对于"大一统"理想的诉求也没有停止过。分裂时期的地方政府无一愿意保持独立、无一试着去发展一个独立的民族身份，也无一放弃对于在上天之下统一帝国之梦想的追求（至少在理论层面上）。而且这一点对于少数民族而言也是如此，即便是游牧民族和半游牧民族，也要宣称他们的政治目标是"一统海内"。具体的论述可参见Yuri Pines："The One That Pervades The All' In Ancient Chinese Political Thoughts：The Origins Of 'The Great Union' Paradigm", *T'oung Pao*, 通报, *Vol. LXXXVI*, p. 321。

③ Yuri Pines："The One That Pervades The All' In Ancient Chinese Political Thoughts：The Origins Of 'The Great Union' Paradigm", *T'oung Pao*, 通报, *Vol. LXXXVI*, p. 319。与此同时，这种对大一统的政治理想的诉求所导致的结果就是中华文明在世界历史中的独特性，正如林存光所指出的："在西方，帝国的兴衰呈现出一种由不同的民族国家的扩张征服——分裂瓦解的此起彼伏的态势特征，而中华帝国则往往只是陷于自身一治一乱的循环和分合，少数民族政权以武力征服入主中原却反被中原主体文化所同化尤为中华帝国兴衰史上的一大特征，故中国文化一直享有一种'孤立的光荣'，这更反过来强化了中国人崇尚'天下一统'的政治文化心态。"参见林存光《先秦诸子政治哲学综论———一项基于中西比较视角的审视与分析》，林存光主编《先秦诸子政治哲学研究》，辽海出版社2006年版，第215页。

④ 也正是从这一基本立场出发，对于君主专制的中央集权帝国而言，君主在这一帝国的政治体系中应该毫无疑问地居于中心地位，并成为帝国一切政治权力的中心。如牟宗三就指出："无论封建贵族政治还是君主专制政治，政权皆在帝王（夏商周曰王，秦汉以后曰帝）。""在大一统的君主专制之形态下，皇帝在权与位上是一个超越无限体。"（牟宗三：《政道与治道》，学生书局1991年增订新版，第1、30页。）又如刘泽华所言："帝王的权力特征可以用一个'独'字来概括：具体说来有'五独'：天下独占，地位独尊，势位独一，权力独操，决事独断。"（刘泽华：《王权至上观念与权力运动大势》，《洗耳斋文稿》，中华书局2003年版，第310页。）

与此同时，大一统体制的形成和君主独占权力的政治现实，使得早在周代时就已存在的"家国一体"观念①更加发挥到了极致，"天下"变成了君主一家一姓的私产，君主一人之"家天下"的概念也作为万世不更的基本法则逐渐深入人心，自此之后，天下之内的人民皆被认为是隶属于此"一家"，成为"国家的臣妾"②。不仅历代君主无不视天下为自己一家一姓的产业③，而在臣下看来，皇帝将其所置之"家业"——"天下"传于后代，也是自然的道理，即所谓："子孙继嗣，事事弗绝，天下大义也。"④ 从这个意义上说，"天下"乃排除了其他世系存在的皇帝一家"万世一系"的"家天下"⑤之性质，已经作为一种政治理念和政治现实而成为帝制时代普遍接受的政治共识。

对于皇帝而言，独占权力和维护"家天下"之延续的政治诉求，在客观

---

① "中国的家族观念与政治结合，起源于周代。周代行宗法之制，将血缘关系与政治关系合而为一，形成了周初的封建制度。周天子不但是天下的共主，也是家族的大家长。诸侯对周天子不只有政治上的从属关系，也有伦理上的血肉关联……周朝灭亡后，秦代之而起，废封建设郡县，开始了中国两千余年的专制统治，但是家族观念并未从政治上消失。所不同的是从周初的形式与实质政治体系与家族体系的合一，转变成观念上的家国一体，而统治者成为整个国家的大家长……国家被视为一个家庭的层系。君臣之间，君就是父，臣就是子。"汪文涛：《中国家族观念对政治民主化的影响》，正中书局1986年版，第114—116页。

② 如甘怀真所言："自秦始皇始，皇帝制度即强调'壹家天下''普天王臣'。其意义至少有二：一，先秦时期诸'国家'并立，经历秦始皇之征服战争，'天下'之内的诸'国家'只剩下秦国之'一家'。二，'天下'之内之人民皆隶属于此'一家'，且继承自战国时代以来的体制，人民皆是'国家'的臣妾，故西汉有所谓'生民之属皆为臣妾'之说。"甘怀真：《"旧君"的经典诠释——汉唐间的丧服礼与政治秩序》，王健文主编《政治与权力》，中国大百科全书出版社2005年版，第311页。

③ 如大一统帝国的建立者秦始皇之所以自命为"始皇帝"，即是向天下人表白天下不过是其一人的家产，并要将这一家业传于子孙"二世三世以至于万世"不穷。而汉帝国的建立者高祖刘邦的一席话则更是表明了天下属于其一家之私产的"家天下"性质："(高祖九年) 未央宫成。高祖大朝诸侯群臣，置酒未央前殿。高祖奉玉卮，起为太上皇寿，曰：'始大人常以臣无赖，不能置产业，不如仲力。今某之业所就孰与仲多？'殿上群臣皆呼万岁，大笑为乐。"(汉) 司马迁：《史记》，第八卷，"高祖本纪第八"，浙江古籍出版社2005年版，第78页。又如宋真宗曾经对李宗谔谈道："闻卿能敦睦宗族，不陨家声，朕今保守祖宗基业，亦犹卿之治家也。"(宋) 江少虞：《宋朝事实类苑》，第三卷，"祖宗圣训·真宗皇帝"，上海古籍出版社1981年版，第30页。

④ (汉) 司马迁：《史记》，第十卷，"孝文本纪第十"，浙江古籍出版社2005年版，第89页。

⑤ 在秦晖看来，皇权的排他性与独断性决定了"家国一体"这种形式只有对于皇帝家族而言才是真正成立的。"儒家的'家国一体'在这种情况下只对皇帝一家是真实的：它只意味着皇帝'万世一系'的家天下，而不支持别的'世系'存在。""与前近代西方相比，中华传统帝国的统治秩序具有鲜明的'国家（王朝）主义'，而不是'家族主义'特征。如果说中古欧洲是宗族社会 (lineage society) 的话，古代中国则是个'编户齐民'社会。"参见秦晖《"大共同体本位"与传统中国社会——兼论中国走向公民社会之路》，《传统十论》，复旦大学出版社2004年版，第99、98页。

上要求其必须排除其他群体对于这一权力的觊觎和染指，在一些学者看来，正是这一制度为女主参与政治提供了基本的前提："君主专制的特点决定了皇帝治理天下，必然要集大权于一身，实行所谓'乾纲独断'。在此体制下，一些明君英主或有作为或有能力尚可以一人总揽大权，集中全力处理纷繁复杂的朝政国事。但能'乾纲独断'的皇帝在历史上并不多见，某些昏庸之君既无能力独自管理朝政，又不放心将大权托付给朝廷大臣，于是只有委政于左右心腹之人。后妃和皇帝或是夫妇关系，或是母子关系，夫妇之爱非同寻常，母子之情出于天性，应该说是可以信赖的了。这就是中国封建社会频频出现后妃擅政的主要原因。"① 然而，除了皇帝出于与后妃之间特殊的关系而产生的"信赖感"之外，帝制时代建立在君主一人独占权力和"家天下"基础之上的政治安排的若干其他特征，也在客观上为女主突破"内"的限制、获得政治权力和统治的合法性创造了客观条件与制度保障。

二、政治安排的基本特征

第一，帝—后两性关系的不可分割，为皇后跨越后宫界限、参与政治事务提供了潜在的合法性资源。

表面来看，作为皇帝制度的补充而产生的后宫制度，其设计本身就体现了"阴阳"观念在政治领域的影响②。即如《汉书》所言："天曰皇天，地曰后土，故天子之妃，以后为称，取向二仪。"③ 在帝国的最高家庭内部，按照原初的制度安排，作为对于"阳"的元素——皇帝的补充，"阴"的代表——皇后的主要职责应当是对后宫内部的事务进行整肃和管理，从而辅佐皇帝完成对于帝国最高家庭秩序与政治秩序的治理，即所谓："天子之于后，

---

① 参见朱子彦《后宫制度研究》，华东师范大学出版社1998年版，第371页。类似的观点可见于徐连达、朱子彦《中国皇帝制度》，广东教育出版社1996年版，第342页；左言东主编《中国政治制度史》，浙江古籍出版社1986年版，第135页；等等。

② Hsieh Bao Hua: "Empress' Grove: Ritual and Life in the Ming Palace"，中央研究院近代史研究所编《近代中国妇女史研究》，中央研究院近代史研究所2003年版，第172页。

③ （汉）班固:《汉书》，第九十七卷上，"外戚传·颜师古注"，中华书局1962年版，第3935页。

犹日之与月，阴之与阳，相须而后成者也。""天子听男教，后听女顺；天子理阳道，后治阴德；天子听外治，后听内职。教顺成俗，外内和顺，国家理治，此之谓盛德。"（《礼记·昏义》）因此，从理论上而言皇后应该与帝国各个阶层内部的普通女性一样，将自己的活动区域和权限严格地限制在后宫内闱的范围之内，不能参与外在的政治事务。然而正如上一章所指出的那样，"阴阳"两个元素的相互补充、互融互生，以及这种职事分工上的"内—外"分野在客观上所具有的模糊地带的存在，则使得帝—后之间的职责和界限在事实上难以明确区分。

尤其是"家天下"体制的存在，则更是使得帝国的政治事务这一"国事"在某种意义上成了君主—家—姓的"家事"。对于最高统治阶层而言，管理国事和管理家事，两者本身就很难区分开来，有时甚至会"彼此之间有所重叠（overlapped）"①。从这个意义上说，"国政"也即"家政"，"外"与"内"也就很难分开。因此，"虽有宫阃制度将妇女局限于内廷，但是一旦需要，作为皇帝家族成员……就有可能、有权力出来主持'家务'，亦即国务，由'主内'走向'主外'，'女主'正由此而生"②。

需要强调的是，皇后参与政治的合法性是建立在"阴阳"关系之不可分割和"内外"职责分工之含糊性基础上才得以形成的，但这种理论上的模糊性、不确定性和相应的制度保障的缺乏，都可以视为某种重大的内在缺陷，使得皇后参与政治的合法性根基最终只不过是"潜在的资源"。换言之，这一理论基础既有可能为其提供合法性的支持，但也易于受到主流文化传统的反对和抵制，皇后最终是否能够获得政治权力与统治的机会，则在很大程度上取决于当时的政治形势以及皇帝本人的态度。

第二，帝制中国的政治体制关于女主在整个帝国中所处的地位设定，在

---

① Dora Shu-Fang Dien：*"Empress Wu Zetian in Fiction and in History：Female Defiance in Confucian China"*，New York：Nova Science Publishers，Inc. 2003，p. 73.
② 杜芳琴、王政主编：《中国历史中的妇女与性别》，天津人民出版社 2004 年版，第 231 页。

第二章 帝制中国的政治安排及其对于女主统治合法性的影响

客观上为其参与政治的合法性提供了文化资源与制度保障。

一方面,对于皇后而言,她虽然主要是作为皇帝的补充而存在,其地位自然也居于皇帝之下,然而,帝制时代"家天下"的政治体制与文化认同,以及她本人与皇帝"同体"的特殊关系,则使得她同时还兼具了另一种身份,即为天下人的"母亲"与"海内小君"①。正所谓:"天子修男教,父道也;后修女顺,母道也。故曰天子之与后,犹父之与母也。"(《礼记·昏义》)"天子之妃谓之后,何?后,君也,天下尊之,故谓之后。"(《白虎通·嫁娶》)。"后,正位宫闱,同体天王。"② 换言之,虽然皇后的地位低于君主,但在政治等级的安排上却明显高于任何臣属③,借助于皇帝所拥有的至高无上的权威,她也由此获得了与官僚集团和天下百姓之间的"君臣"关系。这一政治秩序对于皇后地位的设计和安排,则在客观上使得她以"小君"的身份而对政治事务进行参与,具有了某种意义上的可能性与合法性权威。

而另一方面,对于皇太后而言,她作为皇帝之母的特殊身份,则使得她的地位在很大程度上脱离了皇帝制度所规定的只有皇帝才是"最高权力所有者"的基本理念,反而位居皇帝之上。关于皇太后可以利用母权的地位获取政治权力的现象,杜芳琴等学者已经进行了某种解释:"女主政治在中国的出现和延续,作为母后的女性能够合法跻身最高权力层,与其说和妇女地位有关,不如说与文化传统有关。在中国,既有贱视妇女的偏见,又有尊母的传统。中国没有女权、妻权而有'母权'。中国传统文化中的数家在'尊母'上取得了共识:道家尊母重牝,是从道的本体立论的;法家重母是从功利实用出发的;儒家尊母则是从伦理道德着眼……母是父的影子,母亲生育了儿子,母子骨肉亲情出于天然,托孤幼于母氏实为一种最佳选择。从历代太后临朝多于后妃执政、太后多为合法,而后妃多称僭越也可反证母权尊于'妻

---

① (宋)范晔、(晋)司马彪:《后汉书》,第十卷,"皇后纪",岳麓书院1997年版,第162页。
② 同上。
③ Priscilla Ching Chung: "*Palace Women in The Northern Sung*, 960–1126", Leiden: E. J. Brill, 1981. pp. 78–79.

权'。汉代独尊儒术，以孝立国，儒家纲常伦理在社会占据主导地位，母权尊崇；在此文化背景下，母后临朝实是自然而然。"①"'女为弱者，为母则强'，此语原本用来形容女性为保护子女所发挥的坚韧毅力，然而放在父系礼法中女性借助为母身份伸张意志的角度来理解，却也不无启发。"② 而日本学者冈安勇还通过对于"称臣"体制的考察证明，虽然皇帝在理论上居于整个帝国最高统治权力的顶点，但由于他还不得不向皇太后称臣，所以太后在实际上处于更高的权位。从这个意义上说，太后建立在这一基础之上而对于政治的参与，也将由此而获得极大的合法性与正当性。冈安勇对于这一问题所列出的两个图表正好可以作为证明③：

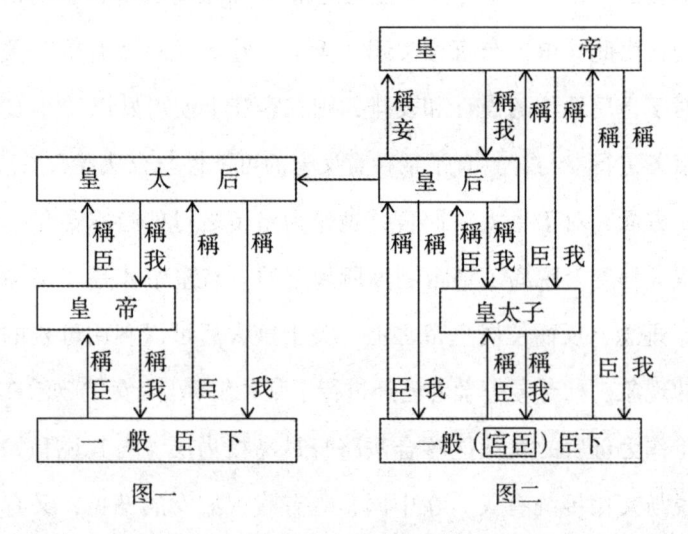

图一　　　　图二

第三，皇位继承制度本身所具有的内在缺陷，也在客观上为女主获得统治合法性提供了外在基础与制度保障。

如前所述，君主专制制度与家天下政治体制的建立，使得皇权只能在一家一姓内部传承成为帝国基本的政治法则与普遍接受的政治文化传统。从这

---

① 杜芳琴：《中国历代女主与女主政治略论》，鲍家麟主编《中国妇女史论集·四集》，稻乡出版社1995年版，第48页。
② 李贞德：《女人的中国中古史——性别与汉唐之间的礼律研究》，邓小南、王政、游鉴明主编《中国妇女读本》，北京大学出版社2011年版，第44页。
③ 转引自刘静贞：《从皇后干政到太后摄政——北宋真仁之际女主政治权力试探》，鲍家麟主编《中国妇女史论集续集》，稻乡出版社1991年版，第135页。

第二章 帝制中国的政治安排及其对于女主统治合法性的影响

一立场出发,王朝建立之初必须凭借武力和个人能力方能获得帝位的方式,在王朝稳定之后则让位于凭借血缘关系来获得帝国最高权位的世袭制①。然而,这种帝位传承法则所导致的后果之一则是,它在客观上无法百分之百保证继体之君的年龄、智力以及能力能够胜任治理天下的内在要求,因此,由毫无能力的幼子稚童即位的现象自然不绝于世,权力的真空也由此而产生。在这种情况之下,如何保证最高权力不会落入皇室外部人之手,则成了最为棘手的现实问题。正如内藤湖南所言:"由于皇帝总揽大权……当明君相继时,当然一切都好,若遇皇帝幼小而愚蠢时,自然政权落入君侧之人手中,从外部无由加以抑制。"②

在出现了权力真空的这种情况之下,在所有有可能获得权力的"君侧之人"当中,皇太后作为与皇帝有着更"亲密关系"③的母亲和皇帝家天下之"产业"的守护者,自然对于保证、维护帝国政治的正常运转显然负有伦理和道义上的责任,因此,相比较于其他人而言,其对于皇权的代理也最具有合法性,也最容易获得整个帝国的认同和接受。正如有学者所指出的那样,"与君主早丧相伴随的是幼子'承嗣大统'的'残废政局',正是这种'残废政局'给'母后摄政'提供了最便当的条件"④。从这一立场出发,皇太后突破"女祸论"这一主流意识形态的反对而参与政治事务的做法,则不但不被认为是一种"僭越",反而还将由此受到整个帝国的推崇与尊重。正如 Dora Shu-

---

① 如牟宗三就曾指出:"帝王之取得政权而为帝为王,其始是由德与力,其后之继续则为世袭。"牟宗三:《政道与治道》,学生书局 1991 年增订新版,第 1 页。又如汪文涛所言:"因为天下是一家的私产,在君位的传承上,自然采取世袭制,希望能传之子孙,万世不绝。这就是所谓家天下的思想。"汪文涛:《中国家族观念对政治民主化的影响》,正中书局 1986 年版,第 126 页。

② [日]内藤湖南:《中国史通论》,夏应元等译,社会科学文献出版社 2004 年版,第 219 页。

③ 如有学者就在研究中指出,相比较于父子之间更类似于正式责任的关系而言,母子关系则"更富有情感,更私有,并且更亲密(intimate)",也因之更有可能倾注全力去保护儿子的利益。董慕达(Miranda Brown):《中国战国和汉朝时期(公元前 453 年—公元 220 年)的母子关系》,伊佩霞、姚平主编《当代西方汉学研究集粹·妇女史卷》,上海古籍出版社 2012 年版,第 29 页。

④ 杨知勇:《家族主义与中国文化》,云南大学出版社 2000 年版,第 177 页。又如有的学者指出:"'女主称制',作为幼主母亲摄政,名正言顺,权力集中,又无此弊害。也就是说,实行此制,和其他办法相比,在维护幼主帝位免遭篡夺和保证王朝统治的延续上,保险系数要大得多。"祝总斌:《古代皇太后"称制"制度存在、延续的基本原因》,《北京大学学报(哲学社会科学版)》2008 年第 2 期。

Fang Dien 所指出的一样，"既然儒学将国家看作一个家庭，皇帝和皇后视为人民的父母，那么，皇后可以作为一个联合统治者（co-rulers）而获得大量权力。对于其丈夫已经死亡，而继承人还太幼小而不适于进行统治的皇太后而言，则更是如此。因此，尽管儒家官员并不赞成皇太后的摄政，但是这仍然是两千多年的王朝历史中一个普遍的现象"①。

第四，帝制时代对以"孝道"为核心的道德伦理的推崇和重视，也为皇太后获得统治的合法性提供了潜在的文化资源。

如前所述，虽然皇帝权位的最初获得往往建立在拥有武力的基础之上，但对统治者而言，单单凭借武力却不足以完成对于一个庞大帝国的长期稳定治理，而是不得不依赖于一种特定伦理道德秩序的建立与发生效力。特别是深受法家思想影响建立起来的秦帝国，由于只奉行"权力中心主义"而忽视伦理道德建设②所导致的二世而亡，使得继之而来的汉代统治者很快地意识到了这一点："他们知道，不折不扣地强制推行纪律是不够的，具有自我毁灭的潜在威胁。他们懂得，成功的政府组织不但依靠被统治的人的积极支持，而且依靠他们心甘情愿的合作。"③ "统治者应当是以道德领导艺术来行政的典范，应当是教化而非武力的典范。政府的职责不但是提供食物和保障，而且要教化人民。法律与惩戒是秩序的起码要求，但社会的和谐只有凭借礼仪的践行方可达致。"④ 因此，汉代以后，儒家伦理原则成为贯穿帝制中国史的基本文化秩序和文化模式。而且，对于这一秩序的推崇和维持，也由于其在事实上能够起到事半功倍的治理效果而最终成为帝国所必须要追求的主要目标

---

① Dora Shu-Fang Dien："Empress Wu Zetian in Fiction and in History：Female Defiance in Confucian China"，New York：Nova Science Publishers，Inc. 2003，p. 77.

② 如秦晖就指出，儒法两家建立在对人性的不同判断基础之上所产生的吏治原则也有极大的不同，"儒家的吏治观建立在性善论基础上，以伦理中心主义为原则，主张行政正义优先。而法家的吏治观则建立在性恶论基础上，以权力中心主义为原则，主张行政安全优先"。而"秦制是法家之制"。参见秦晖：《西儒会融，解构"法道互补"——典籍与行为中的文化史悖论及中国现代化之路》，《传统十论》，复旦大学出版社 2004 年版，第 172、176 页。

③ [英]崔瑞德、鲁唯一编：《剑桥中国秦汉史》，杨品泉等译，中国社会科学出版社 2006 年版，第 670 页。

④ 杜维明：《东亚价值与多元现代性》，中国社会科学出版社 2001 年版，第 171 页。

与治理原则①。正是对于这一点的推崇和强调,使得中华帝国形成了一种具有强烈的"文化性取向"的东方帝国,在这其中,"以文化性的取向或'模式维持'取向为主导的历史官僚体系……特别强调特定文化传统、文化秩序和文化模式的维持。它们构成了在其中政权得以完成其主要功能的基本框架,并且政治性目标必须从属于它们,至少在理论上是如此"②。

自此之后,帝制中国"家庭政治化"和"国家家庭化"③ 两种彼此一致互通的治理路径的现实存在,使得在国家所奉行的儒家伦理价值之中,立足于家庭内部的"孝"的原则,因易于推导出对君主的"忠"而成为最受推崇的伦理原则④,继而变为治理国家的一项基本"政治原理"⑤ 和"对履行官僚体制最重要的等级义务——无条件的纪律——的考验和保证"⑥。正如杜维明

---

① 但在黄仁宇看来,对于道德主义和精神力量的重视,而非是"数目字管理"上的成就,恰恰是帝国体制的最大缺陷:"体制上有欠周全,文官集团更需要用精神力量来补助组织上之不足……一个具有高度行政效率的政府,具备体制上技术上的周密,则不致接二连三地在紧急情况下依赖道德观念做救命的符箓。"黄仁宇:《万历十五年》,生活·读书·新知三联书店1997年版,第94—95页。

② [美] S. N. 艾森斯塔得:《帝国的政治体系》,阎步克译,贵阳:贵州出版社1992年版,第34、230页。

③ [韩] 李相华:《父权制和儒家——女性主义批评与韩国儒家文化重构》,林存秀译,杜芳琴、崔鲜香主编:《全球地方化语境下的东亚妇女与社会性别学研究》,湖南大学出版社2016年版,第31页。

④ 如有学者指出:"作为家族主义最集中体现的伦理规范'孝',成了'忠'的原本,或者说,'忠'不过是家庭伦理在君臣关系上的体现。"刘晓虹:《中国近代群己观变革探悉》,复旦大学出版社2001年版,第69页。

⑤ 刘厚琴:《儒学与汉代社会》,齐鲁书社2002年版,序言,第5页。在许多学者看来,正是这种"忠孝合一"的伦理原则在客观上加强了君主的专制统治权威,从而使其在近现代以来作为专制皇权的附庸而备受批判与质疑,如"在传统的中国社会,国家既然被视为一个大的家庭,因此,父子的关系不但发生作用于家族之中,而且扩及国家之上。中国古代的君臣关系,实在是父子关系的投射。君主以家长自居,在政治上扮演大家长的角色,而做臣子的,也以家庭中的子女对父母的角色来对待家长,此所谓忠孝观念的合一。在家庭中父母对子女有绝大的权威,引申到政治上,君主对于臣下也有绝对的威权。这是一种互补的功能。君主和臣民都肯定这种关系的存在,它维持了政治的稳定,也加强了君主专制的统治方式。"(汪文涛:《中国家族观念对政治民主化的影响》,正中书局1986年版,第120页。)"儒家强调的孝……更为突出的消极作用是儒家强调君权和父权的统一性,以'孝'的观念渲染父权的尊严,并以此来奠定君权的神圣性,把皇帝说成是父权的化身,借助父权来强化君权,倡导'以孝作忠'。"(杨知勇:《家族主义与中国文化》,云南大学出版社2000年版,第113页。)但在徐复观看来,对于孝道助长君主专制这一问题的认识和批判在实际上是这一伦理原则经由法家"转手"之后所导致的后世的曲解,孝的原则不仅不会导致专制,相反,其还可以消解专制之毒。具体的论述可参见徐复观《中国孝道思想的形成、演变及其在历史中的诸问题》,《中国思想史论集》,上海书店2005年版,第131—173页。

⑥ [德] 马克斯·韦伯:《儒教与道教》,洪天富译,江苏人民出版社2005年版,第130页。

所言:"在儒家的传统中,权力并不显得很突出。相反,儒家的教义是通过道德说服——通过示范性的言传身教——而得以传递的。"① 因此,对于承担着"教化典范"之职责与身份的统治者而言,"孝"之原则的顺利推行,以及在此基础上推广成为整个帝国的伦理价值,必须首先通过统治者自身主动的身体践行,才能够具有真正的统摄和表率力量。正是从这一意义出发,对于这一伦理原则的持守与践行也就构成了帝国统治者自身的道德诉求与价值取向②,同时也就在客观上要求统治者自身对于自己的"母亲"——皇太后的地位和作用的推崇与尊重,即便对于一个已经登上帝位的皇帝来说,也是如此。

因此,虽然主流文化和意识形态领域对于女性参与政治持有强烈的反对态度,但皇太后对于政治发表意见以及直接的参与,也由此而获得了文化和道义上的合法性资源。如张星久所言:"在传统的孝道思想支配下,身为人子的君主在父亲死后尊重和秉承母后的意志,身为臣子的官员尊重母后对国事(同时也是'家事')的发言权,于情于理也可以说得过去,从而为母权提供了道义上的合法性,为母后干政打开了一个缺口。"③ 而在幼子即位、不具备进行统治的实际能力这种情况之下,以母后的身份来代替儿子实现对整个帝国的统治,则更是具有了不容置疑的合法性与正当性。

第五,官僚集团凭借其在帝国政治体系中的特殊政治地位和文化身份,在为女主统治之合法性提供现实的政治支持的同时,也成为足以对其造成挑战与质疑的最为重要的力量。

---

① 杜维明:《儒家思想的核心价值》,《杜维明文集》(第二卷),武汉出版社 2002 年版,第 15 页。
② 对于"孝"的推崇和重视并不应当仅仅看作统治者对于整个帝国进行治理的"工具"和"手段",如何平就指出:"仅视孝道为统治者化治百姓的工具是不够的,它同样适用于统治者自身,故准确地说,它既是阶级的道德,又是整个国民的道德,后者的比重可能更大。"(何平:《中国传统政治思维探源》,天津人民出版社 2003 年版,第 69 页。)还有的学者曾经指出,认为皇帝有权力做一切事情,因此其对于道德力量的重视只是一种伪善的做法的观点,在事实上过于简单化和现代了。参见 Harold L. Kahn: "The Politics of Filiality: Justification for Imperial Action in Eighteenth Century China", *The Journal of Asia Studies*, Vol. 26, No. 2. (Feb., 1967), pp. 197 – 203。
③ 张星久:《母权与帝制中国的后妃制度》,《武汉大学学报》2003 年第 56 卷第 1 期。

第二章 帝制中国的政治安排及其对于女主统治合法性的影响

君主专制的政治体制虽然从理论上确立了君主一人统治的正当性和必要性，但从现实政治的角度出发，其权力的最终实现仍然不得不借助于官僚集团这一外在力量的协助方有可能真正完成。如有的学者指出："统治一个庞大的帝国，官僚制度为不可或缺的一套行政机器，缺此机器，政治权力即无由贯彻，君权本身亦无从发挥。"① 因此，作为皇帝实现统治帝国必不可少的行政工具，官僚集团自产生以来就成了皇权的"公开"与"正式"的代理机构，并与皇权相互依存，共同构成了帝制时代完整的政治体制——"官僚君主制"②。

官僚君主制自建立以来，从客观的政治现实来看，一方面，由于大一统帝国的规模庞大和组织复杂，使得君主无法彻底操控官僚集团的一切行动，而往往不得不在客观上允许官僚集团具有一定的自主性③；另一方面，相对于君主权位之产生的"世袭制"而言，科举制成了这一集团加入帝国政府的"制度化渠道"④，而其对于德行和能力的要求，也在客观上塑造着官僚集团高度的"理性成分（rationality）"⑤。这两个客观原因的存在，则使得官僚制

---

① 胡健国：《清代满汉政治势力之消长》，国立政治大学政治研究所博士论文，1977年，第33页。
② [美] 孔飞力：《叫魂：1768年中国妖术大恐慌》，陈兼、刘昶译，上海三联书店1999年版，第244页。而刘子键则将这种体制称作"官僚化的君主极权"。（[美] 刘子键：《两宋史研究汇编》，联经出版事业公司1987年版，第18—19页。）韦伯则将这一体制称作"家产官僚政治"。[德] 马克斯·韦伯：《儒教与道教》，洪天富译，南京：江苏人民出版社2005年版，第118—119页。
③ 尽管有学者认为，官僚集团只是作为皇帝的"政治家庭作坊"而存在，毫无独立性可言，如："官僚制度本质上是一种行政制度，而皇帝制度则是一种真正的政治制度。皇帝制度通过精心设计，把官僚制度整个变成皇帝个人随意操纵的'政治家庭作坊'。它试图将世界上所有事情都纳入这个庞大阴暗的'政治家庭作坊'里来加以处理和裁决。皇帝制度和官僚制度通过人为操作而使双方达到了权力资源的最优配置以及统治效益的最大化。"（雷戈：《秦汉之际的政治思想与皇权主义》，上海古籍出版社2006年版，第193页。）但考虑到现实的政治生活需要，这一观念显然有所偏颇。如有的学者就指出："君主虽宜总揽其权，但不可延及国家机关之权限，倘君主将国家机关之权限一并收揽，则机关必陷于瘫痪。"杨树藩：《宋代中央政治制度》，商务印书馆1982年版，第12页。
④ 阎步克：《士大夫政治演生史稿》，北京大学出版社1998年版，第3页。
⑤ 如余英时就指出："从权力结构方面着眼，我们首先应该将君权和官僚制度区别开来。这一区别非常重要，因为以反智而论，君权的传统才是反智政治的最后泉源，而官僚制度的传统中倒不乏智性的成分。官僚制度本身要求客观而普遍的法度，要求对事不对人的态度（impersonality），要求上下权责分明，也要求专门分工（specialization of functions）。这些基本要求都必须通过理性的规划才能达到。中国传统的官僚制度无论在中央或地方的行政制度方面，都表现着高度的理性成分（rationality）。"余英时：《"君尊臣卑"下的君权与相权》，《中国思想传统的现代诠释》，江苏人民出版社2004年版，第87页。

度自产生之后，就出现了一种明显的"自主性"① 和"客观化"② 的倾向，而不会完全依附于皇权而存在。如同余英时所言："官僚制度最初虽然也是在君主授权之下建立起来的，但它既产生之后，本身即成一客观存在，有它自己的发展和运行的轨道，不再完全随君主的主观愿望而转移了。"③

对于官僚集团而言，一定程度的"自主性"和"客观化"倾向，使得其与君权之间的关系成了"一部不断摩擦、不断调整的历史"④。但就根本理论基础而言，帝国君主专制的政治体制，依旧决定了唯有皇帝才是帝国最高的权力来源和唯一的权力主体，"所有的政治权力机构一无例外的都是皇帝的办事机构、派出机构和私人服务机构"⑤。从这一意义上说，官僚集团对政治的参与，从内核而言只是对皇权的"代理"，而非彻底的"代替"，是对帝制时代"治权"的有限分享，而非"政权"的彻底拥有。关于这一点，也在很大程度上被官僚集团作为基本常识和前提而予以接受。唯有建立在官僚集团对于君主专制和皇帝一家一姓之"家天下"政治体制做出全盘接受的基础之上，才能使得这一集团作为君主权力合理合法的代理者，在接受皇帝权威的同时，也不得不接受女主在皇权出现真空之时作为皇帝权限的补充而参与政治的行为产生。也唯有官僚集团对于这一政治体制和政治形态保持着最为本质的认可和配合，才为女主获得统治的合法性提供了最为重要的政治力量的支持。

需要强调的是，对于拥有政治权力的女主而言，获得官僚集团对她们的统治合法性的支持，却也并非一帆风顺和毫无变数。曾经对其参与政治提供

---

① 在艾森斯塔得看来，"这种自主倾向，表现于官僚的活动和组织的两个主要方面之上。第一，官僚通常设定了和维持着特定的一般服务方式、规则和标准，以把民众的某些一般利益纳入考虑，并对那些为了一己利益而不断地或者间或地企图对之加以改变者的压力加以抵制。第二，大部分官僚将发展出这样一种自我观念，即他们是国家或共同体的公仆（即便'国家'主要由某个王朝作为象征），并不仅仅是统治者的私仆。"[美] S. N. 艾森斯塔得：《帝国的政治体系》，阎步克译，贵州出版社1992年版，第279页。
② 余英时：《"君尊臣卑"下的君权与相权》，《中国思想传统的现代诠释》，江苏人民出版社2004年版，第85页。
③ 同上书。
④ 同上书。
⑤ 刘泽华：《王权至上观念与权力运动大势》，《洗耳斋文稿》，中华书局2003年版，第309页

第二章 帝制中国的政治安排及其对于女主统治合法性的影响

了制度支持的官僚集团,同时也会对于她们所获得的权力和保有的地位持有谨慎的反对态度。而这一点,则可以从官僚集团自身所具备的特质中得到解释。

从文化和政治身份而言,官僚集团并不仅仅是协助皇帝完成对于帝国治理的纯粹的职业官僚,同时还是身兼儒家正统意识形态的传播、维护于一身的"士大夫"。他们"不仅涉身于纯粹行政事务和纯粹文化活动,还承担了儒家正统意识形态……帝国官僚深受儒家教育,并有义务在各种情境中奉行、贯彻和维护它。意识形态的无所不包性,与士大夫角色的功能混融性质互为表里,并使其'文人'的一面与'官僚'的一面,充分地一体化了"[①]。正是由于这种集"文人"与"官僚"的双重角色和身份,使得这些士大夫们始终相信,他们已经由于对古圣先王之道的理解继承而成为"道"的代表和维护者,他们存在的价值与意义,除了在于向皇帝提供具体的行政支持之外,还在很大程度上体现为对统治者的政治权力进行"评估"[②]、并对其违反天道秩序的作为提出批评和反对这一行为。从这个意义上说,在奉行正统儒家意识形态、集文人与官僚双重身份于一体的官僚集团看来,既然儒家意识形态所坚持和强调的是女性不应干预政治,那么,女主跨越"内"的界限实现对政治事务的参与,在很大程度上只不过是由于某种原因而导致皇权与政权之间无法有效衔接,从而出现权力真空状态这一特殊情况时,这一系统进行自我弥补和挽救而产生的一种暂时现象,女主决不可能在事实上享有与男性君主完全一致的合法性。而且,由女主长期占有权力,还将在实际上造成对于天道秩序的破坏,因此,对她们的这种行为进行批判和反对,也成了这一集道德秩序和政治权力于一体的特殊群体必须要完成的职责。而官僚集团在整个帝国的政治体系与文化系统中所占据的独特地位,则使得他们成为对女主统

---

① 阎步克:《士大夫政治演生史稿》,北京大学出版社1998年版,第9页。
② 林存光:《儒教中国的形成——早期儒学与中国政治文化的演进》,齐鲁书社2003年版,第132页。

治合法性带来极大挑战与根本质疑的最为重要的政治力量。

第三节 小结

作为比普通阶层女性更接近权力中心的特殊女性群体，女主与帝国最高的政治权力主体——皇帝之间的紧密关系，以及她们由此而在帝国的政治体系中所处的独特地位，使得她们跨越"内"的界限、参与政治事务的具体作为，往往被看作会对整个帝国的政治秩序、文化传统和性别格局造成颠覆性的影响，因而不得不接受更为严格的限制和挑战。"女祸论"的产生与盛行，就是深受"女性不得参与政治"观念影响的历代学者和君主，在主流文化传统与意识形态领域内共同建立的一个试图将女性排挤在政治领域之外的"排挤机制"所催生的历史产物。在这些历史产物和文化作品的影响之下，女主们获得权力、参与外部政治事务的种种作为，将不得不承受更为严格的审查与质疑，并由此成为她们难以摆脱的心理枷锁与精神痛苦。

然而，大一统的帝制时代对于"君主一元统治"理念的不断强调和"家天下"的政治形态的普遍接受，以及围绕着这一制度本身所产生的一系列政治安排，也在客观上赋予了女主参与被认为是属于"男性专利"之政治事务的外在机缘。尤其是后宫制度作为皇帝制度的补充所具有的地位、女主在整个帝国中的地位设计本身、皇位继承制度的内在缺陷、帝制中国的"文化性"取向所引发的对以"孝"为核心的伦理秩序的推崇，以及官僚集团作为君主实现政治统治的工具而对这一体制的认同和提供的政治支持，这几种因素彼此交织，共同成为她们之所以能够获得统治合法性的文化资源与制度保障。在这一制度的保障之下，她们不仅能够在帝国的重大政治事务与政治决策中拥有某种意义上的发言权，而且还拥有了在特定的情况之下代替皇帝行使最高统治职责、甚至废立皇帝的合法权力，并由此获得了整个帝国对于她们的统治合法性的承认。最终，在一个"女祸论"普遍盛行的主流文化传统之内，

第二章　帝制中国的政治安排及其对于女主统治合法性的影响

她们得以以女主的身份在整个帝制的历史中留下了自己的印记。

与此同时还需注意的是，虽然拥有潜在的文化资源与制度基础，但女主统治合法性的获得和保持，也绝非一帆风顺。恰恰相反，帝国政治体制的安排本身也内在蕴含着对于她们的政治权力和统治合法性的反对因素。进一步而言，这些反对因素也同样存在于以上几种资源各自内部的弹性空间之内，以及官僚集团对于自己的文化角色认同与政治地位判定之中。

最终，在这种对女主统治形式的"接受"与"制约"、"认定"与"限制"等矛盾因素的共存之中，女主统治的合法性与男性君主所拥有的那种"天然的"统治合法性，有了极大的不同。那么，在女主以皇帝的妻子——"皇后"、皇帝的母亲——"皇太后"，以及一个独立于男性之外的"女皇帝"的角色在事实上统治整个帝国的时候，她们所拥有的不同身份和地位，又将为她们的政治权力的获得带来什么样的影响？在这三种不同的形态之下，她们的合法性具体特征是什么？她们还将接受什么样的不同限制和约束？对于女性身份的自我认同，将对她们的权力走向带来什么样的影响？对于这些问题的考察，将构成本书接下来的主要内容。

第三章　值得警惕的政治助手——皇后

相比较于以皇帝之母——皇太后的身份在皇权与政权无法进行有效衔接、从而有可能引发统治危机之特定情形下参与政治事务的基本状况而言，以尚健在人世的当朝皇帝之妻——皇后的身份跨越后宫内闱的界限、公开对帝国的政治事务发表意见，甚至还能在皇帝本人的允许之下获得代理其直接处理朝政的政治权力，事实上并非是一个普遍的现象，而在两千年的帝制时代里真正做到这一点的，也不过寥寥数人而已。正如本书的第一章中已经指出的那样，由于"妻子"在较长一段时间内所具备的"他者"身份，将在很大程度上使得皇后参与政治事务的作为，在实际上要比皇太后承受来自各个社会集团和文化传统更大且更强烈的压力和非议。那么，对于皇帝尚健在人世，因此自己的职责也应当主要限制在后宫内闱领域之内、而绝非跨越界限来参与政治事务的皇后而言，她为什么最终能够获得这种难得的机会呢？她又必须凭借什么资格、通过什么方式才能够最终赢得自己丈夫的许可，从而来分享和代行君主至高无上的权力呢？她参与统治的合法性又将承受什么样的质疑和挑战？其合法性的最终边界又在哪里呢？

第一节　权力的获得与基础："助手"资格的确认与"内"的跨越

在本书的第二章笔者曾经指出，秦始皇大一统帝国的建立，在事实上宣告了战国时代分崩离析和治乱离合局面的终结,自此之后,"大一统"成为知识精英阶层和普通民众最为普遍的政治诉求和基本理性选择,而君主专制统治的政治形态和"天下"乃君主一人之"家天下"的政治模式,也最终成为帝制时代人们广为接受的文化认同,皇帝一人专制的理念逐渐深入人心。而从客观的政治实际而言,统治一个庞大帝国在技术上所存在的种种困难,使得皇帝不可能将所有的权力彻底集中在自己一人之手,而是不得不在一定程度上依赖于外在的力量,尤其是官僚集团的参与来协助自己共同完成这一任务,官僚集团也因此被认为是皇权"公开的""合法的"代理而在帝国的政治体系中居于正式的位置。

但是依然不应当忽略的是,在具体的统治实施过程中,君主和官僚集团双方先天均具有的那种追逐权力的"内在化"倾向,将使得两者之间不可避免地产生一种"经常性的冲突":一方面,虽然官僚集团的权力来自于君主的授权,但是他们仍然希望能够尽可能地保持自己的独立地位和政治自主性,能够在更大程度上依据自己的愿望来支配政策的决定和实施,并以某种方式成为自己的政治主人;但在另一方面,在授予官僚集团以一定的权力以便协助自己完成统治的同时,君主也希望能够最大限度地将权力控制在自己的手中,以免这一集团发展成为一股强大到足以对自己的最高统治权力造成威胁和挑战的独立力量。围绕着这种经常性的冲突,皇帝的解决之道,通常表现为建立和维持各种相对独立于官僚集团之外的私人顾问或官员的圈子来取代他们执行自己的命令,或者尽力在官僚集团的内部造成一种事实上的分权和相互牵制力量,以便更好地维持和保护自己的统治地位[①]。而对于皇后而言,她在整个帝国的政治体系中所处的独特地位,则使得她极有可能成为皇帝借

---

① [美] S. N. 艾森斯塔得:《帝国的政治体系》,阎步克译,贵州出版社1992年版,第163—164页。又如芮沃寿教授所言:"历来皇帝既是所有官员必不可少的盟友,又是自然的对手(不论多么隐蔽)。"([英]崔瑞德:《剑桥中国隋唐史》,中国社会科学出版社2006年版,第123页。)而杨联陞还曾通过对官员公共节假日的考察进一步指出,皇帝在加强自己对下属的控制力上做出了不懈地努力,以至于很显然地"在中国历史上有一个趋势,使皇帝越来越成为他的官员们的监工"。([美]杨联陞:《中国制度史研究》,彭刚、程刚译,江苏人民出版社2007年版,第17页。)

以对抗官僚集团和其他政治组织的压力与挑战,并以此强化君主政治权力与统治权威的一个有用的政治助手。事实上也正是这种作用,才使她能够在"女祸论"盛行的主流文化传统中,在自己的丈夫——皇帝尚在人世的时候就获得他的首肯和同意,参与到实际的政治生活中来。本章将主要通过对唐高宗之武皇后、宋真宗之刘皇后以及汉高祖之吕皇后三个人的具体处境、现实作为的分析入手,来展开对这一问题的研究。

一、"权与人主侔"的武后

在所有以皇后的身份直接参与政治生活,甚至在某种意义上代替皇帝直接处理政事的个案中,一个最为明显的范例就是唐高宗的武皇后。她不仅在作为皇后时就已经开始参与各类实际政治事务,而且还与高宗一起被朝臣尊称为"二圣",并将在日后作为帝制中国两千年历史中唯一一位"女皇帝"而著称于世。而她何以能够在高宗尚在人世的时候就得到他的许可获得政治权力,并深度介入政治事务,则需首先从她的丈夫唐高宗李治的政治抱负与政治作为说起。从根本上而言,她之所以能够在政治领域脱颖而出并不断兴起,并不单独取决于她自身的私人愿望和主观努力,而在很大程度上是由其丈夫的政治抱负和具体作为所决定的。

高宗李治作为唐太宗的第九个儿子,据称"幼而岐嶷端审,宽仁孝友"①,并由此深得其父亲的喜爱,但在最初,他显然不是唐太宗这位集文治武功于一身、并将在后世享有盛誉的帝王最为中意的继承人人选。在长孙皇后所生的三个皇子中,长子李承乾"性聪敏,太宗甚爱之",不久就被立为太子,并常在太宗巡幸时期居守监国,颇得他的赏识。但由于他先天足疾,行走不便,而四子李泰则"有当时美誉,太宗渐爱重之",太子开始逐渐担心皇帝日后会有废立之心,李泰也由此而生阴谋夺嫡之意,自此之后二人"各树

---

① (后晋)刘昫:《旧唐书》,第四卷,本纪第四,"高宗上",中华书局1975年版,第65页。

第三章 值得警惕的政治助手——皇后

朋党,遂成衅隙"①。同样通过兄弟相争的方式以及胁迫父亲高祖禅位才登上皇位的太宗,绝不可能容忍在自己的儿子中有这样两股将会威胁自己统治的政治势力团体的存在,最终这两个人一并被废黜②。而在他极为信赖和倚重的朝廷重臣长孙无忌的建议和保证之下,长孙皇后的第三子、长孙无忌的外甥李治被选中立为太子③。而在六年之后(649年)太宗去世时,他还在病榻前托孤于自己所信任的两位元老重臣长孙无忌和褚遂良,请他们在自己身后尽心辅佐这位小皇帝④,高宗随后继皇帝位,改元"永徽",并于第二年册立原来的太子妃王氏为皇后⑤。

  长孙无忌和褚遂良虽为托孤之人,但在新皇帝看来,这两位元老重臣在他朝堂上的存在,却意味着原本属于自己的统治权力被他们借用辅政的名义而进行着事实上的侵蚀和瓜分。一方面,褚遂良在朝廷中有着相当大的影响力,而长孙无忌则更是集尚书、中书、门下三省大权于一身,位高权重,"足见他至少不会像一般臣下在皇上面前那么恭顺听话,何况他还是皇上李治的母舅"⑥。而且,既然李治之所以能够成为太子和皇帝完全是出自于他的支持,所以他对这一极有可能引起帝王猜忌的至重权位不仅毫不避嫌,反而处之泰然,"自恃拥立之功及帝舅之亲,当仁不让",以至于在这段期间高宗只能算是名义上的君主,而事实上"政在舅氏长孙无忌"手中⑦。另一方面,已经二十二岁的年轻皇帝急切地想要摆脱辅政大臣的控制而在政治上有所作为,

---

  ① (后晋)刘昫:《旧唐书》,第七十六卷,列传二十六,"太宗诸子·恒山王承乾",中华书局1975年版,第2648页。
  ② 关于唐太宗废黜两个太子的原因论述,可参见黄永年《六至九世纪中国政治史》,上海书店出版社2004年版,第158—162页。
  ③ (宋)司马光:《资治通鉴》,第一百九十七卷,唐纪十三,"贞观十七年条",中华书局1956年版,第6196页。
  ④ (后晋)刘昫:《旧唐书》,第四卷,本纪第四,"高宗上",中华书局1975年版,第67页。
  ⑤ (宋)司马光:《资治通鉴》,第一百九十九卷,唐纪十五,"贞观二十三年、永徽元年条",中华书局1956年版,第6270页。
  ⑥ 黄永年:《六至九世纪中国政治史》,上海书店出版社2004年版,第166页。
  ⑦ 王吉林:《唐代宰相与政治》,文津出版社1999年版,第101、97页;[韩]任大熙:《唐高宗统治前期的政治与人物》,赵文润、李玉明主编《武则天研究论文集》,山西古籍出版社1998年版,第261—266页。

并尽力解决太宗晚年由于独断专行和刚愎自用所遗留下的诸多经济困难和现实问题①，但这两位辅政大臣却宁愿将其看作"守文之良主"，② 而并非是像太宗一样也能够取得开拓性的巨大政绩的有为之君，由此两者在帝国政治的具体行政目标上也逐渐产生了矛盾③。

毫无疑问，处处受制于这两位重臣以"辅政"为名、行"束缚"之实的高宗，逐渐产生了清除这股政治势力、培养自己亲信力量的想法。永徽元年（650 年），褚遂良被借故左迁，第二年于志宁、宇文节、高季辅等一批中高级官僚被迅速地擢升到宰相的位置，王皇后的父亲柳奭也被提拔为"同中书门下三品"，相当于宰相之职，目的显然在于通过"任用自己的外戚来向已故老皇帝的外戚争权"④。而被太宗故意贬黜、以便新皇帝高宗日后能够重新提拔、从而使其对高宗忠心耿耿的英国公李勣⑤，也被从放逐之地召回并担任宰相，以期作为一股新的政治力量对这些元老重臣的权力造成分化和制约。但柳奭和于志宁等人似乎并未明确领会皇帝这一举措所蕴含的政治意图，而是很快与长孙无忌、褚遂良打成一片。高宗既然无法借助他们的力量来达成自己的目的，就将目光转向了官僚系统中的中级官员许敬宗、李义府、崔义玄等人。后者显然十分清楚这场政治斗争将会给他们带来的难得的政治机遇，于是很快成为高宗这一举措的坚定支持者。与此同时，既然柳奭已经成为皇帝所反对的政治势力中的主要成员之一，他的女儿、当今的王皇后自然也被认为是处在了皇帝的对立面，不再适合居于后宫之首的位置。于是，在有步骤的安排之下，柳奭被首先放逐，其后高宗开始着

---

① 关于唐太宗晚期的政情蜕变以及他所遗留下来的诸多问题，可参见［英］崔瑞德《剑桥中国隋唐史》，中国社会科学出版社 2006 年版，第 170—175 页；王炎平《论"二圣"格局》，中国唐史学会编《中国唐史学会论文集》，三秦出版社 1989 年版，第 196—197 页。

② （宋）司马光：《资治通鉴》，第一百九十七卷，唐纪十三，"贞观十七年条"，中华书局 1956 年版，第 6206 页。

③ 王炎平：《论"二圣"格局》，中国唐史学会编《中国唐史学会论文集》，三秦出版社 1989 年版，第 196—198 页。

④ 黄永年《六至九世纪中国政治史》，上海书店出版社 2004 年版，第 168 页。

⑤ （后晋）刘昫：《旧唐书》，第六十七卷，"李勣传"，中华书局 1975 年版，第 2487 页。

手准备废掉他的女儿王皇后,并改立武昭仪为后,但这一提议遭到了这些元老重臣们以"有违先帝遗愿"为名的坚决反对。只有一贯抱有"不参与政争的行动哲学"①的李勣以"此陛下家事,何必更问外人"②的态度表明了他在这一问题上对皇帝的支持,废除王皇后的计划才得以最终实现,武昭仪被立为皇后③。

永徽六年(655年)王皇后被废,武昭仪被擢升立为皇后,宣告她从此脱离了仅仅为帝王广延子嗣之目的而设置的普通嫔妃的行列,正式获得了"同体天王"④的地位。基于她将在三十五年之后以女性身份称帝的事实,对她抱有极端敌视态度的后世儒家学者如司马光和欧阳修等人⑤,往往倾向于将王皇后的被废和武皇后的册立,都归结于这位他们看来野心勃勃的女性在通往最高权力的路上所精心策划的结果,同时还绘声绘色地在史书中记录了一段关于她如何丧尽天良、不惜掐死自己尚在襁褓之中的女儿来陷害对手,以便为自己擢升道路创造机会的历史故事来进一步诋毁她的形象,而她的丈夫——当朝的皇帝高宗也由此被塑造成为一个唯唯诺诺、不得不听命于妻子的软弱男人的形象。然而非常值得一提的是,虽然骆宾王曾于十九年后在其声名远播的《代李敬业讨武氏檄》中,对时为太后的武则天一贯具有的"不道德"行为和"政治野心"进行了非常富有煽动性的声讨,但却丝毫没有提

---

① [韩]任大熙:《唐高宗统治前期的政治与人物》,赵文润、李玉明主编《武则天研究论文集》,山西古籍出版社1998年版,第268页。
② (宋)司马光:《资治通鉴》,第一百九十九卷,唐纪十五,"永徽六年条",中华书局1956年版,第6291页。
③ 关于对高宗和辅政大臣在这一问题上的具体利益和基本立场的分析,可参见黄永年:《六至九世纪中国政治史》,上海书店出版社2004年版,第158—174页。
④ "后正位宫闱,同体天王。"(宋)范晔、(晋)司马彪:《后汉书》,第十卷,"皇后纪",长沙:岳麓书院1997年版,第162页。"皇后之尊与帝齐体,供奉天地,祗承宗庙,母临天下。"(宋)徐天麟:《东汉会要》,第一卷,"帝系上",上海古籍出版社2006年版,第12页。
⑤ 正如学界已经注意到的那样,司马光在其《资治通鉴》中,因对宋明理学所提倡的道德价值观的格外强调、同时期的历史形势、意识形态偏见和强烈的个人偏好,最终使得该书的相关记载脱离了客观性、可靠性的基本史学要求。从某种意义上说,该著作的主要目标是服务于编纂者的个人政治目标,而非坚持不偏不倚的学术理想。而他的这一做法,也由此对后世的历史编纂学产生了深远影响。具体论述可参见 Ming K. Chan: The Historiography of The Tzu-Chin T'ung-Chien: A Survey, *Monumenta Serica*, Vol. 31 (1974-1975), pp. 1-38。

到她曾谋杀亲生女儿来换取皇后身份的这一段为现代人所耳熟能详的故事①。必须意识到的是,既然该作的目的在于尽可能地唤起所有民众对武氏的反对和抵抗,因此,如果上述事件在当时是一个公论、甚至只不过是一些捕风捉影的传说的话,他们就完全有可能对这一足以表明武皇后罪恶的重要"证据"进行充分的发挥和利用。从这个意义上说,其实在当时的人们看来,武昭仪并不应当为她的女儿的死亡承担任何主观责任,而对于她在这一事件上的批判则更有可能是极度反对她的后代儒家学者刻意地附加在她身上的历史罪名。而且,在被学界公认为是最客观、简明的唐代史籍,由距离唐代历史并不久远的后晋刘昫所编撰的《旧唐书》中,也没有出现对于这段历史的记载,只是在宋儒司马光和欧阳修等人的演绎之下,武昭仪才在此时被刻画成为一个残酷、冷血的、为了追求政治地位不惜杀死自己女儿的女性。而深受儒家学说影响的林语堂也进一步在其著作中将这一情节夸大处理,以便揭露这位不寻常的女性的政治野心②。

换言之,这场后宫主人的变换原因,远非那些极端反对女主当政的人们所描述的那样,是这位处心积虑的武昭仪在试图爬上权力顶峰的过程中精心算计的结果,相反,从本质上说它是高宗皇帝力图消除对自己的统治权力造成了重大制约的官僚力量的自然产物③,而武昭仪本人在这场政治斗争中也并

---

① 檄文的具体内容可参见(清)董诰等《全唐文》,第一百九十九卷,"代李敬业讨武氏檄",中华书局1983年版,第2009页。

② 关于这一段历史事实的真伪状况在学界一直争论不休,如在日本学者原百代看来,这位小公主在事实上死于当时的普遍现象——煤气中毒,而绝不是对女性参政持有极度反对态度的司马光和欧阳修所刻意杜撰的那种状况。而Fitzerald也坚持认为这位小公主的死亡有可能是自然原因,而不是武后为了陷害王皇后而刻意所为。关于这几条史料的异同之处以及对它的选用,则可参见(宋)司马光《资治通鉴》,第一百九十九卷,唐纪十五,"永徽五年、六年条",中华书局1956年版,第6286-6290页;(后晋)刘昫《旧唐书》,第六卷,本纪第六,"则天皇后",中华书局1975年版,第115页;(宋)欧阳修、宋祁《新唐书》第七十六卷,列传第一,"后妃上",中华书局1975年版,第3474—3475页;林语堂《武则天传》,陕西师范大学出版社2005年版,第16—33页;[日]原百代《武则天传》,陕西人民出版社1986年版,第187—195页;Howard S. Levy:"Review: The Empress Wu by C. P. Fitzgerald; Lady Wu: A True Story by Lin Yutang",The Journal of Asian Studies, Vol. 17, No. 4. (Aug., 1958), pp. 617-619。

③ [韩]任大熙:《唐高宗统治前期的政治与人物》,赵文润、李玉明主编《武则天研究论文集》,山西古籍出版社1998年版,第266页。

未起到主宰作用，只不过是这一格局变化的受益者而已。正如黄永年所言："很明显，她并未充当主角。排除长孙无忌、褚遂良等元老重臣本是高宗的一贯策略，而柳奭与元老重臣打成一片，王皇后自然非废不可。这都出于高宗的乾纲独断，用不着武昭仪或其他人来指使，更谈不上一切都听从武昭仪指挥。"①但自此之后，她所具备的那种后宫女性中难得一见的政治才华，则使她逐渐成为这位皇帝在实现自己政治目标过程中所不可缺少的重要助手，并由此而奠定了她在整个帝国政治格局中的地位。

正如《旧唐书·则天皇后》所载："后素多智计，兼涉文史。"② 既然高宗有意于消除元老重臣的势力，以便将统治整个帝国的权力重新掌握到自己的手中，武皇后所具备的这些基本特质、她与皇帝之间的亲密关系，以及她作为皇后而在帝国政治体系中"同体天王"的身份和地位，自然使得她成为皇帝在进一步完成自己政治目标过程中最为得力和合适的助手人选。事实上也正是这一点为她得到皇帝的宠信和信任，从而跨越"内"的界限参与帝国的政治事务赋予了客观上的可能性。如黄永年也指出，武皇后"是凭其'多智计''涉文史'才能充当高宗政治斗争的内助而获得宠信，犹如后来宦官之有才智者在内廷所起的作用。高宗既因政治原因要废王皇后，最合适的替补者当然是这个政治贤内助武昭仪。这种充当政治内助的功用正是武氏当时真能起的作用"③。而让高宗皇帝感到欣慰的是，在武皇后的帮助之下，他得以顺利并有步骤地推进自己的政治目标，李义府、许圉师、卢承庆等一批致力于维护和提高皇帝权力的新的中低级政治人物被相继提拔重用④，并在客观上

---

① 黄永年：《六至九世纪中国政治史》，上海书店出版社2004年版，第174—175页。
② （后晋）刘昫：《旧唐书》，第六卷，本纪第六，"则天皇后"，中华书局1975年版，第115页。
③ 黄永年：《六至九世纪中国政治史》，上海书店出版社2004年版，第176页。亦有学者从人格学的角度指出，武后无论是从年龄、性格还是身份上，都十分符合高宗潜在的爱情需求，也由此得到了后者发自内心的信赖。具体论述可参见司海迪《武则天的人格与重要人际关系考论》，博士学位论文，武汉大学，2014年，第三章。
④ ［韩］任大熙：《唐高宗统治前期的政治与人物》，赵文润、李玉明主编《武则天研究论文集》，山西古籍出版社1998年版，第269—270页。

导致了"北门学士"的兴起和关陇贵族政治向文人政治格局的转向①，太宗时代所遗留下来的旧臣如褚遂良、韩瑗、来济和柳奭等人则相继被贬或处死，直到四年之后（659年）他的舅父长孙无忌被逼自杀这一事件为止②，表明曾对皇帝的统治造成重大威胁的这股政治势力最终被清除干净，由皇帝本人所发起的这场从元老重臣手中收回权力的政治斗争也至此得以完成，高宗在帝国内部重新建立起了一股以自己权力为中心的新官僚集团的力量③。

帮助皇帝重新将统治帝国的政治权力收回自己手中的工作虽然已经完成，但武皇后作为自己丈夫得力的"政治助手"的身份则并未就此终结。事实上在她身上所体现出来的那种杰出的政治才能，还使她进一步获得了这位帝国最高统治者的信赖，并得以作为他在接下来二十多年的政治生涯中最为重要的情感伴侣和政治助手，而在帝国的政治与历史中留下这位女性的印记。

高宗在统治的初期无疑想要像自己的父亲一样励精图治，并在历史中留下一个好的名声，但他却遗憾地发现，自己缺乏作为一个庞大帝国日理万机的统治者所必须要具备的强健体魄，经常性的头痛和目眩使他不得不将政治事务委托给富有政治才干的皇后代行处理，而她的种种作为显然深得皇帝本人的赏识，即便是对她抱有敌意的儒家学者司马光也不得不承认："后性明敏，涉猎文史，处事皆称旨。"④事实上，无论是对国内经济、社会问题的处

---

① 自此之后，"大批平民出生的文人由科举入仕，使得唐朝的政治主体构成发生了很大的转变，特别是帝国的政治高层结构实现了由关陇贵族集团向文人阶层的转变，文人政治的局面由此基本形成"。（李福长：《唐代学士与文人政治》，齐鲁书社2005年版，第152页。）而到载初元年（689年）时，时为太后的武氏还首次开始实行殿试选拔人才。（王道成：《科举史话》，中华书局1997年版，第7页。）

② （宋）司马光：《资治通鉴》，第二百卷，唐纪十六，"显庆四年条"，中华书局1956年版，第6312—6316页；王吉林：《唐代宰相与政治》，文津出版社1999年版，第112—115页。

③ 陈寅恪曾将这场政治斗争的原因归结为是关陇集团与山东集团之间夺取最高权力的产物，但现代以来许多学者的研究则证明，这一斗争实质上是既得利益者为了维护自己的既得利益而与朝廷内部新的政治势力为了争取更高政治权益之间的斗争，从本质上说与他们的地域无关。具体的争论和论述可参见陈寅恪《隋唐制度渊源略论稿·唐代政治史述论稿》，生活·读书·新知三联书店2001年版；黄永年《六至九世纪中国政治史》，上海书店出版社2004年版，第177—178页；[英]崔瑞德《剑桥中国隋唐史》，中国社会科学出版社2006年版，第225—226页。

④ （宋）司马光：《资治通鉴》，第二百卷，唐纪十六，"显庆五年条"，中华书局1956年版，第6322页。

理，还是致力于促进科举制的发展，以及修订法律、进行大规模的儒家经典注疏和史书编修的工作，以及对外关系基本方针的确立和推行，在高宗所面临的绝大多数重要的政治事务以及他所取得的一系列政治成就中①，武皇后都作为他极为关键和有力的政治助手而在他的统治格局和心目中起着无可替代的作用。因此，出于对她所具备的这一政治才能的充分肯定，以及对她为自己所提供的政治帮助的最大认可，高宗皇帝甚至赋予了这位得力的政治助手一个前所未有的殊荣：皇帝被称为"天皇"的同时，皇后也被称之为"天后"，在皇帝上朝的时候皇后还可以垂帘于玉座之后，政事大小皆有所预闻，朝廷内外也将他们一并称作"二圣"。而且，当朝皇帝甚至还一度产生了将皇后的地位和权力以公开合法的形式在整个帝国的政治系统中进一步确立下来的念头：上元二年（675年）高宗意图下诏，命令皇后"摄国政"，最后因中书侍郎郝处俊的反对而未能施行。②

虽然并没有确切的资料可以证明高宗是否曾经发自内心地认为，自己深爱的皇后所具备的政治才能在事实上甚至居于自己之上，但他显然对她的这种才能和智慧表示出了相当大程度的信赖和倚重，以至于她在他的心目中甚至具有了某种明显的"个人权威"。正如现代政治学研究的成果所表明的那样，"个人权威有双重含义：一方面，它是基于掌权者的特殊性格和能力，而不是基于其社会角色或广义的规范品质；另一方面，它源于对象对独特的个人品质的感觉和评价而不是掌权者强制、奖励或提供专家咨询的资源……个人权威可以看作'纯粹'型的权威，其中命令的发布与服从，无须发布命令者拥有任何强制性权力、可转让的资源、社会授予的特殊资格或合法性。他或她对对象的重要性构成后者遵从的唯一原因"③。对于高宗而言，虽然武皇

---

① 关于高宗时期的历史成就，可参见［英］崔瑞德《剑桥中国隋唐史》，中国社会科学出版社2006年版，第235—260页。

② （后晋）刘昫：《旧唐书》，第五卷，本纪第五，"高宗下"，中华书局1975年版，第99—100页。

③ ［美］丹尼斯·布朗：《权力论》，陆震纶、郑明哲译，中国社会科学出版社2001年版，第67页。

后从政治和文化身份上而言只是后宫妃嫔之首,理应将自己的权限规制于后宫内闱的范围之内,但她所具备的那种杰出的政治才华和独特的政治品质,则使她完全具备了如下资格,即:她可以将自己的职责和权力范围拓展到为皇帝统治整个帝国提供直接而有效的政治帮助,而远非像主流文化传统所规定的那样,仅仅局限于管理后宫事务。事实上也正是出于高宗对她所具备的这种"个人权威"的接受,以及对她作为一个合格的"政治助手"的资格确认,才在客观上使得他允许她跳出主流文化传统关于两性职责的基本限定,作为自己的政治助手而在整个政治体系中存在。也正是从这一意义出发,武皇后才能够在一个强烈反对女性参政的文化传统之内,在自己的丈夫尚健在人世的时候就获得了与其共同处理朝政的资格和可能性,并在高宗接下来的政治生涯中一直居于显要的地位,即如史书所言:"自此内辅国政数十年,威势与帝无异"①,"权与人主侔矣。"②

二、"帝深重之"的刘后

另一位以皇后身份对帝制中国的政治事务进行公开参与的较为典型的例子,则是宋真宗的皇后刘娥。虽然她的政治作为和历史成就将在她以皇太后的身份代行皇权时体现得更为鲜明和突出,并将由此在有宋一代的政治和历史中留下难以磨灭的印记,但此时她的丈夫、当朝皇帝真宗在面对着自己的政治困难时对于她作为自己在处理政务时合格且重要的"政治助手"的资格确认,则赋予了她提前登上政治舞台的若干机缘和可能性。

如同有些学者已经指出的那样,作为帝制中国两千年历史中的客观历史事实,绝大多数帝王婚姻都并非两性之间简单的结合,而是被赋予了强烈的政治色彩,皇帝与皇后之间的关系也更多地体现为一种带有政治目的和功利

---

① (后晋)刘昫:《旧唐书》,第六卷,本纪第六,"则天皇后",中华书局1975年版,第115页。

② (宋)司马光:《资治通鉴》,第二百卷,唐纪十六,"显庆五年条",中华书局1956年版,第6322页。

第三章 值得警惕的政治助手——皇后

色彩的联姻,而并非两者间发自内心的深厚情感的结晶。① 但对于刘皇后而言,她之所以能够登上后宫之首的位置,却恰恰植根于她与皇帝长期建立起来的深厚情感。早在真宗还是太子之时,出身极其卑微的刘娥就已得宠于专房②,但太子的乳母,素以"性严整"著称的秦国夫人并不满意她的出身,曾屡次下令将二人拆散。到真宗正式登上皇位之后,刘娥被重新召入宫中,并被封为美人③。此后真宗历次外出巡幸,刘娥都获得了其他后妃难以企及的殊荣:她得到了皇帝的允许而与之相从④。与此同时她在宫中的地位也得到不断提升,到景德四年(1007 年)郭皇后死后,真宗曾有意立她为后,但宰相赵安仁、王旦等人皆认为刘娥出身寒微、不是母仪天下的合适人选而不断上书反对,刘娥自己为了避嫌,也数次固辞其位,直至大中祥符五年(1012 年),在中书门下请求"早正母仪"的不断催促之下,她才最终登上了皇后之位⑤。尽管两人情深意笃如此,但真宗和刘皇后之间存在的这种大多数帝后之间难得一见的情感,客观上并不能构成她跨越后宫内闱的界限、参与原本并不属于后妃权限的帝国政治事务的充分必要条件,这一机缘的来临,还需要当真宗本人面对着自己难以独立解决的政治难题时,才可能真正的出现,正如刘静贞所指出的一样:"刘皇后之所以能在真宗末年踏上政治舞台,代理真宗的皇权,形成皇后干政的局面,实与大中祥符以后的政治环境有关,而此

---

① "从春秋战国到清朝末年,君王的婚姻大事一般都不决定于君王个人的意愿,其中起决定作用的则是皇廷家族的利益。君王的婚姻实际是一种政治行为。君王与后妃之间极少是由爱情而结合的。后妃不过是君王家族为了巩固其统治地位,进行政治斗争的一种筹码、一种工具。"门岿:《专制变奏曲:从吕后到慈禧》,济南出版社 2002 年版,第 183 页。

② "刘氏善播鼓,始嫁蜀人龚美,美以锻银为业。携以入京,继而家贫,欲更娶之。张旻时给事王宫,言于王,得召入,遂有宠。"黄锦君:《两宋后妃事迹编年》,巴蜀书社 1997 年版,第 18 页。

③ (清)毕沅:《续资治通鉴》,第二十四卷,宋纪二十四,"真宗景德元年条",中华书局 1979 年版,第 544 页。

④ (清)毕沅:《续资治通鉴》,第三十卷,宋纪三十,"真宗大中祥符五年条",中华书局 1979 年版,第 681 页。

⑤ (清)毕沅:《续资治通鉴》,第二十四卷,宋纪二十四,"真宗景德元年条",中华书局 1979 年版,第 674、681 页。

一政治环境的成形,又导因于真宗在扮演独裁天子政治角色时所面临的无力感。"①

作为北宋的第三个皇帝,真宗所继承的是一个太祖、太宗经过不懈努力所确立的"有完整制度与之配合的君主独裁体制"②,伴随着两代君主对于兵权的控制、宰相权力的分散和地方州郡权力的回收,皇权逐渐得到空前的强化③。但是与此同时,这一制度也在客观上向皇帝本人提出了更高的要求,即要求帝国的最高统治者在处理实际政治事务时必须具备更加旺盛的精力,方有可能满足真正意义上的君主一人独裁机制的要求。但真宗却逐渐发现,他虽然极力想要成为励精图治的一代英主,但却被日益困溺于一个合格皇帝必须要处理的庞杂政治事务之中无法得到解脱,对于这一点的认识也逐渐加深了他的焦虑感和无力感④。而这种焦虑和无力感,还伴随着辽宋之间"澶渊之盟"的签订得到了进一步的强化。

澶渊之盟虽然化解了边境的战事,但对于深受"夷夏之别"这一儒家观念影响的传统中国人而言,以堂堂华夏之尊向素被认为是"夷狄"的辽国交纳岁币这一形式所换来的和平,却并不是一件光彩的事情,尤其这一盟约还是真宗皇帝本人御驾亲征签订得来,则更是如此。如宰相王钦若就曾直接向皇帝指出:"城下之盟,春秋耻之。今以万乘之贵而为澶渊之举,是盟于城下也,何耻如之!"面对臣下如此严厉的指责,一直想要励精图治,但却总是事与愿违的真宗皇帝自然深感屈辱,史书称其"愀然不悦"⑤。

出于对这种屈辱感和自卑感进行自我化解的目的,在王钦若的建议之下,

---

① 刘静贞:《从皇后干政到太后摄政——北宋真仁之际女主政治权力试探》,鲍家麟主编《中国妇女史论集续集》,稻乡出版社1991年版,第125页。
② 同上书,第124页。
③ 何忠礼:《宋代政治史》,浙江大学出版社2007年版,第25—33页。
④ 对真宗皇帝的政治品性的评价,以及他在力图取得政治成就和在无法实现这种目的这两种心理的夹击下所形成的心理状态论述,可参见刘静贞《从皇后干政到太后摄政——北宋真仁之际女主政治权力试探》,鲍家麟主编《中国妇女史论集续集》,稻乡出版社1991年版,第125—129页。
⑤ (清)毕沅:《续资治通鉴》,第二十六卷,宋纪二十六,"真宗景德三年条",中华书局1979年版,第584页。

第三章 值得警惕的政治助手——皇后

真宗皇帝开始将注意力和关注点转移到了通过一系列带有神道设教色彩仪式的举行来重新加强自己的权威：景德五年（1008年），在帝国三个具有极其重要象征意义的地方——承天门、大内功德阁和泰山山顶的小亭子里，据称相继"发现"了"天降天书"，昭示着皇帝得到了"上穹佑德"。同时，皇帝迅速将年号改为"天书"中所指示的"大中祥符"，以便迎和天意，而旨在感谢上天对当朝皇帝之眷顾的封禅仪式也得以大张旗鼓地进行①。在此之后，作为对"天书"中道家始祖宣称自己是宋王朝的建立者赵氏之祖先的回应，在真宗的促使之下，五年之间全国范围内还掀起了大规模的道观兴建活动，道教逐渐在整个帝国的宗教体系中获得了远远高于其他教义的地位②。毫无疑问，上述这一系列做法在事实上体现了澶渊之盟在皇帝心目中所投射下的阴影，而其真正的用意也在于尽可能地消除这种负面因素为他本人和整个国家所带来的不良影响，正如有学者所言，"真宗时期进行了无比奢侈浮华的活动，比如'发现'褒扬赵氏家族及其先祖的'天书'，对泰山等山岳进行不同寻常、饱受争议的封禅，以及在朝廷上抬升道教地位。这些行为的背后，毫无疑问都隐含着对屈辱盟约寻求补偿的强烈愿望"③。

但是，有宋一代君主权力的加强，在客观上要求皇帝必须要尽可能地做到乾纲独断，因此，无论多么依赖这种旨在提高皇帝权威的仪式性活动，真宗仍然必须将极大的精力花费在日常政务的处理之上。除了每日上朝接见臣僚之外，他在退朝之后往往还要继续批阅奏折，处理日间尚未完成的政事。面对着无穷繁杂的政治事务，皇帝本人所感受到的那种忧虑感和无力感始终难以排解，而皇后作为他在生活与情感上的伴侣，则在此时逐渐显示出了她对于政治的特殊兴趣以及在这方面所具备的独特天分。如史书所载，刘皇后

---

① （清）毕沅：《续资治通鉴》，第二十七卷，宋纪二十七，"真宗大中祥符元年条"，中华书局1979年版，第608页。

② （清）毕沅：《续资治通鉴》，第三十卷，宋纪三十，"真宗大中祥符五年条"，中华书局1979年版，第678页。

③ ［美］贾志扬：《天潢贵胄：宋代宗室史》，赵冬梅译，江苏人民出版社2006年版，第35页。

"性警敏，晓史书，闻朝廷事，能记其本末。帝退朝，阅天下封奏多至中夜，后皆预闻。宫闱有事问，辄援引故实以对"①。在经常性地陪伴皇帝处理政务直至深夜的同时②，素为朝政所困扰的皇帝欣喜地发现，他深爱的皇后身上所具备的这种后宫女子难得一见的才华，恰好可以使她在作为自己生活伴侣的同时，也作为自己最为得力的"政治助手"而存在。事实上正是这一点，才使得皇后获得了跨越"内"的界限、参与外在的政治事务的难得机会，即如史书所言，自此之后"帝深重之，由是渐干外政"③。

在刘皇后作为自己的丈夫真宗皇帝最为重要和得力的政治助手而辅助处理朝政期间，她所表现出来的那种"周谨恭密"④的政治品性，也使她更加获得了皇帝的倚重和信任。因此，在天禧三年（1019年）真宗大病期间，皇后甚至在他的允许之下获得了预政的政治资格和权力，开始公开地代替皇帝处理政事。而在第二年（1020年）真宗重病无法言语时，政事全部交由皇后予以裁决。⑤ 同年十一月皇帝在承明殿召见群臣的时候，出于对皇后的政治才华和她本人所具有的政治忠诚度的绝对信赖，他进一步向朝臣提出将皇后在帝国政治系统中的地位予以"合法化"和"公开化"的愿望和要求："朕迩来颇渐康复，然国事未免劳心。今太子年德渐长，皇后贤明，临事平允，深可托付；欲令太子莅政于外，皇后居中详处，卿等可议之。"⑥ 如刘静贞所言，从表面上来看，这项提议不过是"太子监国之议的后续，实际上却是为长久

---

① （明）陈邦瞻：《宋史纪事本末》，第二十四卷，"明肃庄懿之事"，中华书局1977年版，第187页。
② 也有学者指出，刘娥入宫后，极有可能一直住在被称为"万岁后殿"的小殿里，与皇帝住处极为接近，体现出二人深厚的感情实非其他妃可比。如此接近权力中心，也为她后来的参政预政奠定了重要基础。参见刘广丰《宋初三朝后妃参政述论》，《社会科学战线》2015年第9期；刘广丰《心态史视角下宋代的女主政治——以北宋刘太后为中心》，《中原文化研究》2018年第2期。
③ （明）陈邦瞻：《宋史纪事本末》，第二十四卷，"明肃庄懿之事"，中华书局1977年版，第187页。
④ 黄锦君：《两宋后妃事迹编年》，巴蜀书社1997年版，第23页。
⑤ （清）毕沅：《续资治通鉴》，第三十四卷，宋纪三十四，"真宗天禧四年条"，中华书局1979年版，第778页。
⑥ （清）毕沅：《续资治通鉴》，第三十五卷，宋纪三十五，"真宗天禧四年条"，中华书局1979年版，第786页。

以来一直隐居幕后的刘后争取化暗为明的机会"①。而在十二月当他觉得病情似有好转之时,他还再次在召见群臣时做出了同样的努力——他公开向大臣们提出,皇后将在他的允许之下获得辅助太子处理政务的"辅化宣行"之职责和权限:"今皇太子虽至性天赋,而年未及壮,须委文武大臣尽忠翊赞。自今要切时政,可召入内都知会议闻奏,内廷有皇后辅化宣行,庶无忧也。"②虽然在朝臣的反对之下,他的愿望最终未能得到彻底实现,但由皇帝本人一再做出的上述努力却在事实上向帝国上下所有的人明确表明:对于皇后而言,她作为皇帝多年的政治助手所具备的经验,以及她作为自己丈夫最为亲近之人的妻子身份,已经使得皇帝对她的信任和倚重达到了一种无以复加的地步,乃至不惜以"让渡"部分皇权做出充分表达。③ 然而,正如前文所言,基于妻子本身的"他者"身份,刘皇后在整个帝国政治体系中的正式政治地位和合法身份的获得,必须要等到皇帝去世之后和新的政治机缘来临之时才有可能最终实现。

三、"佐高祖定天下"的吕后

另外一位以皇后身份参与帝国的政治事务,并由此获得了自己的丈夫、当朝皇帝认可和赞赏的则是汉帝国的缔造者汉高祖刘邦的皇后吕雉。虽然这位女性的政治成就将更多体现在刘邦去世之后她以皇太后的身份直接代替儿子处理政治事务之时,但在这一时期内她所体现出来的政治才能和智慧,将无疑为她在日后获得实际上的统治权力奠定了充分的基础。然而,相比较于前文所述的武皇后和刘皇后而言,她的不同之处则在于,在作为皇后期间,她并未拥有代替皇帝直接处理政治事务的权力,也没有在帝国的政治体系中处于一个较为公开的地位。从某种意义上来说,她对政治事务的参与方式和

---

① 刘静贞:《从皇后干政到太后摄政——北宋真仁之际女主政治权力试探》,鲍家麟主编《中国妇女史论集续集》,稻乡出版社1991年版,第132页。
② 黄锦君:《两宋后妃事迹编年》,巴蜀书社1997年版,第28页。
③ 刘广丰:《宋初三朝后妃参政述论》,《社会科学战线》2015年第9期。

影响力更加具有"私人化"的色彩，因此她的作为也更应当被看作对一个"妻子"所应当履行的辅助丈夫这一职责的扩展，从而也愈发凸显出她作为皇帝的"私人助手"所扮演的角色和所处的地位。

经历了秦帝国的短暂统一和其后数年的混乱局势之后，出身农民的刘邦重新将整个帝国统一到了一个人的名义之下，并"作为中国无可争议的主人"①而建立了自己的王朝，他的结发妻子吕雉同时被封为皇后。出于对帮助自己取得这一成就的昔日战友们的回报，韩信等人也相继被封赏为王侯，并获得了自己的领地和封国②。但此后不久，汉高祖开始担心这些曾经立下赫赫战功的权势人物会为自己的统治带来威胁，继而逐渐产生了剥夺他们手中权力的基本意图③。韩信显然深知汉高祖的用心，史称"信知汉王畏恶其能，多称病，不朝从"④，以便消除皇帝对他的猜忌。对他并不放心的汉高祖曾先后几次试探他对自己的忠诚程度，却苦于并未找到合适的机会将其除去。而到他称帝十一年之后（公元前196年），这一潜在的政治隐患则被自己的皇后吕雉最终解除：在公元前十年（前197年）陈豨谋反之时，与其交好的韩信称病在家，并未随同高祖出征讨伐。此前，韩信门下的一位舍人由于得罪了他而被判处死罪，并暂时囚禁于牢房，他的弟弟便借此机会向留守京城的吕后揭发说，韩信将于夜间突袭她本人和太子。得知这一消息之后吕皇后决定

---

① ［英］崔瑞德、鲁唯一编：《剑桥中国秦汉史》，中国社会科学出版社2006年版，第113页。
② （汉）司马迁：《史记》第八卷，"高祖本纪第八"，浙江古籍出版社2005年版，第77—78页；（宋）司马光：《资治通鉴》，第十一卷，汉纪三，"高帝五年条"，中华书局1956年版，第355—356页。
③ 正如谢和耐所言："汉朝政权正是在一种混乱和全面动乱的气氛中诞生的……在汉帝国于公元前2世纪初叶所拥有的54个郡中，有39个（也就是全部疆域的近三分之二）属于被于公元前201年敕封给帝国缔造者的旧战友们的'封国'。这些'封国'中的大部分政权都与在皇帝领地中的政权相同，由受皇帝敕封的刺史节制……但这些诸侯国的王侯们所享受的相对独立却形成了对中央政权的一种威胁，中央政权在公元前2世纪期间曾极力削弱他们的权力。在高祖皇帝（前187—前180）执政期间，被帝国缔造者封为诸侯国王侯的那些旧战友对皇权表现得过分独立了，最终为了皇亲国戚们的利益而被取缔。"参见［法］谢和耐《中国社会史》，耿昇译，江苏人民出版社2005年版，第91页。
④ （宋）司马光：《资治通鉴》，第十一卷，汉纪三，"高帝六年条"，中华书局1956年版，第366页。

采取坚决的手段迅速除去这一威胁。在丞相萧何的建议之下，吕后公开向朝臣宣告陈豨已经被击毙，韩信不得已，随众臣和列侯入朝庆贺，吕后则下令将并无防备的韩信捆绑起来，并迅速地予以处决。到高祖返回洛阳之时，听闻自己防范已久的韩信已被处死，自然是"且喜且怜之"①。

之后，高祖所防范的另一位异姓王也被吕后用计予以清除：在出击陈豨期间，高祖曾命令他的昔日战友、梁王彭越随从自己一同出征，彭越由于担心高祖对自己早有疑忌，故而称病不往，只是派兵协从作战，但这一点更加引起了高祖的不满。而在梁国一位官员的告发之下，彭越被认定有谋反的意图，高祖以其素有战功赦免了他的死罪，只是将其贬为庶人流配蜀地。在流配途中，彭越刚好遇见了从长安赶回洛阳的吕后，便向其诉说自己的冤屈，同时恳切地请求她说服皇帝将自己的发配之所改为故乡，以解对家乡的思念之情。吕后表面上答应了这一要求，并将他带回洛阳，但在见到高祖之后，吕后当面指称高祖的这一举措不过是妇人之仁，将彭越这样的元老重臣发配蜀地而不是斩草除根的做法，将会为他日后的统治带来巨大的隐患。受到提醒的高祖恍然大悟，在吕后的指使之下，彭越的门客再次谎报其有谋反之意，于是彭越被处斩，其三族也因此而被夷灭②。

吕后虽然并未在整个帝国的政治体系中获得公开的地位，但在这场清除对自己丈夫的统治带来威胁的异姓王侯和元老重臣的政治斗争中，她以自己的特殊身份以及自己的政治远见和智慧帮助高祖完成了这一任务，从而稳固了他的统治，即如史书所言，"往年春，汉族淮阴，夏，诛彭越，皆吕后计"③。"吕后为人刚毅，佐高祖定天下，所诛大臣多吕后力。"④ 从这个意义上说，她以皇帝的"私人助手"身份而做出的旨在维护他的权威与利益的上

---

① （宋）司马光：《资治通鉴》，第十二卷，汉纪四，"高帝十一年条"，中华书局1956年版，第391页。
② 同上书，第392页。
③ 同上书，第405页。
④ （汉）司马迁：《史记》第九卷，吕太后本纪，浙江古籍出版社2005年版，第81页。

述举措,以及在此期间所体现出来的政治才能,显然得到了皇帝的赞赏与信任,也只有在此基础之上,她才获得了在他身后继续辅佐儿子并公开处理帝国政治事务的正式权力。

四、"伙伴式婚姻"

在研究女主与政治的关系时,现代的许多学者往往认为,由于缺乏文化和意识形态上的支持,她们在获得政治权力的过程中总是充满了各种阻力,而为了排除这些反对力量,她们往往倾向于付诸极为残忍和极端的手段以便为自己扫清道路,对于权力的热切追求将使她们最终丧失基本的人性,以至于即便是面对自己的丈夫——当朝的皇帝,他们之间也只剩下勾心斗角的利益算计和此消彼长的权力斗争,而这一点恰好就是女主参与政治的弊端所在。在他们看来,"强烈的权力欲与残酷的手段是后妃擅政的特点"①。"后妃参政、议政、掌权的道路从来就不是一帆风顺的,也从来没有一朝帝王、大臣会主动把权利让给后妃。各方争斗的目标都在于各自对权力的畅想、渴望、攫取。后妃与帝王争斗是一方面,后妃凭借外戚支持引发外戚与帝王之争又是一方面,后妃与后妃之间的争斗也是一方面。"②

但是,这类看法在曲解了皇后参与政治的根本原因与历史真相的同时,也进一步加深了对于这一特殊女性群体形象的刻板化印象——参与政治的女性都是"面目可憎"的、"行为恐怖"的和"对家族有害"的。然而,正如本节的内容所呈现的那样,事实上对于这些参与到帝国政治事务之中的皇后而言,其政治权力和参与政治可能性的获得,恰恰来自于她们对儒家传统关于理想中的女性形象和妻子职责的合格且忠实地履行,即:聪明能干、足智多谋和精力充沛地去帮助丈夫促进整个家族体系的繁荣昌盛;同时也来自于

---

① 朱子彦:《后宫制度研究》,华东师范大学出版社1998年版,第379—381页;徐连达、朱子彦:《中国皇帝制度》,广东教育出版社1996年版,第345—348页。
② 门岿:《专制变奏曲:从吕后到慈禧》,济南出版社2002年版,第61页。

她们的丈夫、当朝的皇帝对她们所具备的这种才华和家庭忠诚度的认可、尊重与仰慕，以及在这一基础上对于她们的日趋依赖和逐渐重用。从这个意义上说，皇帝与皇后之间的关系更像是一种饱含着深厚个人情感、且围绕着一个共同目标所奋斗的"伙伴式婚姻"①，而决非上述那些学者所描述的那样，只是一个充满了政治野心和权力欲的皇后与一个由于懦弱、昏庸、无能而易于被操纵的傀儡皇帝两者之间所形成的那种上下颠倒和关系混乱的政治联姻。事实上，也只有建立在皇帝本人对于自己的妻子、皇后所具备的这些特质的最终认可和接受的基础之上，皇后跨越内闱的界限并参与政治事务的作为，才有最终实现的可能性。

那么，在获得了帝制中国最高政治权威——皇帝本人的认可与授权的同时，这些女性以皇后的身份来参与帝国政治事务的合法性，还将面临什么样的挑战和质疑？这些挑战和质疑的内在根源又在哪里呢？

第二节 合法性的特征及其挑战：权力的分化与意识形态的制约

皇后之所以能够在自己的丈夫——当朝皇帝尚在人世的时候，就在他的首肯下跨越后宫界限获得参与帝国政治事务的机会和可能性，从本质上来说既来自于丈夫与她们之间的情感维系，也来自于皇帝本人对于她们在帮助自己对抗官僚集团的挑战和压力、能够加强自身权威这一作用上的重视，同时还来自于皇帝在处理整个帝国繁杂的日常政治事务时对她们所具备的那种政

---

① 高彦姬曾用"伙伴式婚姻"来描述明末清初江南地区上层文人社会中的婚姻关系，以求能够打破对传统婚姻关系的僵化认识。（[美]高彦姬：《闺塾师：明末清初江南的才女文化》，江苏人民出版社2005年版，第191—231页。）本书沿用这一概念来描述帝后之间的真正关系，以此强调帝、后两者之间不仅在政治领域存在实质性的合作关系，而且从内涵上来说，由于皇后在作为"政治助手"为皇帝提供各种支持帮助和皇帝本人对这一角色的高度认可，他们之间还存在着长久的情爱联系和感情信赖，这就构成了皇后获得政治权力和统治合法性的重要支撑。

治才华的需要和运用,以及由此将她们作为自己重要的"政治助手"而予以依赖重用的基本政治目标导向所决定。但对于皇后而言,她们以皇帝的"妻子"这一身份所获得的这种政治权力,从本质上而言只是"个人式的""不稳定的"和"不牢固的",它将从三个方面承受来自不同政治主体和政治集团的巨大质疑和挑战,而且,这种质疑和挑战还将从根本上对其参与政治的合法性构成制约,从而使得这种合法性与她们作为"皇太后"或"女皇帝"这两种不同身份来统治整个帝国所获得的合法性形成重要的区别。

一、"控制制度"与并不可靠的皇帝

对皇后的政治权力与统治合法性构成制约的第一种力量,来自于其授予者皇帝本人。如前所述,帝制中国大一统体制和皇帝一元专制体制的基本精神,从本质上要求皇帝在将原本属于自己的政治权力委托给官僚集团和其他政治组织以便使他们协助自己完成统治整个帝国任务的同时,还要尽可能地保证自己对于这些政治集团的控制和制约,以免逐渐分化出一股独立于自己权威之外的政治势力,并由此造成对原本仅仅属于自己的最高政治权力的侵蚀和制约。从这个意义上说,"统治者企图削弱所有可能与之竞争的群体的政治权力,并且对这些潜在竞争者的政治地位和权力施加调节。很明显,他们的所有政策,都是依照有助于实现这些目标的方式而设计出来的"①。而正如笔者在上一节的内容中所指出的一样,皇后之所以能够以女性身份获得参与政治的机会和统治的权力,事实上正是皇帝本人在力图最大限度地控制和对抗其他政治团体的压力和挑战时所采取的一种特殊的"控制制度"②的产物,

---

① [美] S. N. 艾森斯塔得:《帝国的政治体系》,阎步克译,贵州出版社1992年版,第147页。
② 在艾森斯塔得看来,统治者为了限制现存政治群体的权力,往往倾向于建立新的行政机构来分化他们的职能,但这些新机构易于与旧有的政治群体发生关联和认同,因此,统治者就不得不采取各种新的"控制制度"来完成这一使命。在这其中,"有几类这种控制制度特别值得注意。一种是许多君主国家对宦官的广泛使用。另一种是统治者创制和维常设性的'内廷'核心官员的企图,这些官员可以被统治者本人所直接利用。"[美] S. N. 艾森斯塔得:《帝国的政治体系》,阎步克译,贵州出版社1992年版,第147页。

第三章 值得警惕的政治助手——皇后

也是这一制度在贯彻实施的过程中所产生的客观的政治结果。

但与此同时需要意识到的则是,在"女祸论"盛行的主流文化传统之内,皇后所获得的这种政治权力与合法性,并非来自于知识文化精英或其他政治群体对于她所具有的上述政治功能的充分承认和接受,同时,她也缺乏作为一个相对独立的政治主体所应当具备的那种稳固的政治地位和公开的政治身份保障:她无法像男性一样在帝国的政治体系中获得并保持任何固定和合法的地位。事实上,她在整个帝国政治体系中的政治地位以及由此而获得的一切权力,都来自于皇帝本人对于她作为自己政治助手和私人伴侣所具备的政治才华的认可,以及对于她绝对维护皇帝本人利益的政治忠诚度的充分肯定和确认。换言之,只有建立在自己的丈夫——皇帝本人对于她的庇护和支持这一基础之上,她所获得的政治权力,才有最终得以行使的可能性和基本的保障,除此之外她缺乏任何足以维持统治合法性的稳定资源和坚实基础。从这个意义上说,无论出于什么原因,一旦当她被自己唯一的庇护人和保护者认为是丧失了政治忠诚度,不仅不再有助于维护他的统治地位和政治利益,反倒暴露出皇后自己的政治野心时,毫无疑问她的权力和地位将会如同其他政治团体一样,陷入岌岌可危的境地。

在这一问题上一个非常明显的例子则是唐高宗的武皇后。如前所述,她曾经由于自己杰出的政治才能以及在维持皇帝本人利益和权威上所具备的政治忠诚度而得到高宗的充分信任,并因此成为高宗治下相当长时期内辅助、甚至代替他处理帝国政治事务的重要人物。但在她以皇后身份代替自己的丈夫、当朝皇帝处理政务的期间,她开始被逐渐认为有将自己的权势凌驾于皇帝之上的某种倾向和威胁。如对这位将于多年之后登上帝位的女性极度反感的儒家学者欧阳修就在其《新唐书》中记载道:"高宗春秋高,苦疾,后益用事,遂不能制。"[1] "后城宇深,痛柔屈不耻,以就大事,帝谓能奉己,故扳

---

[1] (宋)欧阳修、宋祁:《新唐书》第四卷,本纪第四,"则天皇后",中华书局1975年版,第81页。

公议立之。即得志，即盗威福，施施无惮避，帝亦儒昏，举能钳勒，使不得专，就稍不平。"①

显然，如何提醒皇后认清自己手中的权力来源以及她在帝国的政治体系中所处的地位，一度成为皇帝想要着手完成的事情。而在麟德元年（664年），当一生深受道教和巫术影响的武皇后为道士郭行贞赋予了自由出入后宫晋见她本人的资格和权力时，她的这一举措被认为是对帝国历代以来禁止后宫人员参与巫术活动这一严格禁律的打破和颠覆②，而在一位后宫宦官的揭发之下，高宗召集宰相上官仪对之进行商议。上官仪对此所作的回答是："皇后专恣，海内所不与，请废之。"③ 似乎此时皇帝本人也已经由于皇后的"专恣"而产生了对其进行惩罚、甚至进一步废除其政治权力的某种计划和想法，因此上官仪的这一提议得到了高宗的首肯。稍后，上官仪开始着手草拟废后的诏书，但武皇后很快得知了这一消息并迅速赶到高宗面前进行解释和"自申诉"。由于史书材料的相对缺乏，武皇后进行"申诉"的具体内容现今已经无从考证，但这一番恳切的诉说极有可能是对自己这一行为的解释、对自己所一贯具有的政治忠心的表达，或者如有学者所言，也极有可能是在提醒高宗皇帝注意，上官仪的建议实际上是旧臣元老不满武皇后在辅助高宗打击他们这一集团势力时所做出的政治阴谋和挑拨离间之举④。最终在听完她的陈述之后，高宗对自己的这一举措产生了后悔之意，即如《新唐书》所言："帝乃悔，"⑤ 而废后的计划也不了了之。

由亲自赋予皇后以政治权力和参与政治之机会的皇帝本人所支持的废后工作虽然最终并未得以实行，但这一事件的出现却毫无疑问地表明，皇后所

---

① （宋）欧阳修、宋祁：《新唐书》第七十六卷，列传第一，"后妃上"，中华书局1975年版，第3475页。
② ［英］崔瑞德：《剑桥中国隋唐史》，中国社会科学出版社2006年版，第230页。
③ （宋）司马光：《资治通鉴》，第二百〇一卷，唐纪十七，"高宗麟德元年条"，中华书局1956年版，第6342页。
④ 王炎平：《论"二圣"格局》，中国唐史学会编《中国唐史学会论文集》，三秦出版社1989年版，第200页。
⑤ （宋）欧阳修、宋祁：《新唐书》，第四卷，本纪第四，"则天皇后"，中华书局1975年版，第81页。

获得的权力基础和合法性地位在事实上并无任何制度和政治实力上的保障，而只是来自于皇帝本人的支持和信赖，因此它也时时处于风雨飘摇和岌岌可危的境地。正如有的学者所指出的一样，"后妃虽为封建社会中的妇女地位最尊贵者，但是她们的地位却犹如沙基上的宝塔，极不稳固；又如白蜡涂金，不过是表面光鲜而已"①。虽然对于她将在几十年之后以女性身份称帝这一事实一直耿耿于怀的儒家学者们往往倾向于相信，此时的武皇后已经开始凭借自己的政治手腕和政治野心而将"软弱"的高宗皇帝玩弄于股掌之中，并由此塑造出了一个"强硬的妻子"和"无能的丈夫"两者之间阴阳关系颠倒的画面，但毫无疑问，这种猜测既是对高宗和武后二者本人形象的丑化，更是对一个皇帝在帝国的政治体系中所具备的那种最高的、公开的和正式的政治地位和政治力量的彻底低估：既然高宗在自己刚刚登上皇位、统治尚未稳固时，就有能力对政治背景远比武皇后强大得多的王皇后实行废黜之举，那么，废黜一个有可能对自己构成更大威胁、并且毫无其他政治背景的新皇后，则绝不可能在客观上存在着任何无法克服的困难。正如有的学者所指出的那样，这一时期的政治中心仍然是皇帝本人而非皇后："唐高宗亲自选拔那些不太受重视的人物成为自己的亲信，然而这些新人物当然不是支持武则天的。《旧唐书》卷95《窦德玄传》说道：'时，帝又以源直心为奉常正卿，刘祥道为司刑太常伯，上官仪为西台侍郎，郝处俊为太子左中护。凡十余人，皆帝自择。'662年登用的窦德玄、源直心、刘祥道、上官仪、郝处俊等这批人，都是唐高宗亲自选拔的人才，以后都表现出否定武则天的态度。所以《资治通鉴》在长孙无忌失势后的659年8月条中所说的'自是政归中宫矣'的说法是不太合适的。虽然唐高宗是病弱的皇帝，但到他临终时，一切政治还是围着高宗而转的。"②因此，对于整个事件的经过进行解释的一个更为合理的理

---

① 门岿：《专制变奏曲：从吕后到慈禧》，济南出版社2002年版，第179页。
② [韩] 任大熙：《唐高宗统治前期的政治与人物》，赵文润、李玉明主编《武则天研究论文集》，山西古籍出版社1998年版，第270－271页。

由，即如 Guisso 所言：废后事件恰好可以被看作是皇帝本人对于这位有可能出现了专恣和骄傲之态的皇后所提出的一个"警告（warning）"，提醒她应该注意，在她的权力之上还有皇帝本人存在的基本事实。① 而在这一事件之后，帝后两者之间的关系并未出现任何恶化，因为他相信，皇后作为自己的政治助手所具备的那种杰出的才能，以及她作为他的妻子对他所保持的那种政治忠诚度，则是自己实现统治整个帝国所需要的重要力量，而且，对于这一点的确信一直保持到他去世时为止。

对于皇后而言极为清楚的则是，她目前所获得和享有的这一切政治权力，决非来自于任何外在政治势力的支持，也决不存在任何政治制度上的保障，从根本上说它只是如下几种因素相互交织后所形成的结果：皇帝自己对于她的政治才华的认可，对这种才华在帮助他本人更好地进行统治上的倚重，对她不具备任何将要颠覆自己统治的政治野心的基本判断和由此而产生的充分信赖，以及对于他们作为夫妻所应当保持的长期爱慕和互相依恋这种珍贵情感的长久维系。毫无疑问，上述这几种因素都是极不稳定的，其中任何一种因素的变化和消逝都有可能引起她的权力的丧失，因此，从本质上而言她代替皇帝统治整个帝国的资格和合法性也都只是"个人式"的和极不稳固的，只有在确保皇帝本人对于她所具备的以上资格的持续认可与不断庇护之下，她才有可能长久保持自己在整个帝国内部的地位和权力。正如有学者所言："则天有抱负，有才干，然身为女子，只有依靠高宗，才能有所作为。她是一个十分明智的人，对于自己作为女子在封建政治中所处的不利地位，是不但明白而且敢于正视的，故一向行事相当谨慎。她被立为皇后，固然有赖于高宗。她以皇后身份参政，以及在政治上发挥越来越大的作用，亦须得到高宗的允许和支持。她不会狂妄到企图越过高宗行事，也不会糊涂到不尊重高宗

---

① R. W. L. Guisso："Wu Tse-T'ien And The Politics Of Legitimation In T'ang China", Program in East Asian Studies, Western Washington University, Bellingham, Washington, 1978, p. 20.

和不珍惜高宗的感情。她若是这样,早就身败名裂了。"① 对于这一点的清醒认识,则使得自此之后,皇后在政治领域的种种作为愈发地内敛谨慎,即如史书所载:"自是,武后谦恭自守,屡表顾以虚菲,夙承乾阳,即忝(表)彰明之地,常怀辅佐之诚。"②

事实上武皇后本人也在一直致力于这几种因素的继续保持和充分发挥作用,在她作为皇后帮助高宗实施统治期间,她的作为持续地反映了高宗的意愿并体现在他的名义之下,而绝非像后世那些极其反对她的儒家学者所描述的那样,竟然敢将自己的权势公然地凌驾于自己的丈夫——当朝皇帝之上;也决非许多同样坚持认为她早就产生了篡位野心的现代学者所认为的那样,她在这时候就已经开始将自己的丈夫仅仅视为一个易于掌控和玩弄的"傀儡",并时时想要将其权力"架空"③。相反,她致力于尽可能地帮助丈夫维护他在帝国政治系统中的权力和地位,因为只有在这一前提之下,她作为皇帝的"妻子"、同时也是整个国家"小君"的地位和权力才有可能得到真正的承认、保护和巩固。④ 正如崔瑞德和霍华德所指出的那样:"她通过宫廷政变或搞宫廷阴谋积极而公开地干预政治,在高宗身前只有四五次,后来只是作为皇帝背后的势力来确立和维持她的地位。她完全可以成为中国真正的统治者,但她只是通过皇帝和他的朝廷行使她的权力。高宗在去世之前仍保留着相当大的个人权力……直到高宗统治后期,武后的位置基本上是不稳定的,

---

① 王炎平:《论"二圣"格局》,中国唐史学会编《中国唐史学会论文集》,三秦出版社1989年版,第200页。
② (宋)宋敏求:《唐大诏令集》,第十三卷,"帝王·谥议上",学林出版社1992年版,第68页。
③ 如王吉林就指出:"高宗一朝之政治变动,永徽(650—655)年间莫不与长孙无忌有关。但自武氏被立为皇后之后,则所有政治变动,莫不与武后有关……武后既立之后,部署私党,操纵朝政,以高宗为傀儡,时思将之架空,所有关于'二圣''天皇、天后'等名目,俱系提高皇后政治地位的做法。"参见王吉林《唐代宰相与政治》,文津出版社1999年版,第117—118页。
④ 如 Guisso 也曾指出:"高宗本人在帝国政策的形成和决定中起着远比通常所认为更加重要的作用,因为只有当他正式地占有皇位时,她所取得的成就才是最为显著的(most marked)。" R. W. L. Guisso: "Wu Tse-T'ien And The Politics Of Legitimation In T'ang China", Program in East Asian Studies, Western Washington University, Bellingham, Washington, 1978, p.155。

只能依靠间接的手段控制朝廷。她一直易受攻击，她的地位是靠个人控制而不是靠任何坚实的制度基础来维系的。不过，她鲜明地把自己确立为高明而机智的政治家，到高宗统治后期，她的权力地位已经不可动摇，以至在高宗死后她可以稳操胜券地成为中国不可置疑的统治者。"①

二、"合法代理"与"私人助手"的博弈

对于皇后的政治权力和统治合法性造成挑战和制约的第二股力量，则来自于皇帝本人既不得不有所依赖、同时也要予以限制和对抗的政治力量——官僚集团。如前所述，大一统的帝国格局与皇帝一元专制体制的确立，毫无疑问赋予了皇帝在整个政治体系和文化系统中最高的统治地位和最大的政治权威，并在主观上要求由皇帝一人来专享和控制所有权力，但事实上，他显然无法凭借一己之力来实现统治整个帝国的最终目的。官僚制度的建立和官僚集团的产生，就是皇帝本人为了更好地实现统治庞大帝国这一现实政治需要的产物，因此，从本质上而言，官僚集团的作用和功能首先应当在于对皇帝个人的政治需要和政治目标予以满足，即它作为一个政治机构的基本政治取向和政治目标，主要应当体现为对统治者个人提供政治帮助和政治"服务"。② 而它之所以能够获得代理皇帝行使政治权力的合法性，客观上也就来自于皇帝本人对于这一机构及其成员在这一作用上的公开承认与合法授权。但是另一方面，由于皇帝不可能事无巨细地干预官僚集团的每项工作，这一机构作为一个相对独立的政治主体所内在具有的那种自我扩张的本能需要，则使得它在产生之后便逐渐出现了一种"自主性"和"客观化"的倾向，以至于"当官僚变成了一个具有自己传统的某种自主团体的时候，他们

---

① ［英］崔瑞德：《剑桥中国隋唐史》，中国社会科学出版社2006年版，第259—260页。
② 如艾森斯塔得所指出的一样，在官僚集团设立的初期和中期，它的政治取向有可能是同时对统治者和主要的社会阶层两者共同提供服务，但在中华帝国的绝大多数时间之内，他们的政治取向更加强调服务于统治者本人而不是在两者间处于并行的地位。参见［美］S.N.艾森斯塔得《帝国的政治体系》，阎步克译，贵州出版社1992年版，第280—282页。

第三章 值得警惕的政治助手——皇后

与统治者之间就将发生冲突。一般说来,这些冲突集中反映于官僚在政治、身份和经济领域之中获得自主性与独立性的意愿之上。官僚期望作为一个身份群体,作为一个相对独立的政治力量而谋取某种程度的自主性"①。因此,它不仅不会完全依附于皇权而存在,反而还将在许多方面体现出力图摆脱皇权之约束和控制的做法,从这个意义上说,"官僚制度最初虽然也是在君主授权之下建立起来的,但它既产生之后,本身即成一客观存在,有它自己的发展和运行的轨道,不再完全随君主的主观愿望而转移了"②。

官僚集团产生之后所出现的这种脱离皇帝本人意愿而进行自我发展和自我运行的基本倾向,显然在一定程度上对皇帝设置这一机构的原初目的造成了挑战和质疑,它也由此构成了对皇帝的政治权力造成最大限制和制约的一股公开而强大的政治力量③。但对皇帝而言,君权的顺利运行又不可能完全脱离于官僚集团的服务和帮助而得以实现,因此,出于尽可能地对这一群体的自主性倾向予以控制、并对其所拥有的政治权力进行分化的目的,皇后凭借着自己的特殊身份、政治才华以及对于皇帝本人的忠诚度,成了皇帝用以达成这一目的的有用的政治助手,从而在皇帝本人的信任和许可下参与到现实的政治生活中来。

显而易见的是,这种政治安排的基本出发点和原初立场,将不可避免地在皇后和官僚集团两者之间造成权力的相互抵牾和相互对抗,并使得皇后的

---

① [美] S. N. 艾森斯塔得:《帝国的政治体系》,阎步克译,贵州出版社1992年版,第162页。
② 余英时:《"君尊臣卑"下的君权与相权》,《中国思想传统的现代诠释》,江苏人民出版社2004年版,第81页。
③ 如余英时在分析皇权的界限时就曾经指出,虽然皇权具有"绝对的(absolute)"和"最后的(ultimate)"的特性,但在现实的政治生活中它仍会遭受到来自如下三个方面的限制与约束:一方面,儒家力图抬出一个更高的力量如"天"和"理"来限制君权,并通过教育的方式来塑造皇帝于一定的模型之中,以便起到驯化权势的作用;另一方面,君权本身所凝固而成的传统对于后世君主也有一定的约束力,不仅前代帝王的得失应当引以为戒,以往在治道方面有所建树的君主亦需被奉以为师;而上述这两种传统均作为无形的和精神上的力量对于皇帝的权限构成了限制。第三个方面的制约则来自于传统的官僚制度和官僚集团,由于它所具备的这种客观性和相对独立性,则使得它在事实上对于君权的行使造成了最大的阻力和制约。具体的论述可参见余英时《"君尊臣卑"下的君权与相权》,载于余英时:《中国思想传统的现代诠释》,江苏人民出版社2004年版,第80—81页。

政治权力和参与政治的合法性，经常性地遭受到来自官僚集团这一相对独立的政治组织的挑战和制约：一方面，作为皇帝个人的"政治助手"和"私人代理"，皇后在政治领域出现的目的和政治意义在于尽可能地履行和实现皇帝本人的政治意愿；但另一方面，作为帝国政治体系中皇帝权力的公开且合法的代理，官僚集团则着重强调自己的身份应当是国家的"公仆"，而并非仅仅服务于皇帝个人的"私奴"①，并致力于尽可能地将皇后的身份排除在合法地、正当地参与帝国政治事务的范围之外。与此同时，他们还会声称自己的这种做法在事实上来自于官僚集团所拥有的合法地位与合法权限，以便在此基础之上保护自己在公共政治领域的权力和地位。

在这一问题上的明显例子，则体现在唐高宗的武皇后和宋真宗的刘皇后身上。在上文所提及的"唐高宗废后"事件中，虽然这一计划最终并未得以实行，但宰相上官仪的提议显然体现了他作为官僚集团的首脑，有感于皇后所获得的权力对原本属于他们的职责和权限的侵蚀和分割，从而意图利用皇帝的力量来对她的权力进行制约和剥夺，并在此基础上维护自己的政治权力和政治地位的基本想法和原初立场。而唐高宗出于对皇后本人所具备的政治才华的欣赏和政治忠诚度的信任，在赋予她辅助甚至代替自己处理政治事务这一权力的同时，还产生了将她在整个帝国政治体系中的地位以一种更加合法和公开的形式确立下来的想法，并努力去实现：上元二年（675年），高宗意图下诏赋予皇后公开"摄国政"的权势地位，但官僚集团的成员之一中书侍郎郝处俊则提出，这种做法不但有违天道阴阳，而且并无祖宗之法可以仿效，在他和另外一位中书侍郎李义琰的反对之下，高宗皇帝的这一愿望最终未能得以实现。② 换言之，官僚集团在这一问题上的作为所释放出的文化信号和最终结果表明，皇后虽然在事实上可以对帝国的政治事务进行参与和处理，

---

① ［美］S. N. 艾森斯塔得：《帝国的政治体系》，阎步克译，贵州出版社1992年版，第279页。
② （宋）司马光：《资治通鉴》，第二百零二卷，唐纪十八，"高宗上元二年条"，中华书局1956年版，第6376页。

第三章 值得警惕的政治助手——皇后

但她的身份却只能被限定为皇帝的"私人代理"和某种意义上的"政治助手",她既不能在帝国的政治系统中获得任何公开和稳固的政治地位,也无法获得这一系统对于其统治合法性的完全承认。

在宋真宗刘皇后的事例中,她曾经凭借自己的政治才华和对真宗皇帝的忠诚和关心而获得了代替皇帝处理政治事务的权力,但在天禧四年(1020年)皇帝病重的时候,官僚集团的首脑、宰相寇准私下里向皇帝提议:"皇太子人望所属,愿陛下思宗庙之重,传以神器,以固万世基本……请择方正大臣为羽翼。"① 从表面上来看,他的这一提议是奏请太子监理国事,但如刘静贞所言,事实上他的真实意图则在于限制和剥夺皇后在政治领域的影响力,从而将处理政务的权力从皇后那里转移到自己和其他几位辅政大臣的手中②,只是他的这一提议由于未能得到真宗本人的坚定支持而最终无法得以实现③。在此之后,出于对皇后的信任和政治才能的倚重,真宗皇帝还曾两次在公共场合提出了要将皇后在帝国政治系统中的地位予以进一步的合法化和公开化的愿望和要求,即试图将皇后辅助太子处理朝政的权力和地位以公开的形式确立下来④,但辅臣们对此的决议则是:"皇后辅翼岁久,中外遵教,海内瞻企,人无间言。然太子既监总朝政,望令中书枢密院大臣各兼东宫职任,庶日奉谋议,便于翼赞。"⑤ 显然,这一集团竭力要将皇后的地位限制在皇帝私人助手的范围之内,体现了他们不允许其在整个帝国的政治体系中获得公开与合法的政治身份的基本政治立场。

---

① (清)毕沅:《续资治通鉴》,卷三十四,宋纪三十四,"真宗天禧四年条",中华书局1979年版,第779页。

② 刘静贞:《从皇后干政到太后摄政——北宋真仁之际女主政治权力试探》,鲍家麟主编《中国妇女史论集续集》,稻乡出版社1991年版,第130页。

③ (清)毕沅:《续资治通鉴》,卷三十四,宋纪三十四,"真宗天禧四年条",中华书局1979年版,第779页。

④ 参见(清)毕沅《续资治通鉴》,卷三十五,宋纪三十五,"真宗天禧四年条",中华书局1979年版,第786页;黄锦君:《两宋后妃事迹编年》,巴蜀书社1997年版,第28页。

⑤ (宋)李焘著,(清)黄以周等辑补:《续资治通鉴长编·附拾补一》,"天禧四年十一月条",上海古籍出版社1985年版,第856页。

对于官僚集团而言，它的职责虽然在于辅助和代理皇权以便实现对于整个帝国的统治，但它在产生之后所逐渐体现出来的那种自主化倾向和独立化趋势，毫无疑问将使它致力于摆脱皇帝和其他政治群体对于自身权力的限制，并在最大限度上实现自我利益的满足和自我权力的扩张。而皇后作为皇帝限制官僚集团的权力并维护自己统治的重要的政治助手和私人助理，所强调的则是对于皇帝个人权力与统治的维护和保持，这两股势力并存的最终结果，便是在皇权的"合法代理"和"私人助手"之间不断产生冲突和抵牾，从而形成两者相互间的权力制约。从本质上而言，这种冲突和制约无疑是皇帝一元专制制度本身的必然产物，而且从某种意义上来说，这种局势的出现，也许恰恰是皇帝本人所乐意看到的结果，以便防止任何一方代理的权力过度膨胀、甚至一头独大到有可能威胁皇帝自身统治安全的局面出现。

只是依旧需要意识到的是，同样作为皇帝实现其统治目标的重要助手，这两者之间最大的不同之处则在于：官僚集团所获得的政治权力和代理身份，由于更加具有公共的性质和某种自主的合法性而拥有制度和法理上的保障，但皇后所获得的这种政治身份和政治地位，从本质上而言，只是一种建立在皇帝本人的庇护和信任基础上才能够得以存在的个人式的、不稳定的权威，除此之外并无任何外在的制度化保障。从这个意义上说，官僚集团在力图维护、保证和扩展自身政治权力上所做的种种努力，则将成为在制度层面对皇后的政治权力和统治合法性进行挑战和限制的最为重要的力量。

三、模棱两可的文化传统

对皇后的政治权力及统治合法性带来挑战和制约的第三股力量，则来自于主流文化传统与意识形态的领域。在本书的前两章中笔者曾经指出，在帝制中国充满了活泼弹性和灵活性的传统之内，两性之间表现在阴阳关系上的不可分割、二者职责分工中内—外界限的模糊性存在，赋予了女性跨越内闱

第三章 值得警惕的政治助手——皇后

的界限参与外部事物的可能性，但这一权力的行使，必须要建立在女性对于社会的整体性别秩序予以服从、并对父系家族体系的延续繁衍做出贡献的基础之上，才有可能被最终接受和得以实现，同时她们还不得不学会如何"在表面上绝对承认男权的'障眼法'下进行"①。同样，对于帝国最高阶层家庭内部的女性而言，女主要想凭借自己的才能和智慧跨越后宫的界限并对帝国的政治事务进行处理，也必须建立在她的这一作为被普遍认为是在辅助自己的丈夫、儿子实现统治，而并非为了她本人的政治利益和政治野心，因此既不会对帝国的文化格局与性别秩序造成颠覆，也不会对政治体系的稳定运行带来破坏威胁时，才有可能被主流文化传统和官方意识形态所接受。正如有的学者所言："妇女被允许进入这些领域有一个基本出发点：妇女的这些活动对社会或国家……有利，而不是妇女本身从中获得好处。"②

那么，既然女主政治权力的获得必须建立在对于维护丈夫的父系家族体系之稳定与繁衍大有裨益这一实用主义原则的基础之上才能实现，那它所暗自蕴含且着重强调的是，只有在家内缺乏一个强有力的男性领导者的前提之下，女性对于原本属于他的职责的完整代替和彻底履行，才是相对正当和可以接受的。从这个意义上说，相比较于以皇太后的身份来辅助和代替年幼的少儿皇帝统治整个帝国有所不同的是，皇后在自己的丈夫、当朝的皇帝仍然居于帝位之上，就代替他处理原本属于帝王专属权力的政治事务，往往会被认为是皇帝本人缺乏治理帝国的政治才能的直接体现，或者是他的懦弱无能正在被自己强硬而有野心的妻子所操纵的明确结果。因此，无论从哪个角度而言，皇后在帝国政治领域的出现及其作为，在主流文化传统看来都像是阴阳颠倒、"阴"凌驾于"阳"之上的不祥之兆，也由之成了一种非常值得警惕和反对的"僭越"举动，而绝非能被广为接受、甚至赢得赞

---

① ［美］高彦颐：《闺塾师：明末清初江南的才女文化》，江苏人民出版社2005年版，绪论，第12页。
② ［美］凯特·米利特：《性的政治》，社会科学文献出版社1999年版，第61页。

赏的行为。

考虑到最高阶层的家庭与政治权力之间天然的紧密联系，以及这一家庭作为帝国所有家庭的典范而在文化秩序的普及与传播上所具备的表率作用，在那些强调对儒家理想的献身精神、并身兼儒家正统意识形态传播和维护于一身的儒生士大夫看来，对皇后试图颠覆两性秩序、打破帝国政治体制正常运行的行为做出某种约束和限制，自然具有文化和意识形态上的正当性与必要性。与此同时，他们作为文化传统的传承者和保护者而在意识形态的阐释中所处的优势地位，以及他们作为代替皇帝处理政治事务的职业官僚而在帝国的政治体系中所扮演的合法角色，这种"双重身份"的具备，也使得他们的反对与质疑构成了从文化与意识形态的领域内挑战皇后政治权力与统治合法性的最为重要的力量。

在上文所提到的武皇后与刘皇后的例子中，无论她们曾在何种程度上得到皇帝本人的倚重和信赖，并由此获得代替他公开处理政治事务的权力，但在文化与意识形态的强大制约之下，她们始终未能在帝国的政治体系中获得正式且合法的身份与地位。对于她们的作为极有可能导致阴阳关系的颠倒和失调，从而也将颠覆传统伦理秩序和性别格局的疑虑和担忧，无疑使得她们一直处于被儒家官员着力批判反对的境地之中。如在刘皇后代替真宗皇帝处理政治事务期间，负责观察和解释天象的文化机构就曾宣称，帝国的上空出现了"太白昼见"的天象，而他们对此所得出的结论则是："占曰女主昌"。①在帝制中国这样一个具有强烈的文化性取向的帝国之内，基于上天的迹象往往被解释为是上天对于人世作为的回应和判断，基于这一机构由于具有文化与意识形态的解释权而在整个政治领域中所处的重要位置，他们的这一结论显然构成了对刘皇后获得参与政治事务之合法性的重要制约，从而也使得她作为皇后所拥有的政治权力以及在此基础上所进行的统治，始终难以获得正

---

① （清）毕沅：《续资治通鉴》，卷三十四，宋纪三十四，"真宗天禧三年条"，中华书局1979年版，第772页；黄锦君：《两宋后妃事迹编年》，巴蜀书社1997年版，第26页。

第三章 值得警惕的政治助手——皇后

当与合法的地位。而在武皇后的例子中，中书侍郎郝处俊在应对高宗皇帝力图赋予武皇后"摄国政"这一权力时所提出的果断反对意见①，以及高宗虽然拥有帝国最高的统治权威、但他的愿望最终未能实现的结果，也毫无疑问地折射出了这股来自文化与意识形态领域的制约力量的强大。

而在前文没有提及的以皇后身份代替丈夫处理政治事务的另一个例子，即唐中宗之韦皇后的经历中，则可以从另一个角度反映出皇后是如何面临来自文化与意识形态领域的强大制约，甚至还被普遍视为是缺乏任何意义上的统治合法性的。在唐中宗即位之前，他的妻子韦皇后由于曾在他们被共同囚禁期间对于丈夫的不断支持和鼓励而获得了他的如下承诺："异时幸复见天日，当为卿所欲，不相禁御。"出于对这一诺言的遵守，在中宗登上帝位之后，韦皇后果然获得了他的允许频繁地参与到帝国的政治事务之中，以至于朝臣普遍认为将会出现由皇后取代皇帝进行统治、从而颠覆整个帝国的文化传统和政治秩序的事件。尤其是基于高宗之武皇后在数年之后称改唐为周、公开称帝的前车之鉴，对这类事件持有极端警惕态度的儒家官员们开始频频上书皇帝，表达他们强烈的反对意见。如恒彦范就曾上奏曰："《易》称'无攸遂，在中馈，贞吉'，《书》称'牝鸡之晨，唯家之索'，伏见陛下每临朝，皇后必施帷幔坐殿上，预闻政事。臣窃观自古帝王，未有与夫人共政而不破国亡身者也。且以阴乘阳，违天也；以妇陵夫，违人也。伏愿陛下以社稷苍生为念，令皇后专居中宫，治阴教，无处外朝干国政。"②而在中宗登上帝位与韦皇后开始参与朝政的第一年（705年）七月，河南、河北十七州水灾频发，更是给了儒生官员宋务光以反对皇后在政治领域出现的重要理由。在向皇帝的上书中他毫不留情地指出，水灾的发生就是韦皇后干预朝政、并由此

---

① 即如其所言："天子理外，后理内，天之道也。昔魏文帝著令，虽有幼主，不许皇后临朝，所以杜祸乱之萌也。陛下奈何以高祖、太宗之天下，不传之子孙而委之天后乎！"（宋）司马光：《资治通鉴》，第二百零二卷，唐纪十八，"高宗上元二年条"，中华书局1956年版，第6375—6376页。

② （宋）司马光：《资治通鉴》，第二百零八卷，唐纪二十四，"则天后神龙元年条"，中华书局1956年版，第6585页。

而使得天地秩序被破坏所导致的结果:"水阴类,臣妾之象,恐后庭有干外朝之政者,以杜绝其萌。"① 在一片反对声中,韦皇后自然难以在任何意义上获得参与政治的正当性与合法性。尤其当她被将以唐玄宗的庙号闻名于世的李隆基以"匡复唐室"的名义所发动的宫廷政变斩杀之后②,她还被其后的儒家学者们批判为是与篡唐改周的武则天并列、为李唐王朝带来重大灾难的"武韦之乱"的主要角色之一③,并由此成为帝国极为盛行的"女祸论"中的典型人物,时时提醒着后世帝王允许女主参与政治将会带来的灾难性后果。

在对上述这些以直接方式代替皇帝处理政治事务的皇后事例进行了分析之后,对另一类以某种更加"间接"和"私人化"的方式而对政治进行着"不得干预的干预"④ 的皇后事例以及她们在历史中所赢得的声誉进行探讨,将有助于我们从比较的视野入手,更好地理解主流文化与意识形态领域对于皇后政治权力与统治合法性的制约。

在通过对皇帝本人施加私人影响力来间接影响政治的皇后事例中,最为突出的人物,当属被绝大多数儒家学者和史家所极度赞赏的唐太宗之妻长孙

---

① (宋) 司马光:《资治通鉴》,第二百零八卷,唐纪二十四,"则天后神龙元年条",中华书局 1956 年版,第 6595 页。

② (宋) 司马光:《资治通鉴》,第二百零九卷,唐纪二十五,"睿宗景云元年条",中华书局 1956 年版,第 6643—6645 页。

③ 如在《旧唐书》中她就被评价为:"韦武丧邦,毒侔蛇虺。阴教斯僻,嫔风寝毁。"参见 (后晋) 刘昫《旧唐书》,第五十二卷,列传第二,后妃下,中华书局 1975 年版,第 2204 页。而在《资治通鉴》以及其后的《资治通鉴纪事本末》和《廿二史札记》中,韦皇后也拥有着极坏的声誉,并被他们认为曾经毒死了她的丈夫中宗皇帝以便保障自己手中的权势,但正如黄永年所指出的一样,韦后政治权力的获得,实际上是李姓家族的成员李重俊等人力图打破李武政权的垄断地位,从而建立一个只有李姓人掌握实权的政治斗争的产物,而上述关于她的这种夸大其辞的负面记载更有可能是后世那些反对女性参与政治的儒家学者刻意的附会与诬陷,以便强调她们参与政治的不正当性以及有可能带来的灾难性后果。关于"韦后乱政"的具体剖析,可参见黄永年《六至九世纪中国政治史》,上海书店出版社 2004 年版,第 208—212 页。

④ 如有的学者就指出,意识形态对于参与政治的后妃的评价并不是一以贯之的:"有趣的是,只有当后妃的策论与帝王自己的主见相悖时,他们才拿出后妃不得干预朝政的王牌来抵挡。事实上,史册称誉的一些贤良智能的后妃莫不在不同程度上对朝政和国事进行了'不得干预'的干预。她们时时对皇帝专政进行着修正。"门岿:《专制变奏曲:从吕后到慈禧》,济南出版社 2002 年版,第 39 页。

皇后。据《旧唐书》所言，长孙皇后具有极高的文化修养，"少好读书，造次必循礼则"①，当太宗与她谈及朝廷赏罚之事时，她主动拒绝了发表见解的机会，并回答道："牝鸡之晨，唯家之索。妾以妇人，岂敢预闻政事。"②而当太宗皇帝固执地邀请她继续参与讨论时，她不仅仍然不做出回答，反而干脆以保持沉默来应对君主的这种不当行为。而且，她还多次向太宗举出两汉皇帝重用外戚并导致祸患的例子，恳切请求皇帝不要给自己的兄长长孙无忌授以重要职位以免重蹈覆辙，而在皇帝执意授予其左武侯大将军、吏部尚书等重要职位之后，忧心忡忡的她还在私下里要求长孙无忌向皇帝"苦求逊职"，直到他被改授一个较低的官职之后，长孙皇后方才"意乃怿"。在此之后，她还亲自撰写了旨在训诫女性应将自己的主要精力放在尽心辅助丈夫和儿子完成事业，而不是跨越后宫内闱的界限参与外部事务的十卷本著作——《女则》，并由此而在当时的朝廷和其后的主流历史传统中获得了极高的声誉。而使她倍受儒家学者们所褒扬的事件，则是她对于因犯颜直谏而得罪了皇帝的名臣魏征和房玄龄等人的保护。在她柔声细语但又入情入理地劝说之下，被他们的直言诤谏大为触怒、并宣称"会须杀此田舍翁"的皇帝认识到了这些股肱之臣的存在对于维持自己的统治和保证整个帝国稳定所具有的重要性，从而继续保持了对他们的尊重和重用③。她通过这一事件和这种方式而对帝国的政治事务所施加的影响力，在极为反对女性参与政治的儒家学者王夫之看来，也是极为值得赞赏的，即如其所言："马周言之，魏征言之，皆开陈天理民彝之显教，以思动其悱恻也。乃周言不听，决驾以行，与征之言，则入谋

---

① （后晋）刘昫：《旧唐书》，第五十一卷，列传第一，"后妃上"，中华书局1975年版，第2164页。

② 同上书，第2165页。

③ 如有的学者就指出，"贞观"期间所形成的诤谏之风与长孙皇后的作为密不可分，她也由此而在治理国家上起到了积极的作用。具体论述可参见秦翠华《长孙皇后对"贞观"政风的影响》，《北方论丛》1997年第5期；张淑芳：《论唐代后妃预朝政的关系》，《西南民族学院学报·哲学社会科学版》2000年第4期。

之长孙皇后而后勉从，使后而如独孤、武、韦也，征死也。"①事实上，长孙皇后以这种内敛、有节制的方式，通过对自己的丈夫提供私人劝谏而对帝国政治事务的间接参与，也获得了皇帝本人的深深敬重，以至于当她以三十六岁的年龄忧劳成疾而病逝之后，太宗对着朝臣恸哭道："以其每能规谏，补朕之阙，今不复闻善言，是内失一良佐，以此令人哀尔！"②

显然，虽然这位在历史上享有盛誉的贤良皇后被普遍认为是严格地恪守了"不预外事"的妇德标准，但她作为太宗皇帝所敬重的"妻子兼密友"③，事实上也在某种程度上积极地影响了政治的格局与运行。在此尤其值得反思的是，同样是以皇后身份参与政治事务，为什么在更多的儒家学者看来，她的这种作为不仅不是一种值得警惕和反对的现象，反而却成为值得褒奖和仿效的典范？一个合理的解释应当是，她的做法恰恰代表了对儒家理想中的女性职责的完美履行与理想形象的彻底实现：她视丈夫的事业为自己的一切，并潜心帮助其完成对于帝国的统治；当君主由于一时的个人情绪和私人感情而丧失了在政治事务上的判断力时，她谨慎但却执着地对其提出意见和建议，以保证丈夫不至于做出有违古圣先王之道的事情，从而促使他作为一代英主而在历史上留下良好的声誉。最为重要的是，她的所有作为都不是为了彰显自己的才能和价值，而是为了一个更高的道德秩序和完备的政治理想的实现，并且最终，她还将所有的名誉和功劳都无私地归结在了自己丈夫的名义之下。

从这个意义上说，在主流文化传统看来，那些将自己的身份和活动范围严格地限制在皇帝"贤内助"的范围之内，只是通过对皇帝本人的政治得失进行积极的私人劝谏这种方式在一定程度上影响政治运行的女主，其作为不仅不会对现有的文化与政治秩序造成破坏，反而还因在事实上对于这种秩序

---

① （清）王夫之：《船山遗书》（第五卷），《读通鉴论·卷二十》，"太宗十"，北京出版社1999年版，第3151页。

② （后晋）刘昫：《旧唐书》，第五十一卷，列传第一，"后妃上"，中华书局1975年版，第2166页。

③ ［英］崔瑞德：《剑桥中国隋唐史》，中国社会科学出版社2006年版，第213页。

第三章 值得警惕的政治助手——皇后

进行积极的维护而在儒家学者的眼中成了所有女性应当仿效的典范。而与之形成鲜明对比的，则是那些以直接和公开方式代替皇帝处理政治事务的皇后形象，尽管她们的作为曾在客观上维护了皇帝本人的利益和权威，但这一行为往往由于极有可能导致对文化秩序的颠覆和帝国政治正常运作的破坏，而不得不承受来自主流文化与意识形态领域的强烈反对与制约，并由此成为她们在获取政治权力和统治的合法性上难以忽视和逾越的文化障碍。

更进一步而言，尽管以皇后的身份参与政治事务往往会被认为是对帝制中国的文化秩序与政治体制的某种颠覆，但并非所有的政治参与都会遭到来自文化传统与意识形态领域的巨大挑战和制约。相反，表面上坚持反对女性参与政治的主流文化传统，在实际的政治运行中却往往呈现出一种模棱两可的状态，其最终的评判标准，往往取决于皇后参与政治的出发点和最终的结果是否能够维护皇权的基本秩序，而并不考虑其参与的过程是否得到了皇帝的认可。换言之，对于结果正义追求远远超过了对于程序正义的重视。在这其中，对于特定的文化传统、性别秩序与意识形态的强调，则使得妇德的践行与否、而非个人才能的彰显和实现，成了中华帝国这样一个极具文化性取向的帝国之内，主流文化与意识形态对这些女主进行善恶评价的基本准则和分水岭。

综上所述，皇帝本人的态度、官僚集团的反对以及文化与意识形态领域的制约，这三者彼此交织，共同构成了对皇后的政治权力与统治合法性进行挑战和制约的最为重要的力量。在这三种力量的共同作用之下，皇后虽然在事实上获得了政治权力和进行统治的可能性，但却始终无法得到整个政治体系对于其统治合法性的最终认可和接受，从这个意义上说，皇后在帝国的政治体系中所拥有的政治权力和政治地位，始终是个人式的、不确定的，并时时处于岌岌可危的境地之中。只有当她所具备的那种杰出的政治才能和致力于维护皇帝家族利益的政治忠诚度得到了她的丈夫的极度信赖，并因此而在他临终前获得了以皇太后的身份继续对帝国的政治事务进行参与的许诺时，她的地位与合法性,才有可能出现新的改观与质的变化。

第三节　小结

在一个"女祸论"盛行、强调皇后的主要职责应当在于辅助当朝皇帝管理好后宫内部的事务,即"听天下之内治,以明彰妇德",以达到"内和而家理"(《礼记·昏义》)的主流文化传统之内,皇后之所以能够跨越宫闱的界限对帝国的政治事务公开发表意见,甚至还获得皇帝的许可而在某种程度上代替他直接处理朝政,从根本上说都源于皇帝本人对她所具有的政治才华的欣赏,对她能够运用这种才华帮助自己实现统治的重要"政治助手"的资格确认,以及对她绝对维护皇帝本人利益之政治忠诚度的充分信赖这几种因素共同交织的基础之上。她所获得的政治权力和统治的机会,从本质上来说都来自于皇帝本人的授权和认可,她与皇帝之间的关系,也更像是共同致力于促进家族繁荣的两情相悦的"伙伴式婚姻",而绝非许多反对女主参与政治的人所想象的那样,是一个强硬蛮横的妻子凌驾于懦弱无能的丈夫之上所产生的结果。

皇后与官僚集团从本质上而言都是皇帝的代理,所不同的是他们的公、私性质不同,所赖以产生的文化基础也有差异。对于皇帝而言,官僚集团无疑是不可或缺的,如果没有他们的存在和支持的话,他对于国家的治理将会变得困难重重和无法实现。皇后则不然,她能否成为皇帝实现其统治的重要的私人助手,并对帝国的政治生活公开发表意见,主要取决于她自身的政治才能和对皇帝本人的忠诚程度。只有当她持续地证明自己是一个聪明、有头脑的人,同时也是致力于维护皇帝政治利益的合格伴侣时,皇帝才会倾向于将她变成能够分享自己权力的私人式的政治助手,从而允许其参与到帝国的政治事务中去。而在许多的例子中我们甚至可以推测,这些君主在很多情况下还表现出了对于皇后这一政治助手和私人伴侣的欣赏和爱慕,以至于他们在很大程度上甚至乐意怂恿她们获得彻底代替自己处理繁杂政务的至高权力与合法性权威，如唐高宗意图赋予武皇后以"摄国政"的政治权力，以及宋真宗几次试图将刘皇后的地位合法化的努力，就是他们具有这一态度的明证。

然而，除了皇帝本人对于她的庇护和支持之外，皇后缺乏任何能够维护其政治权力和统治合法性的文化基础和制度性保障。因此，她参与政治的合法性从本质上而言只是"个人式"的和"不稳定"的。在作为皇帝重要的政治助手而代替他处理帝国政治事务时，她必须要向皇帝本人持续不断地证明自己的公允、正直，在国家事务的处理上具有卓然的见解，同时还要表现出与这种能力相匹配的个人政治野心决不存在，她才有可能持续享有皇帝的支持和信赖，从而获得继续参与帝国政治事务的机会与可能性。从这个意义上说，皇帝本人构成了对于皇后权力和统治合法性造成挑战的最为重要的力量。

而且，当皇后所拥有的政治权力与具有独立化、自主化倾向的官僚集团手中的权力出现了争夺、对抗的趋势时，后者出于对权力的本能保护和追逐，就会在坚决抵制将皇后的权力公开化和合法化的同时，进一步向皇帝提出严重的抗议和警告，促使皇帝意识到由女主拥有权力将会为整个政治体系的顺利运行所带来的风险，官僚集团也由此成为在制度领域内挑战皇后统治之合法性的最为重要的力量。皇帝的最终处理意见，则取决于他对皇后本人作为自己的"政治助手"和"私人代理"的了解和信赖，对于其是否具有可能凌驾于自己之上的政治野心的基本估计，以及对于她在这种"政治野心"下所蕴藏的个人能力的倚重程度。他是否愿意除去自己羽翼的一侧，而使另一侧的权力彻底失去制约呢？在唐高宗最终放弃了废除武皇后这一提议的例子中，他显然倾向于在两者之间保持某种平衡，而非彻底倒向其中一方，以便能够更好地保障自己的政治利益。对于皇帝而言，皇后是他在进行统治的过程中比官僚集团更为私人化、也更易于维护自己利益的政治助手，她在政治领域的存在，显然将代替自己完成许多难以委托给官僚集团的事务，如吕皇后之诛杀异姓王，无疑深得汉高祖之心。因此，虽然在官僚集团的坚决反对和极力抵制下，皇后始终难以将其所获得的政治权力在帝国的政治体系中予以进一步的公开化和合法化，但在皇帝的需要和支持下，这一权力显然也不至于轻易地丧失。

  与此同时，主流文化传统对于两性"内—外"职责的划分和妇德的提倡，使得皇后在自己的丈夫尚居于皇位之时就跨越"内"的界限代替他对帝国的政治事务进行处理的这种做法，往往会被认为是对固有的社会秩序和文化传统的颠覆和破坏，从而也就成为一种饱受主流文化和意识形态批判与反对的"僭越"举动。而在与那些将自己的职责和权限严格限制在皇帝"贤内助"身份的例子的比照之中，以公开和直接的方式介入政治领域的皇后，更是成了文化承载者和保护者的儒生士大夫们非常警惕并予以批判的对象。从这个意义上说，皇后即便能够由于皇帝的信任和授权而在事实上获得代替皇帝进行统治的政治权力，但帝制中国对于一个特定的文化传统、性别秩序与意识形态的强调，却使她始终难以获得主流文化传统对于女主政治权力和统治合法性的彻底认可和完全接受。而这一点，则与女主作为皇太后时所具备的合法性资源形成了根本的差异。

第四章　皇权的守护者——皇太后

在所有以女主身份公开参与政治事务的事例中，相比较于"皇后"或"女皇帝"这两种较为少见的情况而言，以皇帝"母亲"——皇太后的资历获得代替男性君主统治整个帝国的政治权力①，则是帝制中国两千年历史中一个非常普遍的现象。② 正如有的学者所统计的那样："母后参与政治者约计五十人之多，执政约五百年之久。"③

事实上，不仅从发生的频率来看这一现象几乎遍及历史中的各个朝代④，更为重要的是，早在大一统帝国形成之初，西汉的吕太后就已开始将这种统治方式当作一项公开的政治制度在帝国的政治体制中确立了下来，即如《东汉会要》"母后称制"条所记载："少帝即位，太后即代摄政，临前殿，朝群臣。太后东面，少帝西面。群臣奏事上书，皆为两通，一诣少帝。蔡邕《独

---

① 事实上凭借"母亲"身份获得政治权力的女性，不仅包括皇太后，还应当包括皇帝的祖母太皇太后。由于这二者的统治合法性所依赖的文化资源和政治基础完全相同，因此，为了论述方便，本文将这些女性一并归结在"皇太后"的类型之中予以讨论。

② 如有的学者所言："以皇帝母亲（或祖母）的身份垂帘听政或临朝称制是最常见的女主政治形式。"参见蔡一平《汉宋女主的比较》，《中国典籍与文化》1994年第3期。

③ 杜芳琴：《中国历代女主与女主政治论略》，鲍家麟主编《中国妇女史论集·四辑》，稻乡出版社1995年版，第35—37页。又如朱子彦所言："据正史不完全统计，临朝称制的女主有40人，其中秦国1人，西汉4人，东汉6人，北魏2人，唐代2人，宋代9人，辽代3人，元代11人，清代2人。"参见朱子彦《垂帘听政制度述论》，《学术月刊》1998年第2期。

④ 如杨联陞就指出："整个中国从西元前221至西元1912年的历史，主要是一个男权和父系的社会，这已是普通知识。然而却很少有人注意到中国悠久的历史中，有好几个时期由女主统治。不论是汉人或外族所建立的朝代，都曾有太后摄政，尤其是汉、北魏（鲜卑）、辽（契丹）、宋、元（蒙古）、清（满洲）的太后最有权势。"参见［美］杨联陞《中国历史上的女主》，鲍家麟主编《中国妇女史论集》，稻乡出版社1979年版，第64页。

断》，按此即母后临朝之制。"① 自此之后，太后临朝称制开始被认为是具有了某种"习惯法"上的效力："是太后摄政之事，在汉代创制，在后代为至少有习惯法之效力。降至清代，竟将太后'垂帘听政'一项，列入大清会典（卷二百九十一）之中，视为一代之大典，其成为一代之政治制度，似无庸疑。"② 而在特殊的情况之下甚至可以完全由皇太后代替少儿皇帝来执掌政事的做法，也在后世逐渐演变成了一种历史的"惯例（customary）"③。

从这一意义上说，女主以"皇太后"的身份公开出现在原本属于男性特权的政治领域，甚至代替皇帝公开处理帝国的政治事务，将不仅不会被认为是一种"非法"和"僭越"的行为，反而还在一定意义上获得了官僚集团以及主流文化系统对于其政治权力与统治之合法性的承认和接受。毫无疑问，在一个极度奉行"女祸论"与"牝鸡之晨，唯家之索"的主流文化传统之内，如上这两种现象的产生以及普遍性存在，即如赵凤喈所言："决不可以偶然之事实目之。"④ 那么，在什么样的情况之下，皇太后才有可能获得代替皇帝进行统治的机会？隐藏在这一现象背后的文化根源和制度基础是什么？相比较于男性君主而言，皇太后进行统治的合法性性质与特征有何不同之处？她统治的合法性还将承受什么样的挑战和质疑？她们对于自己的女性身份与职责的认同，又将如何影响自己的具体政治作为？其合法性的最终边界又在哪里？

第一节 权力的获得及其方式："皇权守护者"的身份认定

秦始皇大一统帝国体制的确立以及这一体制在此之后两千年间的不断延续，使得君主专制统治的政治形态和"天下"乃君主一人之"家天下"的政

---

① （宋）徐天麟：《东汉会要》，第一卷，"帝系上·母后称制"，上海古籍出版社2006年版，第13页。
② 赵凤喈：《中国妇女在法律上之地位（附补篇）》，稻乡出版社1993年版，第112页。
③ Priscilla Ching Chung: "Palace Women in The Northern Sung, 960–1126", *T'oung Pao*, 通报, *Revue Internationale de Sinologie*, number12. Leiden: E. J. Brill, 1981, p. 8.
④ 赵凤喈：《中国妇女在法律上之地位（附补篇）》，稻乡出版社1993年版，第112页。

第四章 皇权的守护者——皇太后

治模式，成了帝制时代广为接受的文化认同和政治现实，君主在整个帝国的政治体系中居于最为中心的地位，并作为一切政治权力的来源和基础获得统治整个帝国的合法性。但正如有的学者所指出的那样："君主专制统治这种权力模式的奇特之处（singular idea）就在于它将整个政治结构的重心都建立在皇帝一个人的智慧与积极肯干（willingness）的基础之上。"① 而对于这一点的文化认可和制度性强化，则在事实上成为肩负"代天牧民"职责的君主所要面临的一个极大挑战：一方面，君主一人独占权力的原则在客观上要求皇帝应当将所有权力集中到自己的手中，并尽量做到乾纲独断；但另一方面，皇位传承问题上的"世袭制"而非"选贤任能"原则的确立，却难以在客观上保证继体之君必定拥有足够的学识、能力以及强烈的政治兴趣来完成治理一个庞大帝国的艰巨任务。因此，在皇帝缺乏足够的条件、能力和意愿来控制并驾御整个帝国的政治格局与政治运行的情况之下，皇权与政权无法有效衔接的政治危机也就应运而生。面对这种权力的真空状态，各种致力于扩张自身势力的组织和个人自然开始对权力进行不断地觊觎和本能地追逐，并由此引发了彼此间激烈的争夺和斗争，而且，这种争夺和斗争无疑将进一步导致对原本属于皇帝一人之最高统治权力的侵削和威胁。毫无疑问，如何在君主专制的体制框架之内解决这一问题，成为历代帝王和儒生士大夫们倍感困扰的政治难题，"因为就皇帝一元专制体制的基本精神而言，除了皇帝之外，任何人俱无正当理由接掌这份原应属皇帝一人独享的皇权。于是，原为皇帝所专有的皇权，应该由何人承继代行？期间权力转移将如何进行？权力承继者是否能建立其政治权力的正当性？都将成为权力转移之际引人注目的争执点。而这种种问题的解决，不但系于各方的政治实力，而且也关涉到制度与理念的解释与争执"②。而在制度与理念的不断解释与相互争执过程中，不同

---

① Chun-shu Chang: "Emperorship in Eighteenth-Century China", *The Journal of The Institute of Chinese Studies*, Vol. VII, No. 2, December 1974, The Chinese University of Hong Kong, p. 569.
② 刘静贞：《从皇后干政到太后摄政——北宋真仁之际女主政治权力试探》，鲍家麟主编《中国妇女史论集续集》，稻乡出版社1991年版，第124页。

政治主体对于皇太后可以被看作"皇权守护者"这一身份的一致认同,则赋予了这一特殊的女性群体以代替皇帝公开统治整个帝国之政治权力的可能性与合法性,并在此基础上形成了三种获得正式政治权力的不同方式。

一、先皇帝的授权

第一种使皇太后获得统治整个帝国的政治权力与合法性的方式,来自于皇帝本人的授权,并通常以遗诏的形式颁行于世。对于将要辞别人世的皇帝而言,面对即将登上帝位、但却显然缺乏治理庞大帝国所必须要具备的年龄、经验及政治才能等基本条件的新皇帝,他所关注的显然是如何选择值得信赖和倚重的政治人物来辅助其完成这一统治的重任。

一方面,保证自己血脉的"家天下"得以顺利传承的基本政治诉求,在客观上要求他必须要排除其他政治群体对于这一权力的觊觎和染指,从而防止君权被架空①,而相比较于那些对皇位具有潜在威胁性的同姓宗室成员和异姓权臣而言,皇帝本人的妻子、未来皇帝的母亲显然是更为合适的人选②。如同本书在第一章中曾指出的一样,对于丈夫的父系家族体系而言,当妻子随着儿子的诞生而获得了母亲的身份,她就不再被认为是对家庭具有潜在威胁的外人和他者,而是作为能够促进家族延续的重要成员正式地融入了丈夫父系家族的血统之中,而她对于自己的人生价值以及未来归宿都将落脚于丈夫家族这一事实发自内心的认同和接受,则使得如何为丈夫父系家庭体系的维系和繁衍做出贡献,成为她最为重要的人生职责和生活目标。皇帝本人对于这一问题的认识与感知,显然也在客观上导致他产生如下的看法:自己的妻

---

① 如秦晖所言:"君主安排吏治,首先考虑的就不是如何顺天应民,实现行政正义,而是确保大权在我,居重御轻,强干弱枝,防止权臣窃柄、君位架空,致使法、术、势失灵而危及'家天下'。"参见秦晖《西儒会融,解构"法道互补"——典籍与行为中的文化史悖论及中国现代化之路》,《传统十论》,复旦大学出版社2004年版,第178页。

② 如有的学者就指出:"母后作为皇室核心家庭的成员,其利益与皇室的利益基本一致,所以参政的机会较多而阻力较小。"杨光华:《宋代后妃、外戚预政的特点》,《西南师范大学学报(哲学社会科学版)》1994年第3期,第67页。

子、未来皇帝的母亲不仅最不可能对儿子的统治和利益造成威胁,相反,她还将作为新皇帝的"庇护者"和皇权最为忠实的"守护者"而成为他最值得信赖和倚重的对象。正如杜芳琴所指出的一样:"自秦汉以来,封建大一统帝国的最高权力结构是以皇帝为核心,皇族(父党)、外戚(姻党——妻党与母党)、朝臣、内侍(宦官)为支柱的中央集权体制,改变了周代血缘贵族宗法制'大邦维屏,大宗维藩,宗子维城'的同姓分封制与辅政制……秦汉王朝更以用异姓官僚为常。对异姓的权臣,显然应有更多的防范。封建时代帝位的嫡长子继承制又不得不防备皇族的觊觎神器。幼主继嗣有时又不可避免,那么在对几股政治势力援引的权衡中,母氏是对幼子权位最少造成威胁的一方;相反,贤母倒能成为皇权忠实的看护人,幼主的庇护者。事实上母后越贤,就越能调控节制外戚,其他政治势力如皇族、宦官也相应收敛,朝臣也能心悦诚服效力,整个政局也就比较平稳。"①

另一方面,如同本书在第三章中所指出的一样,皇帝对于自己的皇后所具备的那种杰出的政治才能的认可和欣赏,对于她作为自己最为得力的"政治助手"的资格确认和倚重,以及对于她具有绝对忠于皇室的政治忠诚度的信赖,毫无疑问将使得他认为:她不仅有诚心、而且完全有能力在他去世之后继续承担起守护皇权的重任。也正是从这一意义出发,未来的皇太后才有可能在即将辞世的皇帝的允许下,获得代替尚不具备足够政治经验和政治才能统治整个帝国的少儿皇帝完成这一艰巨任务的政治权力和统治合法性。而且,在一个具有鲜明的文化性取向的帝国之内,既然前皇帝的遗诏往往被视为后世皇帝与朝臣都必须要遵守的法令与制度,那么,伴随着前皇帝遗诏的颁发,她的这一权力也将获得整个帝国政治系统的承认和接受。

皇太后通过前皇帝的遗诏获得代替新皇帝处理政治事务的公开政治权力,大多发生在新皇帝由于年幼而无法亲理政事的情况之下,而宋真宗的皇后刘

---

① 杜芳琴:《中国历代女主与女主政治论略》,鲍家麟主编《中国妇女史论集·四辑》,稻乡出版社1995年版,第45—46页。

娥,即宋仁宗时期的刘太后,显然可以被看作这一问题的最佳例证。在本书的上一章中笔者曾经指出,早在刘娥还是皇后之时,她就已经凭借自己的政治才华和对于丈夫本能的关心而成为真宗在处理繁杂政治事务中最为重要的助手,而出于对她的政治才华的欣赏和忠诚度的认可,真宗统治后期,他还数次做出了力图将皇后在政治领域内的地位公开化与合法化的努力,但因以皇后身份来参与政治往往会被认为将对国家的政治体系和文化秩序造成颠覆性的影响,他的这一愿望最终无法实现。而在真宗离世之际,面对自己年仅十三岁的儿子、即将即位的仁宗皇帝,出于对他缺乏治理整个帝国的政治能力的基本判断,以及对刘皇后可以被看作"皇权守护者"的身份认定,使得真宗自然要将她当作最佳的辅政人选委以重任。因此,在真宗所留给群臣的遗诏中,除了命皇太子立即在灵柩前即位之外,还明确提出:"然念方在冲年,适临庶务。保兹皇绪,属于母仪。宜尊皇后为皇太后,淑妃为皇太妃,军国事权与皇太后处分。"①伴随这一诏书的颁行天下,刘娥由皇后升格成为皇太后,正式获得了代替仁宗处理帝国政治事务的公开政治权力与统治合法性。

　　皇太后由于前皇帝的遗诏获得代替儿子处理朝政的政治权力,虽大多发生在因新皇帝年幼而导致的皇权与政权无法有效衔接的情况之下,但如果成年继位的新皇帝缺乏治理整个帝国所必须具备的各种才能,前皇帝也有可能赋予自己所信赖的皇后、未来的皇太后以代其统治的政治权力,在这一问题上最好的例证无疑是唐高宗的皇后、唐中宗时的太后武则天。中宗是高宗和武皇后所生的第三个儿子,在高宗的所有皇子中排行第七,由于在他之前,太子的位置上已有合适的人选,他并没有继承大统的希望与可能性,自然而然地,他也没有接受过关于如何能够成为一个合格统治者的充分教育和前期

---

① (清)毕沅:《续资治通鉴》,第三十五卷,宋纪三十五,"真宗乾兴元年条",中华书局1979年版,第795页;(明)陈邦瞻:《宋史纪事本末》,第二十三卷,"丁谓之奸",中华书局1977年版,第181页。

训练,而且,即便在他从被立为皇太子到成为皇帝这短短的三年时间里,他也并未获得多少实践机会可以亲自演练如何在事实上处理帝国繁杂的政治事务①。因此,在高宗看来,无论从哪个方面而言,他都显示出并非是一个有能力统治整个帝国的君主。而正如笔者在上一章中所指出的一样,高宗对于武皇后在他统治时期就已经显示出来的政治才能的充分信赖,以及对于她将会作为皇权的守护者来辅佐儿子顺利完成统治过渡的基本判断②,则使得他在临终之前立下遗诏,赋予了更有经验的武太后以代替新皇帝处理军国大事等重要事务的政治权力:"皇太子可于柩前即皇帝位……军国大事,有不决者,兼取天后进止。"③ 而在中宗即位的同时,出于对她的统治地位的承认,他也公开下旨,"尊天后为皇太后,政事咸取决焉。"④ 标志着升格为皇太后的武太后,正式开始作为合法统治者而获得了整个帝国对于她的政治权力的接受。

二、官僚集团的请求

第二种使皇太后获得统治整个帝国政治权力与合法性的方式,则来自于官僚集团的上书和请求。

一方面,对于帝国最为重要的政治组织——官僚集团而言,虽然追逐和扩大权力的内在化倾向,使得他们在代理皇权的同时也希望最大程度地保持自己作为一个政治主体所应当具备的独立地位和政治自主性,不仅能依据自己的愿望和制度惯性来支配政策的决定和实施,而且也能将皇帝的私人影响力尽可能地限制在一定范围之内,从而形成了一股对皇帝的统治权限造成制约的政治力量,但是,天下属于皇帝一人之"家天下"的国家性质,则使得

---

① R. W. L. Guisso: "Wu Tse-T'ien And The Politics Of Legitimation In T'ang China", Program in East Asian Studies, Western Washington University, Bellingham, Washington, 1978, p.51.
② [英]崔瑞德:《剑桥中国隋唐史》,中国社会科学出版社2006年版,第261页。
③ (宋)宋敏求:《唐大诏令集》第十一卷,"帝王遗诏上·大帝遗诏",学林出版社1992年版,第61页。
④ (宋)司马光:《资治通鉴》,第二〇三卷,唐纪十九,"弘道元年条",中华书局1956年版,第6416页。

他们对于皇帝权力的代理和限制,从本质上而言只是一种对"治权"的有限分割,而决非对专属皇帝本人所独有的"政权"的僭越和取代①。因此,尽管他们可以作为皇帝统治庞大帝国所不可或缺的重要机构而在事实上拥有着很大的政治权力,但从理论的根源来看,最高统治权力只能来源于君主的原初正义,也使得他们在面对重大事件时所做出的决策或建议,必须要依靠皇帝做出最终的裁决才能真正具备法理上的效力,也才能够最终得以实施②。从这个意义上说,如果没有一个具备最基本的统治能力的皇帝在皇位上存在,帝国的官僚机构就会变成一个"空壳(empty shell)"③,失去终极意义上的合法性与正义性。因此,当由于某种外在的原因使得皇帝无法顺利履行基本职责,甚至出现与皇位的脱节之时,包括官僚集团在内的各个政治主体,"所直接关心的就是:如何去填补这一真空状态以便使得帝国的政治体系得以正常运转,各项功能得以继续地履行"④。

另一方面,正如本书在第一章中曾经指出的一样,当家中的男性家长——父亲去世之后,母亲的地位较之于当妻子之时有了很大提升,她不仅开始被看作新的家长而享受着丈夫的特权,也由此获得了代替丈夫处理家庭内部所有重要事务的权力⑤。对于帝国最高阶层家庭中的母亲——皇太后而言,情况更是如此。正如刘静贞所言:"即便是在这样父系父权社会所建立的

---

① 对于"政权"和"治权"的区分,本文沿用牟宗三先生关于"政道"与"治道"的区分得来。具体可参见牟宗三《政道与治道》,学生书局1991年增订新版,第1页。

② 如有的学者就曾指出:"帝国政治制度的政治权威构架基本上是精英主义的……在政治精英中,皇帝一人高居于等级制的顶端,对所有官员和臣民拥有绝对的权力。实际行使帝国权力的方式也许会因君主及其大臣的能力和个性的不同而有异,即便如此,他作为政治权威顶点的真实而又象征性的地位也是不可动摇的。"[美]詹姆斯·R. 汤森、布兰利特·沃马克:《中国政治》,顾速、董方译,江苏人民出版社2005年版,第26—27页。

③ Ph. De Heer: "The Care-taker Emperor: Aspects of the Imperial Institution in Fifteenth-Century China as Reflected in the Political History of the Reign of Chu Ch'i-yü", Leiden: E. J. Brill, 1986, p. 121.

④ 同上。

⑤ Patricia Ebrey: "Book Reviwe: Priscilla Ching Chung. Palace Women in The Northern Sung, 960-1126", (T'oung Pao, 通报, Revue Internationale de Sinologie, number12.) Leiden: J. Brill, 1981. *The American Historical Review*, Vol. 92, No. 3. Jun., 18, p. 721.

男性皇帝的一元统治体制中，皇太后因与前皇帝同体，位居今皇帝之上的优势依然存在，若遇皇位继承与政权转移脱节，或是皇帝因故无法视事时，太后极易挟此优势，干预继承或直接参与实政。"① 而在官僚集团看来，当皇后随着前皇帝的去世和新皇帝的产生而升格做了皇太后之后，她显然也就取代前皇帝成了皇室家庭新的家长，因此，当新即位的皇帝缺乏足够能力在事实上进行统治，从而导致权力真空状态的出现时，皇太后在帝国最高家庭中所拥有的家长地位和守护者角色，则毫无疑问地使她成为代替儿子处理政治事务的最为合适的人选。而官僚集团的上书和请求，也由此构成了皇太后获得政治权力与统治合法性的另一种重要方式。②

皇帝由于自身疾病而导致其无法处理政治事务，是促使朝臣吁请皇太后来代替其行使这一职责的重要条件之一，而宋仁宗的曹皇后、英宗时的曹太后，就可以被看作通过这种方式获得统治帝国之政治权力的范例。在仁宗于嘉祐八年（1063年）三月因病暴崩之后，曹皇后立即召令皇子赵曙和诸辅臣入内，宣告他将成为新的皇帝，即日后的英宗，曹皇后同时也被尊为皇太后③。但英宗在此时已经逐渐开始暴露出他在事实上具有一种妨碍他成为称职君主的严重疾病——当得知他即将成为新的皇帝之时，他不断地惊呼道："某不敢为！某不敢为！"继而开始在后宫狂奔并打算逃走，这些辅政大臣们则抱住他的身体、抓住他的胳膊，迅速为他穿戴好帝王的服饰，随即将其挟持到

---

① 刘静贞：《从皇后干政到太后摄政——北宋真仁之际女主政治权力试探》，鲍家麟主编《中国妇女史论集续集》，稻乡出版社1991年版，第136页。

② 如有的学者就指出："宋代后妃参政活动与士大夫政治相呼应，这种呼应反映在宋代后妃参政在旨趣和效果上与士大夫政治的趋同，即二者都表现出了致力于维护赵宋政权，巩固政治秩序的共性。所以，在皇帝不能正常履行政务活动之时，士大夫会要求后妃参与到政治中来，掌控天下。"焕力：《宋代士大夫政治规则下的后妃参政》，《人文杂志》2009年第3期。而即便宋代后妃出现了借用外戚、宦官或上层妇女来加强自身政治控制力的作为，但"这些特殊势力并非太后真正倚信的对象，他们只是为太后所利用，借以平衡朝中权力格局，并作为自己权力的补充，太后能赖之以处理朝政的，仍然是士大夫集团"。刘广丰：《宋代特殊政治势力与女主权力的互动——以刘太后统治时期为中心》，《江汉论坛》2015年10月。

③ （元）脱脱等：《宋史》，第二百四十二卷，"列传第一·后妃上"，中华书局1985年版，第8621页；（清）毕沅：《续资治通鉴》，第六十一卷，宋纪六十一，"仁宗嘉祐八年条"，中华书局1979年版，第1480—1482页。

大殿之上，宣告立刻即皇帝位。① 但是，出于对英宗之疾能否使他具备行使皇帝职责之能力的疑虑，以及出于对帝国的政治体系将由此无法正常运行的担忧，官僚集团随后进行了三次上书，请求曹太后与皇帝一同上殿，行使"听政"职责。与此同时，英宗的病情显然开始加重，以至于"号呼狂走，不能成礼"，显示出他已无法正常履行一个合格皇帝的基本职责。韩琦等人则上殿紧紧抱住皇帝使其不能到处乱闯，并再次恳求曹太后考虑大局并迅速下诏，"候听政日，请太后权同处分"。其后，礼院也再次上书奏请："其日皇帝同太后御内东门小殿，垂帘，中书、枢密院合班起居，以次奏事。或非时召学士，亦许至小殿。皇太后处分称'吾'，群臣进名起居于内东门。"② 在朝臣的多次吁请之下，曹太后于几日之后开始正式临御内东门小殿，垂帘听政③，标志着她获得了代替因病无法处理政务的成年皇帝来统治整个帝国的官方权力和正式身份。

除了由于在位皇帝自身具有某种疾病而无法处理政事，需要官僚集团奏请皇太后以皇权守护者的身份来填补皇权与政权衔接的真空状态之外，在前皇帝去世之前并未指定皇位继承人的合适人选，因此也在客观上导致皇位出现空缺状态的情况之下，皇太后（或太皇太后）作为前皇帝的妻子（或母亲）、新皇帝的母亲（或祖母）这一皇室家长的身份，也将使得她成为宣告新的皇位继承人的最佳人选和官僚集团所不得不依赖重视的政治力量。宋神宗的向皇后、哲宗时的向太后，就可以被看作应朝臣的请求来主持新皇帝确立、并由此获得政治权力的范例。因为宋哲宗在元符三年（1100年）去世之前并未指定合适的皇位继承人人选，整个帝国都面临着由于皇位暂时空缺而极易引发皇室内部成员间相互斗争的风险，对于这一点的认识和担忧，促使官僚

---

① （清）毕沅：《续资治通鉴》，第六十一卷，宋纪六十一，"仁宗嘉祐八年条"，中华书局1979年版，第1480页。
② 同上书，第1482页。
③ 同上书，第1482—1843页；（明）陈邦瞻：《宋史纪事本末》，第三十四卷，"英宗之立"，中华书局1977年版，第297页。

第四章 皇权的守护者——皇太后

集团要迅速采取措施以避免最坏结果的出现。而从理论上而言，在哲宗当政时就已经是皇太后的向氏作为皇室家族内部最高级别的家长与合法的代表，只有她才拥有指定皇位继承人的权力。因此，在朝臣的吁请之下，向太后做出最终的决策，哲宗生前所喜欢的第十一个儿子、"有福寿、且仁孝"的端王赵佶入承大统，即日后的徽宗，向太后也由此升级成了太皇太后。而且作为对她"定策新主"的权力和功劳的承认，在徽宗即位之后，群臣还上书请求她"权同处分军国事"，太皇太后虽一再辞让，但在徽宗与朝臣的多次吁请之下，她开始居于朝堂行使听政的职责①，表明她通过这种合法渠道所获得的政治权力，在事实上得到了皇帝本人与官僚集团的正式承认和接受。

与上述两种由于皇帝的疾病、皇位继承人的人选尚未确定而促使朝臣吁请皇太后出来执掌朝政有所不同的另一种情况则是，由于皇帝本人的缺席而导致皇位出现了彻底的空缺与皇权的真空状态之时，被视作皇室家族的守护者与代言人的皇太后，也将获得代替皇帝出现在朝廷之上执掌朝政的机会，而宋哲宗的孟皇后，就是通过这种方式来获取统治合法性的最好例证。靖康二年（1127年），当宋钦宗、宋徽宗和绝大多数的后妃、皇子被金人虏获到北方之后，皇帝在皇位上的缺席，表明赵氏家族的统治权力在实际上处于风雨飘摇之中。而被金人立为傀儡皇帝的张邦昌并不愿意僭取这一权力，因此，在朝臣吕好问等人的建议之下，他迎请由于曾被废黜而没有遭到金人俘虏的哲宗皇后孟氏进入朝廷，尊之为"宋太后"，并请求其临御内东门小殿垂帘听政，代行皇帝权力，张邦昌则以太宰的身份退居资善堂，表明赵氏家族仍然是整个帝国的"所有者"与合法的统治者②。在垂帘听政不久之后，孟太后便发出诏书昭告天下，声明她将作为赵氏家族的合法代表以及皇权的守护者

---

① （清）毕沅：《续资治通鉴》，第八十六卷，宋纪八十六，"哲宗元符三年条"，中华书局1979年版，第2193页；（元）脱脱等：《宋史》，第二百四十三卷，"列传第二·后妃下"，中华书局1985年版，第8630页。

② （清）毕沅：《续资治通鉴》，第九十七卷，宋纪九十七，"钦宗靖康二年条"，中华书局1979年版，第2562—2571页。

担负起代理未来皇帝处理朝政的重大职责,直到赵氏家族的成员重新登上帝位,从而使天下仍然保持大一统的状态:"比以敌国兴师,都城失守,浸缠宫阙,继二帝之蒙羞,诬及宗祊,谓三灵之改卜。众恐中原之无统,姑令旧弼以临朝,扶九庙之倾危,免一城之惨酷……乃眷贤王,越居近服,以循群臣之请,俾膺神器之归,遥康邸之旧藩,俟我朝之大统。"① 与此同时,张邦昌还以孟太后的名义确定康王赵构为新的皇帝,并迎请其登上帝位,是为宋高宗。而孟太后出于保护赵氏家族的统治地位和维护帝国的大一统状态而代行皇权的上述作为②,也赢得了高宗皇帝和朝廷官员们"安社稷大功"的极高评价③,在客观上表明其通过这种方式而进行统治的正当性与合法性。

三、女主的自我体认

第三种使皇太后获得代替皇帝统治整个帝国的政治权力与合法性的方式,则来自于她本人对于母亲身份的自我体认,和她对于一位母亲在父系家族内部所应当承担职责的主动践行,以及她的这一作为最终被主流文化所接受的结果。这种方式主要出现在继承帝位的新皇帝由于年纪幼小而在客观上无法亲自处理朝政的情况之下。

一方面,正如本书的第一章中所指出的一样,当妻子随着儿子的出生而升级做了母亲之后,她就不再被看作丈夫父系家族体系中的"他者"和"异己"力量,她本人也会由于儿子的诞生而将自己的生存空间、人生价值和最终归宿都与丈夫的父系家族体系紧密联系在一起。而她对于自己的母亲身份与性别角色的强烈的自我认同,则使得尽自己最大努力去促进这一家族体系

---

① (清)毕沅:《续资治通鉴》,第九十七卷,宋纪九十七,"钦宗靖康二年条",中华书局1979年版,第2571页。
② 靳华:《两宋之际孟后垂帘听政与民族矛盾》,《求是学刊》1997年第3期。
③ (清)毕沅:《续资治通鉴》,第九十八卷,宋纪九十八,"高宗建炎元年条",中华书局1979年版,第2573—2575页。

的延续和兴盛成为她应当承担的重要责任与人生目标。因此，当前皇帝已经去世，继位的新皇帝由于年纪幼小无法承担起维持大统的职责，同时也就意味着皇室家族内部缺乏一个合法且有能力的男性领导者来完成家族繁荣这一重任的时候，即便缺乏先帝遗命的合法程序，也没有官僚集团的请求等外在政治力量的支持，在新皇帝的母亲——皇太后看来，作为丈夫家族产业的守护人和儿子利益的庇护者，她也应当毫不犹豫地采取主动措施来代替他们达成这一目标，以免祖宗基业遭受其他政治力量的觊觎和瓜分的威胁。而这一点，既是她的职责，同样也是她所应当承担的义务。

另一方面，虽然主流文化传统对于男性地位的强调和父系家族利益的维护，促使他们尽可能地将女主排除在政治领域之外，但是，这一文化传统对于母亲身份的尊崇，对于"孝道"的提倡，以及对于一位具有卓越管理才能的母亲在促进家族繁荣与延续上所做出的贡献的强调，则使得皇太后以皇帝之母的身份而对丈夫的基业和儿子的利益进行维护的做法，显然也成了一种值得赞赏与褒奖的行为。而且，这种观点还将由于帝制中国"家天下"的本质而在事实上得到进一步的强化。正如有的学者所指出的一样："皇太后的权威来源并不在于她是皇帝之母，否则她在'公'的场合中就不能行使权力了。但是皇帝制度既有着'家天下'的本质，则母亲的身份似乎也不容忽视。"[①] 既然整个帝国在本质上都被看作皇帝一家的产业，那么，如同普通阶层家庭中那些孜孜不倦地代替儿子来管理家业的母亲一样，作为皇帝之母的皇太后帮助自己年纪幼小、缺乏能力的儿子来完成统治整个帝国的重任，将不仅不会被看作僭越之举，反而还会被认为是对母亲家内职责的主动践行和自我完善，而她的这种作为，也将由于与主流文化传统中"母职"的契合而具有了一种超然的价值与意义。正是从这一意义出发，皇太后代替年幼而缺乏统治

---

① 刘静贞：《从皇后干政到太后摄政——北宋真仁之际女主政治权力试探》，鲍家麟主编《中国妇女史论集续集》，稻乡出版社1991年版，第136页。杜芳琴：《中国历代女主与女主政治略论》，鲍家麟主编《中国妇女史论集·四集》，稻乡出版社1995年版，第48页。

能力的少儿皇帝执掌政事的主动作为，也将由此获得道义上的正当性与合法性。

在通过对母亲职责进行主动践行而获得政治权力与合法性的事件中，西汉的吕太后是较为明显的例证。在上一章中笔者曾经指出，吕太后在尚为汉高祖刘邦之皇后的身份时，就已凭借自己对于政治局势的敏锐理解和高超把握，以及对于高祖的政治权力进行衷心维护而被后者认为是自己最为得力和倚重的政治助手，在除去韩信等对他的统治带有某种潜在威胁的重臣元老的事件中，她还由于在其中扮演了主要角色而更加得到了他的信赖。而在公元前195年，刘邦由于远征淮南王英布而负伤去世，年仅15岁的孝惠皇帝继承帝位，史书称其"为人仁弱"①，显然缺乏控制和约束那些曾在刘邦称帝过程中立下过赫赫战功的重臣元老的能力②。此时，吕太后在"佐高祖定天下"的过程中所积累下来的声望、才能和地位，包括她在这一基础上所形成的对于那些元老重臣的威慑力③，以及她作为皇帝之母、因而也是一国之母所拥有的客观身份，则使得她成为刘邦身后最有义务和资格辅佐儿子处理政治事务的人选，她也由此而在事实上行使着统治整个帝国的权力。而在孝惠皇帝于公元前188年去世之后，年幼的太子即皇帝位，史称少帝恭。毫无疑问，吕太后作为新皇帝的祖母和汉高祖所创下的家业的保护者，再度在家庭内部缺乏有能力之男性领导的情况之下，主动承担起了代替年幼和无能的皇孙处理朝政的职责。④ 不仅如此，她还将自己的政治地位与政治权力以一种更加公开和明确的方式在整个帝国的政治体系中确立了下来：她在历史上首次创立了

---

① （汉）司马迁：《史记》，第九卷，"吕太后本纪第九"，浙江古籍出版社2005年版，第81页；（宋）司马光：《资治通鉴》，第十二卷，汉纪四，"太祖高皇帝十年条"，中华书局1956年版，第387页。

② 如司马光就曾评价孝惠帝："笃于小仁而未知大谊也。"（宋）司马光：《资治通鉴》，第十二卷，汉纪四，"孝惠元年条"，中华书局1956年版，第410页。

③ 如有的学者就指出："刘邦死后的汉朝政治舞台上，确实还没有谁的才干、声望、地位能够超越吕后，这也正是刘邦那些布衣之交的老臣对她俯首帖耳的缘由。吕后刚毅的性格和驾驭群臣的铁腕，使她在有生之年，充当了刘邦身后西汉王朝的实际掌权者。"任士英：《后妃当国》，中华书局2006年版，第15页。

④ （汉）司马迁：《史记》，第九卷，"吕太后本纪第九"，浙江古籍出版社2005年版，第82页。

"临朝称制"的形式，深远地影响了后世以来女主参与政治的基本形态："少帝即位，太后即代摄政，临前殿，朝群臣。太后东面，少帝西面。群臣奏事上书，皆为两通，一诣少帝。"① 当短命的少帝恭在三年之后去世以后，她还指定了孝惠帝的另一个年幼儿子——少帝弘即皇帝位，并继续履行着祖母的职责，代替他公开行使统治整个帝国的权力②。虽然没有先帝的遗诏和朝臣的请求，但她通过对于一位母亲职责的主动践行而获得的政治权力，显然也得到了当时整个政治体系的承认与接受，并使得她不仅在有生之年得以牢牢地巩固自己手中的权力，而且还由于出色地履行了一位母亲的职责而在身后受到了反对女主统治的史家极高的评价："故惠帝垂拱，高后女主称制，政不出房户，天下晏然。刑罚罕用，罪人是稀。民务稼穑，衣食滋殖。"③

皇太后通过对自己母亲身份的自我认同，以及对一位母亲所应当承担职责的主动履行而获得政治权力的例子，在东汉的后期也表现得非常明显。由于"东汉诸帝多不永年"④，导致前皇帝去世时所留下的皇子大多处于幼年期，故而新近继位的皇帝往往便是缺乏统治帝国之能力的幼童。在这种情况之下，尽管没有得到先帝的遗诏或官僚集团的公开请求，皇太后作为小皇帝的母亲和庇护者，往往便会主动承担起代替帝王掌管政治事务的职责与义务，"东汉皇后用她们的行为证明了：她们临朝并非为己而是为了江山社稷考虑"⑤。而她本人对于这一点的明确认识和不断坚持，则在客观上赋予了她以女性身份来统治帝国的政治权力。如汉章帝于章和二年（公元88年）驾崩之后，新即帝位的和帝只有十岁，窦太后主动以母后的身份临朝听政，代替他

---

① （宋）徐天麟：《东汉会要》，第一卷，"帝系上·母后称制"，上海古籍出版社2006年版，第13页。
② （汉）司马迁：《史记》，第九卷，"吕太后本纪第九"，浙江古籍出版社2005年版，第83页。
③ 同上书，第87页。
④ （清）赵翼：《廿二史札记校正》，第四卷，"东汉诸帝多不永年"，王树民校正，中华书局2005年版，第92—93页。
⑤ 沈宏：《东汉"干政"皇后作用初探》，《首都师范大学学报（社会科学版）》1996年第1期，第38页。

行使统治的权力①。当和帝于元兴元年（105年）驾崩之后，邓绥太后开始临朝称制，承担起代替不满一岁的幼子殇帝处理政治事务的职责②；第二年八月（106年）殇帝去世之后，新继位的安帝不过年仅十三岁，邓太后则继续临朝处理政务，履行一个母亲所应当履行的职责③。而少帝保时期的阎姬太后④、冲帝与质帝时期的梁妠太后⑤、灵帝时期的窦妙太后⑥，以及东汉最后一位皇帝刘辩时期的何太后⑦，也都是通过同样方式来获得公开政治权力的例证。在这些太后们对于一个母亲所应当承担的职责的不断履行之下，她们不仅完成了"非常时期中皇权交接与维系中的幼主和母权的契合"⑧，以女性的身躯成为了"维护'皇帝统治体制'的一种强有力的政治监督和支柱"⑨，而且还作为自己丈夫家族产业的保护者和皇权的守护者，最终获得了政治系统对于她们政治权力与统治合法性的认可，并以集体被列入原本只为皇帝所设立的《本纪》⑩这种形式得以明确地体现出来。

在现代的许多学者看来，在一个普遍反对女性参与政治的主流文化传统之内，虽然女主可以凭借自己在皇室家族中的特殊地位而获得参与政治的可

---

① （宋）司马光：《资治通鉴》，第四十七卷，汉纪三十九，"章帝章和二年条"，中华书局1956年版，第1513页。
② （宋）司马光：《资治通鉴》，第四十八卷，汉纪四十，"和帝元兴元年条"，中华书局1956年版，第1561页。
③ （宋）司马光：《资治通鉴》，第四十九卷，汉纪四十一，"殇帝延平元年条"，中华书局1956年版，第1566页。
④ （宋）司马光：《资治通鉴》，第五十一卷，汉纪四十三，"安帝延光四年条"，中华书局1956年版，第1635页。
⑤ （宋）司马光：《资治通鉴》，第五十二卷，汉纪四十四，"冲帝永嘉元年条"，中华书局1956年版，第1700页；第五十三卷，汉纪四十五，"质帝本初元年条"，第1708页。
⑥ （宋）司马光：《资治通鉴》，第五十六卷，汉纪四十八，"桓帝永康元年条"，中华书局1956年版，第1801页。
⑦ （宋）司马光：《资治通鉴》，第五十九卷，汉纪五十一，"灵帝中平六年条"，中华书局1956年版，第1894页。
⑧ 杜芳琴：《中国历代女主与女主政治论略》，鲍家麟主编《中国妇女史论集·四辑》，稻乡出版社，1995年版，第46页。
⑨ 张传玺：《秦汉问题研究（增订本）》，北京大学出版社1995年版，第430页。
⑩ （宋）范晔、（晋）司马彪：《后汉书》，第十卷，"皇后纪"。

能性，但这种行为往往会被看作一股"以非正统来对抗正统"①的不安定因素和有害于皇权的敌对力量，并在客观上遭受到帝国的政治体系和意识形态对于其政治权力的强烈反对与制约，而这一点，也将在客观上促使女主"或是通过任用嬖幸阉竖，或是委政于父兄子侄，以寄腹心"②，诉诸残酷的手段和极端的措施来维护自己的权力。但从历史的分析来看，对于皇帝的母亲——皇太后而言，她所面临的情况则完全不同。正如本节的内容所展现的一样，由"家天下"的国家性质和"世袭制"的皇位传承原则所导致的帝国政治制度的内在缺陷，使得皇权与政权之间无法进行有效衔接的事件时有发生，因此，如何在这种情况出现之时寻求最值得信任和依赖的力量来帮助皇帝完成统治整个帝国的重任，从而保证皇权的稳定和顺利传承，成为帝国政治体系内不同的政治主体力图要解决的重要问题。而皇太后作为前皇帝的"妻子"和新皇帝的"母亲"所具备的特殊身份，则使得她被一致认为是最为合适的"皇权守护者"和值得托付重任的最佳人选。通过对前皇帝遗诏的遵守、对朝臣请求的回应，以及对于母亲身份的自我体认和职责的主动践行这三种不同的途径，她以完全正当、合法的方式，获得了皇权与政权无法有效衔接时代替皇帝公开统治整个帝国的政治权力，同时也在一个强调"女祸论"的主流文化传统之内赢得了帝国政治体系对于她的统治合法性的承认，并由此形成了与"皇后"或"女皇帝"之统治合法性的鲜明区别。然而，在此需要进一步追问的则是，既然皇太后在事实上行使着代替男性君主统治整个帝国的职责，那么，她以一位女性的身份所获得的统治合法性，是否与男性君主所具备的那种天然的统治合法性完全相同？如果说有所区别的话，她

---

① 如康清莲就认为："汉代皇室女性地位的取得和巩固并非一帆风顺，她们在权力获取的过程中……即便杀出一条血路，走到女性所能走到的至高点，也还是不能高枕无忧，她们还要费尽心机与正统的刘氏皇权明争暗斗。由于自己是以非正统来对抗正统，因此她们心里永远都缺乏安全感，随时感觉都处于风雨飘摇之中，要对抗整个社会，单单依靠个人的力量显然无法完成，于是她们就把保卫自己权利和地位的希望寄托在另一个男性群体——与自己有血缘关系的外戚身上，以一种宗法血亲去对抗另一种宗法血亲。"康清莲：《从边缘到中心——论两汉皇室女性的地位及外戚专政》，《西南民族大学学报（人文社科版）》2004年第12期。

② 朱子彦：《后宫制度研究》，华东师范大学出版社1998年版，第377—378页。

统治合法性的性质又将是什么样的呢？

第二节　合法性的性质："国家元首"还是"行政首长"？

　　如前所述，当由于各种客观原因导致皇帝无法行使统治帝国的职责，从而使得政治领域内出现皇权与政权的衔接障碍和权力的真空状态之时，皇太后凭借自己作为皇帝之母的特殊身份，获得了代替男性君主统治整个帝国的政治权力。与此同时，不同政治主体关于她可以被视为"皇权守护者"的一致认识，也使得她对皇帝权力的代理和履行，具有了一种不容置疑的正当性与合法性。最终，作为整个帝国的政治体系与文化传统对这一身份予以认可的结果，她们手握重权，成为帝国实际上的最高统治者。

　　然而，正如本书在第一章中所指出的一样，在帝制中国父系父权制的体系之中，尽管女性可以凭借自己的才能和智慧，通过对男性权力进行代理而在事实上获得真实而有限度的"支配的权力"，但从理论上而言，女性依旧是一种"从属性"的性别，其一生中的身份和地位都由与其密切相关的男性（父亲、丈夫和儿子）所决定，而不能像男性一样以独立身份存在并获取社会地位。因此，无论女性在事实上拥有多大的权力，她都缺乏合适的文化基础和有力的制度支撑来表明自己才是这一权力的所有者，而是只能将自己隐藏在男性独占的"官方权力"的名义之下。那么，对于帝国最高阶层的女主——皇太后而言，她们以上述三种完全正当、合法的方式所获得的政治权力，以及由此所拥有的"事实上的最高统治者"身份，是否就能够在客观上保证她们突破主流文化传统对于女性的"从属性"身份限制，转变成与男性一样独立、自主的性别呢？她们在享有合法代替男性君主来处理政治事务这一权力的同时，是可以将整个帝国的所有权也归结在自己的名义之下，还是如同普通阶层家庭中的女性一样，只不过是在事实上行使"代理"和"支配"的权力？换而言之，她们作为帝国事实上的最高统治者，其统治者的身份与进行统治的合法性性质,是与男性君主完全相同的帝国的"所有者"和"国家元首",抑或仅仅只是代替其做出决策并实施统治的"统治者"和"行政首长"?正如杨联陞所提出的一样:"摄政的太后是国家的领袖(the chief of state),抑仅系政府的首长(the head of government)?此二者在中国史上是否有所区别?"① 对于这一问题的探讨,将构成本节的主要内容。

一、"国家元首"与"行政首长"的统一

作为帝制中国第一位公开、合法地代替皇帝来完成统治整个帝国之重任的皇太后,西汉的吕太后曾经致力于将她手中的政治权力与统治的合法性性质进一步提升到与男性君主完全相同的地位,并以帝国的"行政首长"与"国家元首"的双重身份来进行统治。尽管她未曾在任何一个场合公开宣称自己就是真正意义上的君主,也没有像八百多年以后的那位女皇帝一样以自己的名义创立一个新的朝代,但她的这种双重角色显然得到了当时国内外政局的一致认可。

如在孝惠帝尚在人世之时,她就取代名义上的皇帝而成了接受匈奴所呈递的国书和接见其所派遣使者的政治主体②,表明她在事实上已经兼具"行政首长"和"国家元首"的双重身份与地位③。而在公元前188年孝惠帝死后,

---

① Lien-sheng Yang: "Female Rulers in Imperial China", *Harvard Journal of Asiatic Studies*, Vol. 23. (1960-1961) p. 161. 该文的中文译本可参见 [美] 杨联陞《中国历史上的女主》,鲍家麟主编《中国妇女史论集》,稻乡出版社1979年版,第68页。需要指出的是,尽管杨联陞在20世纪60年代已经开始提出这一问题,但他并未对此做出系统的解答,而只是大致指出:"我的尝试性答复是:二者间的区别是极为模糊的,但显然有好几位太后希望被承认为君主或至高无上的统治者,虽然她们的愿望有时不能实现。"在他之后学界显然并未认真地关注过这个问题,以至于至今为止在这一点上仍然缺乏一个较为充分的探讨和论证。

② 尽管《汉书》所记载的这次匈奴呈递书信的原初目的是对大汉帝国的最高统治者进行侮辱,但当吕太后做出了十分得体的回应之后,冒顿单于不得不再次派遣来使辞谢道:"未尝闻中国礼仪,陛下幸而赦之。"具体的事迹可参见(汉)班固《汉书》,第九十四卷上,"匈奴传第六十四上",岳麓书院1997年版,第1629页。

③ 关于"国家元首"的定义与职责,通常认为:"国家元首——通常是君主或总统——是外国使节向其呈递国书的人。"[英]戴维·米勒、韦农·波格丹诺编:《布莱克维尔政治学百科全书》,中国政法大学出版社1992年版,第315页。

吕太后还首创了女主"临朝称制"的体制:"惠帝崩,太子立为皇帝,年幼,太后临朝称制……"按照颜师古的解释:"天子之言一曰制书,二曰诏书。制书者,谓为制度之命也,非皇后所得称。今吕太后临朝行天子事,断决万机,故称制诏。"① 从一般意义上来说,女主"当朝处理国事为'临朝',行使皇帝权力叫'称制';'听政'是处理事务、执掌政事。秦汉制度,皇帝的命令专称'制'与'诏'。按规定,太后、皇后可以有'令'有'诏',但不可称'制'"②。因此,采取"称制"这一原本属于男性君主之特权的特殊方式来在事实上代替皇帝管理整个帝国,表明了吕太后在致力于将自己的统治者身份与合法性性质等同于男性君主上所做出的积极努力,以及这一努力最终被国家所承认的结果。而且值得一提的是,在公元前184年她册立少帝弘为新的皇帝时,她还禁止皇帝宣告第二年是他统治的元年,以此来表明整个帝国实际上的所有者和国家元首是她自己,而并非她所代替的男性君主③。而在20个世纪70年代的一次考古发掘中,考古学家们甚至还发现了一枚吕太后用来批准国家大事的专用御玺,其材质为皇帝专用的玉质,上面刻有皇帝专用的文字,以此来象征她获得了与皇帝完全相同的威严④。事实上,终西汉一朝,吕太后将帝国的"行政首长"和"国家元首"这两种身份兼融一身的做法,都作为一种已然存在的客观事实而得到了整个帝国的充分认可和接受,如司马迁就在《史记》中将其事迹列入了专属男性帝王之特权的《本纪》,而并非像其他后妃一样被记入了《后妃传》之中⑤。到了东汉光武帝的中元元年

---

① (汉)班固:《汉书》,第三卷,"高后纪第三",岳麓书院1997年版,第33页。
② 杜芳琴:《中国历代女主与女主政治略论》,鲍家麟主编《中国妇女史论集·四集》,稻乡出版社1995年版,第37页。
③ 如司马迁就曾指出:"不称元年者,以太后制天下事也。"(汉)司马迁:《史记》,第九卷,"吕太后本纪第九",浙江古籍出版社2005年版,第83页。
④ [英]崔瑞德、鲁唯一编:《剑桥中国秦汉史》,中国社会科学出版社2006年版,第128页。
⑤ 在内藤湖南看来,将吕太后列入《本纪》的做法实际上反映出了西汉时期注重实效的思想风气:"《史记》未立惠帝本纪,而作《吕后本纪》,这主要是因为实权掌握在吕后手中。尽管司马迁的做法引起了后世史家的非议,但从中也可以看出当时的思想是重视实权,像为项羽作本纪也是这种思想的反映。"参见[日]内藤湖南《中国史通论》,夏应元、刘文柱、徐世虹等译,社会科学文献出版社2004年版,第159页。

(56年），她的神位才被从高庙中移除出去①，显示出她以女主身份所获得的这种政治权力与进行统治的合法性不被这一时期的政府所承认②。

吕太后之所以能够以女性的身份不仅在事实上行使着代替男性君主来统治整个帝国的政治权力，而且还获得了与男性君主几乎完全相同的至高无上的"国家元首"身份，既可以归因于当时儒家传统尚未作为官方意识形态而在帝国的文化传统中占据主导地位、父权父系体制和社会性别制度也尚未发展到非常成熟的程度；也可以归因于此时大一统帝国的政治形态尚未达到后世那样高度统一集权的境地，君主作为唯一合法统治者的地位和至高无上的权威在事实上并未像后世一样作为铁律而受到贵族集团和官僚阶层的衷心拥戴和维护。

一方面，虽然叔孙通在帮助汉帝国的缔造者建立起皇帝所应当拥有的权威上的重要作为③，使得刘邦这位最高统治者开始逐渐改变自己对待儒生的"狎侮态度"④，但这一时期儒学尚未像后世一样作为整个帝国的官方意识形态而在政治文化系统中居于独占的地位。而汉初群臣对于黄老之术的"特别偏好"⑤，也就意味着朝廷内部道家之"贵柔尚阴""尊母重牝"的基本文化氛围与政治环境的存在与形成。而且，正如本书在第一章中所指出的一样，这一时期的"阴阳"关系更多地被看作一种对等和平行的关系，两性也由此主要体现为一种角色和分工的不同，而绝非是地位的绝对高低之别，由董仲舒所阐发、并为后世熟知并接受的"阳尊阴卑""男尊女卑"的主流性别观念、性别格局以及极度排斥女性参与政治的主流意识形态——"女祸论"也

---

① （宋）范晔、（晋）司马彪：《后汉书》，第一卷，"光武帝纪第一下"，岳麓书院1997年版，第33页。

② Lien-sheng Yang: "Female Rulers in Imperial China", *Harvard Journal of Asiatic Studies*, Vol. 23. (1960-1961), p. 162.

③ （汉）司马迁：《史记》，第九十九卷，"刘敬叔孙通列传第三十九"，浙江古籍出版社2005年版，第826页。

④ 同上书，第103页。

⑤ 林存光：《历史上的孔子形象——政治与文化语境下的孔子和儒学》，齐鲁书社2004年版，第104页。

并未完全得以形成。因此，虽然从生理性别上来看吕太后是与男性相对的性别，但她作为汉高祖之"家天下"的重要成员以及孝惠帝的母亲和少帝的祖母，也是公认的拥有合法统治资格的"皇权的守护者"，从而在客观上使得她在成为代替男性君主实施统治的"统治者"的同时，还以帝国的"所有者"身份自居并且君临天下的举动，被更多地理解为一位母亲对自己所应当履行的家内职责的进一步扩大和完善，而并不是过于离经叛道，甚至难以接受的僭越行为。

另一方面，虽然西汉初年延续了秦帝国以来的大一统政治格局，但相比较于唐、宋时期不断加强的高度统一集权的国家形态而言，这种统一与集权更像是某种"超然的"与"中和的"政体存在①，正如有的学者所指出的一样："秦汉两朝，皇帝之权位尚欠强固，时在风雨飘摇，动变移荡中，亦足为君主权力未达于专断境地的一证。在这时期皇帝所遭受的打击，不一而足。内则有内后宦官的窥窃，外则有权臣的篡夺。""秦汉时代虽已有君臣之谊，然其意义尚未深刻，尚与后世专制君主制下的主奴关系截然不同。盖当时的官僚多为各地拥有经济大权者，君主对之，尚不能以绝对命令或奴仆视之。君臣系处于相互依附的合作立场。"②在这种"皇帝之位缺乏保障""君臣之义尚未深刻"的大的政治与文化背景之下，即便皇帝权力在客观上受到了王侯、贵族、权臣等各种政治势力的威胁，他也很难像在大一统的体制日益成熟、皇帝被认为是拥有不受挑战之最高权威的后世君主一样，在事实上得到其他政治势力以及官僚集团对于他作为唯一合法的最高统治者所拥有的政治权力发自内心的拥护和保护。因此，当吕太后以"皇权守护者"的合法身份与正当方式在事实上代替皇帝进行统治的同时，也作为汉高祖皇室家族中最为重要的成员而兼任"国家元首"的双重角色于一身，自然也不会在客观上遭受到其他政治主体特别强烈的抵制与反对。再加上她本人在实际的政治运作中

---

① 张金鑑：《中国政治制度史》，三民书局1991年版，第69页。
② 同上书，第72、71页。

所获得的政治权力，以及她作为"佐高祖定天下"的重要人物而对政治体系中的元老重臣所具有的威慑力，也在客观上构成了她能够以皇太后的特殊身份而兼具帝制中国"行政首长"与"国家元首"之双重角色于一身的重要保障。

然而，吕太后在将自己的政治身份与统治合法性完全等同于男性君主上所取得的杰出成就，在其他大多数同样凭借"皇权守护者"的特殊身份而获得政治权力的皇太后中间，并不具有普遍意义。大体上只有东汉中后期所出现的六位临朝太后，她们的身份和地位在一定意义上可以看作与吕太后有所类似，即在客观上拥有着与男性君主基本相似的政治权力①，但毫无疑问她们作为"国家元首"的象征性身份相对而言更加弱化。大致只有殇帝和安帝时期的邓太后，即以"和熹太后"这一称谓而著称于世的邓绥也可以被视为集"国家元首"与"行政首长"的双重身份于一身，从而获得了与男性君主基本相同的政治权力与统治合法性。即如史书所载，在殇帝与安帝的前期（105—121年），她也以"临朝称制"的特殊方式全权代行皇权，她本人自称为"朕"，所发布的命令称为"制"，臣下称呼她为"陛下"，甚至还可以在某种意义上享有代替皇帝来祭祀祖先的殊荣。②而她进行统治的事迹还被后世赋予了"和熹故事"的美名，不仅说明当时和以后的历代君主都将她的统治视为合法，③而且这一事件还在后世逐渐具备了某种习惯法的效力。

二、"国家元首"与"行政首长"的对立

但自汉代之后，"国家元首"和"行政首长"这两种角色的差异开始逐

---

① 如朱子彦就指出："汉朝太后临朝称制时，在形式和权力上与皇帝基本相似。"朱子彦：《垂帘听政制度述论》，《学术月刊》1998年第2期，第55页。
② "（永初）七年（113年）正月，初入太庙，斋七日，赐公卿百僚各有差。庚戌，谒宗庙，率命妇群妾相礼仪，与皇帝交献亲荐，成礼而还。"（宋）范晔、（晋）司马彪：《后汉书》，第十卷，"皇后纪"，岳麓书院1997年版，第176页。
③ 杜芳琴：《中国历代女主与女主政治略论》，鲍家麟主编《中国妇女史论集·四集》，稻乡出版社1995年版，第40页。

渐显现,皇太后在事实上享有皇帝统治权力的同时还试图一并获得原本属于男性帝王特权之"国家元首"身份的种种努力,逐渐开始遭受各种政治力量的强烈反对和抵制,以至于尽管还有好几位太后也希望能够像吕太后一样,被承认为帝国的君主和至高无上的统治者,但她们的这一愿望最终都未能得到实现①。尤其在曾经产生过九位临朝太后的两宋时期,这一状况则更是如此。而前文中曾经提到过的宋真宗的皇后、宋仁宗时期的太后刘娥就是这一问题的最好例证。

在上一节的内容中笔者曾经提到,宋真宗在乾兴元年(1022年)因病去世之时曾经留下遗命,"军国事兼权取皇太后处分",正式赋予了他所信赖的皇后、未来的太后以代替年仅十三岁的仁宗皇帝处理帝国事务的政治权力与合法性地位。但在各位辅政大臣听完皇帝的临终遗命,并着手开始准备草拟遗诏的过程中,围绕着刘太后自此之后在整个帝国政治体系中的权力界限和身份问题,不同政治势力之间引发了一场严肃的争执。意图博得刘太后欢心的宰相丁谓提出,应当删除掉遗诏中的"兼"字,以此来表明她在实际上已经获得了全权代理皇帝权力的身份和地位。但时任参知政事的王曾则坚持认为,由皇太后来代替年幼的皇帝执掌政事只不过是事出无奈的被迫之举和一时的权宜之计,既不值得大肆宣扬,也不足以为后世所仿效,更不可以擅自修改遗诏从而提高她的权位,即如其所言:"皇帝冲年,政出房闼,斯已国家否命,权称尚足示后;况言犹在耳,何可改也!且增减制书有法,表则之地,先欲乱之乎?"② 最终,在王曾的强烈坚持之下,丁谓虽仍存反对之心,但也"不敢言",遗诏的具体内容则被明确地限定为:"军国事**权**与皇太后处分"③

---

① 唐高宗的武皇后、中宗和睿宗时期的武太后显然也做出了这样的努力。由于她的这一努力及其结果与她日后称帝的事件密切相关,因此,本节没有对她的情况进行讨论,而是主要包含在下一章的内容之中。

② (清)毕沅:《续资治通鉴》,第三十五卷,宋纪三十五,"真宗乾兴元年条",中华书局1979年版,第795页。

③ 同上。(明)陈邦瞻:《宋史纪事本末》,第二十三卷,"丁谓之奸",中华书局1977年版,第181页。加黑字体为笔者所强调。

并颁行天下,以此强调皇太后虽然在事实上行使代替皇帝进行统治的权力,但从她的文化身份与象征性地位而言,皇帝才是最高政治权力的所有者,她只不过是暂时代替治理天下的政府之"行政首长",而并非可以像男性君主一样也享有至高无上的君主身份与统治者地位,从而也就"间接否定了母后奉先帝遗命,全权代理皇权的地位"①。

在通过强调刘太后的"权同"地位来表明她只不过是辅助仁宗皇帝共同治理帝国、但并不具备完全意义上的君主身份之后,由于她采取何种方式来与皇帝完成"共同治理",仍将在客观上影响到未来的权力分配和政治格局,因此这一问题仍然引起了各种政治势力之间激烈的讨论。王曾提出应当援引东汉故事,"请五日一御承明殿,太后坐左,帝坐右,垂帘听政"。但丁谓为了将王曾等人的影响力排除在外,并尽可能地把帝国的军政大权全部集中在刘太后和自己的手中,则提出如下建议:"帝朔望见群臣,大事则太后召对辅臣决之,非大事悉令雷允恭传奏,禁中书可以下。"在刘太后看来,显然丁谓的建议更加符合她本人的政治利益,因此,尽管有王曾"两宫异处而柄归宦者,祸端兆矣"的强烈反对,最终丁谓的提议被采纳并得以"卒行其义"②,刘太后则于三月份开始设幄次于承明殿,召见群臣,垂帘听政③。

关于刘太后临朝听政的具体仪制问题,虽然以她和丁谓的暂时胜利而告一段落,但上述决议却并未形成最终有效的制度,刘太后也未能由此获得与男性君主完全相同的身份。几个月后,雷允恭和丁谓由于在为真宗勘定陵墓事件上的严重失职遭到了王曾的弹劾④,而刘太后对丁谓与雷允恭之间相互勾

---

① 刘静贞:《从皇后干政到太后摄政——北宋真仁之际女主政治权力试探》,鲍家麟主编《中国妇女史论集续集》,稻乡出版社1991年版,第135页。
② (清)毕沅:《续资治通鉴》,第三十五卷,宋纪三十五,"真宗乾兴元年条",中华书局1979年版,第796页。
③ 黄锦君:《两宋后妃事迹编年》,巴蜀书社1997年版,第30页。
④ (清)毕沅:《续资治通鉴》,第三十五卷,宋纪三十五,"真宗乾兴元年条",中华书局1979年版,第800—801页。

结,甚至"内挟太后"的作为也早有不满,为了"独受群臣朝",她借此机会罢免了丁谓的宰相之职,雷允恭也下狱身亡①。七月,王曾得以升任宰相之职,在他的一再坚持之下,刘太后垂帘听政的具体礼仪不得不重新遵照他初期的提议予以执行,即如史书所载:"帝与皇太后同御承明殿,垂帘决事,始用王曾议也。"②而当八月刘太后与皇帝一同临御承明殿垂帘决事之时,在王曾等人的舆论压力之下,她还不得不令人当众宣读谕旨,明确声明自己既没有长期占据皇帝权位的想法,也绝非想要取得与皇帝完全相同的身份地位,事实上她只不过是遵照先帝的遗命来暂时代替年幼的皇帝执掌朝政,"候上春秋长,即当还政"③。既然刘太后期盼在事实上行使统治权力的同时还能够获得与男性君主相同身份与合法性的这一愿望遭受到了种种阻力而未能得以实现,她也不得不承认如下这一客观现实:即自己的最终身份只不过是皇权的"守护者",而并非帝国的"所有者"。与此同时,她也不得不接受与皇帝一同临御朝堂、共同治理整个帝国的统治方式,即如史书所载,"自是事一决于两宫"④。

在上述两场具有重要象征意义的政治斗争之中,刘太后显然并未获得为整个政治体系和官僚集团所承认与接受的君主身份与"国家元首"角色,但在她以皇太后的合法身份统治整个帝国的11年时间里,她还多次致力于提高自己在政治领域和文化系统中的身份与地位。不幸的是,她的种种努力由于遭受到了各方面的限制而无法得以全部实现。在仁宗即位时(1023年)太后将年号改为"天圣"⑤,以便取其"二圣人"之意;而在十年之后则又改为"明道",取意于"日月同辉",希望以此来表明帝国在事实上存在着太后与

---

① (清)毕沅:《续资治通鉴》,第三十五卷,宋纪三十五,"真宗乾兴元年条",中华书局1979年版,第801—802页。
② 同上书,第804页。
③ 黄锦君:《两宋后妃事迹编年》,巴蜀书社1997年版,第32页。
④ (清)毕沅:《续资治通鉴》,第三十五卷,宋纪三十五,"真宗乾兴元年条",中华书局1979年版,第804—805页。
⑤ (清)毕沅:《续资治通鉴》,第三十六卷,宋纪三十六,"仁宗天圣元年条",中华书局1979年版,第809页。

皇帝两位统治者①。但除此之外她却很难取得进一步的成就。如明道元年（1032年）十二月，当礼官在商议将于次年二月举行的躬耕籍田、恭献太庙的大典中应当采取何种具体礼仪之时，尽管太后明确表示她想要身着皇帝衮冕出席大典，但在参知政事晏殊的强烈反对与薛奎毫不留情的"太后必御此，若何而拜"的质问之下，她由于难以找到合适的理由而不得不"少杀其礼"②。在她临终之前，她还曾数次牵引自己的衣服，意图能在死后身着帝王的服饰入殓，但薛奎却坚持认为："服之何以见先帝？"③ 在他的提醒之下，仁宗有所"悟"，刘太后最终不得不以皇后之服入殓。在她死后一个多月，殿中侍御史庞籍还上书奏请将宋绶等人所编辑的"垂帘仪制"焚毁，原本计划修撰的太后《籍田记》和《恭谢太庙记》也以不再修撰而告终④，以此向整个帝国证明，太后临朝本属迫不得已的变制之举，并不足以为后世所仿效。毫无疑问，上述这些事迹均在客观上表明，无论刘太后曾经作为事实上的帝国统治者而拥有多大的权力⑤，但她最终不过是在皇权与政权之间无法有效衔接的情况之下，代替年幼的皇帝行使统治职责的"行政长官"，无论如何也不可能获得与男性君主完全相同的君主身份和"国家元首"地位，而"她与皇

---

① "仁宗即位，改元天圣，时章献明肃太后临朝称制，议者谓撰号者取天字，于文为二人，以为二圣人者，悦太后尔。至九年，改元明道，又以为明字于文日月并也，与二人旨同。无何，以犯契丹讳，明年遽改曰景祐。"（宋）江少虞：《宋朝事实类苑》，第三十二卷，"典故沿革·改年号"，上海古籍出版社1981年版，第405页。而在有的学者看来，这种年号的选取，"既是太后女主权力的彰显，也是她女性意识的体现"。刘广丰：《北宋女主政治中的女性意识——以对刘太后的考察为中心》，《妇女研究论丛》2014年第6期。

② （清）毕沅：《续资治通鉴》，第三十八卷，宋纪三十八，"仁宗明道元年条"，中华书局1979年版，第887页。

③ （清）毕沅：《续资治通鉴》，第三十九卷，宋纪三十九，"仁宗明道二年条"，中华书局1979年版，第890页。

④ 同上书，第894页。

⑤ Priscilla 曾经指出，刘太后在统治期间曾在事实上享有最高的君主权力，如她参与了祭祖大典，并在其中履行了原本属于皇帝资格的祭祀祖先的权力，并且单独制定国策，其具体的作为与宋太祖、宋太宗等"组织型（organizing-type）"的男性君主十分类似。参见 Priscilla Ching Chung：" Palace Women in The Northern Sung, 960 – 1126", (T'oung Pao, Revue Internationale de Sinologie, number12.) Leiden: E. J. Brill, 1981, p. 72.

帝至尊无二的权力地位仍有着一段永远不可能消除的距离"①。

继刘太后之后的宋代其他八位临朝太后，无论执政的年限长或短、拥有的权力大或小，在官僚集团的坚持之下，她们都不得不采取了与她基本类似的"同"的方式来暂时代替皇帝行使统治整个帝国的权力②，以此证明帝国所奉行的基本律例，乃是"即便皇帝由于年幼或病弱而无法处理政事，但仍然是国家至高无上之君主的原则"③。她们进行统治的合法性身份，也就由此被限定为辅助皇帝完成治理帝国之重任的"皇权守护者"与政府的"行政首长"，而无法像男性君主一样获得至高无上的帝国"所有者"与"国家元首"的地位。毫无疑问，这种身份和地位上的严格限定，使得两宋三百多年的历史虽有九位临朝太后出现在朝堂之上，但仍以一个"看不见篡夺的时代"④而著称于世。正如《宋史》所言："宋三百余年，外无汉王氏之患，内无唐武、韦之祸，岂不卓然而可尚哉。"⑤

以上这一事实的出现，不仅应当归因于这一时期以儒学为主导的主流文化传统在关于两性角色和地位设定上的不断强化，以及在此基础上所形成的社会性别体系的进一步成熟与完善，同时也应当被看作帝制中国君主权力的不断加强以及"皇权—官僚统治体系"日益发展到成熟境地的结果。

一方面，随着新儒家在宋代的不断兴起以及这一学派对于纲常伦理的日

---

① 刘静贞：《从皇后干政到太后摄政——北宋真仁之际女主政治权力试探》，鲍家麟主编《中国妇女史论集续集》，稻乡出版社1991年版，第143页。

② （清）毕沅：《续资治通鉴》，第六十一卷，宋纪六十一，"仁宗嘉祐八年条"，中华书局1979年版，第1482页；第七十八卷，宋纪七十八，"神宗元丰八年条"，第1952页；第八十六卷，宋纪八十六，"哲宗元符三年条"，第2193页；第一百六十二卷，宋纪一百六十二，"宁宗嘉定十七年条"，第4423页。

③ Lien-sheng Yang: "Female Rulers in Imperial China", *Harvard Journal of Asiatic Studies*, Vol. 23. (1960-1961), p. 162; Priscilla Ching Chung: "Palace Women in The Northern Sung, 960-1126", (*T'oung Pao, Revue Internationale de Sinologie*, number12.) Leiden: E. J. Brill, 1981, p.69.

④ ［日］宫崎市定：《宋元的经济状况》，转引自张邦炜《宋代政治文化史论》，人民出版社2005年版，第4页。又如有的学者所言："有宋一代，后妃干政并未产生严重的政治危机，相反成了皇权顺利交接的保护者。"朱瑞熙、祝建平：《宋代皇储制度研究（上）》，中华书局编辑部编《文史》，2001年第4辑，总第57辑，第212页。

⑤ （元）脱脱等：《宋史》，第二百四十二卷，"列传第一·后妃上"，中华书局1985年版，第8606页。

益强调①，帝国形成之初那种两性之间"对等""平行"的关系逐渐被打破，"男尊女卑""男主女从"的社会性别体系与官方意识形态不断得到进一步的成熟与完善，作为结果，则是主流文化传统对于女性并不具备独立身份和地位的"从属性"角色的不断强调与逐渐成型。② 在这种文化背景与性别制度的影响之下，尽管女性仍然可以凭借自己的智慧和才能而在事实上获得处理外部事务的有限度的"支配权力"，并由此而享受着实践层面的乐趣，但她们的上述作为，更加需要掩藏在自己的丈夫、儿子这些男性的"官方权力"之下，而且只有在并不会对父系家族体系的稳定存在和顺利繁衍造成障碍的前提之下，才有可能得到最终的承认和接受。从这个意义上说，她们虽然可以在事实上获得一定程度的权力，但她们却只能被看作权力的"使用者"和"实施者"，却无法像与其密切相关的男性一样，成为这一权力的最终"来源者"与"赋予者"。与普通阶层家庭中的女性相同，对于帝国最高阶层家庭中的母亲——皇太后而言，虽然她可以凭借着自己作为皇帝之母的特殊身份以及不同政治主体对于自己可以被看作"皇权守护者"的角色认定，在皇权与政权之间出现衔接障碍、并有可能引发统治危机的特殊情况之下，获得代替男性君主来处理政治事务的政治权力与合法性，但是，生理上的女性身份以及社会性别体系对于这一性别的"从属性"地位设定，则使得她们只能以一种"维护皇统的自觉"③

---

① "在宋代，一方面有新儒家对于纲常伦理秩序的追求与强调，以及与此相应的女性所受束缚的强化；另一方面，又有经济文化变迁带给各个社会阶层、家族的紧迫竞争，以及女性在其中遭逢的压力与机遇。"杜芳琴、王政主编：《中国历史中的妇女与性别》，天津人民出版社2004年版，第258页。

② 关于宋代之后的女性在现实生活中的地位问题，学界有两种相互矛盾的观点：一种认为宋代是妇女处境明显趋向变坏的时代；另一种则强调这一时期的妇女比之前和之后的女性都享有更大的财产权。（[美]伊佩霞：《内闱——宋代的婚姻和妇女生活》，胡志宏译，江苏人民出版社2004年版，导言，第5页。）但是需要意识到的是，无论从实际的社会生活中女性相比较其他时代而言处于何等地位，但从官方意识形态与主流文化系统来看，女性却更加被限定在一种依附于男性而存在的"从属性"的身份和地位。

③ "宋代女主的夫家正统意识已牢固确立起来了。她们不再以皇权和外戚的双重利益代表出现，而是夫家皇权利益一边倒……宋代女主的执政方式也起了重大变化，从真宗刘后起，太后不再临朝称制，都一律遵从'听政'的体制，与幼主、辅政大臣同听政，很少独揽大权，自裁专断。这些都反映了宋代女主维护皇统的自觉，故史称宋多'贤后'。"杜芳琴：《中国历代女主与女主政治略论》，鲍家麟主编《中国妇女史论集·四集》，稻乡出版社1995年版，第54页。

态度成为在事实上拥有政治权力的帝国"统治者"与"行政首长",但却永远无法在主流文化与意识形态领域内寻求到任何文化上的支持,以此来证明在一个父系父权制的社会之中,她们也能够获得与男性君主完全相同的帝国"所有者"与"国家元首"身份。

另一方面,在由唐末到北宋这一"中古"向"近世"转变的时期,随着隋、唐时期贵族力量的日益衰弱和职业官僚队伍的不断兴起,宋代的政府成员结构开始出现前所未有的变化,熟读儒家经典并经由科举考试进入仕途的士大夫逐渐变成了政府官员的主要组成部分。在他们的帮助之下,皇帝的权力虽然远未发展到明清之际"君主独裁统治"① 和"包揽一切的极端集权主义"② 的境地,但较之于以往的历朝历代都有了极为明显的加强③。与此同时,君主与官僚集团之间也逐渐开始形成一种"君臣共治"④ 的稳定牢固的政治结盟,以便能够共同完成统治整个帝国的重任⑤。在这种政治与文化背景之下,"皇权—官僚统治体系"也日益发展到一种成熟的境地,而对于政府官员的主要组成部分、信奉儒家理想的儒臣士大夫而言,只有"皇帝—官僚统

---

① 在内藤湖南看来,中古向近世的转变过程,就是贵族政治被君主独裁政治逐步取代的过程。宋代虽未形成明清时典型、彻底的君主独裁政治,但在此时已经出现了这种制度的逐步发达。参见[日]内藤湖南《中国史通论》,夏应元选译,社会科学文献出版社2004年版,第323—327页。

② 正如刘子健所言:"在宋代中国,皇帝掌控着规模庞大的集权制政府机构,但他通常会克制自己,避免滥用权力。官僚机构分为行政、军事和财政三大分支,每一分支在本辖范围内拥有或者说假定拥有彼此独立、互不侵犯的权利。政府通过士大夫行使行政、立法和司法权。士大夫的责任是自主行使权力,遵循道德原则,实行明智而灵活的统治。"[美]刘子健:《中国转向内在——两宋之际的文化内向》,赵冬梅议,江苏人民出版社2002年版,第73页。

③ 关于宋代君主的权力大小问题,还可参见林天蔚《君权重、相权多,是否矛盾?》,《宋代史事质疑》,商务印书馆1987年版,第34页;杨树藩《宋代中央政治制度》,商务印书馆1982年版,第12—21页;张金鑑《中国政治制度史》,三民书局1991年版,第68—69页。

④ 如顾炎武称:"宋世典常不立,政事丛脞,一代之制,殊不足言。然其过于前任者数事……不杀大臣及言事官,四也。此皆汉、唐之所不及,故得继世享国至三百余年。"(清)顾炎武著,(清)黄汝成集释:《日知录集释》,花山文艺出版社1990年版,第714页。王夫之亦称:"自太祖勒不杀士大夫之誓以诏子孙,终宋之世,文臣无欧刀之辟。"(清)王夫之:《船山遗书》(第五卷),《宋论·卷一》,北京,北京出版社1999年版,第3353页。

⑤ [美]刘子健:《中国转向内在——两宋之际的文化内向》,赵冬梅译,江苏人民出版社2002年版,第73页。在另一本书中他还指出,宋代的君权与官僚集团的权力都有所增长:"宋代君权,高于前代,与此同时,士大夫的力量也在生长。"[美]刘子键:《两宋史研究汇编》,联经出版事业公司1987年版,引言,第5页。

治体系"才具有进行统治的正当性,也只有在这样的政治体制之下,政治的稳定才能够最终得以实现。从这个意义上说,无论皇太后如何凭借"家天下"的政治原则和皇帝之母的特殊身份,以皇帝产业的"守护者"形象而拥有事实上的政治权力,但在官僚集团看来,她们在政治领域的出现,最终只不过是为了应对皇权与政权无法有效衔接之政治危机时迫不得已的选择和权宜之计,而绝非值得提倡和仿效的正常状态,她们也绝无可能在意识形态与文化传统上获得与男性君主完全相同的政治身份和政治象征意义。如刘静贞就曾指出:"对官僚们而言,母后摄政的历史经验多是负面的……只有皇帝—官僚的统治体系才具有正当性,也唯有在这样的统治体制下,政治的稳定才能维持。所以他们定要尽可能地阻止太后权力的扩张,而所凭借的,乃是官僚体系经千年发展而成的客观威权。"[1]再加上他们对于皇太后作为女性所具备的那种"从属性"身份的认知和确定,则更加使得她所获得的政治权力与统治合法性,不得不局限于实际上的"统治者"和政府"行政首长"的范围之内,而无法实现对于至高无上的君主地位和"国家元首"身份的最终突破。

进一步而言,宋代这些获得了政治权力与统治合法性的皇太后,她们在整个帝国的政治体系与文化系统中所拥有的"守护者"而非"所有者","行政首长"而非"国家元首"的身份和地位,在漫长的帝制中国史中并非孤立的现象与独特的个案。自此之后,父系父权体制的不断发展、社会性别体系的逐渐强化和皇权—官僚政治体系的日益完善,使得绝大多数以同样合法的方式来代替男性君主行使统治权力的皇太后,再也无法像汉朝形成之初的吕太后一样,获得与男性君主类似的至高无上的君主身份。相反,她们只不过是在特定的情况之下代替男性君主处理帝国政治事务的"统治者"和"行政首长",也正是这种角色,才构成了她们在政治领域进行统治的一般性身份与

---

[1] 刘静贞:《从皇后干政到太后摄政——北宋真仁之际女主政治权力试探》,鲍家麟主编《中国妇女史论集续集》,稻乡出版社1991年版,第140页。又如王瑞来所指出的那样:"在业已形成的士大夫政治之下,连皇帝都不可为所欲为,摄政的皇太后就更难以颐指气使了。"《"狸猫换太子"传说的虚与实——后真宗时代:宋代士大夫政治下的权力博弈》,《文史哲》2016年第2期,第131页。

她们所拥有的合法性性质的通常含义。

第三节　合法性的特征及其制约："过渡性"的强调与"皇权守护者"的义务辨析

相比较于以政治助手的私人身份来辅助当朝皇帝进行统治的皇后，以及以自己的名义来建立一个新王朝的女皇帝而言，皇太后作为皇帝之母所拥有的"皇权守护者"的特殊身份，不仅在客观上赋予了她统治整个帝国的政治权力，而且她的作为还由于契合了主流文化传统对于一个母亲职责的角色定位和内在要求，最终获得了远远超越前两者的不容置疑的合法性与正当性。也正是在这个意义上，这种女主统治的方式才得到了帝国政治体系与主流文化传统的接受和认可，并作为一项非常普遍的历史现象贯穿于帝制时代始终。然而，父系父权社会对于女性只具有"从属性"身份的基本判定、"君主一元统治理念"对于只有皇帝才能获得最高权威的一再强调，毫无疑问也在客观上使得皇太后进行统治之合法性的性质，更多地表现为代替男性君主处理帝国政治事务的"统治者"和"行政首长"，而难以像他们一样获得帝国至高无上的"所有者"身份和"国家元首"的资格。那么，当她们的政治权力被限定于"行政首长"这一性质规定之下时，皇太后进行统治之合法性的具体特征是什么？她在政治领域的作为，还将面临什么样的挑战和制约？在什么样的情况之下她将被认为应当终结她的统治？她对自己的女性身份的主动认知，是否会对她的统治带来影响？对于这些问题的探讨，将构成本节的主要内容。

虽然皇太后之所以能够取代其他政治力量获得代替皇帝进行统治的政治权力与合法性，在很大程度上建立在包括前皇帝和官僚集团在内的各种政治主体对于她的"皇权守护者"身份认同的基础之上，但从本质上而言，她的权力最终来源于她对原本只属于皇帝一人的最高政治权力的"代理"和统治地位的"分享",只有当在位皇帝由于年幼、疾病等各种原因无法履行统治的职责,从而导致皇权与政权之间出现衔接障碍和统治危机之时,她才有可能获得代替其行使这一统治权力的外在机缘与可能性。因此,相比较于男性君主拥有的那种天然的、不容置疑的政治权威和统治地位而言,皇太后所获得的政治权力与统治的合法性,从本质上而言并非"独立性"和"永久性"的存在,而是具有一种非常明显的"过渡性"特征。正如刘静贞所言:"在皇帝一元统治的基本理念之下,她的权力本源于无法自己行使职权的皇帝……具有一种过渡的性质。"[①] 从这个意义上说,当随着时间的推移或事态的发展,她赖以获得权力的这些外在条件和基本前提开始逐渐消失的时候,她将毫无疑问地面临着来自政治体系与主流文化传统对于她的统治合法性的极大质疑和挑战,从而使得她原本所拥有的合法权力,转而具有了一种"不正当"与"不合法"的性质,并有可能在这一基础上导致其统治的终结。

一、年长与疾愈的皇帝

如前所述,继位的新皇帝由于年龄幼小而在事实上无法履行统治的职责,是赋予皇太后以政治权力与统治合法性的最为普遍的客观条件之一。因此,当皇帝逐渐达到足以亲自处理政务的年龄之时,皇太后仍然公开存在于政治领域并代行皇帝本人的统治权力,无论从哪个角度来看都显得不合情理。在这种情况之下,她的政治权力与统治合法性无疑将会遭受到各种挑战和质疑。

东汉的和熹太后邓绥则可以被看作这一问题上的明显例证。在和帝于元兴元年(105年)驾崩之后,不到一岁的殇帝和年仅十三岁的安帝相继即位。既然此时他们的年龄都不足以使他们获得治理庞大帝国所必须具备的能力,邓太后开始作为最为合适的皇权守护者和幼帝的庇护者临朝称制,并享有代其治理整个帝国的政治权力与统治的合法性。据史书记载,在她统治期间,

---

① 刘静贞:《从皇后干政到太后摄政——北宋真仁之际女主政治权力试探》,鲍家麟主编《中国妇女史论集续集》,稻乡出版社1991年版,第145页。

她曾经师从于以"曹大家"而著称于世的班昭，在这位博学多才的宫廷女教师的指导和帮助之下①，邓太后不仅恭肃小心、动有法度，而且执事严谨，处事公允，以至于众人"莫不叹服圣明"，她也由此被看作临朝皇太后的典范而著称于世②。但到安帝逐渐年长并具备了能够亲自处理朝政的能力之时，显然他本人和整个帝国都已经不再需要一个皇太后公开存在于政治领域、并时时作为皇帝之上的政治权威来发表意见。因此，时任郎中之职的杜根在朝堂之上公开向太后提出了"帝年长，宜亲政事"的建议。虽然史书并未对这一事件发生的具体情境做出详细的描述，但可以想见的是，他很有可能采取了一种非常激烈的态度和言辞来提出这一要求，而尚未产生归政于皇帝这一打算的邓太后显然被他的态度和提议所激怒，令人当庭将其扑杀，并装入袋中扔到城外，之后还派人再次去查看他的死活。逐渐苏醒的杜根为了逃避灾难，不得不佯装已死，并隐藏于一家酒肆之中十五年，直到太后去世、安帝亲政之后，才以其忠心得到了新皇帝的重用③。

在后世的史家看来，虽然邓太后在代替皇帝统治整个帝国的这十几年中，其功绩堪称"巍巍之业，可闻而不可及；荡荡功勋，可颂而不可名"④，但是，不肯及时终结自己"过渡性"统治的这一作为，显然构成了她一生中最大的污点，以至于不仅她所取得的一系列政治成就都在这一污点的掩盖之下显得微不足道，而且她还被进一步指责为是包藏祸心，几乎要对皇帝至高无上的权威带来严重的影响，即如《后汉书》所言："邓后称制终身，术谢前政之良，身阙明辟之义，致使嗣主侧目，敛衽于虚器，直生怀愤，悬书于象魏。

---

① 关于班昭对邓绥的基本政治取向以及具体政策的影响，可参见 Yu‑Shin Chen："The Historical Template of Pan Chao's Nü Chien"，*T'oung Pao*，通报，Vol. LXXXII，1996，Leiden，E. J. Brill，pp. 250–252.

② （宋）范晔、（晋）司马彪：《后汉书》，第十卷，"皇后纪"，岳麓书院1997年版，第173、174页。

③ （宋）司马光：《资治通鉴》，第五十卷，汉纪四十二，"安帝建光元年条"，中华书局1956年版，第1609页。

④ （宋）范晔、（晋）司马彪：《后汉书》，第十卷，"皇后纪"，岳麓书院1997年版，第176—177页。

借之仪者,殆其惑哉!"① 自此之后,她在这一问题上的作为,还成为后世君主以及官僚集团在向意图长期保持政治权力的临朝太后提出警戒时经常援引的历史先例。如到了距离邓太后已有八百多年之久的北宋英宗时期,宰相韩琦就在胁迫曹太后应当及时还政于皇帝时,再次提到了她的作为以及对政治的影响力,并请曹太后不要步她的后尘:"前代如马、邓之贤,不免贪恋权势;今太后便能复辟,诚马、邓所不及。"②

有宋一代临朝听政时间最长(1022—1033 年)的刘娥太后,毫无疑问也经历了这一挑战。在上一节的内容中笔者曾经指出,在仁宗即位之初(1022年),围绕着刘太后在政治领域内的明确身份以及她垂帘听政的具体方式这些重大问题,官僚集团内部曾经产生过激烈的争执,以宰相王曾为首的政治力量对于只有皇帝才能拥有最高统治权威之政治理念的强烈坚持,则使得她最终不得不勉为其难地接受了自己只是代替皇帝完成统治之"行政首长"的身份、应当与皇帝采取"事一决于两宫"的方式来共同统治整个帝国这一事实。而宣告她正式获得了政治权力与统治合法性的真宗遗诏,也以"军国事权与皇太后处分"的精确内容颁布于世,用一个关键性的"权"字向整个帝国表明,由太后代替皇帝执掌朝政,既属一时的迫不得已,也只不过是暂时的"过渡"状态。

然而,随着时间的推移,逐渐年长的仁宗显然已经不能再被看作仍然需要母后来代替执政的幼年皇帝,而对于把向统治者不合礼仪的做法提出中肯的批评视为自己"份内之事"③ 的儒家官员看来,此时正是考验他们能否坚持和效忠于儒家理想与古圣先王之道的最佳时机。在这种观念的驱使之下,

---

① (宋)范晔、(晋)司马彪:《后汉书》,第十卷,"皇后纪",岳麓书院 1997 年版,第 178 页。
② (清)毕沅:《续资治通鉴》,第六十二卷,宋纪六十二,"英宗治平元年条",中华书局 1979 年版,第 1515 页。
③ 如余英时就曾指出:"知识分子不仅代表'道',而且相信'道'比'势'更尊。所以根据'道'的标准来批评政治、社会从此便成为中国知识分子的份内之事。"余英时:《士与中国文化》,上海人民出版社 2003 年版,第 96 页。

天圣六年（1028年）左司谏刘随率先上书太后，声称既然皇帝已经成年，太后就无须再日夜操劳，不如早日归政，将复杂烦劳的军国事务交由年富力强的皇帝处理。面对刘随的这一建议，太后自然"不悦"，恰逢他主动请求调离京师，太后便顺势派遣其出守济州①。自此之后，朝臣们奏请太后及时归政的谏言开始日益增多，以至于不绝于耳，如在天圣八年（1030年）范仲淹也曾上书称道："陛下拥护圣躬，听断大政，日月持久。今皇帝春秋已盛，睿哲明圣，握乾纲而归坤纽，非黄裳之吉相也。岂若保庆寿于长乐，卷收大权，还上真主，以享天下之养。"②而龙图阁学士宋绶、殿中丞滕宗谅、秘书丞刘越、林献可、刘涣等人也都相继向太后提出了同样的请求③。虽然他们的这项提议多以"不报"而告终，其中不少人还由此遭受到了流放、贬职的处罚，但这些前仆后继的做法，显然已在事实上造成了对于刘太后的政治权力与统治合法性的重大制约。如在刘太后去世、仁宗亲政之后，富弼就在一次上书中明确提出了他们的这一作为在遏制刘太后政治权力扩张上的重要意义所在："昔庄献临朝，陛下受制，事体太弱，而庄献不敢行武后故事者，盖赖一二忠臣救护之，使庄献不得纵其欲，陛下可以保其位，实忠臣之力也。"④毫无疑问，既然太后所获得的政治权力与统治合法性，从根本上来说只不过是在年幼的皇帝逐渐成长并最终具备亲政能力过程中的一个暂时性的过渡状态，那么，当这一外部条件成熟之后，她力图继续保持权力的种种作为，自然也将被看作"不正当"与"不合法"的存在，并不断遭受强烈的质疑与反对，而正是这一点，构成了对于她力图像真正的皇帝一样保持永久性统治权力的最大挑战。

---

① 黄锦君：《两宋后妃事迹编年》，巴蜀书社1997年版，第40页。
② （清）毕沅：《续资治通鉴》，第三十八卷，宋纪三十八，"仁宗天圣八年条"，中华书局1979年版，第873页。
③ （清）毕沅：《续资治通鉴》，第三十八卷，宋纪三十八，"仁宗天圣九年条"，中华书局1979年版，第878—879页；第三十八卷，宋纪三十八，"仁宗明道元年条"，第884—885页；第三十九卷，宋纪三十九，"仁宗明道二年条"，第891—901页。
④ 黄锦君：《两宋后妃事迹编年》，巴蜀书社1997年版，第56页。

第四章 皇权的守护者——皇太后

除了皇帝由于年幼而无法履行统治的职责之外，继位的成年君主由于疾病而丧失了行使最高统治权力的能力，也是赋予皇太后代行政治权力与统治合法性的客观条件之一。因此，当影响皇帝身体与精神状况的疾病被逐渐治愈、从而使得他能够重新开始行使统治权力之时，也就意味着皇太后应当随即结束这种"过渡性"的统治，而她在政治领域的继续存在，自然也将受到官僚集团不断的质疑与挑战。宋英宗时期的曹太后，无疑可以被看作这一问题上的典型事例，但与邓太后、刘太后的事例有所不同的是，官僚集团对于她的统治合法性的挑战，不仅在客观上使得她的处境变得十分艰难，而且还直接导致了她的政治生涯的彻底终结。

如前所述，当仁宗于嘉祐八年（1063年）因病暴崩之后，英宗以成年皇帝的身份入承大统。但官僚集团很快发现，新即位的皇帝患有某种严重的精神疾病，以至于根本无法在事实上行使统治的职责。既然君主一元统治的政治体制在客观上要求帝国的政治体系顶端必须存在一个精神正常的最高统治者来做出终极政治裁决，因此，在官僚集团的多次上书和恳求之下，曹太后以最为合适的皇权守护者身份开始临御内东门小殿垂帘听政。但当数日之后英宗的病情稍有缓和之时，翰林学士王珪就上书奏称："圣体已安，皇太后乞罢权同听政。"在得到她的首肯之后，王珪开始起草还政诏书，曹太后的政治权力也就"继而不行"[1]。但此后不久，英宗的病情出现了反复，群臣只好再次上书请求太后行使临朝听政之职，"复奏政事于太后如初"[2]。几个月后皇帝的病情渐趋稳定，并开始间隔一日临御前殿视朝听政，但"于听事犹持谦抑"，处理政治事务的权力基本上仍然集中在曹太后的手中[3]。在官僚集团看来，既然皇帝的健康状况已经基本达到了重新视朝的要求，那么，皇太后与成年皇帝所形成的这种二元统治的政治格局，不仅不合乎礼法，而且还有可

---

[1]（清）毕沅：《续资治通鉴》，第六十一卷，宋纪六十一，"仁宗嘉祐八年条"，中华书局1979年版，第1485页。

[2] 同上书，第1487、1489页。

[3] 同上书，第1499页。

能导致权归二柄，从而对皇帝的最高统治权力与政治局势的稳定带来损害。因此，治平元年（1064年）三月，吕诲上书，请求皇帝果断收回君主权柄，并谏言曹太后应当立即停止对专属于皇帝一人之统治权力的继续行使，以便顺应天意和民情："两汉而下，母后临朝者，皆嗣君冲幼，亲为辅翊，并坐帝帷之下，专其听断；幼君既长，故有复辟之议。今日之事，有异于是……当陛下违豫之时，非皇太后内辅，则政无所寄；大臣建策于国，忠也。然而陛下临朝御前殿，百官朝罢，两府大臣方至内东门，是纲领柄权皆在于手，陛下自未专决，何所待也……预宣教命，诞告朝廷，外行谦让之宜，中遂优游之乐，上顺天道，下压群情，享是全美，岂不休哉！"①

虽有官僚集团的重重压力，但手握重柄的曹太后此时并未产生立即归政皇帝的念头，而是继续行使着统治的权力，所以两府在皇帝退朝之后，还需入内东门小殿再次向她复奏政事。时任宰相的韩琦最终下定决心采取进一步的措施逼迫太后还政于皇帝。同年五月，他借皇帝祈雨之机，将代表帝国最高政治权威的御宝从太后处借来，用完之后便放置在皇帝所居之处，而不再归还于她。其后，他还以将要告老还乡的名义入殿晋见曹太后，太后自然尽力挽留他继续担当重任，并提出自己之所以以女性的身份来处理政事，不过是为了辅助皇帝完成统治的一时权宜之举。韩琦则借机要求太后迅速归政皇帝，以便成就后世的美名，并且逼问道："台谏亦有章疏乞太后还政，未审决何日撤帘？"被他的这一番言语和咄咄逼人的气势所激怒的曹太后拂袖遽起，将要离去，韩琦随即厉声命令仪鸾司撤去垂帘听政所用的帘帷，以此表明曹太后代替皇帝统治整个帝国的这种"过渡性"政治权力与合法性的正式终结②。自此之后，曹太后失去了在朝堂之上公开进行统治的机会，她也由此成为众多的临朝皇太后之中，由于不再拥有代替皇帝进行统治的外在条件而不

---

① （清）毕沅：《续资治通鉴》，第六十二卷，宋纪六十二，"英宗治平元年条"，中华书局1979年版，第1511—1512页。
② 同上书，第1515页。

得不直接终结其政治权力与统治合法性的一个范例。

二、沉重的义务

除了当皇帝年长、疾愈之后，皇太后由于失去了继续代行皇权的客观条件和外在机缘，而不得不接受官僚集团对于其"过渡性"政治权力的质疑与挑战之外，她是否能够在拥有合法政治权力的"过渡期"内持续地保持自己的"皇权守护者"身份，并忠实地履行自己所应当承担的职责和义务，也在事实上构成了对于她的统治合法性的另一重挑战。如前所述，相比较于宗室成员、权臣而言，皇太后之所以能够被看作填补皇权真空状态的最佳人选，并由此建立统治的合法性，就在于不同政治主体对于她的"皇权守护者"的身份认定，以及对于她绝不可能危及到皇帝本人统治地位的资格判断。只有当她能够清楚地证明她确实是在忠实地履行这种职责和义务的时候，她才有可能持续地获得整个帝国对于她的权力的服从，也只有在这一基础之上，她的统治权威才能真正地发挥效力。相反，一旦当她的作为被看作违反了这一身份与义务，并有可能损害到皇帝本人的政治利益时，毫无疑问她的统治合法性也将遭到强烈的质疑和挑战。正如现代政治科学研究所表明的那样，"一种统治的合法性，是在对于何为适当或正确具有共识的范围内，以一种义务观为基础的。"[①] "合法权威以共同规范为先决条件……超出某些公认限度，即使这种限度不太确切，模棱两可，仍然可能确定为不合法，从而否定权威关系。"[②]

导致官僚集团对于皇太后是否能够履行"皇权守护者"义务产生怀疑的第一个因素，来自于她与皇帝本人之间的关系。既然皇太后的政治权力从本质上而言来自于对皇帝统治权威的代替和执行，而并非完全独立的存在，官

---

① [英] 戴维·米勒、韦农·波格丹诺编:《布莱克维尔政治学百科全书》，中国政法大学出版社1992年版，第410页。
② [美] 丹尼斯·布朗:《权力论》，陆震纶、郑明哲译，中国社会科学出版社2001年版，第56页。

僚集团对她的服从在事实上也应当被看作服从皇帝权威的延伸，因此，她是否能够与自己的权力来源之间保持一个良性的关系，而不是试图凌驾于皇帝本人之上，或者脱离他的权威独立存在，甚至将皇帝的"一元统治权威"转变为一种彼此冲突的"二元权力结构"，无疑是值得官僚集团不断关注和予以重视的话题之一。

在英宗时期曹太后的例子中，这一点表现得极为明显。如前所述，英宗的疾病曾经赋予了曹太后代行统治权力的客观机缘，但这一前提也在客观上使得她的处境变得十分艰难。在这种严重疾病的影响之下，皇帝开始"举措或改常度，遇宦者尤少恩"，为之不满的宦官则不断地在皇帝与太后之间进行挑拨，自此之后"两宫遂成隙"。此后，皇帝还以病中之态多次忤逆太后之意，无奈的她不断召对辅臣进行抱怨，宰相韩琦则明确提醒太后不要忘记自己的权力来源所在，即如其所言："臣等只在外见得官家，内中保护，全在太后。若官家失照管，太后亦未安稳。"未曾料到韩琦会有所回应的太后立刻惊道："相公何是言！自家更切用心。"韩琦则不失时机地进一步指出："太后照管，则众人自然照管矣。"①当英宗再次发病、并写诗侮辱太后时，太后几致"不能堪忍"，以至于"两宫之间，微相责望。群心忧骇，不寒而栗"②。韩琦多次劝说太后，应以母恩宽容他的不当行为，欧阳修也劝谏太后不应由此而与皇帝产生间隙，并暗示他们对她的接受从根本上而言只是对皇帝权威的服从和执行，只有当太后忠实地执行了自己守护皇权的重任时，她才有可能继续赢得他们的尊重："先帝在位岁久，德泽在人，故一日晏驾，天下奉待嗣君，无一人敢异同者。今太后深居房闱，臣等五六书生尔，若非先帝遗意，天下谁肯听从！"③毫无疑问在他们看来，只有当太后与皇帝保持一种良性的关系时，她在政治领域的存在，才是一种能够接受和值得认可的正当形态，

---

① （清）毕沅：《续资治通鉴》，第六十一卷，宋纪六十一，"仁宗嘉祐八年条"，中华书局1979年版，第1492页。
② 同上书，第1501页。
③ 同上书，第1502页。

第四章 皇权的守护者——皇太后

他们也不至于在充满了张力与矛盾的二元政治权力结构中左右为难、做出被迫的选择。很快意识到这一点的曹太后,自此之后则不得不以"默然"① 的态度接受了英宗对于她的不断挑战。

导致官僚集团对于皇太后是否能够履行"皇权守护者"的义务产生怀疑的第二个因素,则来自于太后对待外戚的态度。由于女主与外戚之间天然的血缘联系,绝大多数获得政治权力的临朝皇太后都曾在这个问题上遭受过承载主流文化传统的官僚集团极为详细的审查与严苛的审视,而在外戚权势尤其兴盛的两汉时期,更是如此。

早在西汉初年,司马迁就曾指出外戚的存在对于拱卫皇权具有重要的意义:"自古受命帝王及继体守文之君,非独内德茂也,盖亦有外戚之助也。"② 在汉平帝更始元年(1年)时也有官员指出:"汉家之制,虽任英贤,犹援姻戚,亲疏相错,杜塞间隙,诚所以安宗庙,重社稷也。"③ 对于皇帝和官僚集团而言,虽然外戚集团的鼎力支持在很大程度上有助于皇帝权力的保障和巩固④,但是,这一势力的过度扩张与政治野心的不断膨胀,既不符合"家天下"的政治利益,也有可能对皇帝本人的政治权力与统治地位带来严重的威胁。因此,在他们看来,如果临朝的皇太后不但没有致力于将这种潜在的威

---

① (清)毕沅:《续资治通鉴》,第六十一卷,宋纪六十一,"仁宗嘉祐八年条",中华书局1979年版,第1492页。

② (汉)司马迁:《史记》,第四十九卷,"外戚世家第十九",浙江古籍出版社2005年版,第604页。

③ (宋)司马光:《资治通鉴》,第三十五卷,汉纪二十七,"平帝元始元年条",中华书局1956年版,第1133页。

④ 关于外戚的地位和作用,学界已有很充分的论述。一般认为,"皇帝与外戚家族的婚姻结合可以维护和巩固封建王朝的统治。这不仅可以延续皇帝的后代,还可以牢固地维持家天下的统治。'外戚之助'实质上是宗法关系掩盖下的皇家加强贵族阵营的力量"。"外戚集团掌权,虽然对皇权有一定程度上的削弱,但他们绝不是君主专制的对立物或否定者,相反这恰恰是中国封建专制主义中央集权的一个副产品,是加强皇权的需要。"朱子彦:《后宫制度研究》,华东师范大学出版社1998年版,第452—461页。关于汉代的豪门婚姻,有学者已经指出:"在汉代,婚姻是维系家族间关系之重要凭籍,常常被用为政治手段……婚姻不但是乱世军阀争取盟友之手段,也是政客们结党之主要方法……由于婚姻的双方不但具有同等的社会地位,亦每具有相同的利害关系,所以在政治的升沉上,姻党每为一体,共相进退。"刘增贵:《汉代的豪门婚姻》,李又宁、张玉法编《中国妇女史论集》(一册),台湾商务印书馆股份有限公司1981年版,第20—21页。

胁力量限制在一个可以掌控的范围之内,反而还利用自己手中的权力来进一步提高他们的地位时,她就将被认定为不再符合自己的"皇权守护者"身份而遭到官僚集团对于她的统治合法性的反对与制约。

帝制中国第一位临朝称制的皇太后吕雉,就曾面临过这一问题的困扰。而当时的朝廷官员以及后世的大多数君主、儒臣和史官对于她在这一问题上的质疑和反对,还在客观上造就了她与"颠覆"了李唐王朝的江山、并建立了自己王朝的女皇帝武则天相提并论的坏名声。事实上,在吕太后即将获得正式的统治权力并进行统治的初期,她曾被普遍认为是一个称职的母亲与最为合适的"皇权守护者"而赢得了汉高祖的信赖和元老重臣对于她的统治权力的服从。如在汉高祖病危之时,吕后曾在他的病榻前询问,一旦相国萧何死后还有何人可以继续托付重任,明确显示出她在力图维护高祖所创下的家业上所做出的努力,按照清代学者赵翼所言:"是固以安国家为急也。"① 在高祖驾崩之后,虽然由吕太后代替仁弱的孝惠帝行使统治的权力,但她"唯恐孝惠之不能守业"②,因此当时受到重用的曹参、王陵、陈平、周勃等人,无一不是高祖所信赖和倚重的能够维护刘姓家族长久统治地位的人,身为外戚的吕姓子弟并未得到重用。只有在孝惠帝死、恭被立为少帝之后,出于维护吕氏家族的地位、不使"诸姬子凌吕氏"这一"私心短见"③,吕太后才开始提出想要立吕氏诸子为王的意图。右丞相王陵则以这一举措有违高祖"非刘氏而王,天下共击之"的盟约为由,提出了强烈的反对意见,而左丞相陈平和绛侯周勃则清醒地意识到,吕太后在事实上所拥有的政治权力,已经足以保障她最终达成这一目的,因此他们回答道,既然太后已经获得了临朝称

---

① (清) 赵翼:《廿二史札记校正》,第三卷,"吕武不当并称",王树民校正,中华书局2005年版,第59页。
② 同上。
③ 如赵翼就曾指出:"追孝惠既崩,而所取后宫子立为帝者,又以怨忿而废,于是己之子孙无在者,与其使诸姬据权势以凌吕氏,不如先张吕氏以久其权。故孝惠时未尝王诸吕,王诸吕乃在孝惠崩后,此则后之私心短见。"(清) 赵翼:《廿二史札记校正》,第三卷,"吕武不当并称",王树民校正,中华书局2005年版,第59页。

制的合法权力,其政治地位也与皇帝基本无二,那么,像高祖一样封同姓子弟为王也未尝不可。在他们的支持之下,吕产、吕禄等六人得以封王。

虽然吕太后这一做法的初衷,只不过是想保障在她身后吕姓子弟的地位不受威胁,而并不是要用自己的家族来取代刘氏的统治地位①,但她的这一作为显然被看作是对刘姓皇室利益的威胁,从而也就使得她的统治合法性遭受到了强烈的质疑和挑战。不仅时时有"诸吕用事兮刘氏危"的反对之声传入她的耳中,而且当天空中出现了日食之时,她也将其看作上天对自己的警示,并极其烦闷地说道:"此为我也!"② 在此期间,尽管她也曾采取"刘吕联姻"③的方式以便促使两姓之间形成一种永久性的血缘关联,但她却很清楚吕氏家族在她身后的命运所在,并在临终之前告诫他们道:"高帝已定天下,与大臣约,曰'非刘氏王者,天下共击之'。今吕氏王,大臣弗平。我即崩,帝年少,大臣恐为变,必据兵卫宫,慎毋送葬,毋为人所制。"④ 但在她死后,失去了她的庇护的吕氏家族,在一场政治动乱中很快就被维护刘姓统治地位的官员彻底消灭。

尽管吕太后由于曾经出色地完成了维护高祖产业的艰巨任务,并创下了杰出的历史功绩而成为所有临朝太后中的一个典范性人物⑤,但因为她在对待外戚上的做法被认为是有违"皇权守护者"的身份与义务,她在最终依旧被

---

① (清)赵翼:《廿二史札记校正》,第三卷,"吕武不当并称",王树民校正,中华书局2005年版,第59—60页;胡一华:《吕雉"叛国篡权"辨》,《丽水师专学报(社会科学版)》1991年第1期;孙佰玲:《女性生命悲剧的形象展示——〈史记·吕太后本纪〉新解读》,《汕头大学学报(人文社会科学版)》2004年第20卷第5期。
② (汉)司马迁:《史记》,第九卷,"吕太后本纪第九",浙江古籍出版社2005年版,第82—83页。
③ (清)赵翼:《廿二史札记校正》,第三卷,"吕武不当并称",王树民校正,中华书局2005年版,第59—60页。
④ (汉)司马迁:《史记》,第九卷,"吕太后本纪第九",浙江古籍出版社2005年版,第84页。
⑤ 对于吕后的历史功绩评价,最早可见于司马迁的《史记·吕太后本纪》。现代学人的观点可参见任士英《后党当国》,中华书局2006年版,第2页;安作璋主编:《后妃传》,河南人民出版社1990年版,第22页;Wen-Hui Tsai: Women in Traditional Chinese Politics: The Lives and Careers of Empresses Lǚ, Wu, and Tz'u-His,辜瑞兰主编《汉学研究》,汉学研究中心,1991年第2期,p. 196; Esther S. Lee Yao: "Chinese Women: Past & Present", Ide House, Inc, 1983, p. 64. 等。

后世的君主和官僚集团看作缺乏进行统治的合法性与正当性，并由此而饱受不公的评价。而在后汉中元元年，光武帝还下达诏令，明确声明她的罪责就在于"贼害三赵，专王吕氏"，对于汉高祖所创下的基业和刘姓江山的统治地位带来了致命威胁，因此将她的神主从太庙中迁出①，借此表明她的政治权力与统治的合法性不被承认。考虑到对于帝国第一位临朝太后的评价将会深远影响到后世处于同样地位的皇太后的所作作为和现实处境，在历代君主、儒臣与史官的不断努力之下，她所取得的历史功绩逐渐被深深地掩盖，但她的历史形象却被刻意塑造成一个充满了私心短见、试图颠覆自己丈夫的江山的负面角色，"暴戾的吕后"甚至还由此演变成了一个颇具象征意义的文化符号，以至于每当王朝到了需要皇太后来临朝处理政事的特殊时期，她就作为绝大多数儒家官员一再援引的历史教训中的首选代表凸现出来，以此提醒和告诫后人，如果女主的政治权力不能受到严格限制和制约的话，将有可能导致的一系列灾难性后果。

在近现代的许多学者看来，皇帝与获得了政治权力的后妃之间往往存在着一种无可调和的基本矛盾，而这些女性对于权力本能的贪恋与不断的追逐，将促使她们尽可能地寻求各种帮助来提高自己的地位，并由此与皇帝的权力进行对抗，而外戚作为与他们联系最为紧密的一个群体，自然也将凭借这一目的获得重要的权力。即如其所言："历代后妃当政不管时间长短，她们都要利用外戚组成后党势力与帝党相抗，所以她们当政的第一措施就是大封自己姓氏的子弟亲族为王侯……第二就是要尽可能地铲除异姓王侯，削弱帝党的主要势力。残酷的争斗往往伴随于后妃专政的始终。"② 然而，上述这种简单化和刻板化的看法，却在事实上造成了对于皇太后的政治作为及其基本立场

---

① "高皇帝与群臣约，非刘氏不王。吕太后贼害三赵，专王吕氏，赖社稷之灵，禄、产伏诛，天命几坠，危朝更安。吕太后不宜配食高庙，同祧至尊……迁吕太后庙主于园，四时二。"诏书的全文可以参见（清）严可均辑《全后汉文》，第二卷，"告祠高庙迁吕后主"，商务印书馆1999年版，第19页。

② 门岿：《专制变奏曲：从吕后到慈禧》，济南出版社2002年版，第12页。

第四章 皇权的守护者——皇太后

的最大误解。

从客观上而言，女主虽然由于自己在政治领域的独特地位以及与外戚之间天然的血缘联系而经常在事实上扮演着将外戚引入政治领域的"特洛木马(Trojan horse)"角色①，但是，她们对于自己的女性身份的认同、对于自己的母亲职责的接受、对于自己应当维护丈夫的父系家族体系的义务承担，在客观上使得她们在借助外戚的力量以便巩固皇权统治地位与自己政治权力的同时，也往往倾向于将他们的势力尽可能地限制在可以接受与控制的范围之内，而并非是要将自己家族的势力凌驾于夫家的地位与利益之上，甚至要使他们最终取代自己丈夫的家族而成为新的统治者。即便是在外戚势力最为强大的两汉②，也是如此。不仅手握重权的吕太后并未促使吕氏来取代刘姓的统治地位，东汉其他几位临朝太后在委政父兄的同时③，也试图对他们的权势进行约束和制约。如在面临着即将篡汉自立的王莽的逼迫时，太皇太后王政君则以刘氏家族的代言人和守护者的身份自居，执意不肯向他交出传国御玺，并怒斥道："我汉家老寡妇，且暮且死，欲与此玺俱葬，终不可得……如尔兄弟，今族灭也！"④ 在东汉冲帝、质帝、桓帝三朝临朝听政的太后梁妠，不仅

---

① 如费兹哲罗（Fitzerald）教授就曾指出："汉朝太后们所扮演的是特洛木马的角色，引进一批充满野心的亲戚争权夺利，但她们自己只是诱饵，并成为其家族的工具而已。"转引自［美］杨联陞《中国历史上的女主》，鲍家麟主编《中国妇女史论集》，稻乡出版社1979年版，第71页。

② 如赵翼就指出："两汉以外戚辅政，国家既受其祸，而外戚之受祸已莫如两汉者。"（清）赵翼：《廿二史札记校正》，第三卷，"两汉外戚之祸"，王树民校正，中华书局2005年版，第67页。

③ 东汉的外戚势力之强大，事实上并不应当完全归因于女主在获得了统治权力之后对他们的依赖和委重所致。由于东汉政权与豪门贵族之间在政治和军事利益上不可分割的紧密关系，使得皇权不得不借助于他们的庇护和支持才能够得以稳固地存在，而且，通常而言皇后的产生以及获得政治权力，也与他们的支持密不可分。换而言之，女主常常要依赖具有强大势力的外戚的支持才能够保证权位，而并非许多人所认为的那样，外戚的势力来自于女主与皇帝之间的裙带关系。正如毕汉斯所指出的一样：两汉的"外戚并不是有些人所主张的那种暴发户。他们的崛起并不是由于家中的妇女碰巧当上了皇后这种幸运和意料不到的事件。相反，后汉的选后是件重大的政治和社会事务。皇后通常选自已经是富有的豪门，在社会地位上是无可挑剔的。政治力量影响着皇室的婚姻政策，这些婚姻使为首的几个氏族甚至取得更大的权力……可以相当公正地说，这个时期的政治史基本上是它的宗派的历史。"［英］崔瑞德、鲁唯一编：《剑桥中国秦汉史》，杨品泉等译，中国社会科学出版社2006年版，第254页。

④ （汉）班固：《汉书》，第九十八卷，"元后传第六十八"，岳麓书院1997年版，第1768页。

并不倚重自己的兄长梁冀，反而处处以"委政宰辅"李固来限制他的权力，以至于"梁冀深忌嫉之"①。对于她们而言，外戚虽与自己有着血缘的关联，但丈夫的家族才是皇帝权力的正统和自己人生的最终归宿所在，也是需要她们予以保护和献身的对象，因此，如何对外戚的权势构成制约，才是她们需要认真面对的问题所在。如有的学者所言："一方面，她们要重用本家亲戚，以巩固自己的权位；另一方面，当外戚势力过分庞大，企图改朝换代时，她们也会挺身而出，充当皇权的保卫者。"② 只不过由于两汉政权的成立与性质，都与豪门贵族有着密切的政治和军事上的利益关系③，皇太后凭借一己之力，往往没有办法对这一势力的自我扩张构成足够的限制而已④。

导致官僚集团对于皇太后是否能够忠实履行"皇权守护者"的义务产生怀疑的第三个因素，则是在代替皇帝行使统治权力的过程中，她是否对原本只属于皇帝一人的典礼、仪式等颇具象征性意义的特权进行了僭越，不仅试图将自己的地位和权势提高到与其完全相同的境地，甚至还在某种程度上表现出了将要凌驾于皇帝权威之上的特殊倾向和潜在威胁。

如前所述，既然相比较于男性君主所天然拥有的那种理论上"没有界限的"⑤ 最高统治权威而言，皇太后只不过是在皇帝无法有效行使权力的情况

---

① （宋）范晔、（晋）司马彪：《后汉书》，第十卷，"皇后纪第十下"，岳麓书院1997年版，第181页；（宋）司马光：《资治通鉴》，第五十二卷，汉纪四十四，"冲帝永嘉元年条"，中华书局1956年版，第1701页。

② 朱子彦：《皇权的异化——垂帘听政》，山东教育出版社2001年版，第128页。

③ 毛汉光：《中国中古社会史编》，联经出版事业公司1988年版，第9页。

④ 事实上皇帝和当时的大臣经常会在太后与外戚之间做出明确的区分，并不将外戚所带来的危害全部归咎于太后本人。如窦太后于和帝永元九年（97年）去世之后，面对着三公"请依光武黜吕太后故事，贬窦太后尊号，不宜合葬先帝"的上奏时，和帝则明确提出不应当将外戚与太后的作为混为一谈的最终裁决："窦氏虽不遵法度，而太后常自减损……其勿复议。"（宋）司马光：《资治通鉴》，第四十八卷，汉纪四十，"和帝永元九年条"，中华书局1956年版，第1546页。

⑤ "也许标志中国皇权的最重要的因素就是它所具有的鲜明的个人特征……在将'天子'的角色视为'人类合法的统治者'这一观点的影响之下，皇帝可以行使的职责（function）并无界限；然而，在实际上君主的行为和角色则主要被限定在如下几个方面：1. 宗教和道德的领袖；2. 统治家族的首领；3. 勇士；4. 最高政治权威。" Ph. De Heer：" The Care‑taker Emperor：Aspects of the Imperial Institution in Fifteenth‑Century China as Reflected in the Political History of the Reign of Chu Ch'i‑yü", Leiden：E. J. Brill, 1986, p. 121.

之下填补统治危机的一个"过渡性"的政治权威,其统治合法性的性质也只不过是代行皇权的"行政首长",而并未获得完全意义上的君主地位,那么,能够在客观上显示她的身份、地位的象征性典礼和仪式,自然也必须局限在适当的礼制范围之内,而绝不能与男性君主完全相同。换言之,"皇太后只能行使摄政的权力,而绝不容许取代皇帝的独裁地位,成为真正的一国之君。"① 从这个意义上说,一旦当她们在政治领域内的具体作为在客观上显示出她们并未将自己的权威和地位小心谨慎地局限在适当的范围之内,反而是在利用这种特殊机缘提高自己在政治领域的权势与影响力的时候,她们就将被看作在某种意义上背叛了自己所应当扮演的"守护者"身份,她们的政治权力与合法性地位,也将由此遭到极大的挑战和质疑。

关于这一问题的负面例子,在北宋仁宗时期的刘太后身上表现得极为明显。如前所述,当仁宗逐渐成年并具备了亲自处理朝政的能力之后,她曾由于不再拥有继续代行皇权的客观条件而受到官僚集团对于她的持续统治的巨大挑战。然而,事实上早在这一客观因素出现之前,她就由于一系列旨在提升自己权威与地位的做法已经超出了一个皇太后所应当享有的权限范围而被官僚集团认为是有违"皇权守护者"的身份与义务,以至于自从她获得代行皇权的机会以来,其政治权力与统治合法性就一直倍受争议和质疑。

早在刘太后临朝之初,她的生日就像皇帝一样被确立为帝国的节日"长宁节",但在官僚集团看来,既然她并不是帝国真正意义上的君主,其上寿仪式当然也不能与仁宗的生日"乾元节"具有相同的规格,而是应当减损至后者的三分之一。② 而且宰相王曾还一再坚持,这一仪式只能在便殿举行,以便能够合乎礼制的要求。③ 到天圣七年(1029年)时,仁宗曾经计划率领百官

---

① 朱子彦:《宋代垂帘听政制度初探》,《学术月刊》2001年第8期,第53页。
② (清)毕沅:《续资治通鉴》,第三十五卷,宋纪三十五,"真宗乾兴元年条",中华书局1979年版,第807页。
③ (清)毕沅:《续资治通鉴》,第三十七卷,宋纪三十七,"仁宗天圣七年条",中华书局1979年版,第863页。

在会庆殿为皇太后上寿,并于其后登临天安殿受群臣朝,但范仲淹则提出,这种举动无疑将会使太后的地位凌驾于皇帝之上,进而损害到皇帝至高无上的政治权威,因此绝不可行,即如其所言:"天子有事亲之道,无为臣之礼;有南面之位,无北面之仪;若奉亲于内而行家人礼可也。今故与百官同列,亏君体,损主威,不可为后世法。"①虽然他的这一上疏以"不报"而告终,但这一提议,无疑也对刘太后的权力扩张与地位提升造成了一定的限制与制约。

除了生日之外,刘太后在一系列足以表明自己政治地位的象征性仪式上的具体做法,也被认为是有违"皇权守护者"身份而使得她的统治合法性遭受着严峻的挑战。如在天圣二年(1024年)八月时,群臣上表请求授予皇太后"应元崇德仁寿慈圣"的尊号,并定于同年的九月举行受册仪式。按照当时的礼制,皇太后的受册典礼应当在后殿崇政殿举行,但刘太后却提出了想在皇帝用以接见外朝官员、处理政事的正殿——天安殿举行典礼的意图。宰相王曾明确反对说,这一要求已经远远超出了皇太后所能享受的待遇,也就意味着对皇帝权限的僭越,所以绝不能被接受。但仁宗皇帝却提出,既然刘太后在事实上享有着统治的权力,那么,像普通的太后一样受册于崇政殿,"其礼未称"。作为对两种意见进行折中的结果,受册仪式最终改在同属前殿的文德殿举行。②然而,刘太后的这一要求显然构成了对她的统治权威的损害,以至于她开始被怀疑具有某种不可告人的政治野心。因此,当刘太后有一次询问朝臣,武则天何以能够以女性的身份登御皇位、君临天下时,素有"鱼头参政"之称的礼部侍郎参知政事鲁宗道极其警惕地回答道:"唐之罪人也,几危社稷。"听到他不无深意的答案之后,刘太后只能默然相对。而当有人建议刘太后为自己的母氏立七庙,她就此提议向朝臣咨询意见时,鲁宗道

---

① (清)毕沅:《续资治通鉴》,第三十八卷,宋纪三十八,"仁宗天圣七年条",中华书局1979年版,第867页。

② (清)毕沅:《续资治通鉴》,第三十七卷,宋纪三十七,"仁宗天圣七年条",中华书局1979年版,第863页;黄锦君:《两宋后妃事迹编年》,巴蜀书社1997年版,第36页。

第四章 皇权的守护者——皇太后

明确反对说,如果太后也像皇帝一样为自己的祖先立七庙的话:"如嗣君何?"在这种毫不留情的质问之下,刘太后的愿望自然无法实现。而在与仁宗一同赶赴慈孝寺上香时,刘太后意图将自己的大安辇行于仁宗之前,但在鲁宗道对于"妇人有三从,在家从父,出嫁从夫,夫殁从子"的强烈坚持之下,她最终不得不命令自己的车辇随行于皇帝的銮驾之后①。

除此之外,在明道二年(1032年)举行祭祀太庙典礼之时,意图身着皇帝衮冕亲自主持祭典的她,在参知政事晏殊与薛奎的强烈反对之下,最终只能以低于皇帝衮服二章的规格举行②。虽然不得不对自己所能享有的规格进行减损以便平息反对之声,但在官僚集团看来,"服衮衣、仪天冠、飨太庙、祀先农、行籍田礼"③的做法已然有违太后的"皇权守护者"身份,因此也是一种值得警惕和反对的僭越举动。在这种观念的影响之下,刘太后虽然取得了"号令严明"④"保护圣躬"⑤的实际成就,但其统治的合法性显然也在遭受不断的质疑,以至于在她去世之后,宋祁就在《论章献明肃晚节奏》中评价她道:"太后晚节,吝于还政,弗及永图。厌内阃之清闲,乐外朝之焜照。执镇圭,乘大辂,垂十二旒之冕,披十二章之衮。率百官,乘万骑,跪奉币瓒,历见祖宗。古来未闻,典礼不载。此亦一生之咎,所共知也。"⑥

在对皇太后的统治合法性造成制约的各种因素之中,除了外在的官僚集团的压力之外,这一群体对于自己的女性身份与人生归宿的认同、对于一个

---

① 黄锦君:《两宋后妃事迹编年》,巴蜀书社1997年版,第42页。
② (清)毕沅:《续资治通鉴》,第三十八卷,宋纪三十八,"仁宗明道元年条",中华书局1979年版,第887页。
③ (清)毕沅:《续资治通鉴》,第三十九卷,宋纪三十九,"仁宗明道二年条",中华书局1979年版,第890页。
④ "太后称制,虽政出宫闱,而号令严明,左右近袭亦少假借,赐予皆有节……然太后保护帝既尽力,帝奉太后亦甚备。"(清)毕沅:《续资治通鉴》,第三十九卷,宋纪三十九,"仁宗明道二年条",中华书局1979年版,第894页。
⑤ "章献明肃皇太后保护圣躬,纲纪四方,进贤退奸,镇抚中外,于赵氏实有大功。"(宋)李焘著,(清)黄以周等辑补:《续资治通鉴长编·附拾补二》,"嘉祐八年夏四月甲申条",上海古籍出版社1985年版,第1834页。
⑥ 黄锦君:《两宋后妃事迹编年》,巴蜀书社1997年版,第52页。

母亲所应当保持的地位与履行的职责的接受，也成了一股不容忽视的内在约束力量。尽管在好几位临朝太后的例子中，她们或者由于不肯及时终结自己的过渡性统治，或者由于重用外戚，或者由于对原本属于皇帝特权的象征性仪式进行僭越，而被看作有违"皇权守护者"身份和义务，从而使得自己的统治权威与合法性遭到了损害，但是除了唐代的武太后之外，她们始终没有取代自己的儿子成为一国之君，也没有颠覆丈夫的父系家族在整个帝国的统治地位。即便是想要最大程度保持政治权力的刘太后，面对着方仲弓请求其仿效武则天自立新朝、程琳献上《武后临朝图》这一有利于她的形势之时，也忿而掷之于地，并大怒道："吾不做此负祖宗事！"[①] 宋哲宗时期垂帘听政的高太后，更有"只缘皇帝幼冲，权同听政，盖非得已。况母后临朝，非国家盛世"[②] 的自我意识与自我约束之举。甚至是取得了"国家元首"和"行政首长"双重身份的最有权势的吕太后，她也并未废汉自立，而是主动维持了刘氏皇统的顺利延续。从这个意义上说，虽然作为一个政治主体所具备的权力的自我扩张本性，使得她们往往在现实的政治生涯中也会致力于更大程度地保持自己的地位，但这一特殊群体对于自己的女性身份与母亲职责的认同，则使得如何维护自己儿子的统治权威与他的父系家族的政治利益，成为她们无法忽略和不可超越的终极目标所在。

第四节 小结

在一个极度奉行"女祸论"与"牝鸡之晨，唯家之索"的主流文化传统之内，皇太后之所以能够以女性的身份获得代替男性君主统治整个帝国的政治权力，同时还赢得整个帝国对于她的统治合法性的承认，从本质上说来自

[①] （清）毕沅：《续资治通鉴》，第三十九卷，宋纪三十九，"仁宗明道二年条"，中华书局1979年版，第893页。

[②] （清）毕沅：《续资治通鉴》，第八十卷，宋纪八十，"哲宗元祐二年条"，中华书局1979年版，第2019页。

于帝制中国"家天下"的国家性质与"世袭制"的皇位传承原则所具有的内在缺陷,同时也是不同政治主体对于她在弥补这一缺陷上所具有的积极作用予以认可和接受的必然结果。

一方面,当由于某种客观的原因使得在位的皇帝无法在事实上行使统治的权力,从而出现皇权与政权的衔接障碍与统治危机时,皇太后作为前皇帝的"妻子"和新皇帝的"母亲"所具备的特殊身份,则使得她被一致认为是最为合适的"皇权守护者"和值得托付重任的最佳人选,并由此获得代行皇权的机会。通过对前皇帝遗诏的遵守、对朝臣请求的回应、以及她本人对于母亲职责的主动践行,她以一种完全正当与合法的方式获得了统治整个帝国的合法性。

另一方面,如同普通阶层家庭中母亲所处的地位与享有的权力一样,主流文化传统对于"家天下"之国家性质的全盘接受,对于母亲身份的尊崇,也使得她们对于国家的"家庭—国家"事务的管理,较之于其他政治主体而言具有了一种不容置疑的正当性。从某种意义上说,"婚姻给予了她们进入政治机构的入口,母亲的身份则使她们获得了直接的权威。"[①] 上述这两种因素相互交织,则使得每逢出现统治危机时,由皇太后代替皇帝掌管朝政成了帝制中国两千年历史中极为普遍的一种政治现象。正如杨联陞所言:"在中国史上,太后摄政是一个已建立的制度,虽然偶尔被禁止并受到批评,但却常作为紧急措施及权宜之计。"[②]

然而,大一统帝国"皇帝一元统治"的政治理念与制度设计,在客观上一再坚持与强调的则是唯有皇帝才具有最高的政治权威与合法的统治权力,除此之外的一切政治主体与统治形式,都不具备终极意义上的正当性与合法性。因此,即便皇太后获得了在特殊情况之下代替皇帝统治帝国的权力与机

---

① Wen-Hui Tsai: Women in Traditional Chinese Politics: The Lives and Careers of Empresses Lǚ, Wu, and Tz'u-His, 辜瑞蘭主编《汉学研究》,《汉学研究中心》1991 年第 2 期,第 204—205 页.
② [美]杨联陞:《中国历史上的女主》,鲍家麟主编《中国妇女史论集》,稻乡出版社 1979 年版,第 67 页。

会，她也只不过是对皇帝的职责的"代理"，而并非对他的最高政治权威的"代替"；她所享有的统治合法性性质，也更多体现为帝国的"管理者"与"行政首长"，却难以像男性君主一样获得帝国的"所有者"身份与"国家元首"的最高权威。

与此同时，既然皇太后的政治权力从本质上来源于无法有效行使统治职责的皇帝，而并不具备任何意义上的独立性，那么，她所获得的这种政治权力与统治合法性就在客观上具有了一种鲜明的"过渡性"特征。当随着时间的推移、事态的变化而使得这一权力赖以产生的外在条件与客观基础逐渐消失的时候，她在政治领域的继续存在，就将转变成为一种"不合法"与"不正当"的状态，并由此倍受挑战。甚至在她享有正当统治权力的时期之内，官僚集团与主流文化传统对于她是否能够忠诚履行自己的"皇权守护者"义务、是否致力于维护皇帝本人利益与地位的基本判断，也构成了足以对她的统治合法性进行质疑与挑战的重要因素。

相比较于其他政治主体对于皇权的代理而言，主流文化传统对于"女祸论"的一再强调、对于女性只具备"从属性"身份的基本认同，也在客观上使得皇太后统治合法性的这种"过渡性"特征，具有了一种不稳定的色彩。正如刘静贞所言："在诸种代理皇权的形式中，也要以女主政治权力的过渡性质为最强，因为她不但受到皇帝一元统治理念的限制，更无法突破父系父权男性中心社会中男女有别的最后防线。非法的皇后干政故不用说，即便是以母亲身份合法代理皇权的摄政太后，亦将受到政治制度与社会规范的双重制约。"① 从这个意义上说，在享有政治权力的同时，她也不得不接受官僚集团与主流文化传统对于她的政治作为更为挑剔与严格的审查，只有当她持续地证明自己确实是在忠诚地履行一位母亲的职责，同时也契合了主流文化传统对于一位合格的母亲形象的基本要求时，她在政治领域的存在才是值得接受

---

① 刘静贞：《从皇后干政到太后摄政——北宋真仁之际女主政治权力试探》，鲍家麟主编《中国妇女史论集续集》，稻乡出版社1991年版，第147—148页。

与赞赏的行为;反之,她的统治地位就会变得岌岌可危。

在足以对皇太后的统治合法性造成限制的各种因素之中,致力于维护皇帝至高无上的统治权威与"皇帝—官僚体系"之排他性政治地位的官僚集团,无疑是一股最为重要的外在制约力量。但皇太后本人对于自己的女性身份以及人生归宿的自我认同、对于自己作为一个母亲所应当承担的义务的主动接受,也在很大程度上构成了她对自己政治权力的自我制约。除了唐代的武太后应当被看作唯一的特例之外,对于其他所有的临朝太后而言,无论她们在事实上获得了多大的权势,她们最终都没有突破主流文化传统对于女性地位与职责的基本设定,而是将自己的作为和地位仔细地包裹在了夫家利益的正统地位之下。也正是从这个意义出发,在女性统治中享有最高程度合法性的皇太后统治,最终都没有发展出任何具有独立意义的"女性政治"或"平权政治"的形态来,而只不过作为对男性政治的一种有效补充贯穿整个帝制历史的始终。而这一政治局势与文化现象,既是她们在父系父权体制下不得不接受的客观结果,也是她们对这一体制进行自我认同和主动回归的最终产物。

第五章　彻底的"僭越"——女皇帝

在帝制中国所有那些获得了不同程度政治权力和统治合法性的女主之中，武则天占据了一个极为独特的地位：她经历了由皇后到皇太后的身份转化过程，并借助以上两种角色为她所带来的文化资源和便利条件，获得了不同性质的政治权力。但她并未满足于这一点，相反，她在奉行"女性不得参与政治""君主的最高统治权力只能在男性手中传承"这些公认原则的时代，以一位女性的身份和自己的名义建立了一个新的朝代，实现了对只属于男性特权的君主权力的彻底"僭越"，并由此招来历代儒家官员和历史学家们对她的极端敌视和否定。而在近现代学者的眼中，她的上述离经叛道的作为，反而使她被称誉为"中国历史上少有的一个具有革新精神的政治家……她本身的称帝就是对千年来儒家传统礼制的一次重大突破"[1]，是"长期封建宗法制压迫下女性的一次强烈反抗"[2]，而她还由于"改变了以男性一家一姓为中心的封建体制"[3]，以至于被看作"我国女权运动者"[4] 的先驱。那么，武则天以一位女性身份荣登大宝，获得帝国至高无上的"皇帝"身份的作为，是否就如许多现代人所认为的那样，是对男性特权的"彻底僭越"和"女权的最终胜

---

[1] 刘连银：《武则天传》，长江文艺出版社1997年版，第408页。
[2] 汪玢玲：《中国婚姻史》，上海人民出版社2001年版，第180页。
[3] 武秉礼：《简析武则天称帝的主客观因素》，赵文润、李玉明主编《武则天研究论文集》，山西古籍出版社1998年版，第85页。
[4] 振之：《我国的女权运动者——武曌》，《妇女杂志》1929年第15卷第12期。转引自王双怀《本世纪以来的武则天研究》，《史学月刊》1997年第3期。

利"？她进行统治的合法性资源和基础是什么？她的合法性将在事实上接受什么样的挑战？她又将采取什么方式来面对这一挑战？这种统治的合法性将会以一种什么样的方式最后终结？她对自己的女性身份与最终归宿的自我认同，又将从什么意义上影响到这一合法性的性质和最终的政治走向？

第一节 合法性的基础：个人权威的确立与保障

载初元年（690年）九月九日，在睿宗皇帝的一再禅让和群臣的多次吁请下，武则天结束了其接近四十年的辅政生涯，废去唐王室旧年号，作为帝制中国两千年历史中第一位、也是唯一一位"女性皇帝"登上了帝位，改国号为"周"，改元"天授"，开启了以"自己"而非"代理"或"辅助"的身份正式执掌朝政的历史序幕①。当此之时，她作为一位女性，已被认为是整个帝国的所有者、执政者和最高政治权威，兼以国家元首与行政首长的双重身份确立了其统治的合法性，从而为传统上只可能属于男性特权的皇权赋予了一种前所未有的崭新含义。但是，她的统治合法性基础的获得，却应当从其登上帝位之前去寻求根据。

一、政绩的获得与政治才能的体现

对于武则天而言，她登上帝位的合法性基础首先来源于其作为皇后和皇太后时，在借用丈夫和儿子这些男性君主的天然合法性来实行统治时所体现出的高超的政治才能和处理实际政治事务的能力，也即她被证明能够统治一个帝国的个人权威的获得与确立。如前所述，早在显庆五年（660年）她还是皇后时，由于高宗"苦风疾"②而无法亲理朝政，她就已经作为他最为重

---

① （宋）王溥：《唐会要》，第三卷，"皇后"，上海古籍出版社2006年版，第26页。（宋）司马光：《资治通鉴》，第二〇四卷，唐纪二十，"则天后天授元年条"，中华书局1956年版，第6467页。
② （宋）司马光：《资治通鉴》，第二百卷，唐纪十六，"高宗显庆五年条"，中华书局1956年版，第6322页。

要的政治助手和私人助理开始处理政事,虽然此时她更主要的作用是辅助性而非独立性的,她所取得的政治成就也主要体现在高宗的名下①。而高宗在683年去世之时,她经过长期磨练所具备的高超的政治才能和丰富的政治经验无疑已经得到了高宗的充分肯定,同时也使得她获得了以"皇权守护者"——皇太后的身份辅助儿子继续进行统治的遗命:"军国大事有不决者,兼取天后进止。"②虽然从理论上说,这一遗命限定她参与政治的范围应当仅仅限于重大军国事务难以决断之时,但是,通过迅速废除了公开宣称将要禅位给岳父的中宗,继而新立他的弟弟睿宗为帝之后③,武太后进一步将统治整个帝国的实际权力控制在了自己的手中。而她对于整个政治局势的超凡把握能力,也使得整个朝廷在事实上处于她的个人掌控之下,而非在她那既无统治才能,也没有做好统治帝国之心理准备的儿子——名义上的睿宗皇帝手中。

在作为"政治助手"和"皇权守护者"代替自己的丈夫、儿子进行统治期间,她充分证明自己已经具备了作为一个杰出的统治者所应当具有的个人能力和政治才华:无论是保障百姓的福利、维护社会经济的稳定,或者是提高政府的效率、在知人纳谏上所体现出来的过人才能,以及在保证国家统一中所起到的作用和在外交政策上所取得的稳定的成就④,她的一切政治作为都令许多人相信,

---

① [英]崔瑞德:《剑桥中国隋唐史》,中国社会科学出版社2006年版,第259页。
② (宋)司马光:《资治通鉴》,第二〇三卷,唐纪十九,"高宗弘道元年条",中华书局1956年版,第6416页;(宋)欧阳修、宋祁:《新唐书》第四卷,本纪第四,"则天皇后",中华书局1975年版,第82页。
③ (宋)司马光:《资治通鉴》,第二〇三卷,唐纪十九,"则天后光宅元年条",中华书局1956年版,第6418页。
④ 关于对武则天所取得的具体政绩的评述,可参见赵文润《武则天评价的社会标准与道德标准》,赵文润、李玉明主编《武则天研究论文集》,山西古籍出版社1998年版,第55—66页;顾久幸《后妃干政:宫闱难禁权利梦》,文津出版社1996年版,第155页;谢慧贤《武则天和叶卡特琳娜二世:关于女性统治者与权力承继的政治学,以及性别与性关系的个案比较研究》,中国唐代学会主编《第二届国际唐代学术会议论文集》,文津出版社1993年版,第864页;郭沫若《武则天》,人民文学出版社1979年版,第112—115页;田乙《论武则天当政时期的地方吏治》,《乾陵文化研究》第八卷,2014年1月。

比起她那优柔寡断、意志软弱的儿子,她才是唐太宗政策的积极推行者①,同时也是他所开启的"贞观之治"的延续者以及未来唐玄宗时期"开元盛世"的奠基者。② 如陆贽就曾在应对唐德宗时称赞她道:"往者则天太后践祚临朝,欲收人心,尤务拔擢,弘委任之意,开汲引之门,进用不疑,求访无倦,非但人得荐士,亦许自举其才。所荐必行,所举辄试,其于选士之道,岂不伤于容易哉!而课责既严,进退皆速,不肖者旋黜,才能者骤升,是以当代谓知人之明,累朝赖多士之用。"③ 亦如清代学人赵翼对其所评价的一样:"其纳谏知人,以自有不可及者。""至用人行政之大端,则独握其纲,至老不可饶撼。陆贽谓后收人心,擢才俊,当时称知人之明,累朝赖多士之用。李绛亦言后命官猥多,而开元中名臣多出其选。旧书本纪赞谓,后不惜官爵,笼豪杰以自助,有一言合辄不次用,不称职亦废诸不少假,务取实才真贤。然则区区帷薄不修,故其末节。而知人善任,权不下移,不可谓非女中英主也。"④ 即便是深受儒家思想影响、并对女主参政颇有微词的司马光,也在其旨在为后世帝王提供历史借鉴的历史名作《资治通鉴》中,用极其少见的肯定语气表达了他对这位杰出的女性政治家的钦佩和赞美:"虽滥以禄位收天下人心,然不称职者,寻亦黜之,或加刑诛。挟刑赏之柄以驾驭天下,政由己出,明察善断,故当时英贤亦竞之为用。"⑤ 事实上,如同古往今来的许多人所承认的一样:"无论就治国的道略还是实施治国的实际能力而言,她们都超出于她们所取代的合法而平庸的男性君主之上。她们弘扬前代英主(唐太

---

① [英]崔瑞德:《剑桥中国隋唐史》,中国社会科学出版社2006年版,第259页。
② 具体的评价可参见李必忠、陈贤华《有关武则天评价的几个问题》,《四川大学学报》1982年第2期;[日]原百代《武则天传》,陕西人民出版社1986年版;杨剑虹《武则天新传》,武汉大学出版社1993年版;赵文润、王双怀《武则天评传》,三秦出版社1993年版;[英]崔瑞德《剑桥中国隋唐史》,中国社会科学出版社2006年版,第261—265页;等等。
③ (后晋)刘昫:《旧唐书》,第一百三十九卷,"陆贽传",中华书局1975年版,第3803页。
④ (清)赵翼:《廿二史札记校正》,第十九卷,"武后纳谏知人",中华书局2005年版,第414、416页。
⑤ (宋)司马光:《资治通鉴》,第二〇五卷,唐纪二十一,"则天后长寿元年条",中华书局1956年版,第6478页。

宗……）所取得的成就也都得到了公认。"① 她也因此而被 Fitzgerald 评价为"天才的女性君主""几乎是历史上最伟大的英雄"②。

如前所述，帝国的主流文化传统和官方意识形态坚持认为，女主参与政治毫无疑问是一件值得担忧和反对的事，因此，对于奉行权力的传承只能保持在男性手中的帝国而言，虽然它内在具备的那种活泼弹性和灵活性，允许在特殊情况之下将皇帝的权力暂时处于女性的手中，但如果从终极立场来看，却始终无法容忍这一权力最终归结在一位女性所有者的名义之下。但武则天自身所具备的那种杰出的个人能力，显然赋予了她突破这一界限的最大保障。正如艾森斯塔得所指出的一样："中国王朝的卡里斯马特征通常也得到了强调。皇帝一般被叫作'天子'，他从上天那里得到了他的帝国，并根据天意加以统治。他既不对其臣民负责，也不对其颁布的法律负责。从理想上说，他对一个能使人民生活于太平盛世之中的仁爱的和自然的秩序负责。"③ 而郭宝钢（音译）也进一步指出，使统治者获得人们的认可并进行统治的合法性大致可以分为以下两种类型："原初的合法性（original justification）"和"功利的合法性（utilitarian justification）"。其中，建立在统治者所具有的那种能够满足人们各种需求、愿望的能力基础之上的功利合法性，将为统治者的统治权威赋予一种不容忽视的正义性和正当性，从而促使被统治者对于他的进一步服从④。因此，尽管表面上的女性生理身份使得武太后对政治的参与总是不可避免地遭受种种反对和制约，但作为辅助儿子实现统治的皇权守护者，她在李唐王朝的政治格局中所显示出来的杰出治理才能，她长期对唐朝的帮助

---

① 谢慧贤：《武则天和叶卡特琳娜二世：关于女性统治者与权力承继的政治学，以及性别与性关系的个案比较研究》，中国唐代学会主编《第二届国际唐代学术会议论文集》，文津出版社 1993 年版，第 861 页。

② Howard S. Levy: "Review: The Empress Wu by C. P. Fitzgerald; Lady Wu: A True Story by Lin Yutang", *The Journal of Asian Studies*, Vol. 17, No. 4. (Aug., 1958), pp. 617–619.

③ ［美］S. N. 艾森斯塔得：《帝国的政治体系》，阎步克译，贵州出版社 1992 年版，第 232 页。

④ Baogang Guo: "Political Civilization and Modernization in China", *From Conflicts to Convergence: Modernity and the Changing Chinese Political Cultures*, edited by Yang Zhong, Shiping Hua, World Scientific Publishing Co. Pte. Ltd., 2006, p. 75.

以及她对提高普通百姓生活状况的本能的关心,则使得她成为李唐政府30多年来熟悉的、受人尊敬的和不可缺少的一部分。正如Guisso所言,最终在她所取得的成就中,"她的性别事实被忽略到最不重要的地步,因而在最大的程度上,那些支持她的人认为她的性别与她进行统治的合法性并不相关"①。从这个意义上说,武太后超越了主流文化传统关于女性掌权的严格限制,逐渐获得了继续进行统治的个人权威和政治资源。

毫无疑问,如果她将自己的实际政治作为一直置于李唐王室的名义之下,继续以一位"皇权守护者"的名义、而不是一位女性的"独立身份"进行统治,她将会作为维护了丈夫和儿子基业的杰出女性代表而在朝廷和史家笔下得到极大的推崇和赞赏,而绝难成为历史中最为臭名昭著的、颠覆了自己丈夫和儿子王朝的"女祸论"的代表性人物。但是,接下来的局势发展逐渐超越了这一界限,促使她不得不采取极端的行动以保证自己的权位并加强个人的权威,同时也在客观上为其跨越性别的界限实现前所未有的"僭越"举动带来了若干机缘,虽然她登上帝位这一结果的最终取得,并不是一帆风顺的。

二、政治强制力的保障

目前,现代政治科学对于统治者行为动机的研究业已表明,任何统治者和统治力量都似乎具有一种类似于物理学所说的"惯性",即他们往往倾向于保持一种能够表现和炫耀自我的状态②,而统治者在决定所要采取的政治行为时,其真实的动机往往是综合了"责任、恐惧、爱欲、追求地位和功利主义等自我利益的复杂混合物"③。对于帝国实际上的最高统治者武太后而言,她在此时所拥有的个人地位以及由此所取得政治权力,当然使她具备了足够的

---

① R. W. L. Guisso: "Wu Tse-T'ien And The Politics Of Legitimation In T'ang China", Program in East Asian Studies, Western Washington University, Bellingham, Washington, 1978, p.68.

② [意]加埃塔诺·莫斯卡:《政治科学要义》,任军锋、宋国友、包军译,上海人民出版社2005年版,第129页。

③ [美]丹尼斯·布朗:《权力论》,陆震纶、郑明哲译,中国社会科学出版社2001年版,第79页。

能力和冲动，在毫无历史先例的情况下提高自己娘家的地位以便彰显和炫耀自己的身份。事实上她也确实做出了这一举动，继而使得她的统治合法性倍受挑战。

光宅元年（684年），武太后在侄子武承嗣的建议之下，追尊武氏五代祖妣为王和王妃，并在洛阳为其立祠堂享祭。① 这是继显庆四年（659年）武则天尚为皇后时，便已通过修订《氏族志》来将原本门第寒微的武氏家族提升到"以皇后四家……为第一等"之行为的延续和更为大胆的尝试。通过"重新建构甚至定义历史"，并使之成为一种"纪念碑式的历史书写"②，武太后无疑正在积极地从出身背景和官方舆论上不断强化自己的统治合法性资源。然而，无论上述举动是出自于她对男性帝王特权的模仿，还是对于自己所拥有的政治权势的显示，但这一封号所具有的特殊含义就在于它实际上还在向世人表明，武太后本人原本出生于帝王世家——这显然是对只属于男性帝王、而不是任何女性所能获得的权威的明显僭越。因此，这一行为毫无疑问地受到了朝臣的激烈反对，如高宗去世之时的托孤大臣裴炎就直言上谏，将之比作篡汉的吕后所为并肯请其放弃这一举措，但武太后对此的回答则是："吕后以权委生者，故及于败。今吾追尊亡者，何伤乎！"③ 显然，武太后出于自我表现和自我价值彰显所促生的僭越行为以及在这件事情上的一意孤行，无疑正在客观上导致官僚集团对于她是否具有更大政治野心产生了强烈怀疑，虽然就此肯定她此时便已经产生了篡位念头的观点无疑也显得非常牵强。

但与此同时大赦令的颁发，更加深了人们对她所可能具有的政治野心的推测，并使她的统治面临进一步的质疑和新的危机。大赦令的主要内容一部

---

① "己巳，追尊武氏五代祖克己为鲁国公，妣裴氏为鲁国夫人；高祖常居为太尉、北平郡王，妣刘氏为王妃；增组俭为太尉、金城郡王，妣宋氏为王妃；祖华为太尉、太原郡王，妣赵氏为王妃；考士㸇为太师、魏王，妣杨氏为王妃。"（宋）欧阳修、宋祁：《新唐书》第四卷，本纪第四，"则天皇后"，中华书局1975年版，第83页。
② 唐雯：《"信史"背后——以武后对历史书写的政治操控为中心》，《中华文史论丛》，2017年3月，第41—69页。
③ （宋）司马光：《资治通鉴》，第二〇三卷，唐纪十九，"则天后光宅元年条"，中华书局1956年版，第6422页。

分包括释放囚犯、降低赋税、明定法律、召回一些边防官员、放出宫女、推举贤才、赏赐孝悌、改革行政和军事弊端等,明确显示出武太后其实对于如何更好地保持李唐王朝的生机活力更为关心并且正在不断诉诸努力,而并非首要考虑的是自己的地位。① 但在另一部分内容中,大赦令还提出要改变朝廷的外表象征——旗帜的颜色、官员的朝服颜色和名称,并将洛阳指定为新的政治中心,改名为"神都",李唐王室的政治场所"长安"则被置于次要的地位。② 对于信奉儒家原则的人而言,对王朝象征符号进行改变的做法通常暗示着统治者开始致力于改元换代和建立新朝,而这一点正是李唐王朝忠实的臣子们绝对不能忽略或者容忍的事。因此,从这个意义上说大赦文的颁发实际上加深了武太后的统治危机,而这种危机更伴随着李敬业的叛乱达到了一个顶点。

当时李敬业与唐之奇、骆宾王、杜求仁和魏思温等人因故被贬,"皆会于扬州,各自以失职怨望,乃谋作乱"③。由骆宾王所起草并广泛流传的《代李敬业讨武氏檄》指出,武太后的种种作为已经显示出其"犹复包藏祸心,窃窥神器",有明显的改朝换代的阴谋,因此,他们所发动的这场战争实际上是要代替天下人匡复李唐王朝的统治,即如其所言:"是用气愤风云,志安社

---

① R. W. L. Guisso: "Wu Tse-T'ien And The Politics Of Legitimation In T'ang China", Program in East Asian Studies, Western Washington University, Bellingham, Washington, 1978, pp. 55-56.
② "自今以后,旗帜皆从金色,仍饰之以紫,画以杂文。其应合改者,所司详依典故。供奉帷幔,咸用紫色,自录府卫所旗并改以皂。八品以下旧服青者,并改以碧。其在京诸司文武职事五品已上清官,并六品七品清官,并每日入朝之时,常服袴褶。诸州县长官,在公衙亦准此。自馀官,朔望朝参依旧,其他皆依本品……又东都改为神都,宫名太初。但列署分司,各因时而立号;建官置职,咸适事以标名。而今曹僚之中,称谓多爽,宜改尚书省为文昌台,左仆射为文昌左相,右仆射为文昌右相,吏部尚书为天官尚书,户部尚书为地官尚书,礼部尚书为春官尚书,兵部尚书为夏官尚书,刑部尚书为秋官尚书,工部尚书为冬官尚书,门下省改为鸾台,中书省改为凤阁,侍中改为纳言,中书令改为内史,太常寺改为司礼寺,鸿胪寺改为司宾寺,宗正寺改为司属寺,光禄寺改为司膳寺,太府寺改为司府寺,太仆寺改为司仆寺,卫尉寺改为司卫寺,大理寺改为司刑寺,农寺依旧,左右卫依旧,左右骁卫亦为左右武卫,左右武卫为左右鹰扬卫,左右威卫为左右豹韬卫,左右领军卫为左右玉钤卫,左右金吾卫依旧。其余曹司及官僚名未改者,所司速制名奏闻。"参见(宋)宋敏求《唐大诏令集》第三卷,"改元光宅诏",学林出版社1992年版,第14页。
③ (宋)司马光:《资治通鉴》,第二○三卷,唐纪十九,"则天后光宅元年条",中华书局1956年版,第6422页。

稷，因天下之失望，顺宇内之推心，爰举义旗，以清妖孽"①。但是，当他们推出一位貌似已故太子李贤的人来号令天下，而并不是迎请被罢黜的中宗复位以便匡复唐室时②，就已明白无误地显示出，他们这一举措的真正目的其实只不过是想要掩盖李敬业建立自己王朝的野心③。因此，这场叛乱并未得到任何广泛的支持，而是很快被平息了下去。但在武太后看来，真正的统治危机才刚刚开始。

叛乱期间，武太后曾求计于裴炎该如何行事，裴炎的答案是，如果太后愿意主动退位的话，叛乱者将由于失去作乱的借口和目标而自动平息："皇帝年长，不亲政事，故竖子得以为辞。若太后返政，则不讨自平矣。"④ 显然在裴炎看来，既然皇帝已经是具备日常政治决策能力的成年皇帝，那么，太后所拥有的这种"过渡性"政治权力就不应该无条件、无期限地继续保持下去。而由于她的许多作为事实上已经超越了礼法的限度，这场叛乱其实正好为他提供了劝谏太后归政皇帝的大好机会。但在武太后看来，这样的提议既体现出了这位朝廷重臣对于她本人作为李唐王朝不可或缺的皇权守护者经过长期经营才取得的统治成就的漠视，同样也是对她所具有的政治权威和统治地位的最高挑战，而这一切的根基，却都来自于她是一位"女性"的生理事实，这一点无疑正是她根本无法接受的。因此，在监察御史崔察所提出的"炎受顾托，大权在己，若无异图，何故请太后归政？"的指控之下，裴炎

---

① 具体内容可参见（清）董诰等《全唐文》，第一百九十九卷，"代李敬业讨武氏檄"，中华书局 1983 年版，第 2009 页。

② （宋）司马光：《资治通鉴》，第二〇三卷，唐纪十九，"则天后光宅元年条"，中华书局 1956 年版，第 6424 页。

③ 对于这场叛乱性质的具体论述，可参见 R. W. L. Guisso: "Wu Tse - T'ien And The Politics Of Legitimation In T'ang China", Program in East Asian Studies, Western Washington University, Bellingham, Washington, 1978, p. 58, p. 156；[英] 崔瑞德：《剑桥中国隋唐史》，中国社会科学出版社 2006 年版，第 265 页；黄永年虽未明确指出李敬业有建立自己王朝的野心，但也提出他的这一作为背后的原因在于扩大自己的政治势力，而决不是要维护李唐王朝的利益："徐敬业在扬州起兵，实际上是以地方势力来反抗中央。只是由于当时武后还未革唐建周，徐敬业反的是唐朝皇太后，所以后来的唐朝皇帝一直不曾给徐敬业平反。"黄永年：《六至九世纪中国政治史》，上海书店出版社 2004 年版，第 183 页。

④ （宋）司马光：《资治通鉴》，第二〇三卷，唐纪十九，"则天后光宅元年条"，中华书局 1956 年版，第 6425 页。

被收入狱中①。他的侄子，年仅十七岁的太仆寺丞伷先则随后上书为其辩解，称裴炎的所作所为完全是出自一片公心，并火上浇油地劝谏道："陛下早宜复子明辟，高枕深居，则宗族可全；不然，天下一变，不可复救矣！"② 与此同时，朝廷的许多重要官员如刘景先、胡元范等也相继上书保举裴炎的衷心，并愿意代他去死。未曾料到的局势变化使得武太后认识到，整个事件最为重要的地方其实并不在于李敬业的叛乱本身，相反，值得警惕的却是这一场大规模的联名保举行动，它鲜明地表明朝廷上早已形成了一股反对她的统治合法性的强大力量，而这一点显然将在更大程度上威胁到她在帝国政治领域内的地位和权威。因此，裴炎被迅速地处决，而素为匈奴所忌惮的程务挺将军也由于上书"秘表申理"替裴炎辩护而被处死，刘景先、胡元范、伷先等官员相继被下狱、流放，有些还死于流放的途中。

对于武太后而言，李敬业的叛乱以及由此引发出来的朝廷官员对于她所具有的政治地位和政治职责的限制，从根本上挑战了她作为李唐王朝实际上的最高统治者的身份和地位，并使她感受到了被背叛的滋味和一种有可能失去权位的深切恐惧。如同现代政治科学研究已经证明的一样，力图取得和保持权力是"普遍和基本的人类动机"③，而艾森斯塔得对于帝国历史中统治者政治目标的研究也已表明，尽管对于统治者而言，旨在促进集体之保存与发展的"集体—行政目标"通常在意识形态和政治上居于优先地位，但要使自己的身份和权力永久化地成为"自我维护目标"，毫无疑问将在特殊情况之下超越其他政治目标而占据最主导的地位。对于他们而言："当政权受到外部危险或内部解体的威胁的时候，自我维护就会即时地作为主要目标在政权中占有主导地位……如果统治者的地位遭到了许多群体的强烈抵制，那么他就会

---

① （宋）司马光：《资治通鉴》，第二〇三卷，唐纪十九，"则天后光宅元年条"，中华书局1956年版，第6425页。

② （宋）司马光：《资治通鉴》，第二〇三卷，唐纪十九，"则天后光宅元年条"，北京：中华书局1956年版，第6428页。

③ ［美］丹尼斯·布朗：《权力论》，陆震纶、郑明哲译，中国社会科学出版社2001年版，第261页。

相应地首先关注于保全这一地位,而强调自我维护的目标。"① 因此,既然武太后已经感觉到她作为帝国实际上的最高统治者的地位正在开始受到各种威胁并岌岌可危时,她决定利用她所掌握的权力来消除这一隐患,随即开始付诸一种令大多数人都感到胆战心惊的极端方式——恐怖统治以便保持权位。

在处置李敬业叛乱这一政治危机时,以周兴、来俊臣和索元礼等为首的一批酷吏得以重用,并在政治场所中迅速窜起,获取了权位。利用遍布全国的告密者和爪牙、耳目所组成的网络,并通过使用来俊臣与万国俊所编撰的臭名昭著的《罗织经》中的种种方法,他们捕风捉影,对许多人进行构陷和刑讯逼供,使得朝廷中的大批中高级官员被牵连于这场政治危机之中,即如《资治通鉴》所称:"中外畏此数人,甚于虎狼。"② 而武太后同时还令人设铜匦置于朝堂,以便通过接受普通百姓的信件来直接知晓民意。铜匦共分为东南西北四个口,分别接受各色人等的自荐信和对掌权者的歌功颂德、对朝政得失的批评、对自己所遭受的冤情的投诉,以及对天象灾变的预测和献上军纪秘计等相关内容的秘密上书,并令专人掌管。而且,告密者还享有特权,不需受任何人的盘问和阻止,并可以在上京告密的途中得到驿马休息和上级官员的直接晋见,自此之后"四方告密者蜂起,人皆重足屏息"③。正如有的学者已经指出的一样,她的这一做法"原意可能是对恐怖的严酷性的后果进行补救和宣传武后对黎民的关怀。但不久,铜匦却成了匿名的、但往往是虚

---

① [美] S. N. 艾森斯塔得:《帝国的政治体系》,阎步克译,贵州出版社 1992 年版,第 256 页。如他还进一步指出:"各个历史官僚社会的统治者各自的具体目标大为不同。它们包括领土的统一、扩张和征服,政权的富足,经济的发展,以及某种既定文化模式的维系或扩展。很明显,他们的目标通常包括着可以说是任何一位统治者的普遍或基本目标,也就是说,维持其足以对付任何反对者的权力地位,保证为其需要而动员资源的可能性。"[美] 丹尼斯·布朗:《权力论》,陆震纶、郑明哲译,中国社会科学出版社 2001 年版,第 118—119 页。

② (宋) 司马光:《资治通鉴》,第二〇三卷,唐纪十九,"则天后垂拱二年条",中华书局 1956 年版,第 6440 页。

③ 同上书,第 6439 页。

假揭发的一个容器。"① 耿直的官员如陈子昂等人看到这一恐怖政策所带来的严重后果,上书请求武太后及早止损,但显然武太后更加关注这一政策为自己所带来的好处,因此恐怖政策一直延续到神功元年(697年)她确定自己的统治已经非常稳定,并以处决来俊臣这一"市民皆相贺于路"的事件为标志,才宣告最后停止。②

恐怖政策的实施,被大多数深受儒家学说影响的学者认为是武太后阴谋篡位的又一明显证据。而且在他们看来,这一政策本身也在客观上削弱了其统治的正当性所在——无论如何,这样一种建立在血腥屠杀基础之上的政权绝无可能与儒家所推崇的"仁爱"原则相一致,因此,武太后更像是一位"独夫民贼"而非"代天牧民"的统治者,更何况这一政策还出自于一位"妄图攫取权位"的"女性"之手。如赵翼就在其影响深远的《廿二史札记》中指出,武太后的好杀忍性,令其在历史上所有的君主中无出其右:"古来无道之君,好杀者有石虎、符生、齐明帝、北齐文宣帝、金海陵炀王,其英主好杀者,有明太祖,然皆未有如唐武后之忍者也。"武后"真千古未有之忍人也哉!"③ 深受儒家历史传统影响的林语堂也指称其"肆无忌惮的野心是消灭大唐,建立自己武姓的天下。换句话说,她自己正是那个最大的叛徒,正在策划规模最大的反叛。"而这一为了满足一个女人的政治野心所犯下的"滔天大罪",竟使得整个中华文明"一直朝向六千年以前古老的蛮荒进展下去了。"④

---

① [英] 崔瑞德:《剑桥中国隋唐史》,中国社会科学出版社2006年版,第268页。
② (宋) 司马光:《资治通鉴》,第二〇六卷,唐纪二十二,"则天后神功元年条",中华书局1956年版,第6519页。
③ (清) 赵翼:《廿二史札记校正》,第十九卷,"武后之忍",中华书局2005年版,第411—414页。
④ 林语堂:《武则天传》,陕西师范大学出版社2005年版,第112—119页。而在这本书的英文原著《Lady Wu: A True Story》中,他还将武则天评价为一个凶手、毫无人性的政治怪物,是一个堪与斯大林相比的大刽子手,虽然与此同时他也不得不承认武则天具有十分难得的明智、理解和坚忍的个性。参见 Howard S. Levy: "Review: The Empress Wu by C. P. Fitzgerald; Lady Wu: A True Story by Lin Yutang", *The Journal of Asian Studies*, Vol. 17, No. 4. (Aug., 1958), pp. 617 – 619. 以及 Nghiem Toan, Louis Ricaud: "Review: Wou Tso-t'ien", *The Journal of Asian Studies*, Vol. 19, No. 4. (Aug., 1960), pp. 448 – 450.

虽然我们并不能对这种恐怖政策的实施及其所带来的恶果做出任何支持和辩护，但是，即如 Guisso 所言，这种严厉的批判毫无疑问忽略了恐怖政策之所以产生的文化与意识形态根源——它事实上"滋生于埋藏的很好的恐惧"，来自于"一个女性统治者对仅仅由于她的性别而并不接受她作为统治者的文化传统的回应（response）"①。而且，受害官员主要集中于那些力图劝谏其归政于皇帝或者以谋反罪名而被牵连的五品官员之上②，也体现出了这一政策的实施仅仅是一个感受到威胁的统治者出于"自我保存"之目的而采取的必要手段。③ 尤其值得指出的是，通过只将政治斗争的范围仅仅限定到高级官员、而并未波及普通黎民百姓的做法，也使得武太后时期致力于提高民间利益的种种政策依旧为她赢得了普遍的尊敬和认可。如有的学者就在对于这一时期近乎"私人档案"的墓志铭的分析中，清晰地呈现出了普通士人和民间社会对于武太后政权所取得的实际治理效用的赞美与拥护。④

对于武太后而言，即便她早已预料到这一政策所将带来的邪恶效果，但她更清楚的是，在一个普遍反对女主统治的文化传统内部，它的实施将在实现她的自我保存的同时进一步强化朝臣的服从，继而稳固她手中的权力。因为毫无疑问，至少在短时间内，这种建立在武力基础之上的"强制性权威在广延性、综合性和强度上无疑是最有效的权力形式……除了实际使用武力外，强制可能是一切权力形式中最广延的形式，因为它只要求掌权者和权力对象

---

① R. W. L. Guisso: "Wu Tse–T'ien And The Politics Of Legitimation In T'ang China", Program in East Asian Studies, Western Washington University, Bellingham, Washington, 1978, p. 61.

② 关于受害官员的阶级及原因分析，可参见 R. W. L. Guisso: "Wu Tse–T'ien And The Politics Of Legitimation In T'ang China", Program in East Asian Studies, Western Washington University, Bellingham, Washington, 1978.

③ "一位统治者对自我维护的取向，显然会影响到他选择付诸实施的政策的类型。它导致了统治者的如下倾向：即根据自己的权力考虑而谋求对不同领域实施全面控制，并且对他认定为对手或者有独立于他的潜在可能的那些阶层，实施强硬的管制性政策。"［美］S. N. 艾森斯塔得：《帝国的政治体系》，阎步克译，贵州出版社1992年版，第257页。

④ 马强、魏春莉：《从出土唐人墓志看唐高宗、武则天时期的政治侧影》，《社会科学战线》2014年第5期。

第五章 彻底的"僭越"——女皇帝

之间最低限度的交流和相互理解,就可以迫使后者服从。"① 因此,正如 Guisso 所强调的那样:其实武太后所执行的这一政策的目的并不是为其日后的篡权目标做出精心的准备,相反,篡位其实是历史局势一步步不断发展的自然产物。② 换言之,恐怖政策的实施,更应当被看作一位比当时名义上的皇帝拥有更为杰出政治才能的帝国统治者,不甘心仅仅由于自己的生理性别而不得不面临放弃权位威胁时所采取的自我保存之道,而并不是儒家学者所憎恶的那个原本应该将自己的作为局限在政治领域之外的女性,在为自己通往篡夺最高权威道路上所做出的苦心孤诣的政治安排,尽管这一政策在客观上也成为她突破传统的界限并最终获得帝位的重要砝码和力量保证。

武则天以先皇帝赖以倚重的政治助手和新皇帝的皇权守护者身份跨入帝国的政治舞台,她在长期执掌朝政的过程中所积累的丰富的政治经验、所表现出来的超凡的政治才能,以及通过实行恐怖政策而对政治权力的牢牢把握,使得她以一位女性的身份树立了继续统治整个帝国的个人权威。尽管帝国的主流文化传统和官方意识形态无法容忍一位女性以自己的名义来建立一个新的帝国,但在众多的制约力量面前,她所拥有的个人力量和获得的个人权威,最终使得她对这一传统的突破出现了一种新的可能性。正如丹尼斯·布朗所指出的一样,统治者所具有的个人魅力和个人权威"在综合性上和强度上通常超过其他非强制性权力和权威形式。特别是,它并不像韦伯的其他两类合法性——传统的合法性和理智与法律的合法性那样,受传统和法规的限制。"③ 之后,在她那充满了政治野心的侄子武攸嗣所不断制造出的政治祥瑞以及由此推动的政治局势面前,以及在她那毫无

---

① [美]丹尼斯·布朗:《权力论》,陆震纶、郑明哲译,中国社会科学出版社2001年版,第49页。又如韦伯所指出的一样:"不难理解,在现实中,服从是由极强烈的惧怕或希望决定的——惧怕魔法的力量或掌权者的报复,希望得到这个世界或来世的奖赏。" 参见[德]马克斯·韦伯《学术与政治》,冯克利译,生活·读书·新知三联书店2005年版,第57页。

② R. W. L. Guisso: "Wu Tse-T'ien And The Politics Of Legitimation In T'ang China", Program in East Asian Studies, Western Washington University, Bellingham, Washington, 1978, p.57.

③ [美]丹尼斯·布朗《权力论》,陆震纶、郑明哲译,中国社会科学出版社2001年版,第70页。

政治才能也不愿意统治整个帝国的儿子——名义上的皇帝三次请求禅位的上疏中，她的个人权威得到了最大的承认，最终，她以女性的身份超越了传统的界限，史无前例地获得了以自己的名义、而不是李唐家族的"妻子"和"母亲"身份进行继续统治的合法性，并因此赋予了皇权以一种前所未有的含义。

第二节 合法性的强化：意识形态的借用与重塑

对于以女性身份打破传统登上帝位，实现了对男性皇权之彻底"僭越"的武则天而言，虽然其统治权力的根源来自于她已被证明和承认了的卓越的政治才能，以及通过实行恐怖政策而对政治强制力的占有和威慑力的把持，但是，她统治整个帝国的政治权威和合法性地位的长期保持，并不能仅仅依赖以上几点因素单独存在。如同现代政治科学研究成果已经表明的那样，政治系统的稳定以及统治者在这一系统中所具有的政治权威，虽然在一定程度上依赖于其实际拥有的政治权力，但是，纯粹依赖政治权力而建立的强制性统治从本质上说是无法长久存在的，各种类型的非纯粹的强制统治，都必须要以合法性为最终的基础，这也就在客观上有赖于统治者所推行的意识形态能够被民众广泛接受。[1] 而且，相比较于依靠政治强制力以及其他形式的统治方式而言，对于文化与意识形态上的合法性的信仰和接受，将使得统治者在进行统治的"可靠性"和"有效性"上获得无可比拟的优势地位。[2] 从这个意义上说，"力图把强权转化为公理，强制性权威转化为合法权威，对掌权者

---

[1] [英]戴维·米勒、韦农·波格丹诺编：《布莱克维尔政治学百科全书》，中国政法大学出版社1992年版，第410页。

[2] "合法权威比强制性权威或诱导性权威更有效率，因为它使强制手段经常处于就绪状态，对权力对象的持续监视以及固定供应经济与非经济奖励等需要降到最低限度。正因为如此，赤裸裸的（及强制性）权力总是以谋求合法性为外衣。" 参见 [美] 丹尼斯·布朗：《权力论》，陆震纶、郑明哲译，中国社会科学出版社2001年版，第59页。

第五章 彻底的"僭越"——女皇帝

来说在理性上是合适的"①。而目前对于各种政治系统的研究都已表明,这种合法性的转化趋势实际上是一个"普遍的政治必然"②。因此,对于本章研究的主角——这位以史无前例的姿态登上了帝位的女皇帝而言,其政治权力的长期保持,也毫无疑问地经历了这种合法性的转化。

一、宗教影响力的确立

在展开进一步的讨论之前,首先从整体上指出帝制中国统治者合法性的基本类型是极为重要的,因为这一点,构成了这位女性皇帝何以能够在儒家原则内完成统治合法性转化的文化基础和理论根源。

在合法性理论的奠基人马克斯·韦伯看来,统治的合法性可以分为三种纯粹类型:法理型、传统型和卡里斯玛型。③ 这三者所强调的是,对统治者予以服从的基础在于统治者的权威分别来自于对一套既定的法律程序和法律规则的严格执行;对被人们普遍接受和认可的神圣传统的合理继承;以及对统治者本人所具有的个人魅力和超凡才能的接受和服从。毋庸置疑,从总体上而言,整个帝制中国统治者的合法性是建立在"传统型"的基础之上的④,

---

① [美]丹尼斯·布朗:《权力论》,陆震纶、郑明哲译,中国社会科学出版社2001年版,第129页。而丹尼斯在此还进一步指出,这种合法性类型的转化不仅是统治者的需要,对于被统治者而言也是非常重要的,在他看来,"权力对象的依赖性和孤立无援促使他走一半路与掌权者相遇以便实现这一转变,甚至——特别是——当权力对象已被残酷的压迫和剥削,几乎完全受掌权者摆布时。但是,掌权者也被促动使其权力合法,把它视为由事情的本性决定的,以便减轻使用暴力反对其他人造成的罪过……我们可以做出这样的结论,存在着来自权力关系双方的心理压力,要求把强制性权威转化为合法权威。"同上书,第129页。
② [美]戴维·伊斯顿:《政治生活的系统分析》,王浦劬译,华夏出版社1999年版,第339页。
③ "合法统治有三种纯粹的类型。它们的合法性的适用可能首先具有下列性质:1. 合理的性质:建立在相信统治者的章程所规定的制度和指令权力的合法性基础之上,他们是合法授命进行统治的(合法型的统治);——或者,2. 传统的性质:建立在一般的相信历来适用的传统的神圣性和由传统授命实施权威的统治者的合法性之上(传统型的统治);——或者最后,3. 魅力的性质:建立在非凡的献身于一个人以及由他所默示和创立的制度的神圣性,或者英雄气概,或者楷模样板之上(魅力型的统治)。"[德]马克斯·韦伯:《经济与社会》(上卷),林荣远译,商务印书馆1998年版,第241页。
④ 在韦伯看来,"如果一种统治的合法性是建立在遗传下来的('历来就存在的')制度和统治权力的神圣的基础之上,并且也被相信是这样的,那么这种统治就是传统型的。统治者(或若干统治者)是依照传统遗留下来的规则确定的,对他们的服从是由传统赋予他们的固有尊严"。[德]马克斯·韦伯:《经济与社会》(上卷),林荣远译,商务印书馆1998年版,第251—252页。

无论是强调皇位应当在父子之间传承这一世袭制原则的"王朝循环思想",还是认为皇位的传承应当遵守道德统治的原则而在无德之人和有德之人之间进行转化的"天命变换理论",这两种潜在冲突的理论作为阐释皇权的来源及其延续的文化根据在帝制中国两千年的历史中交替上演①,其共同的文化基点均立足于对皇帝是上天委派到人间的代表——"天子"、是"阳道"在人间的代表,其价值和作用在于对一个自然和谐的人间秩序进行创制和保存这一原则的"神圣认可(divine sanction)"之上②。正如艾森斯塔得所指出的那样,在中国这样一个极具"文化性取向"的帝国内,"对文化价值和目标的强调,总要涉及把一个世袭的或新生的群体,确认为那种独特文化传统的长久维系者。甚至在新王朝崛起的时候,它们依然要强调其与古圣先王的关系,他们象征着'黄金时代'。但是,统治者的合法性既不是以纯粹的'传统主义',也不是仅仅以皇位世袭为基础的;其合法性,主要是建立在君主对'天命'的领受,以及他的行为合乎天命及其训条之上"③。

但是,如同本书第一章中所指出的那样,儒家观念对于两性意义、职责和地位的种种设定和限制,使得这一观念毫无疑问从根本上排除了女性以自己的身份作为最高统治者"皇帝"而存在的所有可能性。"天之子"是存在并且具有重要的文化典范意义的,那么,代表了上天意志的"天之女"是存在的吗?在"女祸论"极为盛行、信奉"牝鸡之晨,唯家之索"这一女主不得干预

---

① 如同艾兰所指出的一样,这两种皇位传承的原则在实际上是有潜在冲突的:"这种历史循环的阐释表现出世袭权力(表现在王朝的延续性上)和道德统治(表现在王朝的更替性上)两种原则之间的潜在矛盾。天命论试图解释这一矛盾,规范它的表现形式,然而不管其表现形式如何,对立面之间的冲突总是潜在的。任何一位新的统治者都可以被看作篡权者,因为他破坏了前一位统治者的世袭权力。同样,任何一位世袭者都可能因为丧失权力而遭受诅咒。用现实的政治术语来说,就是一方面世系统治者不得不去和反叛者或篡权者所声称天命发生变化的情况做斗争,而另一方面,反叛者不仅要表明他是理所当然的统治者,而且还要说明先前的世袭轮回已告结束。新统治者强调以德治天下的原则,而在位的统治者则强调世袭权力。然而,这二种原则中的一种总有其存在的可能。"参见[美]艾兰《世袭与禅让:古代中国的王朝更替传说》,孙心菲、周言译,北京大学出版社2002年版,第1—2页。
② Hok-lam Chan: "Legitimation in Imperial China: Discussions Under The Jurchen-Chen Dynasty (1115-1234)", University of Washington Press, Seattle and London, 1984, p.4.
③ [美] S. N. 艾森斯塔得:《帝国的政治体系》,阎步克译,贵州出版社1992年版,第232页。

第五章 彻底的"僭越"——女皇帝

政治的主流文化传统和官方意识形态的帝国之内，一位代表了"阴"的元素，其意义也应当在于辅助"阳"的女性，将如何证明自己超越这一界限，建立自己王朝的行为不但没有违背天命，反而恰好就是天命的体现和承担呢？她要如何才能在一个毫无历史先例的情况之下，寻求到可供借鉴的文化资源，最终实现这种合法性的转化呢？如同 Guisso 所指出的一样，正是这一点，构成了对武则天获取统治整个帝国意识形态合法性的"最大障碍（barrier）"。①

毫无疑问武则天非常明白她所面临的这一政治难题，并且清楚地认识到这一难题的解决必须要跳出儒家理想的传统范围寻求帮助，并通过塑造一种新的王朝意识形态来得以最终实现。而她与生俱来的那种对于政治局势及其发展态势的敏锐的洞悉力和理解力，则使得这一问题的解决在她登上帝位之前就已埋下了某种伏笔。

早在唐朝开国之初，为了提高和神化皇家血统，唐高祖就曾通过一则带有神话色彩的传说②，借道教始祖老子自己之口将老子封为李唐王朝的直系祖先，从而将自己的政权与道教紧密地联系了起来。此后，道教逐渐开始在官方的意识形态中占据非常重要的地位。而唐高宗本人也表现出了对于这一宗教强烈的个人爱好和迷恋，在乾封元年（666 年）的泰山封禅典礼中，老子被追尊为"太上玄元皇帝"，并首次开始以国家资助的形式在全国建立道观③。作为对这一政治举措的回应，上元元年（674 年）武皇后在著名的"建言十二事"中向高宗提议道："国家圣绪，出自玄元皇帝，请令王公以下皆习《老子》，每岁明经，准《孝经》《论语》策试。"④ 这一建议被认为表明了皇

---

① R. W. L. Guisso: "Wu Tse-T'ien And The Politics Of Legitimation In T'ang China", Program in East Asian Studies, Western Washington University, Bellingham, Washington, 1978, p.1.
② "武德三年五月，晋州人吉善行于羊角山，见一老叟，乘白马朱鬣，仪容甚伟，曰：'谓吾语唐天子，吾汝祖也。今年平贼后，子孙享国千岁。'高祖异之，乃立庙于其地。"（宋）王溥：《唐会要》，第五十卷，"尊崇道教"，上海古籍出版社 2006 年版，第 1013 页。
③ （后晋）刘昫：《旧唐书》，第五卷，本纪第五，"高宗下"，中华书局 1975 年版，第 90 页。（宋）王溥：《唐会要》，第五十卷，"尊崇道教"，上海古籍出版社 2006 年版，第 1013 页。
④ （宋）司马光：《资治通鉴》，第二〇二卷，唐纪十八，"高宗上元元年条"，中华书局 1956 年版，第 6374 页；（后晋）刘昫：《旧唐书》，第五卷，本纪第五，"高宗下"，中华书局 1975 年版，第 98 页。

后"忠实维护王朝政治的态度"① 而得到了高宗的赞赏并准令行之。而又因"中国的官员在朝是儒家，在野则是道家"②，因此，将《老子》与《孝经》和《论语》一并列为考试内容，也在那些兼具儒、道双重身份和气质的儒生士大夫中间取得了相当大的政治影响力，并在很大程度上赢得了他们的文化认同。其后几年间，武皇后还不断陪同高宗对当时著名的道士进行各种形式的拜访活动，并广封道观，为其在俗、道两界中赢得了极高的声望③。在此之间，她还令自己唯一的女儿太平公主以女道士的身份进入道观修行，虽然其背后隐含的真实目的很有可能在于更好地躲避吐蕃人所提出的和亲要求④，但这一作为显然也在相当大的程度上取悦了遍布全国的道士阶层。因此，在载初元年（690年）武则天以女性身份公开称帝之时，她受到了包括全国道士在内的文武百官、帝室宗戚、远近百姓、四夷酋长、沙门等共六万余人的拥戴。⑤

然而，仅仅依靠与道教界所保持的良好关系，并依赖道教教徒的支持和赞助，武则天仍然根本无法在毫无传统和历史先例的情况下获得以女性名义统治整个帝国的合法性。天命的历史性转化，还必须借助代表了上天意志的更为明显的征兆和祥瑞的出现才能得到证明，而随后发生的"宝图事件"则成为这一事件的关键所在。

垂拱四年（688年）四月，武承嗣宣称在洛水发现了一块白石，上有"圣母临人，永昌帝业"四个字，并驱使唐同泰上表进献给太后。同时期和其

---

① 王永平：《论武周朝政治与道教的继续发展》，赵文润、李玉明主编《武则天研究论文集》，山西古籍出版社1998年版，第247页。
② Dora Shu‐Fang Dien: "Empress Wu Zetian in Fiction and in History: Female Defiance in Confucian China", New York: Nova Science Publishers, Inc., p. 5.
③ 关于这一举措的具体论述可参见王永平《论武周朝政治与道教的继续发展》，赵文润、李玉明主编《武则天研究论文集》，山西古籍出版社1998年版，第248页。
④ （宋）王溥：《唐会要》，第五十卷，"观"，上海古籍出版社2006年版，第1019页。（宋）欧阳修、宋祁：《新唐书》，第八十三卷，"列传第八·高宗三女·太平公主"，中华书局1975年版，第3650页。
⑤ （宋）司马光：《资治通鉴》，第二〇四卷，唐纪二十，"则天后天授元年条"，中华书局1956年版，第6467页。

后的大多数历史学家都认定这一事件应该是由极富政治野心的武承嗣所精心策划的,并且相信武太后事先并不知情①,但显然这一祥瑞的出现立刻为她提高自己的合法性增加了重要砝码。她为之大喜,封其为"宝图",并随即开始着手进行一系列极富象征性意味的活动:五月,亲视南郊,以谢昊天,御明堂、朝群臣,并为自己加尊号为"圣母神皇";七月,大赦天下,封洛水之神为"显圣侯",禁渔钓,并改宝图之名为"天授圣图";与此同时,她还精心设计了一场盛大庆典,并将其与明堂的启用典礼结合起来,令文武百官和散布全国的李唐宗室成员于十二月集合,以便庆祝这一宝图的出现,并亲拜洛水,领受"天授圣图",改元"永昌"②,其庆典规格之高、规模之大,为"唐兴以来未之有也"③。而受到邀请参加庆典的李唐宗室成员逐渐开始认定,武太后有可能已经产生了进一步行动的野心,并十分怀疑她将会借此机会"潜谋革命;稍除宗室",最终决定举兵反叛,但这场反叛行为并未受到广泛的支持,而是很快就被镇压了下去④。毫无疑问,不费吹灰之力就获得了成功的镇压活动,更使她将其认定为是自己已经获得天命进行统治的象征性符号,并产生了坚定的信仰。

而贯穿于以上这一系列事件中最为重要的一点在于,"宝图"的出现以天降祥瑞的形式明确证明武则天已经获得了上天的眷恋和垂青,尽管与此同时也不得不承认,她的女性身份并未就此得到足够的关注和充分的解释。因此,

---

① (后晋)刘昫:《旧唐书》,第六卷,本纪第六,"则天皇后",中华书局1975年版,第119页;[英]崔瑞德:《剑桥中国隋唐史》,中国社会科学出版社2006年版,第272页。

② (后晋)刘昫:《旧唐书》,第六卷,本纪第六,"则天皇后",中华书局1975年版,第119页;(宋)司马光:《资治通鉴》,第二○四卷,唐纪二十,"则天后垂拱四年条",中华书局1956年版,第6448—6449页;(宋)欧阳修、宋祁:《新唐书》,第四卷,本纪第四,"则天皇后",中华书局1975年版,第87页。

③ (宋)司马光:《资治通鉴》,第二○四卷,唐纪二十,"则天后垂拱四年条",中华书局1956年版,第6454页。

④ (宋)司马光:《资治通鉴》,中华书局1956年版,第二○四卷,唐纪二十,"则天后垂拱四年条",第6449—6454页;(后晋)刘昫:《旧唐书》,第六卷,本纪第六,"则天皇后",中华书局1975年版,第119页;(宋)欧阳修、宋祁:《新唐书》,第四卷,本纪第四,"则天皇后",中华书局1975年版,第87页。

她决定付诸一种十分巧妙的方式来避免对于自己女性身份的挑战，即选择"圣母神皇"这一称号作为自己进行合法统治的名称。她的这一作为，不仅一开历史上为尚健在人世的皇帝上尊号的先河①，而且其高超的政治智慧也得以在此显现："皇"字的使用实际上巧妙地避开了其中的性别含义。正如有学者所言："无性别含义的'皇'字是一个意味深长的选择。"② 而且值得一提的是，这一祥瑞在性别解释力上所具有的内在缺陷则由不久以后出现的另一部重要的佛教教义得到了充分的弥补，并由此成为她登上帝位的重要保障。正如有的学者所提出的一样，"武女皇最大的创举是利用佛教的特定形式使她作为一个女人的统治合法化"③。

载初元年（690年），东魏国寺僧法明等人撰写了《大云经》四卷上表武太后，"言太后乃弥勒佛下生，当代唐为阎浮提主"④。相比较以往的佛教教义以及其他宗教教义而言，这一佛教教义的极为特殊之处就在于它明确提出了弥勒佛即将化身为"女性"君临天下的预言："舍是天形，即以女身当国王，得转轮王所统领处四分之一，得大自在，受持五戒，作优婆夷，教化所属。"与此同时，这一教义还要求天下所有的人都应当接受她的统治："诸臣即奉此女以继王嗣。女既承正，威服天下，阎浮提中所有国王悉来奉承，无拒违者。"⑤ 而在薛怀义为此所作的注疏中，关于天意已经表明武太后将要取代李唐皇室、成为上天眷顾的更为合适的统治者的谶纬内容也被大量融入其中："三六年少唱唐唐……次第还歌武媚娘……化佛从空来，摩顶为受记。""止戈昌女主，立正起唐唐"；"戊子母圣帝，千年明唐基，一合天地心，安令

---

① ［日］户崎哲彦：《古代中国的君主号与"尊号"——"尊号"的起源和尊号制度的成立》，转引自［日］金子修一《略论则天武后在政治上对祭祀礼仪的利用》，赵文润、李玉明主编《武则天研究论文集》，山西古籍出版社1998年版，第39页。

② ［英］崔瑞德：《剑桥中国隋唐史》，中国社会科学出版社2006年版，第273页。

③ ［美］芮乐伟·韩森：《开放的帝国：1600年前的中国历史》，梁侃、邹劲风译，江苏人民出版社2007年版，第184页。

④ （宋）司马光：《资治通鉴》，第二〇四卷，唐纪二十，"则天后天授元年条"，中华书局1956年版，第6466页。

⑤ 段塔丽：《武则天称帝与唐初社会的弥勒信仰》，《中国典籍与文化》2002年第4期。

李更长。"①

毫无疑问,《大云经疏》的出现,从文化与意识形态的角度解决了武太后以女性身份登上帝位之合法性基础的政治难题,而鉴于佛教在当时的兴盛程度以及谶纬之说在普通民众中所具有的广泛影响力②,再加上她长期以来以自己的丈夫、儿子的名义统治整个帝国所获得的实际政治权力,事实上此时她所做出的任何带有僭越性质的行为,都将不再遭受具有实质性效果的阻碍和挑战。因此,在九月份所出现的"凤凰飞入上阳宫、赤雀上万集朝堂"的另一则天降祥瑞的强烈预示之下③,武则天以女性的身份建立新朝,改元"天授",以此证明自己已经获得天命的眷顾,登上了原本只属于男性的皇帝之位,成为了帝制中国第一位、也是唯一的一位女性皇帝,实现了对于皇权的彻底"僭越"。

依靠特殊的佛教教义,武则天获得了以女性的身份和自己的名义进行统治的文化支持,并成功地完成了意识形态领域的合法性的转化④。然而,正如Guisso所指出的一样,佛教的真正流行则是在其篡位之后⑤。借助于对它的推崇及其在整个帝国的流行和推广,武则天的合法性得到了进一步的传播和保障。称帝之后,她迅速向全国颁发了这一教义,并令两京诸州置大云寺,收

---

① 林世田:《武则天称帝与图谶祥瑞——以 S.6502〈大云经疏〉为中心》,《敦煌学辑刊》2002年第2期。
② 关于佛教在唐初的普及程度及其影响力问题,可参见[美]芮乐伟·韩森《开放的帝国:1600年前的中国历史》,梁侃、邹劲风译,江苏人民出版社2007年版,第137—174页;段塔丽《武则天称帝与唐初社会的弥勒信仰》,《中国典籍与文化》2002年第4期。关于谶纬学说的影响力问题,可参见林世田:《武则天称帝与图谶祥瑞——以 S.6502〈大云经疏〉为中心》,《敦煌学辑刊》2002年第2期。
③ (宋)司马光:《资治通鉴》,第二〇四卷,唐纪二十,"则天后天授元年条",中华书局1956年版,第6467页。
④ 有意思的是,武则天的这一做法也深深影响了作为邻国的日本。如日本学者三宅宪子就曾指出,与武则天同时代的日本女皇也深受她的启发,转而利用这一佛教资源以论证自己统治的合法性。参见[日]三宅宪子《析武则天对日本女性的影响》,《厦门教育学院学报》2003年第5卷第2期。
⑤ R. W. L. Guisso: "Wu Tse-T'ien And The Politics Of Legitimation In T'ang China", Program in East Asian Studies, Western Washington University, Bellingham, Washington, 1978, pp. 67-68.

藏《大云经》，令高僧讲解传播①。在她作为皇帝统治帝国的十五年间，她还以"金轮圣神皇帝""越古金轮圣神皇帝""慈氏越古金轮圣神皇帝""天册金轮大圣皇帝"等多种带有明显佛教意味的封号作为自己的名号②，显示出了对于这一宗教的特殊眷顾。而作为对自己提供了政治支持和文化帮助的直接回报，天授二年（691年），佛教的地位也由贞观年间的"位于道教之后"改为"宜在道教之上，僧、尼处道士之前"③，即被提升到了国教的地位，倍享尊崇。④甚至佛教关于禁止杀生的禁令也在圣历三年（700年）起作为一项普遍的法令推广到全国各地予以执行。⑤现代佛教历史学家们也因此而将武周的短暂统治期间称作是"未来佛教的一个转折点，一个迅速发展期"⑥。

对武则天抱有敌意的学者，通常习惯于将她对佛教的种种支持活动称作是某种政治策略和权宜之计，认为她对于这一宗教的态度带有明显的犬儒主义色彩，因而也是极不诚挚的。但也有更多的证据证明她本人对于佛教的信仰实际上发自真心：武周期间，不仅翻经译场组织较之前代有很大的突破，而且在经书的翻译过程中并没有宰相、尚书之类的显赫官员参加，以便保证译场的专业化和周密化水平，并由此与之前的太宗朝、高宗朝以及之后的中宗朝、睿宗朝的译场形成了明显的区别。与此同时，这一时期的译经名手和梵经善本荟萃，主译者占据全唐译经主要人员的一半以上，其成果累累，约

---

① （宋）司马光：《资治通鉴》，第二○四卷，唐纪二十，"则天后天授元年条"，中华书局1956年版，第6469页。

② （后晋）刘昫：《旧唐书》，第六卷，本纪第六，"则天皇后"，中华书局1975年版，第123—124页。

③ （宋）王溥：《唐会要》，第四十九卷，"僧道立位"，上海古籍出版社2006年版，第1005 - 1006页；（宋）宋敏求：《唐大诏令集》，第一百十三卷，"释教在道法之上制"，学林出版社1992年版，第538页。

④ 关于这一时期佛教的兴盛状况，可参见高俊苹《试论武则天时期龙门石窟的弥勒造像》，载于《敦煌学辑刊》，2006年第2期；刘曼春《武则天与佛教》，郑学檬、冷敏述主编《唐文化研究论文集》，上海人民出版社1994年版，第236—244页。

⑤ （宋）王溥：《唐会要》，第四十一卷，"断屠钓"，上海古籍出版社2006年版，第855页。

⑥ R. W. L. Guisso："Wu Tse - T'ien And The Politics Of Legitimation In T'ang China", Program in East Asian Studies, Western Washington University, Bellingham, Washington, 1978, p. 31.

占译经总部数的42%,卷数占一半以上。① 而出于对这一宗教的真心信仰,她也成了李唐建立政权以来迎奉佛骨的首创者和唯一一位曾两次亲自主持、参与这一仪式的帝王。② 而在《宋高僧传》中,也大量记载了她与在她统治时期的高僧之间的书信往来,据记载,她由于对佛教的虔诚以及对于教义的深刻理解而赢得了同时期那些地位显赫的高僧们的尊敬和赞美。③

仍需指出的是,在佛教受到尊崇的同时,道教的地位并未由此一落千丈,事实上在武则天统治的后期,道教的影响力开始重新提升,并逐渐与佛教、儒教三者之间形成了一定程度的平衡。因为这位杰出的女皇帝明白,道教作为一个在普通民众中有着非常广泛号召力的本土宗教,对于它的尊崇显然有助于提升她在普通民众中间的影响力。例如这位女性皇帝在万岁登封元年(696年)幸临嵩岳时,出于攀附神仙、神化家世的目的,就曾册封道教神仙王子晋为"升仙太子",并于当地为其建立别庙④。三年后,她还再次亲谒升仙太子庙,并为其书写碑文,立于其地⑤。究其原因,则如清代学人王昶所指出的那样:"武氏之先出自姬姓……周家之升仙者有子晋,因而崇奉之。"⑥而在久视元年(700年),她还命令张昌宗、张易之兄弟负责主持集儒、释、道三教于一体的多达一千三百卷的《三教珠英》的编纂工作⑦,以此表明她对于提升这一宗教以便使其与其他两个宗教保持适度平衡之重要性的清醒认

---

① 王鸿宾、胡春英:《关于〈风峪石经〉中的武周改字和武则天时期的佛典翻译》,赵文润、李玉明主编《武则天研究论文集》,山西古籍出版社1998年版,第217—230页。
② 周永卫:《武则天与法门寺》,赵文润、李玉明主编《武则天研究论文集》,山西古籍出版社1998年版,第196—202页。
③ R. W. L. Guisso: "Wu Tse - T'ien And The Politics Of Legitimation In T'ang China", Program in East Asian Studies, Western Washington University, Bellingham, Washington, 1978, p. 47.
④ (后晋)刘昫:《旧唐书》,第二十三卷,志第三,"礼仪(三)",中华书局1975年版,第891页。
⑤ (宋)司马光:《资治通鉴》,第二〇六卷,唐纪二十二,"则天后圣历二年条",中华书局1956年版,第6539页。
⑥ 转引自王永平《论武周朝政治与道教的继续发展》,赵文润、李玉明主编《武则天研究论文集》,山西古籍出版社1998年版,第253—254页。
⑦ (宋)司马光:《资治通鉴》,第二〇六卷,唐纪二十二,"则天后久视元年条",中华书局1956年版,第6546页。

识和坚定决心。

如同艾森斯塔得所言，统治者往往倾向于与宗教机构保持一种紧密的联系，其原因则在于如下几点："1. 这些机构能够为统治者的合法性提供大量支持；2. 他们有助于创造更为广泛的群体意识和共同认同，这种意识和认同超越了地方的、亲缘的和先赋的群体和象征，并使各种群体的基本形象和传统与统治者的象征联系起来；3. 他们为统治者提供了支配象征、认同和群体忠诚的机会——他们作为统治者实现目标和政策的潜在政治支持，具有重要意义……"① 如前所述，通过对道教提供庇护，继而宣称自己是弥勒佛转世而对佛教教义进行借用和推崇，这些在普通民众当中有着极大影响力的宗教为武则天的统治提供了充分的意识形态支持，宗教形象的共同认同和文化象征的强化，使得武则天作为一位女性皇帝统治整个帝国的意识形态合法性，也就由此得到了进一步的加强和确认。特别是在普通的民众心目中，她"不仅生而为圣，而且死而为神"，她作为一位杰出的女性而在整个帝国包括许多偏远的角落都得到了广泛的祭祀和崇拜②，也奠定了其在整个帝国的宗教体系与大众信仰中的重要地位。

二、儒教传统的借用

毫无疑问，在以儒家知识精英为主要统治阶层的帝国体系内部，仅仅依赖宗教界的支持和认可，以及由此所引发的普通民众对于其统治合法性的接受，武则天作为帝国最高统治者和拥有独立身份的"皇帝"而进行统治的合法性，仍然不能得到充分的保证，改立新朝最后必须要获得儒家政权机构和儒家知识分子的赞同，才有可能最终得以实现③。正如有的学者所指出的一

---

① ［美］S. N. 艾森斯塔得：《帝国的政治体系》，阎步克译，贵州出版社1992年版，第144页。
② 郭沫若：《武则天》，人民文学出版社1979年版，第134—139页。
③ 谢慧贤：《武则天和叶卡特琳娜二世：关于女性统治者与权力承继的政治学，以及性别与性关系的个案比较研究》，中国唐代学会主编《第二届国际唐代学术会议论文集》，文津出版社1993年版，第862页。

第五章 彻底的"僭越"——女皇帝

样,在论证统治者的合法性问题中,对于宗教传统的提倡只是漫长的中国历史中一个短暂的现象,因为"关于意识形态合法性的主要原则(principal ideologies)主要是包含在'五行学说'的框架之内,以及随后发展而来的儒家哲学的原则之内……最终,没有什么东西可以强大到足以与儒家传统所挑战的境地"。而这种建立在对于儒家原则予以满足基础之上的"经学上的合法性(scholastic legitimation)",以及与之密不可分的对于儒家传统所推崇的仪式、符号、象征等进行借用的"语义学上的合法性(semantic legitimation)",① 将共同构成帝制中国修饰和证明统治者合法性的重要内容。换句话说,对于一系列儒家原则的共同运用,将从根本上满足统治者对于其合法性进行论证的需要,尤其是满足那些信奉儒家传统、且占据了整个帝国之文化诠释制高点的文人阶层的需要。而对于我们所要研究的对象、唯一的一位女性皇帝而言,她所具有的那种敏锐的政治理解力,使得她对于意识形态层面统治合法性的塑造,除了依赖于道教和佛教的资源之外,也包含了对于各种儒家传统与内容的高度重视和积极借用。

在专属于帝王特权的祭天礼仪之中,带有儒教色彩的"封禅典礼"往往被认为是只有极少数德行和统治成就得到上天充分认可的有为君主才能具备的资格,因此历代帝王对于这一仪式的举行往往十分慎重而又稀少②。即便是在李唐王朝的早期历史中,虽然受到儒家学者和儒臣盛赞的唐太宗曾经三次计划举行这一仪式以便向上天宣告其统治所取得的辉煌成就,但也由于魏征

---

① Hok-lam Chan: "Legitimation in Imperial China: Discussions Under The Jurchen-Chen Dynasty (1115-1234)", University of Washington Press, Seattle and London, 1984, pp. 45-46.
② 如日本学者金子修一就指出:"秦始皇帝或汉武帝的封禅仪式,具有浓厚的方术色彩,祈祷延命的个人目的较强。与之相比,唐代举行的封禅,带着儒教色彩,有把自己的成功统治上告上天,并昭示天下的政治目的。也就是说,唐代的封禅仪式是具有典型性的。"转引自[韩]任大熙《唐高宗统治前期的政治与人物》,赵文润、李玉明主编《武则天研究论文集》,山西古籍出版社1998年版,第273页。又如何立平所言:"武则天正是希望通过获得封禅大典中沟通天人关系的祭祀仪式上的尊崇地位和神圣意义,来向社会传播一代女皇天命深化即将诞生的信息。"何立平:《武周"革唐之命"与封禅礼》,《学术界》2004年第6期。

的上谏和几次灾异的出现而不得不作罢①。但在高宗统治期间，政局的逐渐稳定和经济的渐趋繁荣使他相信自己已经具备了这一资格，因此在朝臣的建议之下，他决定于乾封元年（666年）举行这一盛大的仪式。虽然毫无女性参与的历史先例，但是武皇后坚持以仅次于皇帝的身份参加了这一典礼，其理由是由皇后以"亚献"的方式祭祀其性属阴的"地"，比传统上那些由公卿充当亚献的方式更为适宜："乾坤定位，刚柔之义已疏；经义承载，中外之仪斯别。瑶坛作配，既合于方祇；玉豆荐芳，实归于内职。"②

虽然现代有些学者倾向于认为，这时候她已经体现出了称帝的某种政治野心③，但更多的证据则显示出此时的她只不过是意图利用这一仪式来炫耀自己的权威④，因为对于她而言，以史无前例的方式参与这一典礼，既是向所有人宣告皇后在帝国之内享有的与皇帝平起平坐的合法地位，同样也是对她所拥有的特权和权威的一个公开的声明。而她的这一作为也打破了传统的以男性为主导的祭祀权力体系，并通过倡导两性之间的阴阳调和与和谐共处而提高了自己在政治系统中的象征性地位。就如同男性通过强调"阳"的主导地位以便确立自己的统治地位一样，武皇后同样也在借助这一理论体系证明自己与皇帝不可分割的关系，以及她由此而获得的权力地位。在其后的几年中，武皇后还几次劝高宗继续临幸中岳嵩山举行封禅大典，只不过由于边疆战事和灾荒而不得不中止⑤。但在建立了自己的朝代之后，这位女皇帝获得了更为充分的理由和自信以帝王身份亲自主持了这一严肃的典礼：万岁登封元年（696年），武则天封中岳嵩山为神岳，大赦天下，改元"万岁通天元年"，⑥

---

① （宋）王溥：《唐会要》，第七卷，"封禅"，上海古籍出版社2006年版，第93—112页。
② （宋）王溥：《唐会要》，第七卷，"封禅"，上海古籍出版社2006年版，第116页。
③ 何立平：《巡狩与封禅——封建政治的文化轨迹》，齐鲁书社2003年版，第336页。
④ R. W. L. Guisso: "Wu Tse-T'ien And The Politics Of Legitimation In T'ang China", Program in East Asian Studies, Western Washington University, Bellingham, Washington, 1978, p. 29.
⑤ （后晋）刘昫：《旧唐书》，第五卷，本纪第五，"高宗下"，中华书局1975年版，第111页。
⑥ （宋）王溥：《唐会要》，第七卷，"封禅"，上海古籍出版社2006年版，第122页。

成为帝制中国历史中唯一一位同时实现了封泰、嵩两岳的皇帝①，公开向整个帝国宣布自己已经获得了沟通天人、得享天命的统治权威。

除封禅之外，明堂祭典作为皇帝在室内举行的祭天礼仪，在加强皇帝的权威上也具有着极为重要的作用。②武则天显然已经意识到了这一仪式的价值所在，因此，修建符合儒家礼制的明堂并在其中举行祭祀典礼和布政大会，也成为这位女性皇帝证明和加强自己意识形态合法性的重要方式。

明堂制度起源于黄帝时期，最初名为"合宫"，到儒家所盛赞的西周时代开始被称作"明堂"，并在重大的政治仪式中具有着不可取代的地位和象征意义。但在李唐王朝创立之前，这一礼仪已经由于废弃多年而没有人清楚其具体的制度和规定。高宗在位期间曾经组织人员讨论过如何恢复实施这一古礼，但是由于诸位儒生在具体的建筑方式和风格上一直不能达成共识而最终没有付诸实行。尽管如此，明堂的建成将会代表统治者拥有"三皇五帝""等齐汉武"一般的丰功伟业，也已经成为礼制专家和官僚士大夫一致抽象演绎出来的政治理念③。因此，到武则天以皇太后的身份临朝执政时（687年），明堂的重建工作正式开始，并于次年建成。它的建筑风格被认为是体现了"阴"与"阳""宇宙"与"人世"之间的和谐，因此它既是皇帝向上天献祭的场所，同样也是天子的布政之地④。而其落成庆典，则与前文所述的受封"宝图"庆典同时举行，并将之改名为"万象神宫"。到永昌元年（689年）元月，武太后身着皇帝衮冕亲享明堂，并以皇帝之礼祭祀昊天上帝和李唐王室的先王，同时改元、大赦天下。⑤

---

① 甄秉浩：《我国历史上登封泰、嵩两岳的皇帝——武则天》，赵文润、李玉明主编《武则天研究论文集》，山西古籍出版社1998年版，第75页。
② 刘子键：《两宋史研究汇编》，联经出版事业公司1987年版，第3页。
③ 吕博：《"君之大柄"与"圣人之履"——礼与唐代政治变迁诸问题研究》，博士学位论文，武汉大学，2014年。
④ （后晋）刘昫：《旧唐书》，第二十二卷，"志第二·礼仪（二）"，中华书局1975年版，第863页。
⑤ （宋）司马光：《资治通鉴》，第二〇四卷，唐纪二十，"则天后永昌元年条"，中华书局1956年版，第6456页。

此后每年的正月朔日，武则天都会亲享明堂，以此证明自己作为帝国的最高统治者在沟通天人中所具有的不可取代的地位。① 同时，每年正月元日极为重要的君臣朝会也在此举行，在维持和延续君臣关系上起到了重要的作用。② 表面上看，"明堂原是一种政治机制和建筑形式，代表着中国人对自然世界以及对佛教入华前中国政治——社会状况的理解"③。但引申而论，明堂这一代表了宇宙秩序的建筑的重建以及相关古礼的恢复实行，在表明了这位女皇帝在致力于保持天与地、阴与阳、男与女之间的和谐与均衡的同时，也成为其对于儒家礼仪予以遵守和忠实践行的明显象征，并由此昭示着她所拥有的被上天所认可和庇佑的皇帝身份的终极合法性。正如福柯所指出的一样，政治仪式是"一种权势的炫耀、一种夸大的和符号化的'消费'。权力通过它而焕发活力"④。对于如上种种象征性仪式的依赖和重视，她作为一位女性皇帝进行统治的合法性在客观上得到了不断的强化，并使得她的权威比起没有借助这些仪式的帮助时更为稳固和强大。⑤

在王朝名字的选择上，也体现出了这位女皇帝在一个毫无女性称帝传统的国家内，对于如何增强意识形态合法性问题上的精心安排与设计。正如许多学者已经指出的那样，采用"周"作为自己政权的名称，本身所要阐明的便是这一政权与儒生最为推崇的至盛之世——"西周"之间的承继关系，以此来强调自己的统治权力的正当性。⑥ 而早在称帝之前，职官的称号、服饰以

---

① 马雪芹：《武则天执政时期对儒学的吸收利用》，《唐都学刊》2000年第4期。
② ［日］金子修一：《略论则天武后在政治上对祭祀礼仪的利用》，赵文润、李玉明主编《武则天研究论文集》，山西古籍出版社1998年版，第33页。
③ ［意］福安敦：《武曌的明堂与天文钟》，赵文润、李玉明主编《武则天研究论文集》，山西古籍出版社1998年版，第141页。在这篇论文里，福安敦还对于明堂的建筑风格的变化所反映出来的主导帝国的意识形态的变化过程进行了清晰而充分的论述，详细内容可参见第140—147页。
④ ［法］米歇尔·福柯：《规训与惩罚：监狱的诞生》，刘北成、杨远婴译，生活·读书·新知三联书店1999年版，第211页。
⑤ 关于政治仪式在增强统治者权威上的作用分析，可参见 Emily Martin Ahern："Chinese Ritual and Politics", Cambridge University Press, 1981, p. 77.
⑥ ［英］崔瑞德：《剑桥中国隋唐史》，中国社会科学出版社2006年版，第274页。

第五章　彻底的"僭越"——女皇帝

及相关典礼也已经经过了多次调整和变化，并一再与西周联系起来①，洛阳也由于其曾是西周的都城这一重要的文化象征意义最终取代长安成为了帝国的"神都"和新的政治中心②，显示出武则天对于这一问题持久以来的关注以及她所具有的政治洞察力。而在建立了由女性作为最高统治者的"周朝"之后，李唐王朝通用的夏历也被改为周历并颁行全国，不仅周文王被追尊为"始祖文皇帝"，周公为"褒德王"，孔子为"隆道公"③，而且舜、禹、成汤这三位儒家所最为推崇的古圣先贤，其子孙后代也获得了相应的封号④，象征性地表明这位女皇帝的统治将会最终导向对于古圣先王传统的有效继承和逐渐恢复，取代李唐王朝的她，也就由此成为周代之治的合法后代和重兴之主。

与此同时，对于更多带有象征性意味的名称、符号、仪式等的重视和借用，也成为这位女性皇帝统治期间的一个重要的特征。在凤阁侍郎宗秦客的建议下，"天""地""日""月""君""臣"等十二个重要的文字在形式上被进行了修改⑤，融会意、象形、符谶各种含义于一体⑥，并被赋予了强烈的象征意味和政治含义，其功用无疑在于明确表达她将会获得稳固和长久的统治："庶保可久之基，方表还淳之意。"⑦ 而且，这位女皇帝还为自己重新量

---

① （宋）司马光：《资治通鉴》，第二〇三卷，唐纪十九，"则天后光宅元年条"，中华书局1956年版，第6421页。

② ［韩］朴汉济：《武则天和东都洛阳——试论武则天长期居住在洛阳的原因和都城构造的变化》，赵文润、李玉明主编《武则天研究论文集》，山西古籍出版社1998年版，第13、219—223页。

③ （宋）欧阳修、宋祁：《新唐书》，第四卷，本纪第四，"则天皇后"，中华书局1975年版，第90—91页。

④ （宋）王溥：《唐会要》，第四十二卷，"历"，上海古籍出版社2006年版，第879—880页；（宋）司马光：《资治通鉴》，第二〇四卷，唐纪二十，"则天后天授元年条"，中华书局1956年版，第6462页。

⑤ （宋）司马光：《资治通鉴》，第二〇四卷，唐纪二十，"则天后天授元年条"，中华书局1956年版，第6462—6463页。关于武则天所更改的确切字数一直是历代史书中争论不休的题目，有学者则认为确切的数字应当是十七个。具体的讨论可参见董作宾、王恒余《唐武后改字考》，《中央研究院历史语言研究所集刊》，1963年版，第34期。

⑥ 具体的论述可参见王鸿宾、胡春英《关于〈风峪石经〉中的武周改字和武则天时期的佛典翻译》；［新］李志贤：《标新立异，别有意图——论武则天的"改制"》，赵文润、李玉明主编《武则天研究论文集》，山西古籍出版社1998年版，第219—223、97—100页。

⑦ （宋）宋敏求：《唐大诏令集》，第四卷，"改元载初敕"，学林出版社1992年版，第17页。

身定做了一个新的名字——"曌",取其"日月当空"之意,以此表明自己的统治权威和政治地位是在日月的共同照耀之下得以产生和延续,并得到了上天的庇护和眷顾。在这一过程中,她还把自己在文化上所取得的一系列成就,与儒教最为推崇的"制礼作乐"的圣人周公以及儒学创始人孔子的所作所为相提并论:"所以弘敷政道,宣明礼乐,指是会意,改易异图,转注象形,屈伸殊制。周宣博雅,史籀兴古篆之文;尼父温良,丘明述《春秋》之传。"① 以此向整个帝国宣告,在这位女皇的统治之下,将会有一种不同于以往帝王的新的文化气象不断出现。在她的大力推行之下,新字迅速传播到帝国的各个角落,甚至敦煌、新疆、云南等偏远地区也在颁发当年就开始使用这些新字,其后几年之内,这些新字也相继传播到了日本,足可见其推行之迅速、影响之深远。如清代学人叶昌炽就感慨道:"余所见武周碑不下数百通,穷乡僻壤,淄黄工匠,无不奉行维谨……文教隔绝,乃纪元、年、月亦皆用新制字,点画不差累黍。虽秦汉之强,声灵远讫,何以加焉。"②

作为对于自己的统治政绩和治理成就的彰显,在改年号和改换尊号问题上,这位女性皇帝也表现出了特别的热情。从临朝称制起直至武周政权结束的二十多年间,她共改用年号十九次,改换尊号九次,在这其中,年号使用达到四年的仅有两个,达到两年的仅有三个,一般是一年一个年号,有些甚至使用不足一年③。每个年号和尊号的选择都带着极其强烈的政治意味,所要表明的是统治的神圣性质以及由此而具有的不容置疑的合法性权威,如"天授""天册万岁""圣历"以及"圣神皇帝""天册金轮圣神皇帝"等。而且,改换年号或尊号的同时,也往往伴随着"大赦"政策的不断颁布和执行,以此来宣扬这位古今历史中前所未有的女性皇帝正是不容置疑的天命承担者。

---

① (宋)宋敏求:《唐大诏令集》,第四卷,"改元载初赦",学林出版社1992年版,第17页。
② 参见[新]李志贤《标新立异,别有意图——论武则天的"改制"》,赵文润、李玉明主编《武则天研究论文集》,山西古籍出版社1998年版,第99—100页。
③ [新]李志贤:《标新立异,别有意图——论武则天的"改制"》,王月珽:《武则天与年号》,赵文润、李玉明主编《武则天研究论文集》,山西古籍出版社1998年版,第108、109、157页。

第五章 彻底的"僭越"——女皇帝

与此相伴随的,还有各种形式的天降祥瑞在帝国各个角落的频繁出现,向世人彰显上天对于她所取得的统治成就的认可和肯定。在这一实际的政治文化以及意识形态重塑过程中,她通过对于神圣政治符号资源的获取、改造和使用而在世俗政治权力的网络中占据了绝对的主动地位①。

从总体而言,在这位女皇帝的统治期间,她所推行的意识形态是逐步发展和变化的,而她与生俱来的那种敏锐的政治理解力,使得她有能力意识到政治局势的微妙变化并对之做出及时和相应的调整。在她的丈夫依然在世、她以皇后身份作为他的政治助手和私人代理而参与政治事务的时候,道教位于佛教之上,以便迎合当朝皇帝的宗教取向。但在称帝期间,佛教由于从根本上赋予了她以女性身份统治帝国的合法性,故其地位逐渐上升并取代了道教。在她统治的晚期,随着她对道教在神化家世上的作用认识,道教的地位又开始重新回升。与此同时,考虑到儒学在集儒生与官僚为一体的统治阶层中所占据的重要地位,各种带有儒家价值的礼仪、符号和价值也得到了充分的重视和体现,儒学其实从来都没有被置于真正的失势地位。显然,正如同 Guisso 已经指出的一样,这位天才的女性政治家已经意识到,在这三者间保持一个适度的"平衡",正在成为她建立一个成功的意识形态的关键所在②。

相比较于帝制中国两千年历史中绝大多数的男性君主而言,武则天这位唯一的女性皇帝在对于文化符号的重视、信仰仪式的借用以及意识形态的重塑上付诸了极其充分的热情,以至于几乎没有人可以在这一方面与其匹敌,而这一点也就构成了她执政期间鲜明的文化特征。因为这位天才的女皇帝十分清楚,在一个极其重视对于特定的文化传统、文化秩序和文化模式进行维

---

① 如萧延中就指出,在实际的政治运作过程中统治者通常会致力于对政治符号进行获取以便加强其世俗的统治权力。具体论述可参见其《中国传统文化中崇"圣"现象的政治符号学分析》,刘泽华主编《王权与社会——中国传统政治文化研究》,崇文书局 2005 年版,第 174—175 页。

② R. W. L. Guisso:"Wu Tse-T'ien And The Politics Of Legitimation In T'ang China", Program in East Asian Studies, Western Washington University, Bellingham, Washington, 1978, p.49.

持的中华帝国之内①,唯有通过重新塑造一个新的王朝意识形态的种种努力,她才有可能在一个推崇儒家价值观、"女祸论"盛行、反对女主参与政治的主流文化传统和政治体系中,以女性的身份建立自己的王朝,并由此获得整个帝国对于她的统治合法性的逐渐接受和认可。换言之,她的成功之处,并不仅仅在于她对建立在个人才能以及实行恐怖统治基础上的政治权力的获得和把持,同样也得益于她对帝国主导意识形态的成功借用和高超塑造。而在这一重塑过程中,许多世纪以来的主流文化传统和官方意识形态得到了不断的修改和最终颠覆,最终,它不仅允许一位女性登上皇位,而且承认这位女性在客观上获得了各个社会阶层对于其政治权力和统治合法性的普遍信仰与神圣认可。

第三节 合法性的终结:性别角色的转换与回归

在一个奉行"女祸论"与"牝鸡之晨、唯家之索"的文化传统、强调男性在政治领域占据绝对支配地位的帝国之内,武则天凭借自己远远超越于男性君主之上的杰出的政治才华以及对于帝国主流意识形态的高超重塑,建立了一个史无前例的以女性为最高统治者的帝国。在现代的大多数学者看来,她在政治领域的出色作为和无可匹敌的历史地位,不仅使得李唐王朝得以在众多的王朝之中以一个"非同寻常的女性时代"②而颇具特色,更为重要的是,她还将自古以来天经地义的"男权统治"改变成了"女权统治",对几千年的男性政治传统造成了最本质的"颠覆",继而导致了"女权对于男权的全面胜利";因此,她还应当被"当之无愧"地称誉为"敢于向男权统治挑

---

① 如艾森斯塔得就指出,中华帝国一个鲜明的特征在于"社会特别强调特定文化传统、文化秩序和文化模式的维持,它们构成了在其中政权得以完成其主要功能的基本框架,并且政治性目标必须从属于它们,至少在理论上是如此"。[美] S. N. 艾森斯塔得:《帝国的政治体系》,阎步克译,贵州出版社1992年版,第230页。

② [美] 芮乐伟·韩森:《开放的帝国:1600年前的中国历史》,梁侃、邹劲风译,江苏人民出版社2007年版,第175页。

战的第一人"① 和"我国女权运动者"② 的先驱。

但本节的内容所要指出的是,这位女皇帝并非现代意义上的女权的代表,她在历史中的存在也并不是女权彰显和高涨的证明,同样更不能被看作对父权制的彻底颠覆和最终胜利。正如 Jennifer 所指出的一样:"中国的学者们错误地将一个女性统治者的存在当作了一个由女性权力统治了男性王国的存在象征,但武则天自己的周朝证明,在中国父权制仍保持着不受影响的地位。"③ 而从更深的层次而言,武则天以一位女性身份获得并保持统治整个帝国的权力与合法性,是不得不经由"性别角色的转换"和"女性阳化"④ 的基本方式,通过对自己的性别内涵和文化意义进行不断调整,并向占据主导地位的男权法则充分模仿、向延续几千年的父权父系体制逐渐靠拢,才得以最终实现的。从这个意义上说,她的反叛作为虽然挑战了传统的男性观念,并赋予了皇权以一种崭新的含义,然而她的存在和作为并未造成对于男权政治和父系制的彻底颠覆,恰恰相反,她在以一个女性身份获得了帝国最高政治权威的同时,也在各种意义上强化了男权统治的基本特权,并最终导致了主流文化体系和社会性别制度对于父权父系体系的重新确认和进一步固化。与此同时,也正是由于这位女皇帝自身对于父权制和男权政治的主动赞同,使得她最终不得不选择了向这一文化体系所设定的女性角色重新靠拢和回归,在此基础上,她的统治合法性才得以最终终结,并赋予了其与男性统治合法性迥然相异的特征所在。

---

① 顾久幸:《后妃干政:宫闱难禁权利梦》,文津出版社 1996 年版,第 155—156 页。
② 振之:《我国的女权运动者——武曌》,《妇女杂志》1929 年第 15 卷第 12 期。转引自王双怀《本世纪以来的武则天研究》,《史学月刊》1997 年第 3 期。
③ Jennifer W. Jay: "Imagining Matriarchy: 'Kingdoms of Women' in Tang China", Journal of the American Oriental Society, Vol. 116, No. 2. (Apr. – Jun., 1996), p. 229.
④ 林幸谦就将女性通过模仿占据优势地位的男性特征来突破自己的"他者化"地位的作为称作是"女性的阳化":"在女性阳化问题上,此阳化现象实际乃标志着女性在追求'男女平等'过程中的阵痛……女性为了寻求丧失中的自我,而以阳性自我加以填补的行为,最终带来了更深一层的失落,更进一步被他者化,成为他者中的他者。因此在虚假的阳性自我的修饰下,不但无法重建女性自我,反而更进一步强化了宗法父权的男性论述。"林幸谦:《女性主体的祭奠——张爱玲女性主义批评Ⅱ》,广西师范大学出版社 2003 年版,第 26—27 页。

一、性别角色的转换

首先,武则天本人并不是女权主义的代表,而她在提高女性地位上的种种努力和具体做法,既不应当被看作对父系父权制的反抗,也不应当被视为女权主义的彰显和体现,而只能被看作她建立在对政治局势的敏锐理解基础上所采取的一种旨在加强个人权威的积极的政治策略。

表面看来,在她尚未登上帝位之前,作为皇后和太后的武则天就已经表现出了其与男性君主截然不同的对于提高女性地位的极大关注和充分热情①,如显庆五年(660年)三月她在与高宗临幸并州的时候,就以皇后的身份宴请亲族故旧于朝堂,并召见命妇妇人入会于内殿,封八十岁以上的女性为郡君。②乾封元年(666年)春天的泰山封禅典礼中,她登坛为亚献,令赵国太妃为终献,首开率领内外命妇参与这一历来只由男性参与主持之祭祀大礼的先河,并封授年长的女性为妇人郡君。③而在上元元年(674年)她在给高宗的一份上表中还曾明确请求,应当将"父在、为母服丧期为一年"的传统规定,修改为"父在、为母服齐衰三年"④。由于这一请求的实施被认为有助于孝道的弘扬而得到了高宗的许可和推行。在垂拱末年(688年)武则天作为太后执掌朝政时,这一原则还进一步被编进了《垂拱格》,并以法令的形式明确确立下来。尤其特别的是,她不仅信奉李唐王室的始祖、道家的创始人老子为尊,而且更加尊崇他的母亲:在光宅元年(684年)的大赦文中,她提出要追封太上老君的母亲为"先天太后",居于老君庙所,并令天下州县"一

---

① Wen-Hui Tsai: Women in Traditional Chinese Politics: The Lives and Careers of Empresses Lǚ, Wu, and Tz'u-His,辜瑞蘭主编《汉学研究》,1991年第2期,第199页。杜芳琴、王政主编:《中国历史中的妇女与性别》,天津人民出版社2004年版,第252—253页;高士瑜:《唐代妇女》,三秦出版社1988年版,第9页;李晶莹:《从唐代丧服制改革看妇女社会地位的提高》,《首都师范大学学报(社会科学版)》2004年增刊。

② (后晋)刘昫:《旧唐书》,第四卷,本纪第四,"高宗上",中华书局1975年版,第80页。

③ (后晋)刘昫:《旧唐书》,第五卷,本纪第五,"高宗下",中华书局1975年版,第89页。

④ (宋)司马光:《资治通鉴》,第二〇二卷,唐纪十八,"高宗上元元年条",中华书局1956年版,第6374页;(后晋)刘昫:《旧唐书》,第五卷,本纪第五,"高宗下",中华书局1975年版,第99页。

第五章 彻底的"僭越"——女皇帝

申致享"。在赦文中她明确说明,之所以这样做的原因,就在于她不能接受老子作为男性而获得封号的同时,他的母亲的地位却未提高,即:"岂使宝胤见御宸居,先母竟无尊位。"①

在现代的许多学者看来,对于母亲服丧期所做的更改,是"武则天采取的最为明显的提高妇女地位、尊崇女性的行动,它具有'清楚的提高母亲地位的意涵',也反映了唐代存在着一种'女性主义的冲动'"②。其余的种种作为也表明武则天"应该算是第一位有着较为明确的女性主体和群体意识的女主,第一位为妇女群体争取权益的女性当权者,而她的称帝也因此有了明显的性别含义"③。但是必须意识到,她所采取的这些为现代人所盛赞的"女权主义"的作为,仅仅发生在尚未称帝之前,而当她以一位女性的身份获得了统治整个帝国的政治权力之后,她便开始以男性君主的仪态自居,旨在提高女性地位的类似做法再也没有出现。从这个意义上说,与其认为武则天作为一位杰出的女性政治家,其根本的关注点和具体的目的在于提高女性的地位,不如承认这一行为的内在动力和根本原因在于她意图运用权势来淡化主流文化传统对于自己作为一位非名义上的女性统治者(皇后、皇太后)的挑战,并进一步提高自己的声望和影响力。④ 换言之,对于在一定程度上提高女性地位的热忱和关注,仅仅是这位女性政治家在应对政治挑战时所采取的一种积极的政治策略,而并非出自她对提高这一性别群体地位最为真诚的关注,因此她的女性统治的确立,也很难被归结为是许多人所认为的男权体制下的"妇女的胜利"⑤。

---

① "又玄元帝者,皇室之源,韫道德而无为,冠灵仙而不测,业光众妙,仙罩庶品,岂使宝胤见御宸居,先母竟无尊位。可上尊号曰先天太后,宜于老君庙所敬立尊像,以申诚荐。又洛州界内所有帝王之陵,及自古清直之臣,忠廉之佐,并令州县就其茔域,一申致享。"参见(宋)宋敏求《唐大诏令集》,第三卷,"改元光宅诏",学林出版社1992年版,第14页。

② 姚平:《唐代妇女的生命历程》,上海古籍出版社2004年版,第270页。

③ 杜芳琴、王政主编:《中国历史中的妇女与性别》,天津人民出版社2004年版,第250页。又如段塔丽所言:"武则天称帝之举,既是唐代妇女地位提高的一个显著标志,也是唐代女性自我意识觉醒、勇于开拓进取的突出表现。"段塔丽:《唐代妇女地位研究》,人民出版社2001年版,第309页。

④ R. W. L. Guisso: "Wu Tse-T'ien And The Politics Of Legitimation In T'ang China", Program in East Asian Studies, Western Washington University, Bellingham, Washington, 1978, p.29.

⑤ 杜芳琴、王政主编:《中国历史中的妇女与性别》,天津人民出版社2004年版,第248页。

其次，这位女皇帝的统治不仅不应当被看作女权的彰显和女性的胜利，恰恰相反，她还通过"性别角色的转换"而在某种意义上进一步强化了男权政治的影响力和主导地位。

正如现代政治科学研究的结果所表明的一样，在一个男性占据绝对优势地位的文化传统和政治系统之内，一位女性政治家想要获得男性政权的认可、接纳和包容，往往倾向于认同占据社会优势地位的男性气质和男性原则，以之为标准进行模仿，并对自己基于生理性别设定的女性气质和女性特征做出下意识的甚至主动的调整和转变，最终"以传统上有优越地位的男性的仪态来为人处世"①。而在一个男性占据政治支配地位的体制之下，"为了参加公共生活，妇女必须把她们的认识方法转变成男性世界观的语言。"② 因为从某种意义上而言，这种"性别角色的转换"不仅有助于在一定程度上消除女性由于自己的生理性别所导致的政治领域的天然劣势，而且还有助于重点突出其皇权代表者的身份，并从文化象征的意义上进一步加强她的统治权威与正当性。而对于这位杰出的女性政治家而言，她所做出的这种性别角色的转换，也使得武周的统治不仅并未显示出明显的女性性别特征，反而以对男权政治进行模仿和转换为特征而存在于世，并进一步强化了占据主流文化和意识形态的"男性叙述"③ 的地位。

武则天称帝以后的性别角色转换行为，主要体现在她对男权政治规则的全部模仿和主动践行之上。在以君主身份统治整个帝国期间，史书记载其"服衮冕""大享明堂""封神岳""幸嵩山""赦天下"，以一系列仪式一再表明和强化自己的皇权代表者身份。在这其中，无论是对儒家礼仪的借用，

---

① 谢慧贤：《武则天和叶卡特琳娜二世：关于女性统治者与权力承继的政治学，以及性别与性关系的个案比较研究》，中国唐代学会主编《第二届国际唐代学术会议论文集》，文津出版社1993年版，第869页。

② [美]斯蒂文·小约翰（S. W. Littlejohn）：《传播理论》，陈德民、叶晓辉译，中国社会科学出版社1999年版，第428页。

③ 林幸谦：《女性主体的祭奠——张爱玲女性主义批评Ⅱ》，广西师范大学出版社2003年版，第27页。

还是对宗教仪式的改造,其采用的具体方式和借用的文化资源全部来自于传统男性君主的权力和仪式,而并无任何意义上的女性特质的体现。即便是她在称帝之前,曾经采用了"圣母神皇"这一表明女性身份的称谓,但在获得了更加稳定的统治权力之后,她的称谓也迅速转变为摒弃了女性特征的各种形式的男性"皇帝"称谓的叠加:"圣神皇帝""金轮圣神皇帝""越古金轮圣神皇帝""慈氏越古金轮圣神皇帝"和"天册金轮圣神皇帝"。正如有的学者所指出的那样,从"圣母神皇"到"圣神皇帝"的称谓变化,表明武则天已经"从性别上把自己认定为与男性没有两样的皇帝"[1]。与此同时,对于自己的武氏祖妣进行追封并立武氏宗庙于洛阳,以及授予武姓子弟以各种名目的官职,则更是对属于男性帝王特权的彻底模仿和全盘照搬,同时也是对其此刻所拥有的至高权势的公开宣告。然而,"事实上,模仿社会中男性的地位只能维持这个社会的男权制定义。"[2] 武则天虽然以女性身份位居整个帝国的最高权位,但她却并未致力于更改整个帝国通行的男性法则和父权制的优势地位,相反,通过主动趋同于男权政治的基本原则,并积极进行性别角色的自我转换,她进一步加强了这一系统的稳定性。

最后,在有的学者看来,武则天的统治以及她对于提高女性地位的关注,显示出她具有着与其他女主截然不同的鲜明的女性"主体意识"和"群体意识"[3]。但是,性别角色的转换以及对于男权法则的认可和对男性优势地位的

---

[1] 荣新江:《隋唐长安:性别、记忆及其他》,复旦大学出版社2010年版,第43页。
[2] [美]斯蒂文·小约翰(S. W. Littlejohn):《传播理论》,陈德民、叶晓辉译,中国社会科学出版社1999年版,第426页。
[3] 杜芳琴、王政主编:《中国历史中的妇女与性别》,天津人民出版社2004年版,第249页。高世瑜还曾将女性意识分为三个层次:"第一个层次,意识到自己是女性,与男性不同——任何时代的正常女性自幼年起便会有这种基本的性别意识。第二层次,随着成长与社会教化的影响,她们的社会性别意识会明朗强化,会认识到女性不仅与男性不同,而且低于男性,有着尊卑、主从等区别……第三个层次,指少数妇女的不同程度的觉醒,即对于两性不平等的性别制度的怀疑、挑战和思考。这种意识往往是由对男女不平等现实的不满、不平而萌发,这种不满、不平会进而引发她们的女性主体与群体意识……前者是指妇女作为社会主体而不是从属物、客体的意识,由此会发展出妇女的权力与社会参与意识;后者则是指个人对于妇女群体的归宿感与为整个妇女群体争取权益的意识。"同上书,第246—247页。

接受，则使得武则天的统治在事实上只不过是男性政治的另一种体现而已，而决非与她同属一个性别群体的女性政治的证明。

一个非常明显的证据就是：相比较于她众多的儿子而言，在她看来只有她唯一的女儿太平公主在秉性和天赋上与自己十分类似，因此也获得了她极大的宠爱。据史书所言，太平公主不仅享有远远超出规制的丰厚的俸禄，而且由于"多谋略"，促使这位女皇帝"常与密议天下事"①。但是，这位敢于冒天下之大不韪改朝称帝的女主，却从未在任何意义上考虑过确立太平公主为自己继承人的可能性。换言之，在某种意义上，她实际是将自己的经历视为后人无法模仿的独特案例，也完全没有考虑过以任何制度化的方式确立其他女性在皇位继承统序中的地位，即便是自己的亲生女儿。正如有学者所言，"武则天成了'皇帝'，但将女性血统持续给她的女儿而不是儿子的想法似乎从未存在过，因为她最关心的问题是是否应当将皇位传递给她的侄子——她的父系亲属。因此，父权制的权力和优势地位从未被武则天所建立的王朝严重挑战过。"②

与此同时，在是否应当提拔女性官员进入官僚集团的问题上，这位女皇帝也并未采取任何积极的措施。虽然有学者"透过邀集官夫人、后宫女眷一起参与先蚕、封禅等国家祭典，以及将内官名称从性别意味（如'九嫔''美人'）变更为功能取向（如'宣仪''承旨'）等手段，发现了改善妇女形象和地位的企图，"③ 但这种作为充其量只是体现了武则天的某种性别意识，而并未真正影响女性在政治领域的地位。一个更加典型的例子则是，虽然这位女皇帝一贯重科举而轻靠特权进入官僚集团的方式，在她当政期间还

---

① "公主方额广颐，多权谋，太后以为类己，宠爱特厚，常与密议天下事。旧制，食邑，诸王不过千户，公主不过三百五十户；太平食邑独累加至三千户。"（宋）司马光：《资治通鉴》，第二〇四卷，唐纪二十，"则天后天授元年条"，中华书局1956年版，第6466页。

② Jennifer W. Jay: "Imagining Matriarchy: 'Kingdoms of Women' in Tang China", Journal of the American Oriental Society, Vol. 116, No. 2. (Apr. – Jun., 1996), p. 228.

③ 李贞德：《女人的中国中古史——性别与汉唐之间的礼律研究》，邓小南、王政、游鉴明主编《中国妇女史读本》，北京大学出版社2011年版，第46页。

第五章 彻底的"僭越"——女皇帝

曾现了一个具有长远影响的重要政治变化：不仅"一批通过科举考试进入仕途的官僚精英开始在最高的宫廷机构中任职"，而且"她还有意识地提拔中举士子担任朝廷的'清望官'（机要的咨询和审议之职）"①，从而在官僚集团内部造成了一定程度的紧张和对立，但是，与她着重提拔男性官员形成鲜明对比的则是，她从未考虑过赋予女性群体以参与科举考试的正式资格和任何可能性，更不关注于培养和提拔一支女性官员队伍，以便更改官僚集团内部的性别结构。即便是"天性韶警，善文章"，并由于一开唐代诗风②而深受武则天喜爱的另一位杰出的女性政治家上官婉儿，也只是以一种"私人顾问"的身份来对这位被现代人认为是"女权先驱"的女性皇帝提出建议和提供支持，而并没有获得与男性官员相匹敌的任何形式的公共权力，主宰整个帝国政治和文化系统的仍然是占优势地位的男性。从这个意义上说，"武则天统治之下的'女性王国'并不能被看作女权制的体现，因为一般来说，女性并未在国家或社会中扮演一种支配的角色。"③

如同各个父系父权制文明体在不同历史时期内所出现的大多数杰出的女性一样，武则天认可自己在这一体系中所取得的卓越成就，但却并不关注提高其他女性的政治地位的这种做法，无疑在实质上体现了她对于普遍流行的男权法则的强烈认同以及对处于文化劣势的女性群体的主动脱离。在她看来，她的权位的获得，就在于自己有能力超越普通女性的气质和局限，从而使自己更接近于占优势地位的男性气质和男性价值，因此，从心理上说她更愿意将自己看作一个与男性类似的当权者，而不是与普通女性有着共同之处的弱势群体代言人。更进一步而言，她所关注的是如何建构和保持以男性为中心

---

① ［英］崔瑞德：《剑桥中国隋唐史》，中国社会科学出版社 2006 年版，第 281、13—14 页。
② 如《全唐诗》就盛赞其"数篇并作，词旨益新……故朝廷靡然成风。当时属辞者，大抵虽浮艳，然皆有可观，婉儿力也"。参见（清）彭定求等编《全唐诗》第一册，中华书局 2003 年版，第 60 页。而与之同时代的张说则盛赞其"明淑挺生，才华绝代。敏识聪听，探微镜理。开卷海纳，宛若前闻。摇笔云飞，咸同宿构"。参见（宋）姚铉《唐文粹》，《四部丛刊·集部》，第九十一卷，第十五册，"唐昭容上官氏文集序"，商务印书馆，民国二十五年，第 13 页。
③ Jennifer W. Jay: "Imagining Matriarchy: 'Kingdoms of Women' in Tang China", Journal of the American Oriental Society, Vol. 116, No. 2. (Apr. – Jun., 1996), p. 220.

的单一性别模式,而不是为其他女性创造出有助于凸现其性别特征的政治机会。如同许多处于类似政治地位的杰出女性一样,"这种'雄性'的女性主义认同的是男人,她们认为女人证明自己能力的方式就是表现得'像男人一样'。这样的结果是她们所秉持的价值根本是男性的那一套,她们和其他较弱势的姊妹比起来的确显得与众不同。吊诡的是,性别歧视并没有从这样的女性主义形式中消失"①。从这个意义上说,建立在武则天这位杰出的女性对于男性原则进行认同和模仿基础之上所形成的由女性进行统治的政治体系,从本质上来看,不过是进一步固化了帝制中国的男权政治和父系父权体制,她并非女权主义的代表,反而成为了男性中心主义最好的捍卫者和推行者。

二、性别角色的重新认同与回归

通过对占优势地位的男权法则和男性模式的模仿和趋同,以及进行性别角色的转换,武则天力图在消除自己的女性特征的同时,进一步强化和突出自己的皇权代表者身份,其结果则是在一个充满了活泼弹性的传统之内,她以"女性的身体"和"男性的仪态",成为帝制中国唯一的女性皇帝。但与此同时这位杰出的女性政治家也逐渐发现,无论她如何想要通过模仿而变成男性,但传统的影响力量是如此强大,以至于她最终无法超越主流社会关于女性角色和归属感的设定,而是不得不主动向这一性别角色进行重新认同和最后回归,并在这一基础之上终结了自己的统治。

首先,与历史上其他完成改朝换代的男性君主不同,武则天虽然改变了李唐政权的称谓、名义和象征,并以"武周"为名确立了自己的统治,但是,她却从来没有致力于确立自己姓氏的父系家族为新的统治主体,也并不打算

---

① [法]雪维安·爱嘉辛斯基:《性别政治》,吴静宜译,桂冠图书股份有限公司2005年版,第68页。雪维安还由此进一步指出:"过去某些女性主义者骨子里希冀的,其实是维持一种单一的人性模式,为的是抛掉把女性列于次等范畴并宰制女性的差异,以便和男人一样。男性中心主义找不到比这更好的捍卫者了……那些已经解放的女性似乎乐于表现自己的优越,有别于其他女性……当社会秩序允许她们个人向上攀升的时候,她们鲜少思及社会秩序的改革,而对其他女性同伴地位的提升也不总是心怀善意。"同上书,第68页。

永久性剥夺李唐王朝的统治权力。"武周"从本质上而言只是李唐政权的一种延续和"守护（caretaker）"①，而非永久性的颠覆和彻底的剥夺。

正如本章的前两节所指出的那样，新王朝的建立并不是这位女性建立在个人野心基础上的精心准备的结果，而更应当被看作她在与那些力图挑战她作为皇太后的合法性的那些政治力量进行斗争时，所导致的一系列政治局势的自然产物。②极度反感女主统治的人往往倾向于批评她曾经残酷屠杀李氏宗族的成员，并据此认为她的险恶用心就在于彻底颠覆李唐政权、建立武氏家族的天下，但是客观而言，她的上述一系列行为只是出于对李唐宗室所发起的反叛活动的积极回应，其目的也只在于统治权力的自我保存，并没有任何证据可以支撑她意图建立武姓统治地位的基本假设。而当她登上帝位并进一步巩固了权力之后，李氏宗族成员便很少再遭受到残酷的待遇。而且，在为武氏建立宗庙以便彰显和炫耀自己的权势同时，李唐宗庙也并未遭到被抛弃的命运，而是在祭祀昊天上帝这样的重大典礼中与武氏宗庙一同配享③，显示出了这位女性对于自己角色和身份的最终判定：她既是整个帝国有着最高政治权威的"皇帝"，但同时也是李唐家族的"媳妇"——尽管这一角色定位已经被她称帝的客观事实深深掩盖而变得有些模糊不清，百口莫辩。正如有的学者所指出的那样："从政治地位上来说，她是代唐建周的女皇帝；从其身份上来说，她又是李唐王朝家的'媳妇'。无论她将自己的朝廷称作'唐'还是称作'周'，她都摆脱不了与李氏家族的干系。"④

---

① R. W. L. Guisso: "Wu Tse - T'ien And The Politics Of Legitimation In T'ang China", Program in East Asian Studies, Western Washington University, Bellingham, Washington, 1978, author's preface, x. 关于这一政权下李姓成员与武姓子弟之间的地位平衡问题，可参见同书第88页的论述。

② 更多关于武则天登上帝位的原因及其过程的分析论述，可以参见 R. W. L. Guisso: "Wu Tse - T'ien And The Politics Of Legitimation In T'ang China", Program in East Asian Studies, Western Washington University, Bellingham, Washington, 1978, pp. 51 - 70.

③ （宋）司马光：《资治通鉴》，第二〇四卷，唐纪二十，"则天后天授元年条"，中华书局1956年版，第6471页。

④ 王洪军：《信仰与政治之间——论武则天与中宗、睿宗时期的宗教政策》，《东方论坛》2003年第5期，第75页。

在这一问题上尤其重要的是,即便在李唐王室的成员看来,武则天的统治也是李唐政治和李氏政权的延续,而并非现代许多人所认为那样,是对前者的彻底颠覆和中断。① 如在她去世之后,中宗在其所颁布的即位赦文中就评价说,她的称帝其实是天命所归,她的统治也并没有造成对唐朝的根本性颠覆,反而是对唐代政策的延续和发展,其主要目的就在于帮助李姓宗室的成员来完成统治:"且有后命,俾承先绪。光启大唐之国,用崇兴复之基……奉高祖之宗庙,尊太宗之社稷,不失旧物,实在于兹。"② 而在三年之后,官员赵延禧也曾对中宗上言,认为武周政权实际上和李唐统治同属一体,而并非截然的中断和对立:"周、唐一统,符命同归。故高宗封陛下为周王;则天时,唐同泰献《洛水图》。孔子曰:'其或继周者,虽百代可知也。'陛下继则天,子孙当百代王天下。"③ 显然,出自于长期被剥夺了继位权的中宗之口的这一"惊人"的评价,代表了对待这次篡位的"官方路线"④ 和正式定位,而朝廷官员对此的看法也在事实上表明他们对于武周政权性质的判断:她对皇位的占据只是一种"个人"的行为和"短暂"的现象,而并不是力图永久性改朝换代的新的统治。换言之,在他们看来,武周政权并非伪朝,相反却是李唐政权的某种延续。必须要意识到的是,既然此时武则天的统治权威已经由于她的离世而彻底终结,那么,也就不再需要新皇帝和朝廷官员在对她改朝换代的事实进行评价时有所隐晦和忌惮,因此,上述观点的存在其实也潜在地反映出了同时期的人们对于武则天执政过程中所体现出的女性身份和自我角色认同的承认和接受:如同普通阶层的女性一样,她的价值和最终归宿都在于对丈夫的父系家族体系进行维护和保存,而她的作为也在事实上体

---

① 如陈寅恪就指出:"故武周之代李唐,不仅为政治之变迁,实亦社会之革命。"参见陈寅恪《隋唐制度渊源略论稿·唐代政治史述论稿》,生活·读书·新知三联书店2001年版,第202页。而此后很长一段时间内许多学者受这一观点的影响,倾向于认为武周是对李唐时期所实行的政策的彻底颠覆,而不是后者的延续。
② (宋)宋敏求:《唐大诏令集》,第二卷,"中宗即位赦",学林出版社1992年版,第6页。
③ (宋)司马光:《资治通鉴》,第二○九卷,唐纪二十五,"中宗景龙二年条",中华书局1956年版,第6620页。
④ [英]崔瑞德:《剑桥中国隋唐史》,中国社会科学出版社2006年版,第276页。

第五章 彻底的"僭越"——女皇帝

现出了这一点,否则最应当对她抱有敌意的李唐皇室成员和信奉"女性不应干政"的儒家官员,又何以会这样评价她呢?

其次,对待外戚的态度也在暗示着武则天对于自身女性身份和性别角色的重新认同和回归。在现代的许多学者看来,由于女主参与政治通常会被认为是对传统的违背和儒家伦理的颠覆,从而受到整个帝国主流文化的强烈质疑和不断挑战,因此,对于她们而言,最好的自我保全办法就是建立以外戚为主的个人势力以便巩固权势①;而武则天显然已经认识到了自己的行为是冒天下之大不韪,并和她们一样也深深体会到了这种危机感,所以也就不得不通过重用武氏宗族子弟来不断加强自己的个人权势②。但是,这种观点既是对武周政权的一种简单化、概念化的理解,也是对武则天本人在性别角色定位和认同上的根本忽视。

如同本章的前两节所指出的那样,对于这位天才的女性政治家而言,皇位的获得和保持,从根本上说建立在她过人的政治才能以及她作为皇太后这位合格统治者所获得的牢固的个人权威基础之上,而并非来自于她从自己的父系家族中所得到的实质性帮助,从这个意义上说,她登上皇位和行使皇权与许多女主都有所不同:她打破了依赖外戚的旧传统。③ 而且,虽然她在以皇帝身份正式执掌朝政之后也曾提拔武氏家族子弟,但这一作为更应当被看作是武氏家族一个有权势的女儿,出于对男性特权的模仿和对自己所拥有的权势的宣告而对自己父亲家族的恩赐,绝不是意图将政权在这一家族内部传递的信号。与此同时,作为李氏家族的"媳妇",她所主要关注的是如何保证丈夫家族群体的利益,因此,"女儿"和"媳妇"的双重身份交织,使她最终

---

① Wen-Hui Tsai: Women in Traditional Chinese Politics: The Lives and Careers of Empresses Lü, Wu, and Tz'u-His,载于辜瑞蘭主编《汉学研究》,汉学研究中心,1991年第2期,第205页。毛汉光:《唐代后半期后妃之分析》,《国立台湾大学文史哲学报》1989年第37期,第189页。
② 朱子彦:《后宫制度研究》,华东师范大学出版社1998年版,第377-378页。
③ R. W. L. Guisso: "Wu Tse-T'ien And The Politics Of Legitimation In T'ang China", Program in East Asian Studies, Western Washington University, Bellingham, Washington, 1978, p. 88.

致力于建立一个能够紧密联系两个家族的"李武联姻"的政权①,而并没有对外戚武氏家族进行严重的偏向和彻底的眷顾。而且,由于担心在她去世之后太子与武氏诸子弟之间将会互不相容并引发政治斗争,圣历二年(699年),她还特意将他们召集在一起,命令他们起誓互不相违,并于明堂告祭天地。②

作为一位政治家而对权力出于本能的追逐,以及作为一位女性而对自己的性别角色和最终归宿发自内心的认同,令这位拥有杰出政治才能的女性皇帝所关注的不过是如何在有生之年牢牢保持个人的权位,而并非期望能像男性君主一样将这一政权在自己的姓氏和宗族中延续下去。因此,当她感受到外戚家族有可能对她所拥有的权力带来威胁时,她选择了果断的手段予以制止。一个明显的例子则是:长寿元年(692年)她登上帝位两年之后,"唐皇室利益最重要的维护者"③、以耿直著称并深得武则天敬重的李昭德④上书谏言,称魏王武承嗣权力太重,以其作为宰相、亲王和皇帝侄子的身份,恐怕日久以后将会"权侔人主"并危及她的统治。受到提示的武则天迅速褫夺了以武承嗣为首的武氏宗族的一切政治权力。⑤ 就如同不愿意将自己的权力交到李唐王氏成员的手中一样,她同样也不愿意将权力交到与自己同一姓氏的外戚手中。而在四年之后,当她正式确立了皇位继承人的人选之后,武氏子弟的地位则更是一落千丈。⑥ 正如同 Guisso 所指出的一样:事实上对她而言,包括李唐王室的成员和自己父亲宗族在内的所有人都是自己的臣仆,都在皇位之

---

① 关于这一李武联姻政权的具体婚姻关系图表,可参见王寿南《唐代人物与政治》,文津出版社1999年版,第255页。

② (宋) 司马光:《资治通鉴》,第二〇六卷,唐纪二十二,"则天后圣历二年条",中华书局1956年版,第6540页。

③ [英] 崔瑞德:《剑桥中国隋唐史》,中国社会科学出版社2006年版,第278页。

④ 武则天曾公开评价李昭德:"吾任昭德,始得安眠。"关于李昭德的事迹,可参见 (宋) 司马光《资治通鉴》,第二〇五卷,唐纪二十一,"则天后长寿元年条",中华书局1956年版,第6483—6484页。

⑤ (宋) 司马光:《资治通鉴》,第二〇五卷,唐纪二十一,"则天后长寿元年条",中华书局1956年版,第6483页;[英] 崔瑞德:《剑桥中国隋唐史》,中国社会科学出版社2006年版,第278页。

⑥ 赵文润:《武则天评价的社会标准与道德标准》,赵文润、李玉明主编《武则天研究论文集》,山西古籍出版社1998年版,第60页。

第五章 彻底的"僭越"——女皇帝

下保持平等。① 而对于自己的女性身份和最终归属的认同,则使得她逐渐下定决心:武周政权在她身后的最终去向,也终将归属于自己丈夫的家族李唐王朝。

再次,如果说在对待李唐宗室和武姓家族的上述做法中,性别角色认同和回归对于武则天到底具有多大的现实影响力依旧显得有些晦暗不明的话,她在选定继承人问题上的态度和做法,则使得她对于自己的女性身份和性别认同渐趋明朗和日益坚决,并在此基础上赋予了她的合法性以一种与男性君主完全不同的含义。

毫无疑问,当武则天决定不再以皇太后的身份,而是转而以自己的名义来建立新王朝的同时,李氏家族就已经被认为是丧失了对于整个帝国的所有权和统治权。但与此同时,这位新即位的皇帝似乎也在向帝国的所有人传递一个信号,即:她对于皇位的占有并不是永久性的,她的目标仅仅在于使自己的政权和统治进一步合法化,而并不是意图确立另一个家族的统治地位来取代李氏家族的地位和权力。② 其鲜明的表现就在于:在她作为皇帝而统治整个帝国的时期内,武周政权的继承人从来没有离开李氏家族的成员之手,她一直与李姓而不是武姓更为紧密地联系在一起。

例如,在她称帝的同时,她的儿子睿宗皇帝被宣布为皇位继承人,只是他并未被称作"太子",而是被赋予了一个前所未有的新称谓——"皇嗣",并改姓武姓;而原来的太子、她的孙子则以"皇孙"的身份排在睿宗之后③,意味着李氏家族的成员将相继在她的身后重新获得整个帝国的所有权和统治权。第二年(691年),在攀附武家权贵的凤格舍人张嘉福的唆使之下,王庆之等数百人上表女皇帝武则天,请求废去皇嗣的地位,并改立她的侄子武承嗣为太子,其理由就是,传位于同姓之人是帝国自古以来就已形成的古老传

---

① R. W. L. Guisso:"Wu Tse-T'ien And The Politics Of Legitimation In T'ang China", Program in East Asian Studies, Western Washington University, Bellingham, Washington, 1978, p. 88.
② R. W. L. Guisso:"Wu Tse-T'ien And The Politics Of Legitimation In T'ang China", Program in East Asian Studies, Western Washington University, Bellingham, Washington, 1978, p. 126.
③ (宋) 司马光:《资治通鉴》,第二〇四卷,唐纪二十,"则天后天授元年条",中华书局1956年版,第6467页。

统，它不仅体现了神灵的旨意，而且也是民众所能够接受的方式："'神不歆非类，民不祀非族。'今谁有天下，而以李氏为嗣乎！"武则天对于这一意在博取她欢心的请求并未做出任何肯定的答复，但自此之后王庆之数次求见，显然引起了当朝皇帝的极度不满，史书称她"颇怒之"，并命令李昭德施廷杖之刑以示惩罚。李昭德立刻将其带到光政门外，在向朝臣宣告了他意图废去皇嗣的大罪之后，予以杖杀。事后，李昭德还提醒皇帝："陛下身有天下，当传之子孙万代业，岂得以侄为嗣乎？自古未闻侄为天子而为姑立庙者也！且陛下受天皇顾托，若以天下于承嗣，则天皇不血食也。"①

七年之后（698 年），富有野心的武承嗣和武三思再次请求立武氏家族的人为太子，并数度请人说服皇帝："自古天子未有以异姓为嗣者。"此时这位"武姓"女皇帝似乎开始出现了某种犹豫不决的态度，史书称武则天"意未决"，但一贯以忠诚著称的狄仁杰诚恳地在她面前追溯唐高祖、太宗传位于子孙的皇位沿袭传统，并再次重复和强调七年前李昭德的观点，终于使她意识到母子之间的情感纽带要远远强于姑侄之间的联系，她的最终归属也在于李姓家族，她去世之后只能进入李氏的宗庙并受到祭祀，而断然不可能归宗于出生之家武姓："且姑侄之于母子孰亲？陛下立子，则千秋万岁后，配食太庙，承继无穷；立侄，则未闻侄为天子而祔姑于庙者也。"② 在他的提醒之下，这位女性皇帝最终坚决地确立了李姓子弟的继承人地位，与此同时皇嗣睿宗上书，固请让位给自己的兄长、因曾宣称要禅位给自己的岳父韦氏而被褫夺了皇位的卢陵王李显。在她的同意下，李显被从放逐之地迎了回来，封为新的太子，并开始以皇位继承人的合法身份亲谒太庙，而受到打击的武承嗣则很快就"意怏怏"而亡。③

---

① （宋）司马光：《资治通鉴》，第二〇四卷，唐纪二十，"则天后天授二年条"，中华书局 1956 年版，第 6476 页。

② （宋）司马光：《资治通鉴》，第二〇六卷，唐纪二十二，"则天后圣历元年条"，中华书局 1956 年版，第 6526 页。

③ 同上书，第 6527—6534 页。

第五章 彻底的"僭越"——女皇帝

此后这位女性皇帝的种种作为，使得她对于自己是李唐家族的"媳妇"、其人生的价值在于维护李氏宗室的根本利益、而最终的归宿也应当在于李氏家族内部的自我角色定位和性别认同表现得更为鲜明。圣历三年（700年）五月，她主动罢去了"天册金轮大圣皇帝"这一象征着自己皇位神圣性质的称号，十月"复旧正朔"，废除了武周以来实行的新历，大赦天下。第二年（701年），她离开了自己经营多年的神都洛阳，重返李唐家族的社稷和政治中心长安，同时改年号为"长安"，大赦天下①，用这一颇富象征意义的迁徙活动标志出她作为女性对于自己的丈夫家族——李唐王室的最后回归。② 此后的两年之中，苏安恒还曾两次上书，请求这位女性皇帝禅位于太子，并且言词十分激烈，声称其统治权力实际上来自李唐宗室，而既然太子年德俱盛，就理应当政，如果她继续贪恋权位，将无颜面见李唐宗庙、无法告谒高宗的坟陵，而且恐怕难以避免一系列严重的后果："陛下虽居正统，实因唐室旧基。当今太子追回，年德俱盛，陛下贪宝位而忘母子深恩，将何圣颜以见唐家宗庙，将何诰命以谒大帝坟陵？陛下何故日夜积忧，不知钟鸣漏尽！臣愚以为天意人事，还归李家。陛下虽安天位，殊不知物极造反，器满则倾。"相比较于甲申元年（684年）裴炎劝她归政皇帝以便平息李敬业的叛乱时她所采取的一系列坚决而残酷的恐怖政策而言，此刻，对于自己是李唐家的"媳妇"、死后终将进入李氏宗庙享受后世祭祀的性别角色和未来归宿的充分认同，并决定向这一角色进行最后回归的这位女皇帝，面对这一言词激烈的上书却并未生气，而只是"赐食，慰谕而遣之"，"亦不之罪"③。而当她以八十

---

① （后晋）刘昫：《旧唐书》，第六卷，本纪第六，"则天皇后"，中华书局1975年版，第129—130页；（宋）欧阳修、宋祁：《新唐书》，第四卷，本纪第四，"则天皇后"，中华书局1975年版，第101、102页。

② [英]崔瑞德：《剑桥中国隋唐史》，中国社会科学出版社2006年版，第289页。马良怀则指出她内心深处有一种沉重的"负罪意识"，而这些作为则是她通过纠正自己的"犯罪行为"而缓解这种"负罪意识"的结果。参见马良怀：《传统文化与武则天的负罪意识》，赵文润、李玉明主编《武则天研究论文集》，山西古籍出版社1998年版，第273—282页。

③ （宋）司马光：《资治通鉴》，第二〇七卷，唐纪二十三，"则天后长安元年条""则天后长安二年条"，中华书局1956年版，第6556—6559页。

二岁的高龄告别人世之际，作为中国历史中唯一一位以女性自己的名义建立了王朝的女皇帝，她所留给后人的最后遗诏则是："去帝号，称则天大圣皇后。"① 以李家"媳妇"、高宗"妻子"的身份、而不是"皇帝"的荣耀，与自己的丈夫合葬于乾陵。

从表面上看，张柬之等人于神龙元年（705年）所发动的宫廷叛乱，是直接导致武则天传位于中宗，并终结了她统治帝国政治权力的关键性事件，但是，这场旨在清除张昌宗、张易之两兄弟的势力，而逼迫当朝皇帝退位只不过是一个"意外结局"的宫廷政变②，并不是导致这位中国历史上最杰出的女性政治家丧失其统治合法性的根本原因。她以"皇帝"的身份统治整个帝国合法性的终结，从根本上说来自于她在反叛"女性不得干政"这一古老传统的同时，对这一传统关于"女性的价值和最终归宿在于丈夫的父系家族之延续"观念的自我认同，更来自于她对这一传统所设定的性别角色和人生归宿的最终回归。一个向往着像男性一样独立存在并拥有独立意义世界的女性帝王，尽管在现实的政治生活和力量角逐中占据了上风，并试图通过"性别角色的转换"弱化自己的性别劣势、强化自己的最高统治者身份，却最终发现她终究不能在人生的皈依与自我的认知上与主流文化体系所赋予女性的性别文化内涵和价值意蕴做出彻底的决裂。正是"由于她与李唐皇室无法

---

① （宋）司马光：《资治通鉴》，第二〇八卷，唐纪二十四，"中宗神龙元年条"，中华书局1956年版，第6596页。

② 在陈寅恪看来，中宗的太子名号虽然已经被确立，但其皇位继承权则并不稳定，因此，张柬之的政变以逼迫武则天退位、保证中宗的皇位继承权为目的。（参见陈寅恪《隋唐制度渊源略论稿·唐代政治史述论稿》，生活·读书·新知三联书店2001年版，第247—249页。）但黄永年则在回应这一观点的同时进一步指出，实际上武则天被逼让位于中宗并非政变的起因，而只是一场意外的结果，政变的根本目的在于剪除张易之、张昌宗兄弟的势力以"清君侧"而不是恢复唐室的统治权。当时二张兄弟已经在朝廷中形成了一股强大的势力网络，并且其所拥有的政治势力已经深深威胁到了李武政权成员的基本生存和共同利益，他们早想除去这一势力，但由于武则天本人对他们十分宠爱，不愿意剥夺他们的权力，因此李武政权的人才爆发了这场政变以便进行自我保护。而参与这次政变的人员也并非仅仅是能够从政变中得到好处的李唐宗室成员，还包括武氏宗族的成员和武则天的女儿太平公主，剪除二张是他们共同的心愿。至于由清君侧进而逼武则天传位于太子李显，则并不在预定的计划之中，中宗本人其实也不愿意背上威逼生母的恶名，只是由于张柬之等"贪拥立之功"，他不得已而顺从之。因此张柬之等人逼迫武则天下台也实在算不上是真正的"忠于有唐"。（具体的论述可参见黄永年《六至九世纪中国政治史》，上海书店出版社2004年版，第201—208页。）

第五章 彻底的"僭越"——女皇帝

割断的家庭伦理,使她最终未能完全撇开唐朝"①。

现代的很多学者往往倾向于认为,武则天在选定继承人问题上所面临的一系列困境是她"走投无路"的被迫之举②,表明她没有能力"冲破封建体制的樊篱"③,但是,这些观点既是对这位杰出的女性政治家在漫长的统治期间内凭借自己过人的政治才能和高超的政治智慧所获得的统治权力的彻底低估,也是对一个强大的文化传统关于两性性别角色和最终归宿的设定对于身处其中的女性所具有的文化与心理影响力的充分忽略,即便她已经成为一个"皇帝"!必须要意识到的是,既然这位杰出的女性有能力在一个毫无历史先例的帝国之内排除众难,成为一个"皇帝",她当然也有能力去做任何事,包括按照自己的意愿指定她所中意的继承人!在这一问题上,任何人的反对其实都是没有用的,只要她愿意,凭借她的能力和气魄,她完全可以继续冒天下之大不韪确立武氏后代做继承人,从而使她所开创的"武周"王朝像男性帝王的江山一样在自己姓氏中延续下去,但她始终没有这么做。即便有人多次提议让武承嗣作为皇储,也最终由于这位女性皇帝自己的反对而无法得以实现。成天揣摩圣意的人自以为既然她已经以自己的名义建立了新朝,那么她也一定会像众多的男性君主那样致力于造就自己家族的永久性统治地位,但却忽略了武则天作为一个"女性皇帝"而与其他男性统治者的根本不同之处:作为一位女性,她的自我认同是什么呢?她的最终归宿又在哪里呢?除去自己丈夫的父系家族,她不可能找到新的价值体系与人生皈依。从这个意义上说,她的作为,与帝国各个阶层那些致力于维护丈夫父系家族体系利益与延续的普通女性,并无任何本质上的区别。

---

① 孙正军:《二王三恪所见周唐革命》,《中国史研究》2012年第4期。
② 如有的学者就指出她选定中宗而不是自己的侄子作继承人是由于"在中国封建社会里,男尊女卑,夫为妻纲,是天经地义的,她无法改变以男子为中心的帝位继承制度",她因为"走投无路"而不得不"还政于子"。参见安作璋主编《后妃传》,河南人民出版社1990年版,第328页。
③ "武则天这位中国历史上唯一的女皇,在其有生之年,敢冒天下之大不韪,但最终却不得不废去帝号,附葬唐高宗的乾陵,将皇位传给自己的儿子李显,说明她最终还是向封建宗法制屈服了。"朱子彦:《后宫制度研究》,华东师范大学出版社1998年版,第381—382页。

最后归宗于李氏，以"皇后"而不是"皇帝"的身份结束自己的一生，体现了武则天这位帝制中国历史中最杰出的女性统治者向性别角色的自我回归。她称帝也因身为女性所赋予她的人生机缘，遭受种种非难也因女性身份所赋予她的基本界限，而终结自己的统治合法性，也是她对自己的性别角色进行主动认同和回归所导致的结果。正如同 Guisso 所精辟地指出的那样："事实上在许多方面，武则天的形象都好像是我们在敦煌壁画中所看到的那些作为女性家长的坚强的寡妇。和她们一样，她独立自主，偶尔也行为乖张（eccentric），急切地想要保护自己的家族，但在最后却致力于保护她丈夫的财产并将之传递到他的儿子手中。由此，我们最好将她看作一位'李家的寡妇'，是她这个时代一部最为壮丽的罗曼史的主角，以及这一时期最为典型的女性形象。"①

第四节 小结

在本书的第一章和第二章中笔者曾经指出，在力图将女性限制在政治领域之外的同时，儒家传统所内在具备的那种活泼弹性以及帝国政治安排的若干特征，在客观上赋予了这一性别以某种特定方式参与政治的某种可能性，并允许在特定情况下政治权力可以暂时地保存在女性手中。然而，无论从哪个角度而言，这一传统都绝对没有包含女性可以改朝换代、以君主身份建立自己帝国的内容。因此，对于这位帝制中国历史中最为杰出的女性政治家而言，不仅是以"皇后"和"太后"的身份在丈夫、儿子的名义之下行使政治权力，而且进一步以一位"皇帝"的身份将整个帝国的所有权和统治权都归结在自己的名义之下，并由此获得了整个帝国的接受和服从，她的成功，既是她所具有的远远超越于同时期这些男性君主之上的政治才华的证明，同时

---

① R. W. L. Guisso: "Wu Tse‐T'ien And The Politics Of Legitimation In T'ang China", Program in East Asian Studies, Western Washington University, Bellingham, Washington, 1978, p. 155.

也是帝制中国统治者合法性类型中的"卡里斯玛型"特征得到最大程度之体现的标志。

然而,从本质上而言,她所获得和保持的合法性资源与基础都是"个人式"的,在一个不仅毫无传统先例、反而充满了各种负面影响的情况之下,她承受了整个文化传统和政治体系所提出的远远比男性君主更为苛刻、严格的挑战,只有当她以过人的政治才能和高超的政治智慧,持续不断地证明她是一个有能力胜任上天和民众对于统治者的职责要求、从而也是"代天牧民"的合适人选时,她才能使人们在最大程度上忽略了几千年文化传统在"女性不得参与政治"问题上的严格限制,并最终接受和认可了一位"女皇帝"的统治。毫无疑问她极为成功地做到了这一点,这就是为什么虽然关于她的历史事迹被后世那些深受儒家传统影响、不喜欢她的历史学家删减得"零零碎碎和残缺不全(fragmentary and piecemeal)"①,并由此注入了不少充满主观臆测和政治诋毁的内容,但她却始终能够以"本纪"——专属于皇帝特权——的形式一直存在于官方编纂的《旧唐书》之中。②

与此同时,对儒家传统关于一个理想女性的若干标准的违反,也使得她被列为历史中拥有最坏名声的女性之首:她通过提高为母服丧的期限而将母亲的地位提高到了与父亲相同的层次,并率领命妇参与了本属于男性特权的

---

① Wen-Hui Tsai: Women in Traditional Chinese Politics: The Lives and Careers of Empresses Lǚ, Wu, and Tz'u-His,载于辜瑞蘭主编《汉学研究》,《汉学研究中心》1991年第2期,第198页。

② 关于不同时期的史书对于武则天的态度问题,已有学者指出:深受儒家学说影响的欧阳修等人所修订的《新唐书》,相比较于建立在对"实录"的整理基础上所形成的《旧唐书》而言,对武后的批评更为激烈和充分。(Howard S. Levy: "Review: The Empress Wu by C. P. Fitzgerald; Lady Wu: A True Story by Lin Yutang", *The Journal of Asian Studies*, Vol. 17, No. 4. (Aug., 1958), p. 617.)而在《新唐书》中,作者确实对将武则天列入本纪的做法提出了批评:"昔者孔子作春秋而乱臣贼子惧,其于弑君篡国之主,皆不黜绝之,岂以其盗而有之者,莫大之罪也,不没其实,所以著其大恶而不隐欤?自司马迁、班固皆作高后纪,吕氏虽非篡汉,而盗执其政,遂不敢没其实,岂得圣人之意欤?抑亦偶合于春秋之法也。唐之旧史因之,列武后于本纪,盖其所从来远矣。"(宋)欧阳修、宋祁:《新唐书》,第四卷,本纪第四,"中宗",中华书局1975年版,第113页。但是,深受儒家学说影响的欧阳修在如何对这位最为杰出的女性政治家进行最终角色定位的问题上,显然陷入了一种基本的混乱立场:他不仅将她列入了专属帝王特权的《本纪》之中,还在为后妃所作的《列传》中为其保有了一席之地。而在同样深受儒家学说影响的司马光所著的《资治通鉴》之中,他则自始至终地将其称作"太后"。

封禅、祭天大典，打破了传统在两性关系上的阴阳次序；她不满足于像普通女性一样以"无我"的牺牲精神将自己的作为和功劳归结在丈夫、儿子的名义之下，而是孜孜不倦地对更为独立与强大的政治权力进行追逐，并将个人的成就和荣耀凸现于男性之上；她在对待反叛自己的政敌时极其果断、残酷和坚忍，即便这些政敌包括她自己的儿子和孙子，也丝毫没有舐犊之情；她与不止一位男性建立了复杂的性关系并由此来获取政治权势，她曾先后成为太宗和高宗父子两代帝王的配偶，并可能在太宗病危期间就与仍为太子的高宗发生了情事，而在晚年她还拥有了几个年纪远远在她之下的男宠，甚至还建立了一个"男性后宫"，一反夫妇之伦和女性在两性关系上只能处于被动地位的传统规定①——无论从哪个角度而言，她都不会被认为与儒家传统所推崇的"忠诚的妻子""牺牲的母亲"这些理想女性形象有丝毫的相似性。除此之外尤其有助于她被塑造成一个倍受诋毁的女性形象的事实则是：她最后竟然成了一位"篡位者"！以上这些对于她的看法的存在，使得她虽然凭借自己的政治才华和对整个帝国的关心而获得了最高的统治权力，但加在她身上的敌意和仇视则从来没有消失过，因为在那些坚守儒家传统的人看来，她的作为实际上是对一个和谐的宇宙秩序、两性关系以及符合传统的生活方式的整体触犯和终极颠覆，她也由此而被当作了历代"女祸论"的最大的历史原型。从这个意义上说，这位最为杰出的女性政治家在帝制中国历史舞台上的出现和存在，不仅不能改变儒家传统关于女性不应当参与政治的种种限定，反而从更深的层次上加深了这一偏见，并使得后世那些处于相同境遇的女性，在获取政治权力的道路上更加感到困难重重。

---

① 正如 Keith McMahon 所观察到的那样，对于女主的色情想象弱化了其统治的合法性，通过将之塑造成为淫荡的形象、并指出有政治野心的妇女本质上是性淫乱的治理逻辑，主流文化传统以此来反对妇女的统治。因此，武则天成了后世宫廷妇女们引以为戒的关键性转折点，她们必须注意避免自己的行为会引起类似武则天的做法的指责，而批评者们也在不断援引武则天的反面案例来警醒前者。参见 Keith McMahon: The Polyandrous Empress: Imperial Women and their Male Favorites, 载于 Wanton Women In Late - imperial Chinese Literature: Modeles, Genres, Subversions and Traditions, edited by Mark Stevenson and Wu Cuncun, Leiden: Brill, 2017, pp. 49 – 49, 39.

最终，这位帝制中国唯一的"女皇帝"获得并保持政治权力和统治整个帝国之合法性的经历，体现了她作为一位极其杰出的"政治家"在追求自身政治权力最大化上的不懈努力，以及她作为一位"女性"在与反对这一性别拥有正式政治权力的强大文化传统进行持续博弈，这两个复杂角色和双重身份彼此交织、相互影响的过程。对于自己作为一个政治家在长期的政治实践中所具备了的政治才华和统治能力的不断认知和日益自信，以及由此产生的长期保持权力的强烈欲望，推动她突破了传统的限制，以女性自己的名义成为帝国的所有者和最高统治者，实现了对原本属于男性特权的皇帝权力的彻底僭越。但是，她所取得的这一成就既不能被看作女性对男性的胜利，也不能被看作现代意义上的女权主义高涨的证明。从任何一个意义上说，她都没有致力于改变传统的父权制度和性别结构，反而更加强化了这一体制所具有的内在力量。通过对这一传统所规定的占据优势地位的男性角色进行模仿和转换，以及对女性所应当履行的职责和最终归宿的自我认同与重新回归，这位最杰出的女性用自己一生的经历固化了男性占据优势地位的父系父权制度和性别体系结构，并使得她的统治合法性具有了一种不同于男性君主的文化含义。

第六章 结语

  在帝制中国两千年的历史里，主流文化传统对于父系父权体制的信奉和推崇，对于保持一个特定文化秩序和性别结构的强调和重视，以及对于皇帝一元统治理念的坚持和维护，使得无论这些女主们曾在事实上获得了多么大的政治权力和多么稳固的统治合法性，但她们以女性身份参与外在政治事务的各种行为，依然易被视为有可能对整个帝国的政治体系、文化传统和性别秩序带来颠覆性影响的举动，并由此而遭受着官方意识形态的强烈反对和极大制约。"女祸论"的产生和盛行，就是掌握了经典解释权与政治权力的君主、官僚集团和儒家学者们共同建立的一个试图将女性排挤出政治领域的"排挤机制"所催生的历史作品与文化产物。在这一文化产物的影响之下，女主们获得政治权力、参与政治事务的种种作为，将不得不承受比男性君主更为严格、苛刻的审查与质疑，只有当她们将自己的作为与价值追求小心地包裹在丈夫、儿子这些男性君主的利益和名义之下，她们在政治领域的存在，才是相对正当的和可以接受的，反之，则必须要承担起文化上的责任与精神上的痛苦。①

---

  ① 正如杜芳琴所言："史家与论者从来不是笼统地非难妇女参与朝政，对女主的褒贬抑扬分明正史之一贯。指责非难的，只是那些因女主介入而使统序中断、原来的统治秩序被打乱的情况——不论这种'中断'与'打乱'有无社会进步意义。不合权力交接程序的后妃干预政事就被斥为'牝鸡之晨'；合乎合'法'程序的临朝听政，如果弄坏了国事，就指责为'女人误国'；至于那些离经叛道，敢以女皇帝号令天下，则更是'篡弑而丧王室'的叛逆子。历来被赞扬的，首先是那些替故夫幼子看管、交接好皇位的临朝垂帘太后。可以简化为这样的公式：凡是忠于夫家正统的，都是贤后良母；反之就是妖后孽婆。封建历史观——胜者王侯败者贼，吾宗是继为正统，在性别上的反映必然如此。"杜芳琴：《中国历代女主与女主政治略论》，鲍家麟主编《中国妇女史论集·四集》，稻乡出版社 1995年版，第 56—57 页。

第六章　结语

从这个意义上说，那些不甘于将自己的政治作为和政治成就隐藏在男性君主名义之下的女主们，将不得不作为反面的女性典型而背负上永恒的历史骂名。出于对她们这种离经叛道的行为进行惩罚与警戒的强烈目的，有关她们的历史事迹被掌握了话语霸权、坚持维护父系父权体制之正统地位的史官们以一种巧妙但却直接的方式进行了修改①，而贯穿于历史编纂学之中的强烈的性别偏见，则成了足以唤起所有致力于维护主流文化传统的人们自觉抵制意识和排斥心理的最大文化根源和历史基础。②"道德上的不正当性（immoral misconduct）"③，而并非政治上的无能，由此成为对她们的统治合法性构成最大挑战和质疑的根本内涵和主要因素。

历史编纂学的偏见，在不断地生产和塑造着女主们的刻板印象④的同时，还将她们的历史形象进一步演化成为一种颇具象征意义的文化符号，并逐渐形成了一个关于"允许女性参与政治将会为整个帝国的政治体系和文化秩序

---

① 关于正史记载中女主的具体作为和历史作用往往经过史官的修改，已是史学界的通论。如伊沛霞就指出："将《宋史》中向皇后传同有关她的其他方面的史料加以比较，不但显示出正史的史传内容单薄，而且常常有误导性。"参见［美］伊沛霞《向皇后（1046—1101）及史传以外的传记资料》，宋刚译，游鉴明、胡缨、季家珍主编《重读中国女性生命故事》，江苏人民出版社2012年版，第217页。

② 值得注意的是，正统官方记载和民间文献往往对于女主的形象认知和叙事立场存在着巨大的差异，如韩林就指出，与在民间口头传说中，武则天的形象从唐至清由中性逐渐提升到正面、甚至被神化形成鲜明对比的是，在官方记载中，武则天的形象反而呈现出了每况愈下的趋势，甚至不断被丑化。而"官方话语故意掩盖或忽略历史真实，以男性的霸权过滤、改造、虚构了一个践踏儒家道德意识、违反封建统治秩序、挑战主流文化的，集万恶于一身的反面典型。在这种情况下，武则天的历史面貌并不重要，重要的是封建文化需要她成为什么样子，她就会被打扮成什么样子，永远无法脱离正统意识的框架。"参见韩林《武则天故事的文本演变与文化内涵》，博士学位论文，南开大学，2012年。关于武则天的历代形象演变研究，亦可参见刘健《武则天形象演变研究》，硕士学位论文，陕西理工学院，2013年；梁静《武则天形象建构研究》，硕士学位论文，西北大学，2017年。

③ Wen-Hui Tsai: Women in Traditional Chinese Politics: The Lives and Careers of Empresses Lǔ, Wu, and Tz'u-His，辜瑞蘭主编《汉学研究》，《汉学研究中心》1991年第2期，p.207.

④ 附着在女性身上的"刻板印象是男性政客用来揶揄对手、贬低他人，从而动员支持、裹挟无辜的手段，也是主宰所有人深层情感倾向的重要因素。"石之瑜：《女性也要讲理由——对省籍政治与公娼政治的省思》，谢卧龙主编《性别：解读与跨越》，五南图书出版股份有限公司2002年版，第305页。

带来颠覆性影响"的一般性"知识"①和文化"记忆"②。在主流文化传统对于这一文化符号的不断贬低和谴责中，在官方意识形态对于这个一般性知识和文化记忆的持续阐发和衍生里，那些力图跨越后宫内闱的界限、在政治领域和政治事务中有所作为、甚至在某种意义上挑战了男性主导地位的女性们，无疑正在被建构成为一个个足以引发后世充分想象力的历史原型和思想空间③，并不得不在接受政治领域内受排斥地位的同时，也一并接受强加在她们身上的那种永远无法获得终极统治合法性的历史文化境遇。而她们也将十分明了，作为历史中最不受欢迎的女性之一，她们的种种作为，将会承担什么样的道德谴责和精神惩罚。从这个意义上说，官方意识形态在这些手握重权的女主与那些不愿意跨入政治领域的"贤后"之间所进行的严格区分，既是防止她们对文化秩序和性别格局造成破坏的一种"社会排斥"，又是试图维护父系父权体制平稳运行的一种"精神上的重新统一"④。而在这种"社会排斥"和"精神统一"相互交织的过程中，人们很难看到女主统治合法性与正当性的真实价值和意义所在，而是不断感知与迎合着"女性不得参与政治"

---

① 如丹尼斯就曾指出："知识本身，远远做不到远离社会现实约束而反映认识，正如福柯特别指出的，知识只是一种技术或工具，被声称有优越条件利用它的某些群体用来建立并确保对其他群体的控制权。社会中的'语言转变'（linguistic turn）表明了以语言形式深入到人类意识中的非常深刻的文化渗透。如果把某群体控制其他群体的权力视为社会的显著特征，语言是文化表达和传播的主要媒体，那么语言就不可避免地会反映和加强社会的不平等。它成为使用权力的主要媒体和效果……作为'统治性言论'，要通过'突出'自己和自己关心的问题，同时'排斥'从属群体……来维护特权群体的'意识形态霸权'。权力已经渗透到人类意识的核心。"[美] 丹尼斯·布朗：《权力论》，陆震纶、郑明哲译，中国社会科学出版社2001年版，第三版序言，第9页。

② 正如有的学者指出的那样，"记忆并不仅仅是记录的神经活动，也是建构和重构文化系统的社会进程"。Charlotte Linde：The Acquisition of a Speaker by a Story: How History Becomes Memory and Identity, *Ethos*, *Vol. 28*, *No. 4*, *History and Subjectivity*, (Dec. 2000), pp. 608 - 632.

③ 如格雷厄姆曾经指出："认识取代了更为复杂的情感和记忆，人们是通过象征符号来表达认识的……通过联想，人们确定了这种政治的象征符号。政治象征符号自身经历了一个心理发展过程，而与最初它象征的历史事实相距甚远了。"[英] 格雷厄姆·沃拉斯（Graham Wallas）：《政治中的人性》，李辉译，江苏教育出版社2006年版，第19页。

④ 在研究西方"文明社会"对于那些被认为是有精神疾病的人的态度和作为时福柯曾经指出："实际上，这种严格区分的重大方式既是一种社会排斥，又是一种精神上的重新统一。"[法] 米歇尔·福柯：《疯癫与文明：理性时代的疯癫史》，刘北成、杨远婴译，生活·读书·新知三联书店2007年版，第5页。

的文化建构本身。

受这种观念的强烈影响，在对帝制中国不绝如缕的女主统治进行评价时，有很大一部分学者往往倾向于将这种政治形态定义为皇权政治的"变态"，①甚至是一股不可能以公开、合法的方式存在于帝国的政治领域、并具备正当影响力的"政治暗流"②。但是，对于贯穿帝制中国两千年历史的这一复杂的历史事件和人文景象所做出的这种简单化、概念化的解释方式，既没有对女主政治及其统治合法性之所以能够形成和长期存在的文化根源进行深入细致的分析，也没有对女主基于自身在与男性相对存在的性别立场上所能够获得的统治资源做出条分缕析的探讨，更没有对她们基于自己的性别角色认同在她们的政治目标和价值取向上所产生的内在影响力做出真诚审慎的思考。从本质上而言，这种观念只不过是对普遍流行的"男性中心观"的再度复制和不断强化，在进一步固化了男权政治的"唯一正当性"以及政治是"男性的专利"这一普遍概念的同时，再次将女性排挤在了正当享有政治权力与统治合法性的历史文化范畴之外。

从客观上而言，在极端奉行"牝鸡之晨，唯家之索"的主流文化传统和社会体系之内，"幕后""非正式"和"不直接"的政治参与方式，并非女主统治的真实表现形态和唯一存在方式。恰恰相反，在帝制中国两千年的实际政治运行过程中，女主们还以"公开""正式"和"直接"的方式进入到男性占据绝对优势地位的政治体系之内，不仅在事实上行使着统治整个帝国的政治权力，而且还获得了这一政治体系对于她们的统治合法性的不同程度的认可和接受。整个帝国的官僚系统确实曾在女性的实际统治之下持续地运行，

---

① 朱子彦：《后宫制度研究》，华东师范大学出版社1998年版，第199页。
② 如有的学者所言，"中国古代的政治机制中存在着一股政治暗流，即'夫人政治'……妇女在家族中的作用和她们的社会地位形成尖锐的矛盾，使得她们只能依靠丈夫的权位或通过丈夫的政治权位产生作用，从而形成封建统治机制中的暗流。"（杨知勇：《家族主义与中国文化》，云南大学出版社2000年版，第171—172页。）而在针对普通大众所作的通俗读物中，作者甚至还将其定义为不具有任何公共性和正当性的"枕边风"政治："皇后，为后宫之主，母仪天下，虽不能像皇帝那样临朝议政，但母以子贵，妇以夫荣，通过'枕边风'参政议政乃后宫干政的最常见形式。"（田玉川：《后宫政治——中国历代皇权社会权力规则的另类阐释》，中国文联出版社2005年版，第83页。）

而并未产生任何根本性的中断或停滞。

　　大一统的帝制时代对于"君主一元统治"理念的不断强调和君主一人之"家天下"的政治形态的普遍接受,以及围绕这一制度本身所产生的一系列政治安排,在客观上赋予了女主们参与政治事务的外在机缘和制度保障。皇帝本人对于最大限度保持自己手中的最高统治权力的重视和强调,对于有可能对自己的统治地位带来负面影响的外姓政治势力的警惕和防范,无不使他的"妻子"(皇后)、"母亲"(皇太后)获得了分享君主政治权力、协助甚至代替他进行统治的基本前提。官僚集团作为帝国政治体系的主要组成部分,虽然在客观上拥有着"独立化"和"自主化"的普遍倾向,并在尽可能地扩张自己的独立身份和地位的同时,也在一定程度上对皇帝的政治权力造成了某种制约,但他们对于"家天下"之政治理念和政治形态的整体性认可和接受,则使得他们在强调皇帝为唯一合法的最高政治权力主体和最高统治权威的同时,也不得不承认女主们作为皇帝的"妻子""母亲"而在特殊情况之下对于"家务—国务"的发言权和处置权,并接受了她们在政治领域的公开存在和发挥作用。

　　与此同时,虽然以儒家传统为主导的主流文化和官方意识形态在理论上强调两性地位的"阴阳之别"和职事划分的"内外分野",并力图将女性排除在政治领域之外,但是,这一理论设计却并非一成不变、无法通融的绝对规定。恰恰相反,主流文化体系对于父系家族体系之保存延续这一颇具实用主义特点的根本价值的无比推崇和不断强调,同时还使其内在地具备了一种"活泼的弹性"和"灵活性"。最终,两性之间建立在"阴—阳"观念基础上的互融互通、不可分割的紧密关系,两性职事划分中"内—外"分野的模糊界限,也就在事实上赋予了女主们跨越后宫内阃的界限、参与政治事务的潜在文化基础。尤其当男性君主由于某种原因而无法依赖自身力量来完成统治整个帝国的重任时,皇后、皇太后以他的"妻子""母亲"身份而对君主职责进行代理和履行,也将获得某种程度上的正当性与合理性。换而言之,"意

第六章 结语

识到以下这一点非常重要：既然儒学将理想中的女性形象设定为一个好女儿、好妻子和好母亲，那么，宫廷女性确实符合（subscribe）了这一标准……由于儒学将国家看作一个家庭，将皇帝和皇后看作家庭的家长，也就是所有国民的父母……那么，以自己丈夫的名义来统治整个帝国的皇后——就是儒家所推崇的妻子形象，她通过帮助丈夫完成他的工作而照顾到他的需要。她同时也就是一位照顾好自己的孩子——子民的利益的好母亲。而以自己儿子的名义来进行统治的皇太后，也是一个能够教会他如何进行统治的好母亲。与此同时，她还照顾到了她的其他孩子——子民的需要"①。从这个意义上说，女主们在承受着以儒家传统为主导的主流文化和意识形态对于她们的政治身份限制的同时，也在享受着这一传统为她们所带来的便利条件，并获得参与帝国政治事务的潜在文化资源和理论支持。

然而，在享受着这些便利条件和弹性空间的同时，这些女主们也逐渐发现，这一体系所内在具备的这种活泼的弹性，其力量又是如此的强大，以至于她们虽然在它所允许的范围之内获得了公开的政治权力与统治整个帝国的合法性，但她们却被日益胶结在主流文化传统对于女性的种种设定和限制之中，难以实现最终的突破。作为与男性相对而存在的一个性别，帝制中国这些最为杰出的女性政治精英们对于自己作为一个"妻子"和"母亲"所应当承担的职责的自我接受、对于自己所应当扮演的家内角色的主动认同、对于自己人生价值和未来归宿的最终回归，无不在客观上塑造着她们维护自己丈夫、儿子之利益与产业的普遍价值诉求，继而赋予了她们维护皇统的基本自觉。毫无疑问，在这样一个具有多元复杂要求和多重文化含义的历史文化传统中，她们也时常会体知到自己内心那种彼此矛盾、互相抵牾的忠诚：一方面，作为一位有着自我基本利益诉求的"政治家"，她们对于自己所具有的那种超越丈夫、儿子这些男性统治者之上的政治才华的充分自信，使得她们试

---

① Priscilla Ching Chung：*"Palace Women in The Northern Sung, 960 – 1126"*, Leiden：E. J. Brill, 1981. pp. 89 – 90.

图能在最大限度上拓展自己的活动空间、发挥自己的影响力;另一方面,作为一位只具备"从属性"身份的"女性",她们对于自己作为"妻子"和"母亲"而应当安心所处的地位和扮演角色的主动认同,则在心理上限制着她们对于外在身份的最终突破。从这个意义上说,"尽管这样一种很小的自由,能够使个别女性在内/外和公/私这样一种正式的两元性中,通融出一块自己的天地,但其中的不确定性也带来了相当的心理压力"①。对于这一问题的认知和感受,无疑一直在潜移默化地影响着这些最为杰出的女性政治精英们在现实政治生活中的具体作为与最终的权力走向,并使得她们的统治合法性具有了一种与男性君主不同的文化含义。

对于以皇帝的"妻子"身份参与帝国政治事务的皇后而言,她的政治权力的获得和享有,从根本上说来自于皇帝本人对于她的政治才华的欣赏、对于她可以作为自己对抗官僚集团"独立化"和"自主化"倾向的"私人助手"的资格确认、对于她所具备的绝对忠实于皇帝本人利益的充分信赖、以及对于她在"阴—阳"关系和"内—外"事务的模糊界限中所进行的职责拓展的认可,这几种元素共同交织的产物,除此之外她难以得到任何其他的合法性资源和制度上的保障。因此,她所获得的政治权力从本质上来说只是"个人式的"和"不稳定的",只有当她持续不断地证明自己正在忠实地恪守和履行以上几种职责时,她才有可能最终保持自己的权力和地位。皇后本人对于这一点的清醒认识,也使得她与自己的丈夫——皇帝在事实上往往保持着一种亲密的"伙伴式婚姻"关系,而决不可能将自己的权势和地位凌驾于皇帝本人之上。官僚集团对于最大程度地保持自己皇权"公共代理"身份和地位的强调,也将使得他们对于皇后作为皇帝的"私人代理"而在政治体系的公开存在、甚至有可能形成一股制约他们政治权力之力量的做法,毫无疑问地持有坚定的反对和抵制态度。在对主流文化传统和官方意识形态的借用之中,严

---

① [美]高彦姬:《闺塾师:明末清初江南的才女文化》,江苏人民出版社2005年版,第174页。

格恪守两性地位上的"阴—阳"角色划分和两性职责中的"内—外"分野限定，则成为他们用以反对皇后参与政治和统治合法性的最为重要的理论根源。

以皇帝的"母亲"——皇太后的身份来统治整个帝国的政治权力，是女主政治的三种形态中最为普遍和常见的方式，也是最大程度赢得了政治体系与文化传统接受和认可的一种形式，甚至还在帝制中国两千多年的政治实践中逐渐成为一种历史的惯例。一方面，"家天下"的国家性质与"世袭制"的皇位传承原则所具有的内在缺陷，赋予了皇太后在特殊情况之下代替缺乏能力的少儿皇帝进行统治的客观机缘和制度保障；另一方面，不同的政治主体对于她基于皇帝的"母亲"身份而可以被看作最为合适的"皇权守护者"的资格认定，整个帝国的主流文化传统和官方意识形态对于"孝道"的推崇和重视，也为她的统治合法性提供着强大的文化支持。从这个意义上说，相比较另外两种女主统治的形式而言，皇太后的统治合法性无疑具有一种明显的"稳定"特征。然而，大一统帝国"皇帝一元统治"的政治理念与制度设计，在理论上强调只有皇帝才是唯一合法的最高政治权威，因此，即便皇太后以完全正当的方式获得了政治权力，但其统治的合法性性质也大多表现为帝国的"管理者"和"行政首长"，却难以像男性君主一样获得帝国的"所有者"身份和"国家元首"的最高权威。与此同时，由于从本质上而言，皇太后的政治权力来自于对事实上无法行使统治职责的皇帝权限的代理，因此，她的合法性性质也就具有了一种非常鲜明的"过渡性"特征，当赋予她统治机缘的外在条件开始逐渐消失时，她继续在政治领域的存在就将转而变成一种"不合法"和"不正当"的形式，并倍受挑战。官僚集团对于"皇帝—官僚体系"的正当性地位和排他性政治权力的强调，皇太后本人对于自己的"母亲"身份和职责的自我认知，也构成了足以限制她的最终政治走向和权力归属的最为重要的因素。

帝制中国两千年历史中唯一的"女皇帝"的出现，则是主流文化传统所具备的那种活泼弹性以及统治者合法性类型中的"卡里斯玛型"特征得到最大程度之体现的明证。毫无疑问,以儒家传统为主导的主流文化和官方意识形态虽然允许女主在特定的情况下辅助、甚至代替男性君主来完成统治职责,但却并不支持她们脱离男性的存在、以自己的名义来建立一个新的王朝。因此,武则天以"女皇帝"的独立身份而非"皇后""皇太后"的特定角色而在帝国政治体系最顶端的公开存在和实施统治,无疑被普遍视为是对整个文化秩序、生活方式和性别结构的一种彻底的颠覆。因此,她以这种前所未有的独特身份所获得的政治权力和统治合法性,在其政权产生之初也并不稳固,只有借助于政治强制力的使用与对意识形态的重新塑造,她才成功地解决了这一传统关于"女性不得建立自己王朝"的重大挑战和政治难题。然而,对政治强制力的使用并未贯穿她的政权始终:从本质上而言,她所具有的那种远远超越男性君主之上的过人的统治才能和政治智慧,成为她最终能够赢得整个帝国对她的政治权力予以服从和接受的最大根源。因此,她的统治合法性资源和基础从根本上来说都是"个人式"的和"仅止一身"的,只有当她持续不断地证明自己确实是一个有能力胜任上天和民众对于统治者的职责要求,从而也就是"代天牧民"的最为合适的人选时,她才能够使人们在最大限度上忽略她的生理性别,最终认可和接受了一位"女皇帝"的统治,并赢得了稳定的个人权威与统治合法性。与此同时,在帝国这位最为杰出的女性政治家这里,女性所具有的那种矛盾的忠心也得到了最大限度的体现:对于自己的政治才华和统治才能的自信,使得她以"性别角色转换"的方式突破了主流文化传统对于女性职责和地位的限制,以史无前例的仪态登上了帝国的最高政治权位;然而,对于自己的女性身份和人生归宿的强烈认同,则使得她最终实现了"性别角色的回归",重新以一位"皇后"和"李家媳妇"的身份、而不是戴着"皇帝"的荣耀终结了自己绚烂光彩的一生。因此,她的出现,并未改变主流文化传统和官方意识形态关于女性角色和地位设定的基本判断,恰恰相反,她的成功范例,却成为后世的历代君主和儒家官员们在阻止女主们试图获取同样政治权力的作为时所一再援引的反面典型,并成为后世所有的女性们难以仿效和无可逾越的一个永久性文化象征。

皇后、皇太后和女皇帝的三种统治合法性比较,以下表可以简要表明:

合法性 角色	共同基础	不同文化资源	性质	特征	强-弱
皇后	"皇帝一元统治"的政治理念和"家天下"的制度设计	"阴—阳"不可分割 "内—外"职责拓展	私人助手	个人式的 不稳定的	弱
皇太后		皇位继承制度的内在缺陷 制度保障 孝道产物	行政首长或(和)国家元首	稳定的 过渡性的	强
女皇帝		卡里斯玛型的最大体现 意识形态的重塑 政治强制力的保障	最高统治者和帝国所有者,兼具行政首长和国家元首于一体	个人式的 稳定的 仅止一身的	由弱到强

一个世纪之前,当帝制中国的整个政治体制彻底崩溃和瓦解之后,在宣称要从根本上促进女性"解放"①的官方意识形态和公开的话语体系中,女

---

① 关于社会主义革命是否导致妇女被"解放"的话题,一直是现代学术界争论的一个焦点所在。在一些学者如李小江眼中:"社会主义革命实现了妇女的政治解放。这不仅仅是一种观点,而是一种历史事实。"(Li Xiaojiang:《Economic Reform and the Awakening of Women's Consciousness》, edited by Christina K. Gilmartin, Gail Hershatter, Lisa Rofel, Tyrene White: Engendering China: Women, Culture and the State, Harvard University Press, Cambridge, Massachussates, London, England, 1994. p. 367.)但在另一些学者看来,尽管官方意识形态不断坚持"妇女解放是中国构建其现代性的努力中最为关键的领域",但事实上"社会主义并没有解放中国妇女。"[美]罗丽莎:《另类的现代性——改革开放时代中国性别化的渴望》,黄新译,江苏人民出版社2006年版,第49—52页。

性史无前例地获得了一种名义上的法律平等和政治自由。然而,在真实的政治生活和公共领域之中,男性占据绝对主导地位的性别结构并未发生根本性的变化,女性在事实上仍然处于受排挤和被否定的边缘地带①。不仅最高政治阶层之内的女性通常只不过是具有某种点缀作用和象征意义的少数派,即便是在村级政府组织和普通的社区之中,女性也难以获得与男性完全相当的政治权威。② 正如菲利普所言:"我们正处在性别关系重大转化的时刻……相对地,政治领域却仍然一如往常。"③ 女主们在两千年的文化传统中所被赋予的刻板化印象,仍然在"灾难性"④地塑造和影响着当下中国女性在进入依旧被普遍认为属于"男性特权"之政治领域时的基本文化氛围和普遍意识思维。只有当曾经附加在帝制中国这些最为杰出的女性政治家——女主身上那种带有强烈性别偏见的象征性文化符号被彻底地剥离,并还原为一个个有血有肉、有情有义的真实的历史人物形象之后,女性获得与男性相当的现实政治处境和精神自由,并真正改变政治领域内延续了几千年的性别结构的愿望,也许才有得以实现的最终可能。

---

① 如有学者认为,"在对社会主义国家内(特别是中国和前苏联)的女性进行研究时,英语界的学者已经一再指出如下这一矛盾的存在:在官方承诺之中,女性将通过无产阶级革命而获得解放(to be liberated),但在现实的社会生活和经济生活中,女性仍然保持着相对于男性而言的次要(subordination)地位。"(Harriet Evans:"The Language of Liberation: Gender and *JieFang* in Early Chinese Communist Party Discourse", *Intersections: Gender, History and Culture in the Asian Context*, Issue 1, September 1998.)而在很多学者看来,这一状况的出现,恰恰是因为"中国的妇女并没有为赢得投票权而去斗争,相反的是开明的家长式的政府给予她们这项权利"。[澳]李木兰:《性别、政治与民主:近代中国的妇女参政》,方小平译,江苏人民出版社2013年版,第18页。

② 正如许多人类学家所观察到的那样,即便是在村级政府这一公共领域之中,女性干部虽然占据了一定的比例,但在男性仍然占绝对优势的政治领域之内,"没有一人对男性能有直接权威"。([加]宝森:《中国妇女与农村发展——云南禄村六十年的变迁》,胡玉坤译,江苏人民出版社2005年版,第362—390页。)而且,"就获得或管理资源而言,妇女在她们社区中并不拥有类似于男性的权力,她们也没有占据当地的政治领导职位"。([加]朱爱岚:《中国北方村落的社会性别与权力》,胡玉坤译,江苏人民出版社2004年版,第191—192页。)

③ David Marsh、Gerry Stoker 等:《政治学方法论与途径》,陈义彦、陈景尧等译,韦伯文化国际出版有限公司2007年版,第154页。

④ "男权制文化的历史和古今男权制文化媒介在各个层面上对妇女的描述,全都灾难性地影响了她的形象。妇女习惯性地被剥夺到了只剩下微不足道的一点点体面和自我尊重。"[美]凯特·米利特:《性的政治》,社会科学文献出版社1999年版,第83页。

参考书目

一、古代典籍

1. 《诗经》。

2. 《礼记》。

3. 《周易》。

4. 《老子》。

5. 《论语》。

6. 《孟子》。

7. 《黄帝四经》。

8. 《荀子》。

9. 《墨子》。

10. 《慎子》。

11. 《韩非子》。

12. 《白虎通》。

13. 《吕氏春秋》。

14. 《春秋繁露》。

15. （汉）班固：《汉书》，岳麓书院1997年版。

16. （汉）班昭：《女诫》，《古今图书集成明伦汇编·闺媛典》第二卷，中华书局影印，第395册。

17. （汉）孔安国、[唐]孔颖达等：《十三经注疏·尚书正义》，上海古籍出版社1997年版。

18. （汉）刘向：《说苑》，《丛书集成初编》，第三册，商务印书馆，中华民国二十六年初版。

19. （汉）毛亨、郑玄、[唐]孔颖达：《十三经注疏·毛诗正义》，上海古籍出版社1997年版。

20. （汉）司马迁：《史记》，浙江古籍出版社2005年版。

21. （晋）陈寿：《三国志》，中华书局1982年版。

22. （梁）沈约：《宋书》，中华书局1974年版。

23. （唐）宋若华、宋若昭：《女论语》，《古今图书集成明伦汇编·闺媛典》第二卷，中华书局影印，第395册。

24. （唐）魏徵、令狐德棻：《隋书》，中华书局1973年版。

25. （唐）郑氏：《女孝经》，中华书局1991年版。

26. （后晋）刘昫等：《旧唐书》，中华书局1975年版。

27. （宋）程颢、程颐：《二程集》，第三卷，中华书局1981年版。

28. （宋）程颐、郑汝谐：《伊川易传》，《钦定四库全书·经部》，上海古籍出版社1989年版。

29. （宋）范晔、[晋]司马彪：《后汉书》，岳麓书院1997年版。

30. （宋）范祖禹：《范太史集》，《四库全书珍本初集·集部三·别集类二》，第八册，商务印书馆。

31. （宋）江少虞：《宋朝事实类苑》，上海古籍出版社1981年版。

32. （宋）李焘著，[清]黄以周等辑补：《续资治通鉴长编·附拾补一》、《附拾补二》，上海古籍出版社1985年版。

33. （宋）欧阳修、宋祁：《新唐书》，中华书局1975年版。

34. （宋）司马光：《资治通鉴》，中华书局1956年版。

35. （宋）宋敏求：《唐大诏令集》，学林出版社1992年版。

36. （宋）王溥：《唐会要》，上海古籍出版社 2006 年版。

37. （宋）徐天麟：《东汉会要》，上海古籍出版社 2006 年版。

38. （宋）姚铉：《唐文粹》，商务印书馆，民国二十五年。

39. （宋）袁采：《世范·睦亲》，岳麓书院 2003 年版。

40. （宋）朱熹注：《诗经集传》，宋元人注：《四书五经》（中册），中国书店 1985 年版。

41. （宋）朱熹：《新刊四书五经·四书集注》，中国书店 1994 年版。

42. （元）脱脱等：《宋史》，中华书局 1985 年版。

43. （明）陈邦瞻：《宋史纪事本末》，中华书局 1977 年版。

44. （明）李贽：《初潭集》，第三卷，中华书局 1974 年版。

45. （明）仁孝文皇后：《内训》，中华书局 1991 年版。

46. （清）毕沅：《续资治通鉴》，中华书局 1979 年版。

47. （清）董诰等：《全唐文》，中华书局 1983 年版。

48. （清）顾炎武著、（清）黄汝成集释：《日知录集释》，花山文艺出版社 1990 年版。

49. （清）蒋廷锡等：《古今图书集成明伦汇编·家范典》，第五十三卷，中华书局影印，第 325 册。

50. （清）蒋廷锡等：《古今图书集成明伦汇编·闺媛典》，第一卷、第三卷，中华书局影印，第 395 册。

51. （清）王夫之：《船山遗书》（第五卷），北京出版社 1999 年版。

52. （清）王节妇：《女范捷录》，《古今图书集成明伦汇编·闺媛典》第三卷，北京：中华书局影印，第 395 册。

53. （清）夏燮：《明通鉴》，岳麓书院 1999 年版。

54. （清）严可均辑：《全后汉文》，商务印书馆 1999 年版。

55. （清）赵翼：《廿二史札记校正》，王树民校正，中华书局 2005 年版。

二、中文著作

57. 安作璋主编：《后妃传》，河南人民出版社1990年版。

58. 白钢主编：《中国政治制度通史》，人民出版社1996年版。

59. 柏杨：《皇后之死——历史上命运最难看的三十九位皇后》，人民文学出版社2006年版。

60. 蔡新乐、李卫国：《众妙之门——女权主义的生命哲学批判》，河南大学出版社2004年版。

61. 陈东原：《中国妇女生活史》，商务印书馆1937年版。

62. 陈寅恪：《隋唐制度渊源略论稿·唐代政治史述论稿》，生活·读书·新知三联书店出版社2001年版。

63. 丛日云：《在上帝与凯撒之间——基督教二元政治观与近代自由主义》，生活·读书·新知三联书店2003年版。

64. 崔锐：《秦汉时期的女性观》，三秦出版社2005年版。

65. 杜芳琴、王政主编：《中国历史中的妇女与性别》，天津人民出版社2004年版。

66. 杜维明：《杜维明文集》（第二卷），武汉出版社2002年版。

67. 杜维明：《东亚价值与多元现代性》，中国社会科学出版社2001年版。

68. 段塔丽：《唐代妇女地位研究》，人民出版社2001年版。

69. 高士瑜：《唐代妇女》，三秦出版社1988年版。

70. 龚鹏程：《中国传统文化十五讲》，北京大学出版社2006年版。

71. 顾久幸：《后妃干政：宫闱难禁权利梦》，文津出版社1996年版。

72. 郭沫若：《武则天》，人民文学出版社1979年版。

73. 韩隆福：《中国女性历史文化研究》，北图出版社1999年版。

74. 何立平：《巡狩与封禅——封建政治的文化轨迹》，齐鲁书社2003

年版。

75. 何平：《中国传统政治思维探源》，天津人民出版社 2003 年版。

76. 贺璋瑢：《两性关系本乎阴阳——先秦儒家、道家经典中的性别意识研究》，巴蜀书社 2006 年版。

77. 何忠礼：《宋代政治史》，浙江大学出版社 2007 年版。

78. 胡文楷：《历代妇女著作考》，商务印书馆 1957 年版。

79. 黄光国：《儒家思想与东亚现代化》，巨流图书公司 1988 年版。

80. 黄锦君：《两宋后妃事迹编年》，巴蜀书社 1997 年版。

81. 黄仁宇：《万历十五年》，生活·读书·新知三联书店 1997 年版。

82. 黄仁宇：《中国大历史》，生活·读书·新知三联书店 2004 年版。

83. 黄勇军：《儒家传统与明代政治转型路径研究》，中国社会科学出版社 2017 年版。

84. 黄勇军：《儒家政治思维传统及其现代转化》，岳麓书社 2010 年版。

85. 黄永年：《六至九世纪中国政治史》，上海书店出版社 2004 年版。

86. 蓝黛：《帝后风云录·皇后卷》，文化艺术出版社 2006 年版。

87. 雷戈：《秦汉之际的政治思想与皇权主义》，上海古籍出版社 2006 年版。

88. 雷家骥：《狐媚偏能惑主——武则天的精神与心理分析》，联鸣文化有限公司 1981 年版。

89. 冷鹏飞：《古代帝王后宫探究》，岳麓书社 1997 年版。

90. 李春棠：《坊墙倒塌以后》，湖南出版社 1993 年版。

91. 李丹林、李景屏：《萧太后评传》，四川大学出版社 2000 年版。

92. 李福长：《唐代学士与文人政治》，齐鲁书社 2005 年版。

93. 李国彤：《女子之不朽：明清时期的女教观念》，广西师范大学出版社 2014 年版。

94. 李小江等：《身临"奇"境——性别、学问、人生》，江苏人民出版社 2000 年版。

95. 李银河：《女性主义》，山东人民出版社 2005 年版。

96. 李银河：《女性权力的崛起》，文化艺术出版社 2003 年版。

97. 李银河：《生育与村落文化·一爷之孙》，文化艺术出版社 2003 年版。

98. 李银河：《性的问题·福柯与性》，文化艺术出版社 2003 年版。

99. 李银河：《中国女性的情感与性》，中国友谊出版公司 2002 年版。

100. 林存光：《历史上的孔子形象——政治与文化语境下的孔子和儒学》，齐鲁书社 2004 年版。

101. 林存光：《儒教中国的形成——早期儒学与中国政治文化的演进》，齐鲁书社 2003 年版。

102. 林存光主编：《儒家式政治文明及其现代转向》，中国政法大学出版社 2006 年版。

103. 林存光主编：《先秦诸子政治哲学研究》，辽海出版社 2006 年版。

104. 林惠祥：《文化人类学》，商务印书馆 2002 年版。

105. 林丽珊：《女性主义与两性关系》，五南图书出版股份有限公司 2006 年版。

106. 林天蔚：《宋代史事质疑》，台湾商务印书馆 1987 年版。

107. 林幸谦：《女性主体的祭奠——张爱玲女性主义批评Ⅱ》，广西师范大学出版社 2003 年版。

108. 林语堂：《女性人生》，陕西师范大学 2004 年版。

109. 林语堂：《吾国与吾民》，陕西师范大学出版社 2006 年版。

110. 林语堂：《武则天传》，陕西师范大学出版社 2005 年版。

111. 刘北汜编：《实说慈禧》，紫禁城出版社 2004 年版。

112. 刘厚琴：《儒学与汉代社会》，齐鲁书社 2002 年版。

113. 刘连银：《武则天传》，长江文艺出版社 1997 年版。

114. 刘晓虹：《中国近代群己观变革探悉》，复旦大学出版社 2001 年版。

115. 刘詠聪：《女性与历史——中国传统观念新探》，香港教育图书公司 1993 年版。

116. 刘泽华：《洗耳斋文稿》，中华书局 2003 年版。

117. 刘泽华：《中国的王权主义》，上海人民出版社 2000 年版。

118. 刘泽华主编：《王权与社会——中国传统政治文化研究》，崇文书局 2005 年版。

119. 刘志琴主编：《文化危机与展望》，中国青年出版社 1989 年版。

120. 鲁迅：《鲁迅批孔反儒文集》，人民文学出版社 1974 年版。

121. 骆晓戈主编：《女性学》，湖南大学出版社 2004 年版。

122. 毛汉光：《中国中古社会史编》，联经出版事业公司 1988 年版。

123. 门岿：《中国后妃的生死歌哭》，科学出版社 1989 年版。

124. 门岿：《专制变奏曲：从吕后到慈禧》，济南出版社 2002 年版。

125. 米莉：《国家、传统与性别——现代化进程中花瑶民族的社会发展与制度变迁》，中国社会科学出版社 2014 年版。

126. 牟宗三：《政道与治道》，学生书局 1991 年增订新版。

127. 潘惠玲主编：《性别议题导论》，高等教育文化事业有限公司 2003 年版。

128. 秦晖：《传统十论》，复旦大学出版社 2004 年版。

129. 任士英：《后妃当国》，中华书局 2006 年版。

130. 荣新江：《隋唐长安：性别、记忆及其他》，复旦大学出版社 2010 年版。

131. 宋其蕤：《北魏女主论》，中国社会科学出版社 2006 年版。

132. 田玉川：《后宫政治——中国历代皇权社会权力规则的另类阐释》，中国文联出版社 2005 年版。

133. 田余庆：《拓跋史探》，生活·读书·新知三联书店 2003 年版。

134. 王道成：《科举史话》，中华书局 1997 年版。

135. 王吉林：《唐代宰相与政治》，文津出版社 1999 年版。

136. 王健文主编：《政治与权力》，中国大百科全书出版社 2005 年版。

137. 王寿南：《唐代人物与政治》，文津出版社 1999 年版。

138. 汪玢玲：《中国婚姻史》，上海人民出版社 2001 年版。

139. 汪文涛：《中国家族观念对政治民主化的影响》，正中书局 1986 年版。

140. 韦庆远主编：《中国政治制度史》，人民大学出版社 1989 年版。

141. 吴以宁、顾吉辰：《中国后妃制度研究（唐宋卷）》，华东理工大学出版社 1995 年版。

142. 向斯：《宫禁后妃生活实录》，盲文出版社 2003 年版。

143. 萧公权：《中国政治思想史》，辽宁教育出版社 1998 年版。

144. 谢卧龙主编：《性别：解读与跨越》，五南图书出版股份有限公司 2002 年版。

145. 刑丽凤、刘彩霞、唐名辉：《天理与人欲——传统儒家文化视野中的女性婚姻生活》，武汉大学出版社 2005 年版。

146. 徐复观：《中国思想史论集》，上海书店 2005 年版。

147. 徐连达、朱子彦：《中国皇帝制度》，广东教育出版社 1996 年版。

148. 阎步克：《士大夫政治演生史稿》，北京大学出版社 1998 年版。

149. 杨东甫、卢斯非：《后妃之祸》，广西民族出版社 1995 年版。

150. 杨剑虹：《武则天新传》，武汉大学出版社 1993 年版。

151. 杨树藩：《宋代中央政治制度》，台湾商务印书馆 1982 年版。

152. 杨阳主编：《中国政治制度史纲要》，中国政法大学出版社 2001 年版。

153. 杨知勇：《家族主义与中国文化》，云南大学出版社 2000 年版。

154. 姚平：《唐代妇女的生命历程》，上海古籍出版社 2004 年版。

155. 叶汉明：《社会史与中国妇女研究》，香港中文大学、香港亚太研究所1992年版。

156. 殷海光：《殷海光文集》，湖北人民出版社2001年版。

157. 伊永文：《宋代市民生活》，中国社会出版社1999年版。

158. 余英时：《中国思想传统的现代诠释》，江苏人民出版社2004年版。

159. 余英时：《士与中国文化》，上海人民出版社2003年版。

160. 袁行霈、严文明、张传玺、楼宇烈主编：《中华文明史》（第四卷），北京大学出版社2006年版。

161. 张邦炜：《宋代政治文化史论》，人民出版社2005年版。

162. 张传玺：《秦汉问题研究（增订本）》，北京大学出版社1995年版。

163. 张金鑑：《中国政治制度史》，三民书局1991年版。

164. 张君劢：《中国专制君主政制之评议》，弘文馆出版社1986年版。

165. 赵凤喈：《中国妇女在法律上之地位》，稻乡出版社1993年版。

166. 赵剑敏：《皇冠与凤冠——中国后妃》，上海古籍出版社1995年版。

167. 赵文润、李玉明主编：《武则天研究论文集》，山西古籍出版社1998年版。

168. 赵文润、王双怀：《武则天评传》，三秦出版社1993年版。

169. 郑家栋：《断裂中的传统》，中国社会科学出版社2001年版。

170. 郑学檬、冷敏述主编：《唐文化研究论文集》，上海人民出版社1994年版。

171. 中国唐史学会编：《中国唐史学会论文集》，三秦出版社1989年版。

172. 中华全国妇女联合会、妇女运动历史研究室主编：《五四时期妇女问题文选》，生活·读书·新知三联书店1981年版。

173. 周锡山：《临朝太后：从吕太后到慈禧》，上海画报出版社2004年版。

174. 朱诚如主编：《中国皇帝制度》，武汉出版社1997年版。

175. 朱诚如、王天有主编：《明清论丛》（第六辑），紫禁城出版社 2005 年版。

176. 朱学勤主编：《慈禧太后》，远方出版社 2005 年版。

177. 朱子彦：《后宫制度研究》，华东师范大学出版社 1998 年版。

178. 朱子彦：《皇权的异化——垂帘听政》，山东教育出版社 2001 年版。

179. 左书谔：《慈禧太后》，吉林文史出版社 2004 年版。

180. 左言东主编：《中国政治制度史》，浙江古籍出版社 1989 年版。

三、中文译著

181. ［澳］杰华：《都市里的农家女：性别、流动和社会变迁》，吴小英译，江苏人民出版社 2006 年版。

182. ［澳］雷金庆、李木兰：《文武之道——中国文化中的男性建构》，宋耕译，阎纯德主编：《汉学研究》（第七集），中华书局 2002 年版。

183. ［澳］李木兰：《性别、政治与民主：近代中国的妇女参政》，方小平译，江苏人民出版社 2013 年版。

184. ［澳］莫理循：《中国风情》，张皓译，国际文化出版公司 2005 年版。

185. ［德］哈贝马斯：《公共领域的结构转型》，曹卫东、王晓珏、刘北城、宋伟杰译，学林出版社 1999 年版。

186. ［德］马克斯·韦伯：《经济与社会》，林荣远译，商务印书馆 1998 年版。

187. ［德］马克斯·韦伯：《儒教与道教》，洪天富译，江苏人民出版社 2005 年版。

188. ［德］马克斯·韦伯：《学术与政治》，冯克利译，三联出版社 2005 年版。

189. ［德］卫理贤：《中国心灵》，王宇洁、罗敏、朱晋平译，国际文化出版公司 2005 年版。

190. ［法］米歇尔·福柯：《疯癫与文明：理性时代的疯癫史》，刘北成、杨远婴译，生活·读书·新知三联书店 2007 年版。

191. ［法］米歇尔·福柯：《规训与惩罚：监狱的诞生》，刘北成、杨远婴译，三联出版社 1999 年版。

192. ［法］米歇尔·福柯：《性经验史（增订版）》，余碧平译，上海人民出版社 2003 年版。

193. ［法］让－马克·夸克（Jean-Marc Coicaud）：《合法性与政治》，佟心平、王远飞译，中央编译出版社 2002 年版。

194. ［法］西蒙娜·德·波伏娃：《第二性》，陶铁柱译，中国书籍出版社 2004 年版。

195. ［法］谢和耐：《中国社会史》，耿昇译，江苏人民出版社 2005 年版。

196. ［法］雪维安·爱嘉辛斯基：《性别政治》，吴静宜译，桂冠图书股份有限公司 2005 年版。

197. ［加］巴巴拉·阿内尔：《政治学与女性主义》，郭夏娟译，东方出版社 2005 年版。

198. ［加］宝森：《中国妇女与农村发展——云南禄村六十年的变迁》，胡玉坤译，江苏人民出版社 2005 年版。

199. ［加］朱爱岚：《中国北方村落的社会性别与权力》，胡玉坤译，江苏人民出版社 2004 年版。

200. ［美］艾兰：《世袭与禅让：古代中国的王朝更替传说》，孙心菲、周言译，北京大学出版社 2002 年版。

201. ［美］安乐哲：《和而不同：比较哲学与中西会通》，北京大学出版社 2002 年版。

202. ［美］白馥兰：《技术与性别——晚清帝制中国的权力经纬》，江湄、邓京力译，江苏人民出版社 2006 年版。

203. [美] 柏文莉：《权力关系：宋代中国的家族、地位与国家》，刘云军译，江苏人民出版社 2015 年版。

204. [美] 戴维·伊斯顿：《政治生活的系统分析》，王浦劬译，华夏出版社 1999 年版。

205. [美] 丹尼斯·布朗：《权力论》，陆震纶、郑明哲译，中国社会科学出版社 2001 年版。

206. David Marsh、Gerry Stoker 等：《政治学方法论与途径》，陈义彦、陈景尧等译，韦伯文化国际出版有限公司 2007 年版。

207. [美] 德龄：《慈禧后宫实录》，学林出版社 2002 年版。

208. [美] 德龄公主：《紫禁城的黄昏——德龄公主回忆录》，中央编译局出版社 2004 年版。

209. [美] E·A·罗斯：《变化中的中国人》，公茂虹、张皓译，时事出版社 1998 年版。

210. [美] 费侠莉：《繁盛之阴：中国医学史中的性（960－1665）》，甄橙主译，江苏人民出版社 2006 年版。

211. [美] 费侠莉：《明清时期的性别、医学与身体——中国研究中女性主义历史写作的历程》，姜进译，朱政惠主编：《海外中国学评论》（第 1 辑），上海古籍出版社 2006 年版。

212. [美] 费正清：《中国：传统与变迁》，张沛等译，世界知识出版社 2002 年版。

213. [美] 高彦颐：《闺塾师：明末清初江南的才女文化》，李志生译，江苏人民出版社 2005 年版。

214. [美] 赫伯特·芬格莱特：《孔子：即凡而圣》，彭国翔、张华译，江苏人民出版社 2002 年版。

215. [美] 贺萧：《危险的愉悦：20 世纪上海的娼妓问题与现代性》，韩敏中、盛宁译,江苏人民出版社 2005 年版。

216. [美] 季家珍:《历史宝筏:过去、西方与中国妇女问题》,杨可译,江苏人民出版社 2011 年版。

217. [美] 贾志扬:《天潢贵胄:宋代宗室史》,赵冬梅译,江苏人民出版社 2006 年版。

218. [美] 凯特·米利特:《性的政治》,社会科学文献出版社 1999 年版。

219. [美] 孔飞力:《叫魂:1768 年中国妖术大恐慌》,陈兼、刘昶译,上海三联书店 1999 年版。

220. [美] 刘子键:《两宋史研究汇编》,联经出版事业公司 1987 年版。

221. [美] 刘子健:《中国转向内在——两宋之际的文化内向》,赵冬梅议,江苏人民出版社 2002 年版。

222. [美] 罗丽莎:《另类的现代性——改革开放时代中国性别化的渴望》,黄新译,江苏人民出版社 2006 年版。

223. [美] 罗莎莉:《儒学与女性》,丁佳伟、曹秀娟译,江苏人民出版社 2015 年版。

224. [美] 马克梦:《吝啬鬼、泼妇、一夫多妻者——十八世纪中国小说中的性与男女关系》,王维东、杨彩霞译,人民文学出版社 2001 年 10 月。

225. [美] 曼素恩:《缀珍录——十八世纪及其前后的中国妇女》,定宜庄、颜宜葳译,江苏人民出版社 2005 年版。

226. [美] 梅里·E. 威斯纳-汉克斯:《历史中的性别》,何开松译,东方出版社 2003 年版。

227. [美] 明恩溥:《中国乡村生活》,午晴、唐军译,时事出版社 1998 年版。

228. [美] 芮乐伟·韩森:《开放的帝国:1600 年前的中国历史》,梁侃、邹劲风译,江苏人民出版社 2007 年版。

229. [美] S. N. 艾森斯塔得：《帝国的政治体系》，阎步克译，贵州出版社1992年版。

230. [美] 史景迁：《王氏之死：大历史背后的小人物命运》，李璧玉译，上海远东出版社2005年版。

231. [美] 斯蒂文·小约翰（S. W. Littlejohn）：《传播理论》，陈德民、叶晓辉译，中国社会科学出版社1999年版。

232. [美] 斯特林·西格雷夫（Sterling Seagrave）：《龙夫人：慈禧故事》，中央编译局出版社2005年版。

233. [美] 汤尼·白露（Barlow, T.）：《中国女性主义思想史中的妇女问题》，沈齐齐译，上海人民出版社2012年版。

234. [美] 杨联陞：《中国历史上的女主》，鲍家麟主编：《中国妇女史论集》，稻乡出版社1979年版。

235. [美] 杨联陞：《中国制度史研究》，彭刚、程刚译，江苏人民出版社2007年版。

236. [美] 杨懋春：《一个中国村庄：山东台头》，张雄、沈炜、秦美珠译，江苏人民出版社2001年版。

237. [美] 伊沛霞：《内闱——宋代的婚姻和妇女生活》，胡志宏译，江苏人民出版社2004年版。

238. [美] 约瑟芬·多诺万：《女权主义的知识分子传统》，赵育春译，江苏人民出版社2003年版。

239. [美] 詹姆斯·R·汤森、布兰利特·沃马克：《中国政治》，顾速、董方译，江苏人民出版社2005年版。

240. [日] 沟口雄三：《中国前近代思想的演变》，索介然、龚颖译，中华书局2005年版。

241. [日] 沟口雄三、小岛毅主编：《中国的思维世界》，江苏人民出版社2006年版。

242. [日] 内藤湖南：《中国史通论》，夏应元等译，社会科学文献出版社 2004 年版。

243. [日] 原百代：《武则天》，中国友谊出版公司 1985 年版。

244. [日] 滋贺秀三：《中国家族法原理》，张建国、李力译，法律出版社 2003 年版。

245. [意] 加埃塔诺·莫斯卡：《政治科学要义》，任军锋、宋国友、包军译，上海人民出版社 2005 年版。

246. [英] 崔瑞德：《剑桥中国隋唐史》，中国社会科学出版社 2006 年版。

247. [英] 崔瑞德、鲁唯一编：《剑桥中国秦汉史》，杨品泉等译，中国社会科学出版社 2006 年版。

248. [英] 戴维·米勒、韦农·波格丹诺编：《布莱克维尔政治学百科全书》，中国政法大学出版社 1992 年版。

249. [英] 格雷厄姆·沃拉斯（Graham Wallas）：《政治中的人性》，李辉译，江苏教育出版社 2006 年版。

250. [英] 玛丽·沃斯通克拉夫特《女权辩护——关于政治和道德问题的批评》，王瑛译，中央编译出版社 2006 年版。

251. [英] 约翰·麦克因斯：《男性的终结》，黄菡、周丽华译，江苏人民出版社 2002 年版。

252. 游鉴明、胡缨、季家珍主编：《重读中国女性生命故事》，江苏人民出版社 2012 年版。

四、相关论文

253. 鲍家麟：《阴阳学说与妇女地位》，《汉学研究》1987 年第 5 卷第 2 期。

254. 卞直甫：《汉代后妃的历史作用》，《历史教学》1990 年第 10 期。

255. 蔡一平：《汉宋女主的比较》，《中国典籍与文化》1994 年第 3 期。

256. 陈恩虎：《中国封建社会皇帝后妃问题初探》，《安徽大学学报（哲学社会科学版）》1996 年第 3 期。

257. 陈廷斌：《中国古代家训论要》，《徐州师范学院学报（哲学社会科学版）》1995 年第 3 期。

258. 陈志：《论西汉初期皇嗣之争》，《福建论坛（人文社会科学版）》2002 年第 4 期。

259. 程彩霞：《明代后妃制度的政治文化解读》，《山东社会科学》2006 年第 12 期。

260. 丛日云：《谈先秦诸子追求"一"的政治心态——兼与古希腊政治思想比较》，《天津师大学报》1992 年第 1 期。

261. 邓小南：《六至八世纪的吐鲁番妇女——特别是她们在门户之外的活动》，《敦煌吐鲁番文献研究》第 5 辑，北京大学出版社 1999 年版。

262. 邓小南：《宋代士人家族中的妇女——以苏州为例》，《国学研究》第 5 辑，北京大学出版社 1998 年版。

263. 丁伟忠：《明代的妇女教育》，《中国典籍与文化》1994 年第 3 期。

264. 董慕达（Miranda Brown）：《中国战国和汉朝时期（公元前 453 年－公元 220 年）的母子关系》，伊佩霞、姚平主编《当代西方汉学研究集粹·妇女史卷》，上海古籍出版社 2012 年版。

265. 董四礼：《金朝后妃制度初探》，《黑龙江档案》2006 年第 2 期。

266. 董作宾、王恒余：《唐武后改字考》，《中央研究院历史语言研究所集刊》1963 年第 34 期。

267. 杜芳琴：《中国历代女主与女主政治论略》，鲍家麟主编《中国妇女史论集·四辑》，稻乡出版社 1995 年版。

268. 段塔丽：《北魏至隋唐时期女性参政的地域分布及其特征》，《中国历史地理论丛》2001 年第 16 卷第 1 辑。

269. 段塔丽：《北魏至隋唐时期女性参政现象透视》，《江海学刊》2002年第5期。

270. 段塔丽：《"从子"说与中国古代寡母的权力和地位——以唐代家庭寡母生活为例》，《妇女研究论丛》2001年第6期。

271. 段塔丽：《武则天称帝与唐初社会的弥勒信仰》，《中国典籍与文化》2002年第4期。

272. 范若兰：《古代女政治家研究中的道德和政治标准》，《妇女研究论丛》1992年第4期。

273. 高俊苹：《试论武则天时期龙门石窟的弥勒造像》，《敦煌学辑刊》2006年第2期。

274. 管红：《秦汉女性家庭地位管窥》，《湖南师范大学社会科学学报》1996年第3期。

275. 何立平：《武周"革唐之命"与封禅礼》，《学术界》2004年第6期。

276. 胡捷：《汉初吕后的"女人交易"》，《湘潭师范学院学报（社会科学版）》2003年第25卷第5期。

277. 胡伟：《合法性问题研究：政治学研究的新视角》，《政治学研究》1996年第1期。

278. 胡伟：《在经验与规范之间：合法性理论的二元取向及意义》，《学术月刊》1999年第12期。

279. 胡兴东：《辽代后妃与辽代政治》，《北方文物》2003年第2期。

280. 胡一华：《吕雉"叛国篡权"辨》，《利水师专学报（社会科学版）》1991年第1期。

281. 焕力：《宋代士大夫政治规则下的后妃参政》，《人文杂志》2009年第3期。

282. 黄清敏：《东汉中后期女主执政现象试探》，《广西社会科学》2005

年第 11 期。

283. 黄永年：《评郭沫若同志的武则天研究》，《陕西师范大学学报（哲学社会科学版）》1980 年第 3 期。

284. 黄永年：《武则天真相》，《中国典籍与文化》1994 年第 3 期。

285. 季晓燕：《论宋代后妃的文化品格》，《江西社会科学》1996 年第 10 期。

286. 靳华：《两宋之际孟后垂帘听政与民族矛盾》，《求是学刊》1997 年第 3 期。

287. 康清莲：《从边缘到中心——论两汉皇室女性的地位及外戚专政》，《西南民族大学学报（人文社科版）》2004 年第 12 期。

288. 孔毅：《北魏外戚述论》，《西南师范大学学报（哲学社会科学版）》1994 年第 4 期。

289. ［美］丽贝卡·E. 卡尔：《中国历史与社会性别》，王政译，蔡一平、杜芳琴主编《妇女与社会性别史研究的理论与方法》，湖南大学出版社 2016 年版。

290. 李必忠、陈贤华：《有关武则天评价的几个问题》，《四川大学学报》1982 年第 2 期。

291. 李建华：《论唐代"女主"现象的终结》，《南京社会科学》2013 年第 8 期。

292. 李晶莹：《从唐代丧服制改革看妇女社会地位的提高》，《首都师范大学学报（社会科学版）》2004 年增刊。

293. 李文才：《魏晋南北朝时期妇女社会地位研究——以上层社会妇女为中心考察》，《社会科学战线》2000 年第 5 期。

294. ［韩］李相华：《父权制和儒家——女性主义批评与韩国儒家文化重构》，林存秀译，杜芳琴、崔鲜香主编《全球地方化语境下的东亚妇女与社会性别学研究》，湖南大学出版社 2016 年版。

295. 李贞德：《女人的中国中古史——性别与汉唐之间的礼律研究》，邓小南、王政、游鉴明主编《中国妇女史读本》，北京大学出版社2011年版。

296. 李志生：《唐人理想女性观念——以容貌、品德、智慧为切入点》，邓小南、荣新江主编《唐研究》第十一卷，北京大学出版社2005年版。

297. 林红：《汉代母权研究》，《中华女子学院学报》2007年第2期。

298. 林世田：《武则天称帝与图谶祥瑞——以S.6502〈大云经疏〉为中心》，《敦煌学辑刊》2002年第2期。

299. 林雯娟：《性别政治的历史追踪》，《重庆社会科学》2007年第7期。

300. 林延清：《明朝后妃在皇位继承中的作用》，《求是学刊》2006年第4期。

301. 刘广丰：《北宋女主政治中的女性意识——以对刘太后的考察为中心》，《妇女研究论丛》2014年第6期。

302. 刘广丰：《宋代后妃与帝位传承》，《武汉大学学报（人文科学版）》2009年第4期。

303. 刘广丰：《宋初三朝后妃参政述论》，《社会科学战线》2015年第9期。

304. 刘广丰：《宋代特殊政治势力与女主权力的互动——以刘太后统治时期为中心》，《江汉论坛》2015年第10期。

305. 刘广丰：《心态史视角下宋代的女主政治——以北宋刘太后为中心》，《中原文化研究》2018年第2期。

306. 刘静贞：《从皇后干政到太后摄政——北宋真仁之际女主政治权力试探》，鲍家麟主编《中国妇女史论集续集》，稻乡出版社1991年版。

307. 刘静贞：《女无外事？——墓志碑铭中所见之北宋士大夫社会秩序理念》，王金玲、林维红主编《性别视角：文化与社会》，社会科学文献出版社2009年版。

308. 刘淑丽：《汉代儒家正统妇女观的演变》，《社会科学辑刊》2003年第 6 期。

309. 刘筱红：《后妃与政治》，《江汉论坛》1995 年第 6 期。

310. 刘詠聪：《汉代之妇人灾异论》，辜瑞蘭主编《汉学研究》第九卷第二期，汉学研究中心出版社 1991 年版。

311. 刘詠聪：《魏晋以还史家对后妃主政之负面评价》，鲍家麟主编《中国妇女史论集》第三集，稻乡出版社 1993 年版。

312. 刘增贵：《汉代的豪门婚姻》，李又宁、张玉法编《中国妇女史论集》（一册），台湾商务印书馆股份有限公司 1981 年版。

313. 马强、魏春莉：《从出土唐人墓志看唐高宗、武则天时期的政治侧影》，《社会科学战线》2014 年第 5 期。

314. 马雪芹：《武则天执政时期对儒学的吸收利用》，《唐都学刊》2000 年第 4 期。

315. 毛汉光：《唐代后半期后妃之分析》，《国立台湾大学文史哲学报》第三十七期，1989 年 12 月。

316. 毛佩琦：《中国后妃制度述论》，《中国人民大学学报》1990 年第 6 期。

317. 米莉：《中国古代妇女史研究的范式转移与问题意识》，《北京行政学院学报》2007 年第 5 期。

318. 秦翠华：《长孙皇后对"贞观"政风的影响》，《北方论丛》1997 年第 5 期。

319. 秦学颀：《东汉前期的皇权与外戚》，《西南师范大学学报（哲学社会科学版）》1995 年第 1 期。

320. Rebecca E. Karl：《中国的历史与性别》，吕妙芬、许惠琦译，中央研究院近代史研究所《近代中国妇女史研究》第九期，2001 年 8 月。

321. ［日］三宅宪子：《析武则天对日本女性的影响》，《厦门教育学院学报》2003 年第 5 卷第 2 期。

322. 沈宏:《东汉"干政"皇后作用初探》,《首都师范大学学报(社会科学版)》1996年第1期。

323. 孙佰玲:《女性生命悲剧的形象展示——〈史记·吕太后本纪〉新解读》,《汕头大学学报(人文社会科学版)》2004年第5期。

324. 唐雯:《"信史"背后——以武后对历史书写的政治操控为中心》,《中华文史论丛》2017年3月。

325. 田乙:《论武则天当政时期的地方吏治》,《乾陵文化研究》第八卷,2014年。

326. 万静:《论古代帝王后妃制度的确立》,《成都大学学报(社科版)》2004年第1期。

327. 王对萍:《论金代女性的政治作为》,《内蒙古农业大学学报》2011年第1期。

328. 王洪军:《信仰与政治之间——论武则天与中宗、睿宗时期的宗教政策》,《东方论坛》2003年第5期。

329. 王瑞来:《"狸猫换太子"传说的虚与实——后真宗时代:宋代士大夫政治下的权力博弈》,《文史哲》2016年第2期。

330. 王双怀:《本世纪以来的武则天研究》,《史学月刊》1997年第3期。

331. 王鑫义:《女政治家:东汉和帝皇后邓绥》,《安徽史学》1995年第2期。

332. 卫广来:《论西汉的宫闱政治》,《文史哲》1995年第1期。

333. 肖建新:《宋代临朝听政新论》,《社会科学战线》2003年第4期。

334. 谢慧贤:《武则天和叶卡特琳娜二世:关于女性统治者与权力承继的政治学,以及性别与性关系的个案比较研究》,中国唐代学会主编《第二届国际唐代学术会议论文集》,文津出版社1993年版。

335. 杨光华:《宋代后妃、外戚预政的特点》,《西南师范大学学报(哲学社会科学版)》1994年第3期。

336. 衣若兰：《女性传记与明清历史转折》，《第十七届明史国际学术研讨会暨纪念明定陵发掘六十周年国际学术研讨会论文集（下册）》2016年版。

337. 张邦炜：《两宋妇女的历史贡献》，《社会科学研究》1997年第6期。

338. 张丽：《从吕后的性格特征看其临朝称制》，《黑龙江教育学院学报》2003年第22卷第4期。

339. 张菁：《中国古代女祸史观的源流——从"牝鸡之晨"到"嬖幸倾国"》，《社会科学战线》2013年第11期。

340. 张明华：《论北宋女性政治的蜕变》，《河南大学学报（社会科学版）》2005年第1期。

341. 张淑芳：《论唐代后妃与朝政的关系》，《西南民族学院学报·哲学社会科学版》2000年第4期。

342. 张祥龙：《"性别"在中西哲学中的地位及其思想后果》，《江苏社会科学》2002年第6期。

343. 张祥龙：《中国古人的性别意识是哲学的、涉及男女之爱的和干预历史的吗？——答陈家琪先生》，《浙江学刊》2003年第4期。

344. 张星久：《母权与帝制中国的后妃制度》，《武汉大学学报》2003年第1期。

345. 赵克生：《明代后妃与国家礼制兴革》，《东北师大学报（哲学社会科学版）》2007年第5期。

346. 郑必俊：《关于中国古代妇女立世精神的几点思考》，《中国典籍与文化》1994年第3期。

347. 郑必俊：《两宋官绅家族妇女——千篇宋代墓志铭研究》，《国学研究》第8辑，北京大学出版社1999年版。

348. 郑培凯：《晚明袁中道的妇女观》，中央研究院近代史研究所编《近代中国妇女史研究》，中央研究院近代史研究所1993年版。

349. 钟哲辉：《武则天皇权及其合法性——兼论女性公共行政的魅力》，

《长安大学学报（社会科学版）》2004 年第 1 期。

350. 诸葛忆兵：《论宋代后妃与朝政》，《南京师大学报（社会科学版）》1998 年 4 期。

351. 朱瑞熙、祝建平：《宋代皇储制度研究（上）》，中华书局编辑部编《文史》2001 年第 4 辑。

352. 朱子彦：《垂帘听政制度述论》，《学术月刊》1998 年第 2 期。

353. 朱子彦：《略论中国封建社会的后妃干政》，《上海大学学报（社科版）》1994 年第 1 期。

354. 朱子彦：《宋代垂帘听政制度初探》，《学术月刊》2001 年第 8 期。

355. 祝建平：《仁宗朝刘太后专权与宋代后妃干政》，《史林》1997 年第 2 期。

356. 祝总斌：《古代皇太后"称制"制度存在、延续的基本原因》，《北京大学学报（哲学社会科学版）》2008 年第 2 期。

五、学位论文

357. 陈开颖：《性别、信仰、权力——北魏女主政治与佛教》，博士学位论文，郑州大学，2012 年。

358. 崔靖：《明代后妃研究》，博士学位论文，南开大学，2014 年。

359. 崔苏：《唐宋干政后妃比较》，硕士学位论文，南京师范大学，2012 年。

360. 郭佳：《汉代后宫制度研究》，硕士学位论文，吉林大学，2004 年。

361. 韩林：《武则天故事的文本演变与文化内涵》，博士学位论文，南开大学，2012 年。

362. 胡健国：《清代满汉政治势力之消长》，博士学位论文，（台湾）国立政治大学，1977 年。

363. 贾保信：《从向太后垂帘论北宋女主在党争中的政治角色》，硕士学位论文,浙江大学,2009 年。

364. 荆雪倩:《北宋宫闱制度研究》,硕士学位论文,山东大学,2016 年。

365. 梁静:《武则天形象建构研究》,硕士学位论文,西北大学,2017 年。

366. 刘健:《武则天形象演变研究》,硕士学位论文,陕西理工学院,2013 年。

367. 吕博:《"君之大柄"与"圣人之履"——礼与唐代政治变迁诸问题研究》,博士学位论文,武汉大学,2014 年。

368. 司海迪:《武则天的人格与重要人际关系考论》,博士学位论文,武汉大学,2014 年。

369. 王婷婷:《汉代后妃宫官制度》,硕士学位论文,南京师范大学,2013 年。

370. 徐斌:《明代后妃制度初探》,硕士学位论文,天津师范大学,2008 年。

371. 尤婵婵:《北宋中后期太后与新旧党争》,硕士学位论文,首都师范大学,2013 年。

372. 余海涛:《后武周时代女性政治研究》,硕士学位论文,西南大学,2014 年。

373. 翟麦玲:《礼教中的女性与生活中的女性——汉代女性研究》,国家图书馆博士论文文库,2005 \ D44 \ 2。

374. 张宏:《金代后宫制度研究》,博士学位论文,吉林大学,2010 年。

375. 张鹏:《后唐伶宦、后妃干政研究》,硕士学位论文,西北大学,2014 年。

376. 庄小芳:《东汉临朝太后初探》,硕士学位论文,厦门大学,2006 年。

六、英文著作

377. Baogang Guo: "Political Civilization and Modernization in China", *From Conflicts to Convergence: Modernity and the Changing Chinese Political Cultures*, edited by Yang Zhong, Shiping Hua, World Scientific Publishing Co. Pte. Ltd., 2006.

378. C. P. Fitzgerald: *"The Empress Wu"*, London: Cresset Press, 1956.

379. Charlotte Linde: "The Acquisition of a Speaker by a Story: How History Becomes Memory and Identity", *Ethos*, Vol. 28, No. 4, History and Subjectivity, Dec., 2000.

380. Chauncey S. Goodrich: "Two Charters in the Life of an Empress of the Later Han", *Harvard Journal of Asiatic Studies*, Vol. 26. 1966.

381. Chun-shu Chang: "Emperorship in Eighteenth-Century China", *The Journal of The Institute of Chinese Studies*, Vol. VII, No. 2, The Chinese University of Hong Kong, December 1974.

382. Dora Shu-Fang Dien: "*Empress Wu Zetian in Fiction and in History: Female Defiance in Confucian China*", New York: Nova Science Publishers, Inc. 2003.

383. Edited by Christina K. Gilmartin, Gail Hershatter, Lisa Rofel, Tyrene White: "*Engendering China: Women, Culture and the State*", Harvard University Press, Cambridge, Massachussates, London, England, 1994.

384. Edited by Mark Stevenson and Wu Cuncun: "*Wanton Women In Late-imperial Chinese Literature: Modeles, Genres, Subversions and Traditions*", Leiden: Brill, 2017.

385. Emily Martin Ahern: "*Chinese Ritual and Politics*", Cambridge University Press, 1981.

386. 辜鸿铭：“The Spirit of the Chinese People”，北京：外语教学与研究出版社 1998 年版。

387. Harold L. Kahn：“The Politics of Filiality：Justification for Imperial Action in Eighteenth Century China”，*The Journal of Asia Studies*，Vol. 26，No. 2，Feb.，1967.

388. Harriet Evans：“The Language of Liberation：Gender and JieFang in Early Chinese Communist Party Discourse”，*Intersections：Gender，History and Culture in the Asian Context*，Issue 1，September 1998.

389. Hok－lam Chan：“*Legitimation in Imperial China：Discussions Under The Jurchen－Chen Dynasty（1115－1234）*”，University of Washington Press，Seattle and London，1984.

390. Howard J. Wechsler：“Wu Tse－T'ien And The Politics Of Legitimation In T'ang China. By R. W. L. Guisso；E. G. Pulleyblank”，*The Journal of Asian Studies*，Vol. 38，No. 4，Aug.，1979.

391. Howard S. Levy：“Review：The Empress Wu by C. P. Fitzgerald；Lady Wu：A True Story by Lin Yutang”，*The Journal of Asian Studies*，Vol. 17，No. 4，Aug.，1958.

392. Howard S. Levy：“The Career of Yang Kui－fei”，*Leiden E. J. Brill：T'oung Pao*，通报，*Vol. XLV*，1957.

393. Howard S. Levy：“Wu Hui－fei 武惠妃，A Favored Consort of T'ang Hsuan－Tsung 唐玄宗”，*Leiden E. J. Brill：T'oung Pao*，通报 *Vol. XLVI*，1958.

394. Hsieh Bao Hua：“*Empress' Grove：Ritual and Life in the Ming Palace*”，中央研究院近代史研究所编《近代中国妇女史研究》，2003 年 12 月。

395. Jennifer Holmgren：" Women and Political Power in the Traditional T'o－Pa Elite：A Preliminary Study of the Biographies of Empresses in the Wei－Shu",

Monumenta Serica, *Journal of Oriental Studies*, Vol. XXXV, 1981–1983.

396. Jennifer W. Jay: "Imagining Matriarchy: 'Kingdoms of Women' in Tang China", *Journal of the American Oriental Society*, Vol. 116, No. 2, Apr. –Jun., 1996.

397. Katie Curtin: *"Women in China"*, Pathfinder Press, New York and Toronto, 1975.

398. Keith McMahon: *"Women Shall Not Rule: Imperial Wives and Concubines in China from Han to Liao"*, Lanham: Rowman & Littlefield, 2013.

399. Lien–sheng Yang: "Female Rulers in Imperial China", *Harvard Journal of Asiatic Studies*, Vol. 23, 1960–1961.

400. Lin Yutang: *"Lady Wu: A True Story"*, London: Heinemann, 1957.

401. Margery Wolf and Roxane Witke: *"Women in Chinese Society"*, Stanford University Press, Stanford, California, 1977.

402. Matthew H. Sommer: *"Polyandry and Wife–selling in Qing Dynasty China: Survival Strategies and Judicial Interventions"*, Oakland, CA: University of California Press, 2015.

403. Ming K. Chan: "The Historiography of The Tzu–Chin T'ung–Chien: A Survey", *Monumenta Serica*, Vol. 31, 1974–1975.

404. Nancy Lee Swann: "Biography of the Empress Teng: A Translation from the Annals of the Later Han Dynasty", *Journal of the American Oriental Society*, Vol. 51, No. 2, Jun., 1931.

405. Nancy Lee Swann: *"Foremost Woman Scholar of China"*, The Century Co., New York, London, 1932.

406. Nghiem Toan, Louis Ricaud: "Review: Wou Tso–t'ien", *The Journal of Asian Studies*, Vol. 19, No. 4, Aug., 1960.

407. Patricia Ebrey: "Book Reviwe: Priscilla Ching Chung. Palace Women in

The Northern Sung, 960 – 1126, (T'oung Pao, 通报, Revue Internationale de Sinologie, number12.) Leiden: J. Brill, *The American Historical Review*, Vol. 92, No. 3, Jun., 1981.

408. Patricia Buckley Ebrey: "*Women and the Family in Chinese History*", London and New York: Routledge, 2003.

409. Priscilla Ching Chung: "*Palace Women in The Northern Sung, 960 – 1126*", Leiden: E. J. Brill, 1981.

410. Ph. De Heer: "*The Care – taker Emperor : Aspects of the Imperial Institution in Fifteenth – Century China as Reflected in the Political History of the Reign of Chu Ch'i – yü*", Leiden: E. J. Brill, 1986.

411. Reginald F. Johnston: "New Light on the Chinese Empress – Dowager", *Bulletin of the School of Oriental Studies*, University of London, Vol. 9, No. 1, 1937.

412. Richard W. Guisso: "Thunder Over the Lake: The Five Classics and the Reception of Woman in Early China", *Women In China: Current Directions in Historical Scholarship*, edited by Richard W. Guisso and Stanley Johannesen, NY: Philo Press, 1981.

413. R. W. L. Guisso: "*Wu Tse – T'ien And The Politics Of Legitimation In T'ang China*", Program in East Asian Studies, Western Washington University, Bellingham, Washington, 1978.

414. Robert Joe Cutter: "The Death of Empress Zhen: Fiction and Historiography in Early Medieval China", *Journal of the American Oriental Society*, Vol. 112, No. 4, Oct. – Dec., 1992.

415. Robert M. Somers: "Wu Tse – T'ien And The Politics Of Legitimation In T'ang China. By R. W. L. Guisso", *Journal of the American Oriental Society*, Vol, 103, No. 2, Apr. – Jun., 1983.

416. Sue Fawn Chung: The Much Maligned Empress Dowager: A Revisionist Study of the Empress Dowager Tz'u – His (1835 – 1908), *Modern Asian Studies*, Vol. 13, No. 2, 1979.

417. Susan Brownell and Jeffrey N. Wasserstrom: "*Chinese Femininities / Chinese Masculinities: A Reader*", University of California Press, Berkebey, Los Angeles, London, 2002.

418. Wen – Hui Tsai: "*Women in Traditional Chinese Politics: The Lives and Careers of Empresses Lǚ, Wu, and Tz'u – His*", 辜瑞蘭主編《汉学研究》，汉学研究中心，1991年第2期。

419. Yu – Shih Chen: "The Historical Template Of Pan Chao's Nü Chieh", *T'oung Pao*, 通报, *Vol. LXXXII*, Leiden, E. J. Brill, 1996.

420. Yuri Pines: "The One That Pervades The All' In Ancient Chinese Political Thoughts: The Origins Of 'The Great Union' Paradigm", *T'oung Pao*, 通报, *Vol. LXXXVI*.

后 记

也许对于许多人而言，本书所涉及的主要人物与内容，并不是容易引起关注兴趣和值得深入研究的话题。因为在这群与帝制中国的政治中心最为接近、因而也最为特殊的女主身上，已经附着、承载了太多的文化臆想与价值符号，以至于她们曾经或超越、或平实的价值追求，曾经或复杂、或简单的人生经历，曾经或奢华、或质朴的日常生活，都已消隐于历史的尘迹之中，而她们在昔日帝国中的真实形象，也早已变得扑朔迷离、真假莫辨。

然而，真正吸引我对这一问题进行研究的原因就在于我试图去理解，为什么这些最为杰出的女性政治家们虽然曾以迥然相异的方式站到了整个帝制中国政治体系的中心，但却都以几近相同的结局终结了她们霞光丽影的一生。现有的许多简单化、概念化的解释，无法从根本上回答我的种种疑问，而我尤其不能接受的一种极为普遍流行的假设便是：她们政治权力的获得，必须要以牺牲自己的女性气质和人性特征为代价；在政治的漩涡中，她们最终丧失了自己作为一个妻子、母亲的基本价值追求，转而变成了一个个最为恶毒、阴险和变态的人。

以不敏之性来完成这样一个题目，知识与学养方面的不足，无疑是我在论文的准备和写作期间所遇到的各种困难的根源所在。但对我而言最大的挑战则在于，当面对着那些距离自己或远或近，或真或假的各种学术权威们的挑战和质疑时，是否还能拥有一颗足够坚强的心，来坚持自己或独立、或偏执、或成熟、或幼稚的想法。而当我终于完成了这篇并不成功、依旧还有许多值得改进之处的文稿时,我欣喜地发现:她们在历史中的形象,似乎已经有所不同。

  本书的写作虽然已经完成,但未尽的研究无疑才刚刚开始。如果扪心自问,我从这部并不成熟的著作撰写中获得了什么的话,那么,我最大的收获则是:在无穷的知识和自己的无知面前,唯有时时保持一颗谦卑与真诚的心。诚如孟子所曰:"学问之道无它,求其放心而已!"

二零零八年三月初作于北京蓟门桥畔
二零一八年十月定稿于长沙湘江之畔